Norbert Lohfink

Studien zur biblischen Theologie

Stuttgarter Biblische Aufsatzbände
16

Herausgegeben von
Gerhard Dautzenberg und Norbert Lohfink

Norbert Lohfink

Studien
zur biblischen Theologie

Verlag Katholisches Bibelwerk GmbH, Stuttgart

Die Deutsche Bibliothek – CIP-Einheitsaufnahme

Lohfink, Norbert:
Studien zur biblischen Theologie / Norbert Lohfink. -
Stuttgart: Verl. Kath. Bibelwerk, 1993
  (Stuttgarter biblische Aufsatzbände; 16: Altes Testament)
  ISBN 3-460-06161-8

NE: Lohfink, Norbert: [Sammlung]; GT

Inhaltsverzeichnis

III. Ausblicke ins Neue Testament

Vorwort des Verfassers

Das Jahr 1993 ist ein Gedächtnisjahr für zwei päpstliche Bibelenzykliken: »Providentissimus Deus« 1893 und »Divino afflante Spiritu« 1943. An mich herangetragene Bitten zu Vorträgen und Aufsätzen, die ich leider fast alle ablehnen mußte, scheinen zu zeigen, daß im römisch-katholischen Bereich aus diesem Anlaß an manchen Stellen ein wenig mehr als üblich über die Bibel, die wissenschaftliche Exegese und beider Rolle im christlichen Leben reflektiert wird. Ich hielt es deshalb für sinnvoll, in dem für dieses Jahr geplanten Band meiner wissenschaftlichen Aufsätze diejenigen Arbeiten zu sammeln, die in diesem Zusammenhang am ehesten interessant sein könnten.

Der Ausdruck »biblische Theologie« im Buchtitel ist locker zu nehmen. Eine erste Gruppe von Aufsätzen (»Innerkirchliches Gespräch«) wäre vielleicht eher mit dem Stichwort »Hermeneutik« als mit dem der »Theologie« zu fassen gewesen, und selbst »Hermeneutik« eingeschränkt auf einige Reaktionen, die ein Bibelwissenschaftler innerhalb der katholischen Kirche zwischen der Zeit des Zweiten Vatikanischen Konzils und heute für angebracht halten konnte. Aber bei näherem Zusehen zeigt sich schon, daß es letztlich immer um die Frage geht, was die moderne Bibelwissenschaft eigentlich zur »Theologie« – ganz ohne jedes Adjektiv – beitrage.

Bei der zweiten Gruppe von Aufsätzen (»Thematische Fragen ans Alte Testament«) ist »biblische Theologie« in jenem Sinn gebraucht, in dem die Wortfügung meistens – besonders auch unter den katholischen Theologen – verstanden wird. Ob man die »Theologie« einer bestimmten biblischen Schrift erforscht (etwa die »Theologie der Psalmen«), ob man die Aussagen über ein bestimmtes Thema quer durch die biblischen Schriften verfolgt (etwa die »Theologie der Geschichte«) oder ob man gar eine systematisch-umfassende »Theologie des Alten Testaments« schreibt – eigentlich dient der Begriff »Theologie« dann vor allem der Abhebung. Man will sagen, daß man nicht mehr einfach den Text entlanggeht, sondern die

»Exegese« schon hinter sich hat und jetzt Inhalte zusammenfaßt. Im allgemeinen will man nur darstellen, was »damals« theologisch ausgesagt wurde. Man will also eigentlich durchaus noch »historisch« reden. Sieht man seinen Platz innerhalb einer wohlgegliederten theologischen Fakultät, dann glaubt man vermutlich noch im Vorraum dessen zu sein, was etwa der »systematische Theologe« tut. Die im zweiten Abschnitt dieses Buches gesammelten Aufsätze gehen in den in ihren Rahmenteilen bisweilen zur Sprache kommenden Intentionen über diesen Ansatz hinaus, wollen letztlich nicht nur historisch-deskriptiv sein. Aber was faktisch in ihren Innenteilen getrieben wird, ist es im wesentlichen doch.

Die beiden letzten Aufsätze des Bandes (vielleicht auch schon der über Gebot und Gesetz im zweiten Teil) sind einer nochmals anderen Konzeption von »biblischer Theologie« zuzuordnen. Der Ton liegt auf »biblisch«, und zwar im Sinne von »gesamtbiblischer« Einheit von Altem und Neuem Testament. Dahinter steht die Überzeugung, daß der göttliche Logos, der sich für die Gläubigen im biblischen Wort ausspricht, erst hörbar wird, wenn die Bibel als ganze, als zusammenhängendes Textgefüge erschlossen wird. Das Wissen, daß uns diese Sichtweise verlorengegangen ist, hat vor einigen Jahren zur Gründung des »Jahrbuchs für biblische Theologie « geführt, an der ich beteiligt war. Wie schwer es ist, »biblische Theologie« in diesem Verstande wiederzugewinnen, zeigen die konkreten Beiträge in den bisher erschienenen Bänden. Wann wird dort wirklich »biblische Theologie« in diesem Sinne getrieben? Diese Frage kann man wohl auch an die so kleine dritte Gruppe von Aufsätzen in diesem Band stellen. Doch entstammen sie solcher Absicht.

Das klingt fast ein wenig enttäuscht. Ich bin das in der Tat, wenn ich die hier gesammelten Aufsätze durchblättere. Ich hatte in dem ersten von ihnen die Latte höher gelegt. Trotzdem bin ich der Meinung, daß alle es verdienen, aus den Festschriften, Sammelbänden und keineswegs in jeder exegetischen Fachbibliothek vorhandenen Zeitschriften noch einmal ans Licht gezogen zu werden. Auf dem Feld, auf dem sie sich in Wahrheit bewegen, haben sie durchaus etwas mitzuteilen.

Ich muß hinzufügen, daß ich das, was in den genannten drei Bedeutungen »biblische Theologie« sein könnte, wahrscheinlich mehr in meinen öffentlichen Vorträgen und nicht eigentlich wissenschaftlichen Veröffentlichungen betrieben habe als in den hier gesammelten Aufsätzen. Bücher wie »Das Siegeslied am Schilfmeer«,

»Bibelauslegung im Wandel«, »Unsere großen Wörter«, »Hinter den Dingen ein Gott«, »Unsere großen Feste«, »Die messianische Alternative«, »Kirchenträume«, »Der Geschmack der Hoffnung«, »The Option for the Poor«, »Das Jüdische am Christentum«, »Der niemals gekündigte Bund« entsprechen gattungsmäßig wohl mehr den mir gegebenen Möglichkeiten, mich »theologisch« zu äußern, als der oft erst im Anmerkungsdetail wirklich interessant werdende wissenschaftliche Aufsatz. Doch es gibt die Grenzfälle, und sie sind hier gesammelt.

Die meisten Beiträge dieses Bandes entstanden aus konkreten Anlässen, die aber aus ihnen selbst noch leicht erkennbar sind. So möchte ich jetzt nicht auf die einzelnen Beiträge eingehen. Nur zum ersten Beitrag im Band einige Worte. Er ist von allen vielleicht am meisten nachgedruckt worden und hat vielleicht auch die meiste Diskussion ausgelöst. Da er vieles in anderen, späteren Beiträgen erklärt, wollte ich ihn auf jeden Fall auch in diesem Band haben. Während meiner theologischen Grundstudien trug ich mich eine Zeitlang mit dem Gedanken, Systematiker zu werden, und ich interessierte mich damals am meisten für die theologische Erkenntnislehre. Diesen Aufsatz habe ich bald nach meiner Promotion (der eine exegetische Arbeit zugrundelag) verfaßt, ja eigentlich hatte ich ihn schon vorher konzipiert. Er stellt wohl nach einer Art innertheologischen Doppelstudiums den Versuch einer neuen Integration des Historisch-Kritischen in die traditionelle katholische Inspirationslehre und außerdem in literaturwissenschaftliche Betrachtungsweisen dar, die damals im exegetischen Bereich noch relativ unbekannt waren. Das dritte Element kommt allerdings eher indirekt, nicht ausdrücklich, vor. Heute hätte ich wahrscheinlich den Mut, einiges deutlicher zu benennen. Ich habe damals auch sehr im Blick auf die Diskussionen im noch laufenden Zweiten Vatikanischen Konzil und auf die Begriffswelt der dort den Ton angebenden Theologen und Bischöfe formuliert. Vieles an dem Artikel ist eine Vorwegnahme des Programms, das später mit dem Namen »kanonische Schriftauslegung« entworfen wurde.

In einer Dissertation, die von Brevard S. Childs betreut wurde, hat Robert Bruce Robinson um diesen Artikel herum eine Darstellung und kritische Beurteilung der hermeneutischen und methodischen Ansätze meiner frühen Arbeiten gruppiert: *Roman Catholic Exegesis since* Divino afflante Spiritu: *Hermeneutical Implications* (SBL.DS. 111; Atlanta: Scholars Press, 1988) 105–148. In meinen

Intentionen fühle ich mich von ihm sehr gut verstanden. Manche Fragen, die er stellt, haben mir klargemacht, daß es in meiner Theoriebildung durchaus Leerstellen gibt, die überdacht und gefüllt werden müßten. Seine Kritik an der Hochschätzung der »Traditionsgeschichte« in einem meiner Entwürfe besteht zu Recht. Ich glaube jedoch nicht, daß es möglich ist, den Sinn eines Textes unter Absehung von historischen Fragen zu erfassen – was die von ihm angestrebte Lösung der Probleme zu sein scheint. Dies ist auch nicht notwendig im Begriff »kanonischer Schriftauslegung« impliziert.

I. Innerkirchliches Gespräch

Über die Irrtumslosigkeit und die Einheit der Schrift

[161] Papst Paul VI. plant, in der kommenden Konzilssitzung das Schema über die „Göttliche Offenbarung" verabschieden zu lassen. Wie bekannt wurde, befindet sich in diesem Entwurf auch eine Aussage über die Irrtumslosigkeit der Heiligen Schrift. Das öffentliche Bewußtsein der Kirche hat das noch kaum registriert. Das ist bedauerlich; denn die biblische Irrtumslosigkeit wird zum ersten Mal in der Geschichte Gegenstand konziliarer Aussage sein. Dazu ist die dogmatische Inspirationslehre, auf die das Konzil ja wohl zurückgreifen wird, zur Zeit in einer Wachstumskrise. Sie hat gerade erst angefangen, das aufzuarbeiten, was die katholische Bibelwissenschaft seit fünfzig Jahren, vor allem aber in der stürmischen Entwicklung seit Pius XII. („Divino afflante Spiritu" 1943) an neuem Wissen über die konkrete Wirklichkeit der Bibel erworben hat. Das Thema „biblische Irrtumslosigkeit" ist also in diesen Monaten durchaus aktuell.

Wenn es heute nötig ist, über die Irrtumslosigkeit der Bibel zu diskutieren, dann natürlich nicht über die Sache selbst, die alte und eindeutige Glaubenstradition ist. Nur um Verständnis und Formulierung der alten Sache kann es gehen. Bisweilen wird die Aufgabe so formuliert: die ältere, abstrakte, deduktive Inspirationslehre sei umzuwandeln in eine an unserem neuen Wissen von der Bibel geschulte konkrete und induktive Inspirationslehre[1]. Daran ist richtig, daß gerade die Inspirationslehre der Jahrhundertwende zu abstrakt und deduktiv war. Doch hat es eine völlig abstrakte und keimfreie deduktive Inspirationslehre nie gegeben. Immer enthielten die Formulierungen der Theologen (und auch der kirchlichen Dokumente) als unvermeidbare Ingredienz ein ganzes Stück der konkreten Vorstellungen, die sich die betreffende Zeit vom Werden der Bibel

---

[1] Vgl. J. Coppens, Ephemerides Theologicae Lovanienses 33 (1957) 56; K. Rahner, Über die Schriftinspiration (Freiburg 1958) 18f., 31; D.J. McCarthy, Theological Studies 24 (1963) 553.

machte. Es gilt also eher, die eine, chemisch rein nie faßbare Glaubenswahrheit aus älteren konkreten Inspirationslehren in eine neu zu schaffende, andere konkrete Inspirationslehre hinüberzusetzen, die unserem heutigen Bibelverständnis entspricht. Wir stehen vor einem Sprachproblem, das sich der Aufgabe zuordnen läßt, die Johannes XXIII. dem Konzil gab und die das Konzil bejaht hat: die Wahrheit in pastoraler Sprache zu verkünden. Es ist uns auch nicht freigestellt, ob wir diese Übersetzung der alten Lehre in neue Sprache leisten wollen oder nicht. Der Verständnishorizont, in dem wir der Bibel begegnen, hat sich verschoben und verschiebt sich noch. Er wird – 162 auch beim Laien – immer mehr von der historisch-kritischen Bibelwissenschaft her bestimmt. Hält man starr an alten Begriffen und Formeln fest, so riskiert man, daß sie von selbst im neuen Beziehungssystem des Verständnisses einen anderen, ursprünglich gar nicht gemeinten Sinn annehmen. Gerade damit die alte Wahrheit die gleiche bleibt, muß gefragt werden, ob wir sie heute nicht in manchem anders als früher fassen und formulieren müssen.

Beim Versuch des Neubegreifens und Neusagens muß man sich davor hüten, schon im Ansatz die alte Aussage zu verdünnen. An anderen Stellen der Dogmatik mag es durchaus legitim sein, einen gewissermaßen „negativen" Begriff der Irrtumslosigkeit zu entwickeln. So kann man den „Glauben" des „anonymen Christen" wohl schon dann als „irrtumslos" bezeichnen, wenn dort im gleichen Bewußtsein thematischer Irrtum mit unthematischer Offenheit auf die volle Wahrheit hin koexistiert[2]. Aber für die Irrtumslosigkeit der Bibel genügt dieser Begriff nicht. Hier ist positive, thematische Irrtumslosigkeit anzunehmen. Denn die biblische Irrtumslosigkeit ergibt sich theologisch daraus, daß die Bibel Gott zum „Urheber" hat, daß sie also für uns „Wort Gottes", „Offenbarung"[3] ist. Offenbarung impliziert aber positives und thematisches Gegebensein der vermittelten Wahrheit, wenigstens wenn es sich um Offenbarung in Form von „Schrift" handelt. Anders könnte ja die Offenbarung nie bei uns, den Offenbarungsempfängern, ankommen. Eine thematisch irrende Bibel könnte nicht als Wort Gottes an uns gelten, selbst wenn ihre menschlichen Verfasser unthematisch auf die Wahrheit hin offen waren.

---

[2] K. Rahner, Lexikon für Theologie und Kirche, 2. Auflage, Bd. 5, Freiburg 1960, Sp. 770.
[3] Vgl. P. Benoit, Révélation et Inspiration, Revue Biblique 70 (1963) 321–370.

Die folgenden Überlegungen haben ein recht bescheidenes Ziel. Sie möchten nicht zu radikal neuen Formeln führen, sondern fast nur unter den traditionellen Formulierungen diejenigen ausscheiden, die heute zu Mißverständnissen führen müßten, und diejenige empfehlen, die sich auch heute noch bewährt. Allerdings ist das nicht möglich, ohne daß die Sache der Irrtumslosigkeit selbst intensiv durchdacht wird.

Bei der Lektüre von Kirchenvätern, mittelalterlichen Theologen und modernen Inspirationstraktaten läßt sich beobachten, daß die biblische Irrtumslosigkeit von drei verschiedenen grammatischen Subjekten ausgesagt wird: von der Bibel (schlechthin), von den biblischen Büchern, von den biblischen Verfassern (Fachausdruck: den Hagiographen). Die drei Redeweisen werden nebeneinander gebraucht, der Kontext bestimmt die Auswahl. Im vorigen Jahrhundert jedoch drängt sich die dritte Redeweise in den Vordergrund. Das geschieht sowohl in den Inspirationstraktaten als auch in kirchlichen Dokumenten (die wir in diesem Fall wohl nicht als lehrend, sondern nur als den zeitgenössischen Denk- und Sprachstil widerspiegelnd betrachten dürfen – das Problem des genauen Subjekts der Inerranzaussage wird nirgends reflex aufgeworfen). Man gewinnt den Eindruck, daß „Irrtumslosigkeit der Hagiographen" exakte Sprechweise, „Irrtumslosigkeit [163] der biblischen Bücher" oder gar „Irrtumslosigkeit der Bibel" erlaubte, aber besser zu vermeidende sprachliche Nachlässigkeit sei. Diese Sprachregelung – das ist nun die These der kommenden Erörterung – drückte die Lehre von der biblischen Irrtumslosigkeit im Horizont der damaligen Vorstellungen von der Entstehung der Bibel sachgemäß aus. Dagegen besteht die Frage, ob sie es auch noch im Horizont unserer heutigen Vorstellungen tut. Es besteht der Verdacht, daß sie die Realität nicht mehr greift, daß sie irgendwo abstrakt und unanwendbar über den Dingen schwebt und – wenn man sie doch mit Gewalt anzuwenden versucht – vielleicht sogar in die Irre führt.

Irrtumslose Schriftsteller oder irrtumslose Bücher?

Wie stellten sich die Theologen, die am liebsten von der Irrtumslosigkeit der Hagiographen sprachen, das Werden der biblischen Bücher vor? Die Heilige Schrift stammte von wenigen Männern. Die 5 Bücher Moses hatte Moses geschrieben, das Buch Josue Josue, die Bücher Samuel Samuel, die Königsbücher Jeremias, auf den auch das Buch Jeremias sowie die Klagelieder zurückgingen. Das Buch Isaias stammte von Isaias, das Buch Ezechiel von Ezechiel, die Psalmen von König David, Sprüche, Weisheit, Prediger und Hoheslied von König Salomon. Ähnliches galt beim Neuen Testament. Für seine 27 Bücher kam man mit 8 Hagiographen aus. Wer bezweifelt, daß etwa hinter der Enzyklika „Providentissimus Deus" (wichtigstes kirchliches Dokument zur biblischen Irrtumslosigkeit, 1893) noch diese konkreten Vorstellungen stehen, denke an die viel jüngeren Dekrete der Bibelkommission zu den biblischen Verfasserfragen. Es ist allgemein bekannt, daß erst der „Brief an Kardinal Suhard" (1948) und verschiedene offiziöse Äußerungen der Bibelkommission bei Gelegenheit der 2. Auflage des „Enchiridion Biblicum" (1954)[4] es katholischen Exegeten ermöglichten, sich auch in ihren öffentlichen Äußerungen von den Thesen zu entfernen, die die Bibelkommission zu Beginn des Jahrhunderts hinsichtlich der biblischen Verfasserfragen eingeschärft hatte. Allerdings wird man nicht sagen können, „Providentissimus Deus" habe die damaligen Vorstellungen von der Entstehung der Bibel gelehrt, sondern nur, daß sie ihre eigentliche Lehre im Denk- und Sprachhorizont der damaligen Vorstellungen vorlegte. Nach diesen Vorstellungen gab es also eine kleine, leicht überschaubare Zahl inspirierter Persönlichkeiten. Ein Hagiograph konnte mehrere Bücher geschrieben haben (etwa Salomon oder Paulus). Nie jedoch stand hinter einem einzigen Buch mehr als ein Hagiograph. Nur ganze und sofort endgültige Bücher wurden abgefaßt. Insofern war es dasselbe, ob man sagte, das Buch sei irrtumslos oder der Verfasser. Das lief auf das gleiche hinaus. Wer mit Hilfe der Textkritik den Urtext ⎡164⎤ rekonstruiert hatte und ihn richtig verstand, verstand eben damit auch schon seinen einen Verfasser.

Die Kirche hatte diese Vorstellung von der Entstehung der Bibel vom antiken Judentum ohne eigentliche Auseinandersetzung übernommen. Ob dieses selbst bei seinen Zuteilungen biblischer Bücher an bestimmte Persönlichkeiten immer Abfassung und Urheberrecht in unserem modernen Verständnis meinte, darf man vielleicht bezweifeln. Aber gerade das 19. Jahrhundert, die Zeit des Goethekults und der Anbetung schöpferischer Schriftstellerpersönlichkeiten, war disponiert, die alten Verfassertraditionen in diesem Sinn zu verste-

---

[4] A. Miller, Benediktinische Monatsschrift 31 (1955) 49 f.; A. Kleinhans, Antonianum 30 (1955) 63 ff.; vgl. E. Vogt, Biblica 36 (1955) 564 f.

hen und sie dann entweder zu bekämpfen oder zu verteidigen. Als im gleichen Jahrhundert die katholische Inspirationslehre neu durchdacht wurde, war es psychologisch unvermeidbar, daß man ohne weitere Reflexion alle Aussagen über die Irrtumslosigkeit bei den Hagiographen konzentrierte. Das war die richtige und naturgegebene Formulierung der Glaubenslehre von der biblischen Irrtumslosigkeit innerhalb des damals den katholischen Dogmatikern und Kirchenmännern, auch den meisten Exegeten, vorgegebenen Verständnishorizonts.

Inzwischen allerdings hat sich das Modell der großen, in einmaligem Wurf ein Werk hinsetzenden Schriftstellerpersönlichkeit in vielen Fällen als unbrauchbar erwiesen[5]. In der Welt des Alten Orients stellt es die Ausnahme dar, und in der Bibel ebenfalls. Am Pentateuch ist von Moses ab wohl etwa 700 Jahre lang gearbeitet worden. Unsere Prophetenbücher waren vor ihrer Aufnahme in den Kanon die immer wieder ergänzbaren, immer neu kommentierten und dabei auch immer neu in ihrer Aussage abgewandelten heiligen Bücher esoterischer Kreise von Prophetenjüngern[6]. Der Evangelienstoff machte im Raum der urkirchlichen Verkündigung einen komplizierten Formungsprozeß durch, ehe die Synoptiker aus ihm ihre Evangelien gestalteten. So ist an die Stelle des kleinen Gremiums wohlbekannter Hagiographen eine zahlreichere, namenlosere, im Dämmer des fernen Altertums oft kaum noch Konturen annehmende Schar von vielen getreten, die alle je als einzelne mitgewirkt haben an unseren heiligen Büchern. Keiner hat so Abgerundetes geleistet wie das, was man früher den einzelnen Hagiographen zutraute. Aber auch keiner ist bedeutungslos gewesen für Form und Inhalt des Endergebnisses.

Welche Abwandlung muß die alte Aussage nun erleiden, stellt man die Formel von der „Irrtumslosigkeit der Hagiographen" unverändert in den neuen Horizont? Erstens gäbe es nun mehr Hagiographen als früher. Zweitens verschöbe sich die Beziehung der Hagiographen zu ihren Büchern. Nun könnte der Fall auftreten, daß Gott für ein einziges Buch nacheinander und nebeneinander verschiedene menschliche Mitarbeiter einsetzt, wobei keiner allein das Ganze schafft und vielleicht auch die meisten bei der Ableistung ihres Beitrags kein Wissen davon haben, 165 was sich Jahrhun-

---

[5] D. J. McCarthy, Theological Studies 24 (1963) 554.
[6] Vgl. D. J. McCarthy, Theological Studies 24 (1963) 569 ff.

derte später als Endergebnis des Werdeprozesses zeigen wird. Aussageintention des einzelnen Hagiographen und Aussage des biblischen Buches wären also in vielen Fällen nicht mehr zur Deckung zu bringen. Diese Hagiographen wären nun aber dennoch drittens alle irrtumslos. Daraus folgt: im neuen Horizont besagt die alte Formel von der „Irrtumslosigkeit der Hagiographen" nicht mehr dasselbe wie die andere von der „Irrtumslosigkeit der biblischen Bücher", sondern entschieden mehr. Nicht nur das einzelne Buch in seiner endgültigen Gestalt und Aussage, sondern jede einzelne Phase seiner ex supposito komplizierten und langwierigen Wachstumsgeschichte wäre als irrtumslos zu betrachten, weil jede der Aussageintention eines „irrtumslosen Hagiographen" entspräche. Jedesmal, wenn das Buch erweitert, ergänzt, glossiert, umgedeutet, mit anderen Texten zusammengearbeitet, einer neuen Situation angepaßt wurde, wären neue, irrtumslose Gesamtaussagen des Buches entstanden, die sich im jetzigen kanonischen Buch, nur der wissenschaftlichen Brille des sezierenden Exegeten erkennbar, wie archäologische Stratifikationen übereinandertürmten. Das wäre die Konsequenz einer unbesehenen Übernahme der Formel von den „irrtumslosen Hagiographen" in ein von der modernen Bibelwissenschaft geprägtes Denken.

Sehen wir davon ab, daß da gewisse logische Probleme entstehen müßten: die einander in biblischen Büchern überlagernden Sinnschichten können ja bisweilen zueinander in Gegensatz treten (was man nicht einfach wegen der biblischen Irrtumslosigkeit a priori für unmöglich erklären darf, da die Meinung, jede dieser Schichten sei irrtumslos, hier ja selbst noch zur Diskussion steht). Stellen wir einfach fest: die Glaubenstradition über die biblische Irrtumslosigkeit bezog sich stets auf die endgültigen, jetzt im Kanon vorliegenden biblischen Bücher, nie auf deren Vorgeschichte (es sei denn, daß man bei der alten Vorstellung vom „Hagiographen" eben an die unmittelbare Entstehung des endgültigen Aussagebestands dachte). Die Beibehaltung der Formel von der „Irrtumslosigkeit der Hagiographen" erzeugt also im Horizont unseres neuen Wissens vom Werden der Schrift unter der Hand neuen Glaubensinhalt, der sich mit positiv-theologischer Methode nicht als alter Glaubensbestand nachweisen läßt. Der neugeschaffene Glaubensinhalt (Irrtumslosigkeit der Vorstufen biblischer Bücher) hätte außerdem noch die Eigenschaft, automatisch eine weitere Serie neuer Glaubensinhalte aus sich zu entlassen: wer die Vorstufe biblischer Bücher als irrtumslos betrachtet, muß ja auch alle in ihnen ausgesagten Inhalte zum

Gegenstand seines Glaubens machen. Die bibelwissenschaftliche Erforschung der Vorgeschichte der einzelnen biblischen Bücher würde geradezu ein inneres Moment der Dogmatik – eine nach dem jahrhundertelangen Sträuben gegen die historisch-kritische Einleitungswissenschaft wirklich erstaunliche Wendung.

Man wird also versuchen müssen, die alte Wahrheit neu zu sagen – gerade damit sie die alte bleiben kann. Dazu dürften sich zwei Wege anbieten, die zunächst gekennzeichnet werden sollen.

166 Man könnte nur den letzten Mann, der an einem langsam gewordenen biblischen Buch gearbeitet hat, als „inspirierten Verfasser" im Sinne der Inspirationslehre betrachten. Alle früheren Stadien des Buches wären dann als „Quellen" zu qualifizieren. Ihre Verfasser hätten nicht das Charisma der Inspiration besessen, und so wäre auch kein Grund vorhanden, sie als irrtumslos zu betrachten. Die alte Formel vom „irrtumslosen Hagiographen" wäre infolgedessen abzuwandeln in eine Formel vom „irrtumslosen Schlußverfasser". Wenn man genügend herausstellte, daß man unter „Hagiograph" nur den „Schlußverfasser" verstanden wissen will, könnte man vielleicht sogar bei der alten Formel bleiben. Diese Lösung des Problems tritt zweifellos nicht in Widerspruch zu den positiven Lehrforderungen kirchlicher Dokumente, obwohl sie sich von den Hintergrundsvorstellungen und vom Sprachgebrauch etwa der päpstlichen Bibelenzykliken absetzt. Man kann allerdings fragen, ob bei ihr nicht die anderen Mitarbeiter eines biblischen Buches, die nicht das Glück hatten, gerade die letzte Hand an das Buch zu legen, ein wenig vernachlässigt werden.

Das ist sicher nicht der Fall beim zweiten möglichen Lösungsweg, der nun beschrieben werden soll. Er ginge davon aus, daß man jeden, der einen reellen Beitrag zu Wortlaut und Sinn eines biblischen Buches geleistet hat, als von Gott im Hinblick auf das kommende Buch unfehlbar gelenkt, d. h. als „inspiriert" betrachten sollte. Dann müßte man bei einem allmählich gewordenen Buch von einer Mehrzahl inspirierter Verfasser reden. Die Inspiration dieser Verfasser bezöge sich aber dann nicht auf ihr unmittelbares Werk, in sich genommen, sondern auf dieses Werk, insofern es auf das endgültige biblische Buch in Wortlaut und Sinn von Gott hingeordnet ist. Die aus der Inspiration folgende Irrtumslosigkeit wäre infolgedessen nicht unmittelbar bei allen Einzelmitarbeitern und ihrer Intention anzusetzen, sondern bei dem am Ende sich ergebenden Buch. Die Inspiration der vielen Mitarbeiter eines Buches würde also als eine Ganzheit betrachtet, die ihren Effekt der Irrtumslosigkeit deshalb nur einmal hervorbringt: im Endergebnis der Zusammenarbeit[7]. Bei dieser „organischen" Lösung spräche man nur noch von der „Irrtumslosigkeit des biblischen Buches", unter Umständen vielleicht noch von der seines Schlußverfassers, während man die Formel von den „irrtumslosen Hagiographen" vermeiden müßte (es sei denn, man entwickelte dafür einen neuen Begriff, etwa den einer „mittelbaren Irrtumslosigkeit"). Daß den inspirierten Verfassern jene negative Irrtumslosigkeit zukam, die in der unthematischen Offenheit auf die größere ganze Wahrheit besteht, ist dadurch natürlich in keiner Weise ausgeschlossen, ja sogar zu postulieren. Sie sind ja Mitträger des Offenbarungsgeschehens. Man wird kaum sagen können, dieser Lösungsversuch sei logisch nicht $\boxed{167}$ sauber oder er sei mit dem recht verstandenen Begriff der Inspiration nicht vereinbar. Weder am Einfluß Gottes noch an der Irrtumslosigkeit des Ergebnisses („omnis sensus omniumque sententiarum" der biblischen Bücher im Sinne von „Spiritus Paraclitus", 1920) wird das Geringste weggenommen. Auch der innere Zusammenhang von Inspiration und Irrtumslosigkeit bleibt durchaus gewahrt. Wie beim ersten Lösungsversuch ist eine notwendig gewordene Absetzung von den Hintergrundsvorstellungen und vom Sprachgebrauch der älteren Lehrdokumente der Kirche geschehen, wodurch aber gerade deren Lehre gewahrt wurde.

Der Unterschied der beiden entwickelten Lösungen besteht nicht darin, daß nur eine sich von der Denk- und Sprechweise der alten Inspirationstraktate loslöste – das tun beide. Er besteht in der Ansetzung des Charismas der Inspiration. Den irrtumslosen Sinn der Schrift setzen beide Lösungen in gleicher Weise als Sinn des endgültigen biblischen Buches an. Beide entsprechen also im Hinblick auf die Aussage über die Irrtumslosigkeit den heute zu stellenden Forderungen.

Wenn man trotzdem fragt, welcher der beiden Theorien der Vorzug zu geben wäre, so würde ein Exeget sich wohl für die zweite

---

[7] Die gleiche Theorie wurde früher schon an einem strukturmäßig genau entsprechenden Modellfall entwickelt: der Zusammenarbeit eines Hagiographen mit einem Sekretär (welchen Fall man z. B. beim Hebräerbrief annahm): A. Durand, Dictionnaire Apologétique de la Foi Catholique, 4e éd., Bd. 2 (Paris 1924 ff.) Sp. 904; A. Bea, De scripturae sacrae inspiratione quaestiones historicae et dogmaticae (Rom ²1935) 66 f.

entscheiden[8]. Sie dürfte in ihrer Ansetzung der inspirierten Autoren wohl mehr der biblischen Wirklichkeit entsprechen als die erste. Einige Hinweise mögen das verdeutlichen. Im Buch Ezechiel stammt die Hauptmasse des Textes vom Propheten Ezechiel – er wäre bei der ersten Theorie nicht inspiriert. Das Buch ist dann wohl von einem Ezechielschüler der ersten Generation als Buch zusammengebaut worden – auch er wäre nicht inspiriert. Dann wurde es mehrfach ergänzt, glossiert, überarbeitet – auch alle hier beteiligten Hände, ausgenommen die letzte, die noch nicht einmal ein Hundertstel des konkreten Textes zu verantworten hat, wären nicht inspiriert. Fast der ganze wirkliche Text des Buches bestünde also inspirationstheologisch aus nichtinspiriertem Quellenmaterial, das der inspirierte Hagiograph kaum noch berührt hätte. Im Buche Genesis wären der Jahwist, der Elohist, der Priesterschriftler, die im wesentlichen den jetzigen Text geschrieben haben, nicht inspiriert. Erst recht nicht Moses. Inspiriert wäre vielleicht der Redaktor, der die drei Quellen zusammenarbeitete. Vielleicht aber auch eine noch spätere Hand, die noch einiges einfügte und korrigierte. Die Verfasser der messianischen Psalmen, die ihre Lieder wohl vom König von Jerusalem verstanden und sie für dessen Thronbesteigung und ähnliche Feiern dichteten, wären nicht inspiriert. Der Mann, der nach dem babylonischen Exil den Psalter zusammenstellte, der an den messianischen Psalmen vielleicht keinen Federstrich geändert hat, der sie aber im Zusammenhang dieses nachexilischen Gesangbuches vom endzeitlichen Messias verstanden wissen wollte und ihnen so einen neuen Sinn gab, der wäre inspiriert. Kurz: die Eingrenzung der Inspiration auf den „Schlußverfasser" macht oft recht nebensächliche Mitarbeiter zur Hauptgestalt, während den wichtigsten und einflußreichsten biblischen ⌐168¬ Verfassern das Charisma der Inspiration abgesprochen wird. Die Hauptmasse des biblischen Textes wäre nicht unter Gottes inspiratorischem Einfluß geschrieben, sondern nur nachträglich von einem inspirierten „Schlußverfasser" für unbedenklich erfunden und deshalb übernommen worden. Formal sind hier zwar die extrinsezistischen Inspirationsauffassungen, die das I. Vatikanische Konzil abgelehnt hat[9], vermieden. Aber wenn schon einmal aus

---

[8] Annahme der Möglichkeit mehrerer inspirierter Hagiographen z. B. bei: P. Benoit, in: Robert-Tricot, Initiation Biblique, 3e éd. (Paris 1954) 26; D. J. McCarthy, Theological Studies 24 (1963) 560f.

[9] Sess. III, cap. 2 (= DSch 3006). Andere Überlegungen jedoch bei K. Rahner, Über die Schriftinspiration (Freiburg 1958) 18–33 (Fußnote).

dem Glauben feststeht, daß Gott die Entstehung unserer heiligen Bücher genau lenkte, dann ist nicht einzusehen, warum er nicht den Entstehungsprozeß als ganzen und vor allem dessen Hauptphasen gelenkt haben sollte.

Doch wie die Entscheidung zwischen den beiden Lösungen auch ausfallen mag, auf jeden Fall scheint es ratsam, die Formel von der „Irrtumslosigkeit der Hagiographen" in den Hintergrund treten zu lassen und aus den traditionellen Formeln lieber die von der „Irrtumslosigkeit der Bücher" zu verwenden.

Irrtumslose Bücher oder irrtumslose Bibel?

Mit dem gewonnenen Ergebnis kann sich unser Nachdenken noch nicht zufriedengeben. Aus den drei traditionellen Formeln stehen immer noch zwei zur Wahl. Es gibt eine Beobachtung, die dazu zwingt, weiterzufragen: bisher wurden die Begriffe „Schlußverfasser" und „endgültiger Sinn eines biblischen Buches" wie feste und bekannte Größen behandelt. Sie sind es aber nicht mehr. Auch in der Bestimmung des Verhältnisses zwischen „biblischen Büchern" und „Bibel als ganzer" verschiebt sich unsere Auffassung infolge der Ergebnisse historisch-kritischer Forschung. Die einzelnen biblischen „Bücher" werden in ihrem Charakter als „Bücher" fragwürdig. Auch das hat natürlich seine Folgen für die Ansetzung der biblischen Irrtumslosigkeit.

Wenden wir uns wieder zunächst dem Verständnishorizont früherer Generationen zu und versuchen wir zu verstehen, wieso sie legitim die biblische Irrtumslosigkeit von jedem einzelnen Buch aussagen konnten. Jede Hagiographenpersönlichkeit hatte zu ihrer Zeit ihr Buch (oder ihre Bücher) geschrieben. War ein solches Buch einmal verfaßt, dann wurde es auch ediert, und, einmal an der Öffentlichkeit, war es eine feste, unwandelbare Größe. Genau wie es eben im 19. Jahrhundert mit Büchern ging. Die biblischen Bücher wurden zwar irgendwann einmal gesammelt und in ein Verzeichnis eingetragen, den sogenannten „Kanon". Aber dieser Vorgang blieb den Büchern äußerlich. Wenn ein Stubengelehrter des 19. Jahrhunderts sich einen Bücherschrank kaufte und nach und nach immer mehr beim Buchhändler erworbene Bücher in ihn einstellte, wobei er nicht vergaß, sie alle sorgfältig in einen Katalog einzutragen, dann standen diese Bücher zwar im Schrank beieinander, $\boxed{169}$ aber jedes blieb eine Größe für sich. Wenn man ein Buch hinzutat oder ein

anderes wegnahm, dann änderte das nichts am Sinngefüge oder an
der Aussage der anderen Bücher, die im Schrank standen. So blieben
auch nach damaliger Auffassung die Bücher der Bibel, die schon im
Kanon eingetragen waren, bei der Aufnahme eines weiteren Buches
in den Kanon die gleichen. Sie sagten nach wie vor genau dasselbe.
Sie waren schon längst endgültig geworden.

Die Heilige Schrift als Einheit und Ganzheit kam kaum in den
Blick. Wenn, dann erwähnte man das äußerliche, kirchlich gesicher-
te Band des Kanonverzeichnisses, oder man sprang sofort in die
Tanszendenz und sprach von dem einen göttlichen Urheber, der
hinter allen Büchern stand und deshalb auch die Ursache dafür war,
daß keines der Bücher dem anderen widersprechen konnte. Von
einer kategorialen, der Bibel selbst inhärenten Einheit sprach man
nicht. Jedes Buch stand kategorial für sich und war in sich irrtumslos. Deshalb konnte man in der Dogmatik auch bei einem „Schrift-
beweis" jedes Buch der Bibel, sei es des Alten, sei es des Neuen
Testaments, gleichberechtigt benutzen – wenn man von einigen
Restbeständen einer anderen Auffassung absieht, die aus der Väterzeit und schon aus dem Neuen Testament stammte und z. B. die
Gesetze des Alten Testaments größtenteils als abgeschafft betrachtete. Im allgemeinen jedoch stand jedes biblische Buch in sich selbst
und hatte kein Korrektiv außerhalb seiner. Die vielen Bücher
standen dann rein additiv nebeneinander.

Diese statische Konzeption des Kanons ist in die Krise geraten.
Auch der Kanon wird der historisch-kritischen Betrachtung immer
mehr zu einem Werdeprozeß. Die Grenzen zwischen der Entstehungsgeschichte der einzelnen Bücher und der Kanongeschichte
verschwimmen. Das Werden des Kanons scheint nur ein Weiterlau-
fen der Entstehung der einzelnen Bücher in etwas anderer Form zu
sein. Wir betrachten dabei für unsere Fragestellung weniger die
neutestamentliche Kanongeschichte. Es geht vor allem um den
allmählichen Aufbau des alttestamentlichen Kanons und dann um
seine Eingliederung in den neutestamentlichen Rahmen. In diesem
Bereich scheint die nachexilische Kanonwerdung einfach die vorexilische Buchwerdung fortzusetzen, soweit wir überhaupt Einblick in
diese Vorgänge gewinnen: Sinnschicht wird über Sinnschicht gelegt,
neue Texte, die hinzutreten, führen zu immer umfassenderen Sinn-
gefügen. Zwischen dem innerhalb eines „Buches" liegenden Nach-
und Ineinander von Jahwist, Elohist und Priesterschrift und dem nur
im „Kanon" vereinten Nach- und Nebeneinander von Deuterono-

mistischem und Chronistischem Geschichtswerk besteht kein wirklicher sachlicher Unterschied. In beiden Fällen sind verschiedene Geschichtsentwürfe miteinander verbunden, sie ergänzen und korrigieren einander, konstituieren zusammen eine neue, höhere Einheit der Aussage. Ähnliches gilt innerhalb des Kanons auch von den Weisheitsbüchern. Sie ergänzen und kritisieren einander, zugleich bilden sie als Einheit in nochmals höherer Einheit einen Kontrapunkt gegen Tora und Propheten.

[170] Entscheidend bei diesem Phänomen ist, daß diese Einheit des Kanons bewußt gewollt war. Von den Herstellern und Benutzern des Kanons wurden die einzelnen „Bücher" der Schrift gar nicht im „philosophischen" Sinn[10] als Bücher, d. h. als in sich abgeschlossene Sinngefüge, betrachtet. In diesem Sinn war ihnen nur der Kanon als ganzer ein Buch.

Das wird in der Forschung in unseren Jahren vor allem dadurch immer deutlicher, daß sie den späten Glossen und Zusätzen in den biblischen Büchern höhere Aufmerksamkeit schenkt. Diese späte und durchaus bis in die Zeit der Kanonbildung hineinreichende Filigranarbeit am Text des Alten Testaments offenbart nämlich eine Mentalität, die alle Bücher des Kanons als einander zugeordnet betrachtete. Man setzte voraus, daß alle Bücher der Schrift sich gegenseitig erklären. Man hatte jenes Gefühl, das Martin Buber bei seiner Verdeutschung leistete: die Bibel als ein einziges Buch, in dem alles aus allem lebt[11]. So wird etwa in den spätesten Zusätzen zum Buch Deuteronomium (Dt 4,25–31 und 30,1–10) das alte Bundesdenken, das den ganzen Pentateuch theologisch prägt, in das Licht der prophetischen Verkündigung des kommenden Neuen Bundes gerückt. Das heißt aber: Bücher wie Isaias, Jeremias und Ezechiel, die viel weiter hinten im Kanon stehen, gelten als kritisches Prinzip für den Aussagebestand des Pentateuchs. Und das heißt: Tora und Propheten werden als einheitliches Sinngefüge betrachtet. Die Erforschung dieser Spätschichten des Alten Testaments ist gerade erst in Gang gekommen und bei weitem noch nicht befriedigend durchgeführt. Für die Bücher Osee und Ezechiel liegen gute Arbeiten vor in

---

[10] Begriffsbildung in Anlehnung an A. Bea, De scripturae sacrae inspiratione quaestiones historicae et dogmaticae (Rom ²1935) 67, der den „auctor sensu iuridico" und den „auctor sensu philosophico" unterscheidet.

[11] M. Buber, Zu einer neuen Verdeutschung der Schrift (Beilage zu: Die fünf Bücher der Weisung, Köln 1954) 13.

den entsprechenden Bänden des „Biblischen Kommentars"[12]. Die
späten Zusätze und Glossen bringen meistens Querverweise an – oft
nur innerhalb des betreffenden Buches, oft aber auch über das Buch
hinaus auf andere biblische Bücher. Das zeigt, daß man kein Buch
der Bibel anders las als in „analogia scripturae", in der Sinneinheit
der ganzen Schrift.

Der Kanon wurde also nicht als äußerliche Sammlung in sich ru-
hender Einzelbücher betrachtet, sondern als einziges Buch. Wenn
dieses Buch durch Erweiterung des Kanonbestandes wuchs, mußte
sich auch die Aussage der schon älteren Bestandteile des Kanons
wandeln und abschatten. Wie die meisten Bücher des Alten Testaments in ihrer gesonderten Vorgeschichte ist auch der Kanon selbst
noch einmal Zeugnis jener zugleich konservativen und liberalen
Haltung gegenüber der Tradition, die das alte Israel auszeichnete:
kein Wort durfte aufgegeben werden, keine Formulierung zur Erde
fallen – aber zugleich war alles in Bewegung, das Alte wurde immer
neu beleuchtet, umgedeutet, ergänzt, überarbeitet. Man ließ nichts
liegen, alles nahm man mit auf den Weg zu neuen, nur Gott
bekannten Zielen. War ein Buch im Kanon, so war zwar sein Wortlaut tabu: von kleineren Zusätzen 171 und Glossen abgesehen,
gab es keine Veränderungen mehr. Aber das gilt nur vom Wortlaut,
nicht von der Aussage. Diese wandelte sich notwendig durch jeden
neuen in den Kanon aufgenommenen Text. So war immer der ganze
Kanon unterwegs zu seinem endgültigen Sinnbestand[13].

Unsere modernen Vorstellungen von literarischer Verfasserschaft
versagen hier. Aber dürfen wir uns in unserer dogmatischen Theorie
der Heiligen Schrift an moderne soziologische Strukturen binden?
Versucht man, sich davon zu befreien und einen grundsätzlicheren
Standpunkt einzunehmen, dann wird man nicht daran vorbeikom-
men, diese mit dem Wachstum des Kanons gegebene, bewußt inten-
dierte laufende Umformung der Aussage von Büchern, die dem
Wortlaut nach schon festlagen, theologisch noch unter den Begriff
der „Abfassung" einzuordnen. Daher war die Einfügung eines neuen
Buches in den Kanon (nicht nur, aber auch) ein „hagiographischer

---

[12] Neukirchener Verlag (Neukirchen ab 1955).
[13] J. Coppens, Les harmonies des deux testaments (Tournai 1949) 21 u. 23
(„comme une toile qui n'a pas cessé d'être remise sur le métier"); vgl. D.J.
McCarthy, Theological Studies 24 (1963) 561 und 563f. (Nachweis, daß die
einzelnen Verfasser auch selbst mit späteren Sinnwandlungen ihrer Texte
rechneten).

Akt", und zwar im Hinblick auf das betreffende Buch und auf die schon vorhandenen kanonischen Bücher, also im Hinblick auf die Bibel als ganze. Im Sinne der Inspirationslehre müssen wir – mindestens bei der von uns bevorzugten „organischen" Konzeption – für diesen Akt das Charisma der Inspiration postulieren. Wenn im ersten Teil unserer Überlegungen der „Schlußverfasser" und das „Endergebnis der Buchwerdung" eines biblischen Buches besondere Bedeutung gewonnen hatten, so zeigt sich nun, daß, solange der alttestamentliche Kanon noch weiterwuchs, kein einziges Buch innerhalb dieses Kanons schon bei seinem letzten Verfasser und seinem endgültigen Sinnbestand angekommen war.

Irgendwann allerdings wird dann dem Werdeprozeß des Kanons ein Ende gesetzt. An einer bestimmten Stelle der Geschichte wird eine „Verfasserentscheidung" folgenden Inhalts gefällt: So wie dieses Alte Testament jetzt ist, soll es bleiben; seine Aussage soll endgültig sein; es sei ein abgeschlossenes Buch! Diese Entscheidung läßt sich benennen. Es ist die Aufnahme des Alten Testaments als Altes Testament ins Neue Testament. Dabei ist unter „Neuem Testament" hier nicht die Sammlung der neutestamentlichen Bücher gemeint, die ja auch noch ihre Geschichte haben sollte, sondern die in diesen Büchern sich spiegelnde Realität selbst. Jesus, die Apostel und die Urkirche vollzogen im Hinblick auf den ihnen vorliegenden jüdischen Kanon die Entscheidung, daß dieser Kanon als Altes Testament die bleibende Vorgeschichte und Urkunde des in Jesus Christus gekommenen Neuen Testaments sein solle.

Durch diese Entscheidung erhielt das Alte Testament zunächst noch einmal einen letzten Zuwachs: das Neue Testament in seinen schon vorhandenen oder noch zu erwartenden, aber niemals das Christusfaktum inhaltlich übersteigenden Büchern. Wie jeder frühere Zuwachs verwandelte auch dieser noch einmal das Sinngefüge des Alten Testaments als ganzen. Man könnte also paradox formulieren, [172] im Sinne der dogmatischen Inspirationslehre sei das Neue Testament ein „Hagiograph" des Alten Testaments.

Und zwar der letzte Hagiograph. Denn dieser Zuwachs ist der letzte, der zum Alten Testament hinzukam. Jesus und die Urkirche wissen in Jesus das Ende der Zeit gekommen. Der Offenbarungsprozeß selbst kommt damit zum Abschluß. Nach ihrer Überzeugung kann nach der Christusaussage gar keine neue, entscheidende Sinndeterminante des Alten Testaments mehr hinzukommen. Die innerhalb der Bücher des Neuen Testaments sichtbar werdenden Entwick-

lungen sind von wesentlich geringerer Qualität als das, was sich bis
dahin abspielte. In ihnen wird nur das Christusfaktum ausgefaltet,
nie wird es überstiegen[14]. Nach Jesus Christus wird es kein über ihn
hinausführendes Wort Gottes mehr geben, er ist das Wort Gottes
schlechthin. So muß in ihm die Sinnentwicklung des Alten Testaments zum Stehen kommen.

Diese Feststellungen entsprechen unserem Glauben. Doch darauf
kommt es hier nicht an, sondern für unseren Zusammenhang
entscheidend ist, daß sie die Intention Christi, der Apostel und der
Urkirche im Hinblick auf das Alte Testament beschreiben. Wie ein
alles bestimmender Notenschlüssel ist für diese von nun an das
Christusfaktum an den Anfang der Partitur geschrieben. Das Neue
Testament bezeugt uns das immer wieder[15]. Dabei kommt es nicht
auf die urchristliche Einzelexegese und deren Methoden an. Darin
waren auch Jesus und die neutestamentlichen Hagiographen Kinder
ihrer Zeit. Entscheidend ist nur der christologische Grundwille ihrer
Lektüre. Er ist Verfasserentscheidung. Er bezieht sich auch nicht nur
auf die einzelnen Stellen des Alten Testaments, die innerhalb des
Neuen Testaments angeführt und interpretiert werden, sondern auf
das Alte Testament als ganzes. Er macht aus Altem und Neuem
Testament ein einziges Buch, und zwar nicht nur vom transzenden-
talen göttlichen Urheber her gesehen, sondern auch endlich-katego-
rial: als intendiertes einheitliches, zwar sehr kompliziertes und viel-
schichtiges, aber doch nicht in unabhängige Teile aufteilbares Sinngefüge. Erst innerhalb dieser umfassenden Einheit ist jede Einzelaussage endgültig determiniert[16].

Daher ist erst hier, bei der Einheit der ganzen Schrift, der Ort
erreicht, wo die biblische Irrtumslosigkeit sinnvoll ausgesagt werden
kann. Jeder frühere und partikulärere Ansatz wird von unserer
Kenntnis der Intentionen, die die Kanongeschichte leiteten, in
Frage gestellt. Erst hier liegt jene Aussageintention vor, die noch die
der uns von der Kirche vorgelegten Heiligen Schrift ist, auf die sich

---

[14] Vgl. P. Benoit, Revue Biblique 67 (1960) 185 f.; P. Grelot, Sens chrétien de
l'Ancien Testament (Paris 1962) 497 ff.

[15] Vgl. L. Cerfaux, in: Problèmes et méthode d'exégèse théologique (Löwen
1950) 33–44; C. H. Giblin, The Catholic Biblical Quarterly 20 (1958) 334.

[16] Unsere Auffassung ist schon als echte Möglichkeit beschrieben bei J. Coppens,
Les harmonies des deux testaments (Tournai 1949) 66 („... peut-être même en
fonction de la Bible entière si l'on suppose qu'un compilateur inspiré a groupé
les Livres Saints en une seule unité spirituelle").

also ⌐173⌐ die Glaubenslehre von der biblischen Irrtumslosigkeit
bezieht. Alles Frühere war nur Vorstufe.

Hat man sich bei den Überlegungen des ersten Teils für den
Vorschlag entschieden, nur die „Schlußverfasser" biblischer Texte
seien inspiriert, dann wird man nun folgerichtig sagen, die einzigen
inspirierten „Verfasser" des Alten Testaments seien Jesus und verschiedene Männer der Urkirche. Das klingt allerdings wenig überzeugend, und so wird man diese die Inspiration auf die „Schlußverfasser" eingrenzende Lösung der Probleme wohl endgültig verabschieden. Im Sinne der zweiten, „organischen" Lösung beginnt der
Inspirationsprozeß schon tief im Alten Testament, zieht sich allerdings (auch für das Alte Testament selbst) bis ins Neue Testament
hinein und zielt letztlich nur auf ein einziges „Buch": die Bibel.

Nachdem von den drei Formeln, die die Tradition für die biblische
Irrtumslosigkeit anbietet, im ersten Teil schon die „Irrtumslosigkeit
des Hagiographen" sich als ungeeignet im Horizont unseres neuen
Wissens vom Werden der Bibel gezeigt hat, scheidet nun auch die
„Irrtumslosigkeit der biblischen Bücher" als unexakt aus. Dagegen
bewährt sich die dritte alte Formel, die „Irrtumslosigkeit der Bibel".
Die Forderung pastoraler Sprache läßt sich also im Fall der biblischen Irrtumslosigkeit erfüllen, ohne daß eine radikal neue Sprachregelung gesucht wird. Es genügt, unter den vorhandenen und durch
langen Gebrauch geheiligten Sprachmöglichkeiten die geeignete aus-
zuwählen.

Ausblicke und Abgrenzungen

1. Den Satz, die Bibel sei nur als Einheit und Ganzheit irrtumslos,
darf man nicht minimalistisch mißverstehen. Die Ganzheit umschließt und bewahrt das einzelne. Im Gefüge der Ganzheit hat
natürlich jedes Buch, jeder Satz, hat auch jede der historisch
übereinandergelagerten Sinnschichten Anteil an der einen biblischen
Irrtumslosigkeit. Der Anteil bemißt sich nach dem Maß, in dem sie
innerhalb des gesamten Sinngefüges der Schrift zur Konstitution der
Gesamtaussage beitragen. So verstanden kann und muß man sagen,
jede Aussage der Bibel sei irrtumslos. Aber nur in diesem Sinne!
Wenn generell philosophisch-gnoselogisch gilt, daß der Sinn einer
Aussage nie festgestellt werden kann in Absehung vom ganzen Bezugssystem, indem die Aussage steht, dann ist dieses Bezugssystem im Bereich christlichen Schriftumgangs stets das Ganze der

Schrift, auch für alttestamentliche Aussagen – und zwar ist das von der Schrift selbst so gemeint. Infolgedessen kann auch die biblische Irrtumslosigkeit nur für den so festgestellten Sinn behauptet werden.

Sobald ein Wort, ein Satz, ein Buch aus dem Ganzen der Schrift herausgenommen und in sich isoliert wird (vielleicht noch unter geistesgeschichtlicher Bezugnahme ⌐174⌐ auf Zeit und Umwelt, aber jedenfalls nicht unter Bezugnahme auf die Schrift als ganze), ist keine Garantie der Irrtumslosigkeit mehr da. Wer mit den Mitteln historischer Auslegung eine ältere biblische Sinnschicht herauspräpariert und bewußt darauf verzichtet, sie vom Christusereignis her an ihre rechte Stelle in der Gesamtausgabe der Schrift zu rücken, leistet vielleicht glänzende und im Rahmen der Gesamtauslegung unentbehrliche Arbeit, darf aber nicht ohne weiteres für die resultierende Aussage Irrtumslosigkeit beanspruchen. Es müßte zwar endlich einmal im Rahmen des so vernachlässigten dogmatischen Traktats „de oeconomia Veteris Testamenti"[17] die Frage aufgeworfen werden, welche Funktion die Schrift für die Menschen des Alten Testamentes hatte, ferner, ob und in welchem Maße ihr auch in diesem Rahmen das Prädikat der „Irrtumslosigkeit" zukäme; aber es scheint gar nicht so sicher, daß der „Alte Bund" in der Weise wie der „Neue Bund" auf „Schrift" als „Glaubensquelle" gegründet war und daß man die vom Exil ab im Judentum bedeutend werdende „Schrift" in ihrer damaligen Funktion in genauer Entsprechung zur Funktion der Schrift in der neutestamentlichen Gemeinde theologisch beurteilen darf. Man denke an die durchaus offene und genau parallel laufende Frage, ob es vor Christus ein „unfehlbares Lehramt" gegeben habe. Auf jeden Fall kann man für eine transitorische alttestamentliche Sinnschicht nicht im Namen der christlichen Lehre von der Irrtumslosigkeit der christlichen Bibel den Charakter der Irrtumslosigkeit beanspruchen. Wenn Paulus sagt, daß nur der „Geist" (die Christusbotschaft) lebendigmacht, während der „Buchstabe" (das unter Absehung von Christus gelesene Alte Testament) tötet (2 Kor 3,6), dann grenzt er das zwar sofort dahin ein, daß auch schon der „Dienst des todbringenden Buchstabens" in „Glanz" geschah (3,7) – aber ist es ohne weiteres klar, daß wir diesem

---

[17] Einen ersten Neuentwurf des Traktats hat jetzt P. Grelot, Sens chrétien de l'Ancien Testament (Paris 1962) vorgelegt. Der Traktat müßte auch wieder in den theologischen Studiengang aufgenommen werden, soll die Theologie endlich „heilsgeschichtlich" werden.

„Glanz" auch Irrtumslosigkeit in unserem vollen Sinne zuordnen müssen? Vielleicht kann man in dieser Frage theologisch-deduktiv gar nicht weiterkommen, und es wäre besser, die Lösung einmal vom konkreten bibelwissenschaftlichen Befund aus zu versuchen. Sollte dieser zeigen, daß auch dann, wenn man für manche transitorischen alttestamentlichen Sinnschichten alle üblichen hermeneutischen Regeln angewendet hat (also zum Beispiel genau auf literarische Gattung und Aussageintention des Verfassers geachtet hat), in einzelnen Fällen Aussagen bleiben, die man historisch oder theologisch nur als „Irrtum" bezeichnen kann, dann sollte man den Gedanken an eine schon inneralttestamentliche Irrtumslosigkeit biblischer Vorstadien vielleicht doch aufgeben. Aber, wie gesagt, das gehört schon nicht mehr in den Zusammenhang einer christlichen Inspirationslehre, die sich ja auf die im tridentinischen Kanon vorgelegte christliche Schrift zu beziehen hat, sondern in den seit Jahrhunderten brachliegenden dogmatischen Traktat „de oeconomia Veteris Testamenti". Wenn heutige Exegeten im [175] Alten Testament auf „Inerranzprobleme" stoßen, dann dürfte es sich normalerweise um Probleme an einer solchen transitorischen alttestamentlichen Sinnschicht handeln.

2. In diesem Zusammenhang muß etwas zum Begriff „Literalsinn" gesagt werden[18]. Von der historisch-kritisch arbeitenden modernen Bibelwissenschaft her setzt sich immer mehr ein Sprachgebrauch durch, der unter „Literalsinn" den mit dieser Methode erreichbaren Sinn meint. Bei alttestamentlichen Texten setzt man dabei den „Literalsinn" durchaus im Bereich dessen an, was soeben unter dem Begriff „transitorische alttestamentliche Sinnschichten" gefaßt wurde. Der alttestamentliche „Literalsinn" würde dann auch in den Bereich des paulinischen „Buchstabens" fallen. In diesem modernen Sinn, der also auf völlig unerwartetem Weg wieder zur paulinischen Terminologie zurückkommt, versteht auch die Enzyklika „Divino afflante Spiritu" an einer Stelle den Begriff, nämlich da, wo sie den „Literalsinn" dem „geistlichen Sinn" gegenüberstellt[19]. Aber dieses Verständnis des Begriffs ist nicht identisch mit dem, das in den letzten Jahrhunderten in der katholischen Theologie üblich war und das normalerweise auch in den kirchlichen Dokumenten vorausgesetzt wird, selbst in „Divino afflante Spiritu", wie es

---

[18] Zum folgenden: P. Grelot a.a.O. 443 f.
[19] DSch 3828.

scheint[20]. Dieser „theologische" Begriff des Literalsinns ist vor allem von Thomas von Aquin her geprägt. Bei ihm spielt die Aussage-intention eines bestimmten Hagiographen keine Rolle. Der Literal-sinn ist bei ihm der Sinn der biblischen Texte, und er steht im Gegensatz zum Sinn der Dinge und Ereignisse, von denen die biblischen Texte handeln. Also ein ganz anderer Gesichtspunkt als bei Paulus und heute. Dieser „theologische" Literalsinn meint durchaus den Sinn der als Ganzheit und in der „anlogia fidei" ge-lesenen Schrift. Wenn in der theologischen Tradition der „Literal-sinn" als irrtumslos bezeichnet wird, dann ist stets das „theologi-sche" Verständnis des Begriffes vorausgesetzt. Unter Voraussetzung der älteren Vorstellung vom Werden der biblischen Bücher sind diese Feinheiten der Definition des Begriffs „Literalsinn" relativ gleichgültig; denn da gab es ja dann z. B. keine Spannungen zwischen transitorischen und endgültigen alttestamentlichen Sinnschichten. Unter den heutigen Voraussetzungen dagegen hängt sehr viel davon ab, mit welchem Begriff des „Literalsinns" die Tradition der letzten Jahrhunderte und das kirchliche Lehramt die biblische Irrtums-losigkeit verband[21]. Es dürfte sich nicht nachweisen lassen, daß die Irrtumslosigkeit von der kirchlichen Lehre an einen rein von der historisch-kritischen Methode her definierten, noch nicht die endgül-tige biblische Aussage darstellenden „Literalsinn" gebunden wurde.

3. [176] Eine Folge der Verschiebung im Begriff des „Literal-sinns" ist die moderne Idee, daß es in der Schrift noch einen „volleren Sinn" alttestamentlicher Aussagen gebe, der das Bewußt-sein des ursprünglichen Verfassers übersteige[22]. Zum Teil geht es dabei nur um Rechtfertigungsversuche für die traditionelle Deutung

---

[20] Nach DSch 3826 ist der Literalsinn nämlich nicht nur die modernen exegeti-schen Methoden, sondern zugleich von der „analogia fidei" her zu erarbeiten. Das impliziert aber notwendig ein Verständnis der Schrift als Sinnganzheit und die Interpretation der einzelnen Stellen von der Gesamtbotschaft her. Vgl. auch: A. Bea, Virgo Immaculata, Acta Congressus Mariologici-Mariani (Rom 1955) Bd. 3, 15.

[21] Gehen die Inerranzaussagen auf den Literalsinn im Sinne von Thomas, dann würde es eines eigenen Beweises bedürfen, um behaupten zu können, auch die Inerranz des Literalsinns im modernen Verstande sei katholische Lehrtradi-tion.

[22] Der Begriff stammt von P. Fernández SJ. Überblicke über die sehr umfangrei-che und verworrene Diskussion: R. E. Brown, The Catholic Biblical Quarterly 15 (1953) 141–162, und 25 (1963) 262–285. Neuere bemerkenswerte Arbeiten: P. Benoit, Revue Biblique 67 (1960) 161–196; P. Grelot a. a. O. 442–499.

einiger prophetischer Texte und vor allem des Protoevangeliums, zum Teil wurde hier jedoch eine beachtenswerte Hermeneutik der Lesung des Alten Testaments im Lichte des Neuen entwickelt. Das liegt ganz auf der Linie der in diesem Artikel vorgetragenen Gedanken. Nur wird undiskutiert vorausgesetzt, daß auch die transitorischen inneralttestamentlichen Sinnschichten irrtumslose Schriftaussagen enthalten, und oft wird der „vollere Sinn" in einer mit dem Grundansatz katholischer Inspirationslehre kaum vereinbaren Weise als alleiniger „Sinn des göttlichen Autors" definiert[23]. Demgegenüber schien es uns möglich, ja notwendig, die neutestamentliche Lesung des Alten Testaments als nicht nur von Gott, sondern auch innerweltlich-kategorial von menschlichen „Verfassern" intendierten Schriftsinn zu fassen, eben als den Aussagewillen der (neutestamentlichen) Schlußverfasser des Alten Testamentes.

4. Näher als an der spekulativ in manchem fragwürdigen Theorie des „volleren Sinns" dürfte die hier entwickelte Gesamtauffassung am Grundansatz der Hermeneutik der Väterzeit und der mittelalterlichen Theologie stehen, nämlich an der Lehre vom „geistlichen Sinn" der Schrift. Selbstverständlich muß bei dieser Vergleichung von den einzelnen Auslegungstechniken, vor allem von der passionierten Allegorese, abgesehen werden. Das ist Zeitstil. Wichtig ist nur der Grundansatz der Hermeneutik. Henri de Lubac hat ihn uns in einem mehrbändigen Werk erschlossen[24]. Die paulinische Unterscheidung von „Buchstabe" und „Geist" bildet den Ausgangspunkt. Der „Buchstabe", auch „historia" genannt, ist der Sinn des Alten Testaments, den ihm seine alttestamentlichen Verfasser in ihrer historischen Situation gaben. Der „Geist", auch „allegoria" genannt (und oft nochmals in „allegoria", „tropologia" und „anagogia" unterteilt – daher auch „Lehre vom vierfachen Schriftsinn"), ist das Neue Testament, d.h. die Christusbotschaft, und in Bezug auf

---

[23] Vgl. R. Bierberg, The Catholic Biblical Quarterly 10 (1948) 182–195; G. Courtade, Recherches de Science Religieuse 37 (1950) 481–497; J.P. Weisengoff, The Catholic Biblical Quarterly 14 (1952) 83–85; C. Spicq, Bulletin Thomiste 8 (1951) 216f.; A. Ibáñez Arana, Lumen 8 (1953) 193–219; S. Muños Iglesias, in: XII Semana Biblica Española (Madrid 1952) 223–259; C.H. Giblin, The Catholic Biblical Quarterly 20 (1958) 327–354 u. 477–498; J.J. O'Rourke, The Catholic Biblical Quarterly 21 (1959) 64–71; B. Vawter, The Catholic Biblical Quarterly 26 (1964) 85–96.

[24] H. de Lubac, Exégèse médiévale (Les quatre sens de l'écriture), 4 Bde. (Paris 1959–1964). Dazu vgl. ders., Histoire et esprit (L'intelligence de L'Écriture d'après Origène) (Paris 1950).

das Alte Testament dessen christologische Lesung. Die Synagoge, die die Botschaft von Christus nicht annimmt, kennt nur den „Buchstaben", und so liegt die „Hülle des Moses über ihrem Herzen" (vgl. 2 Kor 3,15). Sie schließt den Kanon ab, bevor Christus kommt, und verweigert die Aufnahme der neutestamentlichen Bücher in denselben. Die Kirche dagegen hat das Neue Testament hinzugefügt [177] und liest nun von ihm, d. h. von Christus her, die ganze Bibel als Einheit. Der Herr aber ist der Geist. Daher hat die Kirche in ihrer christologischen Lesung den „geistlichen Sinn" des Alten Testaments. Oft dient den Vätern und mittelalterlichen Theologen das Wunder zu Kana als Bild. Wie der Herr in den Krügen das Wasser zu Wein verwandelt hat, so hat er den Buchstabensinn des Alten Testaments in den geistlichen Sinn verwandelt. Der Ausleger der Schrift hat natürlich stets bei der „historia" zu beginnen. Aber er muß möglichst schnell zur „allegoria" aufsteigen, da sie erst den Gläubigen die wahre Nahrung des Gotteswortes bietet.

Natürlich hatte die alte Exegese noch kein Gefühl für die oft komplizierten Sinnschichtungen schon innerhalb des Alten Testaments selbst. Sie herauszuarbeiten war die methodische Forschungsarbeit moderner Exegese notwendig. Aber die im Rahmen des Ganzen entscheidende sinngeschichtliche Differenz, die Aufnahme des alttestamentlichen Kanons in den des Neuen Testaments, hat die klassische katholische Exegese in genauem Hinhören auf das Selbstverständnis des Neuen Testaments deutlich herausgestellt und zum Grundprinzip der Schriftauslegung gemacht. Wir werden von ihr wieder lernen müssen.

5. Wahrscheinlich ist auch in neuerer Zeit der tatsächliche Umgang mit dem Alten Testament gegen alle Theorien der Hermeneutiktraktate doch nie wirklich von der alten Hermeneutik des geistlichen Sinns weggegangen und hat damit implizit auch immer schon an der hier entwickelten These von der Irrtumslosigkeit der Bibel als einer und ganzer festgehalten.

Die in Dogmatik und vor allem Moral stets durchgehaltene Meinung, der größte Teil des Alten Gesetzes sei abrogiert, läßt sich im Grunde ja nur rechtfertigen, wenn man eben im Ganzen der Schrift die Aussageintentionen der alttestamentlichen Gesetzgeber schon vom Neuen Testament her in Frage gestellt sieht.

Die Irrtumslosigkeit der Schrift erst in ihrer Einheit ist auch schon vorausgesetzt bei der Weise, wie man den „Heiligen Krieg" des alten Israels, die „Fluchpsalmen", die Diesseitigkeit der alttestamentlichen

Religion und ähnliche Phänomene bewertet. Die Beachtung der literarischen Gattungen hilft hier nur in Randfällen weiter. Die anstößigen Vorstellungen und Aussagen liegen meist genau im Zentrum der Aussageabsicht der inneralttestamentlichen Verfasser. Aber man spricht dann einfach von der Vorläufigkeit der alttestamentlichen Offenbarung und relativiert die ursprünglichen Aussagen aus neutestamentlicher Sicht heraus. Kardinäle haben sogar in der Konzilsaula die Ausmerzung der „Fluchpsalmen" aus dem Brevier gefordert. Aber wenn etwa das Buch des Predigers ohne Rücksichtnahme auf die Gesamtheit der Schrift und speziell das Neue Testament genau im Sinne seines ursprünglichen Verfassers irrtumslos wäre, dann müßte man doch des Predigers Zweifel am Jenseits und seine vom radikalem Todesdenken her entwickelte Existenzphilosophie für schlechthin irrtumslos und verbindlich halten! Die üblichen Hermeneutiktraktate machen oft selbst, wenn sie auf derartige Probleme zu sprechen [178] kommen, die Anmerkung, daß man natürlich die Texte der Bibel im Lichte der Tradition oder des Glaubens der Kirche lesen müsse. Merken sie nicht, daß sie damit in vielen Fällen schon den Standpunkt verlassen haben, im Alten Testament sei der Ursinn auch der irrtumslose? Oder wollen sie für alle diese Fälle behaupten, daß sich die historisch-kritische Auslegung der Texte irrt und daß etwa Kohelet durchaus das habe sagen wollen, was erst in späteren Büchern des Alten Testaments und dann im Neuen Testament dem historisch-kritischen Forscher erscheint? Das wollen wir nicht hoffen; denn es wäre ein nach „Divino afflante Spiritu" kaum noch zulässiges Mißtrauen gegenüber den heutigen Methoden der Bibelwissenschaft. So wird es wohl doch so sein, daß man, ohne es selbst recht zu merken, letztlich schon bei der Auffassung war, die Schrift sei erst irrtumslos, wenn sie als Einheit gelesen wird und wenn Einzelaussagen vom Ganzen her kritisch eingeordnet sind. Eine solche kritische Einordnung besagt im übrigen gerade nicht völlige Verwerfung, sondern ein neues Zumsprechenbringen der Einzelaussage im Lichte des Ganzen. Ob man bei der Entfernung der „Fluchpsalmen" aus dem Brevier nicht sogar das Kind mit dem Bade ausschüttet?

Die Schärfe dieser hermeneutischen Probleme wird heute oft verstellt durch das viele Reden von den literarischen Gattungen. Man gewinnt manchmal den Eindruck, als ließen sich alle Schwierigkeiten mit der biblischen Irrtumslosigkeit durch genauere Analyse der literarischen Gattung der betreffenden Texte lösen. Das ist aber nicht der Fall. Die Gattungsforschung ist außerordentlich wichtig, um zum ursprünglich mit einem Text gegebenen Sinn vorzustoßen. Eine große Anzahl von scheinbaren Problemen – vor allem bei naturwissenschaftlichen und historischen Aussagen – lösen sich bei ihrer sowieso notwendigen Anwendung auch schon nebenbei. Als organischer Bestandteil der Methodik literarischer Kritik ist sie der modernen Exegese unentbehrlich. Pius XII. hat sich den Dank aller Exegeten erworben, als er dies in „Divino afflante Spiritu" so klar herausstellte. Da es immer noch Kreise gibt, die das nicht recht einsehen wollen, kann man sich nur freuen, wenn auch das Konzil, wie man hört, das Recht der Gattungsforschung betonen will. Aber das soll uns nicht hindern, auch auf ihre Grenzen hinzuweisen. Sie ist kein Allheilmittel. Im katholischen Raum werden heute manchmal im Namen der literarischen Gattung Auskünfte gegeben, die sich von ihr her nicht rechtfertigen lassen. Als Beispiel mag der Schöpfungstext in Gn 1 dienen. Man sagt, von der Gattung her gehe es in diesem Text nur um eine einzige Aussage: Gott habe alles geschaffen. Wer wirklich saubere Gattungsforschung betreibt, wird hier wohl vorsichtiger sein. Impliziert hier die Gattung nicht doch auch noch einen Aussagewillen im Hinblick auf die Schöpfung selbst, ihre Struktur und ihren Aufbau? Richtig wird der Satz, es gehe in Gn 1 nur um die Schöpfungsaussage, dagegen im Horizont der Bibel als ganzer. Da stehen dann verschiedenste Weltbilder nebeneinander und relativieren sich gegenseitig. Da kommt es von den im Neuen Testament gesetzten Hauptakzenten der Botschaft her tatsächlich nur noch auf die [179] Schöpfungsaussage an, so daß man mit Recht nur sie als irrtumslos betrachten muß und nicht auch noch die kosmosbeschreibenden Aussagen in Gn 1. Ein anderes Beispiel mag Jos 6–8 sein, die Erzählung von der Vernichtung der Städte Jericho und Ai durch Josue. So wie die Ergebnisse der Archäologie heute liegen, kann Josue diese Städte kaum vernichtet haben; denn sie lagen zu seiner Zeit schon seit mehreren Jahrhunderten in Trümmern. Kann man sich nun damit aus der Schlinge ziehen, daß man auf die Gattung dieser Kapitel hinweist, auf den Charakter der „Legende" und „Heldensage", die ihnen anhaftet? Auch Legenden und Sagen haben normalerweise einen historischen Kern, und der wäre doch hier, nach Abschälung aller erzählerischen Einzelzüge, wohl das Faktum der Eroberung der Städte durch Josue. Mindestens ist anzunehmen, daß der Deuteronomist diese Kapitel nur deshalb in sein Geschichtswerk aufgenommen hat, weil er sagen wollte, Josue habe diese Städte erobert – den Legenden- und Sagencharakter der Erzählungen in ihrer konkreten Gestalt mag er dabei durchaus erkannt haben. Die Spannung zu den Ergebnissen der Archäologie läßt sich also von der Gattungsbestimmung allein nicht beseitigen. Eine andere Frage dagegen ist, ob nicht im Ganzen der biblischen Botschaft, wo dann nicht mehr das „Land" die eigentliche Heilsgabe Gottes bildet, die Einzelheiten der Landnahme der Israeliten in Palästina so an den Rand rücken, daß sie vernachlässigt werden können, und ob nicht die heilsgeschichtliche Aussage, Jahwe habe seinem Volk das den Vätern verheißene Land gegeben, allein als irrtumslos beansprucht werden kann. Diese beiden Beispiele mögen genügen. Andere ähnlich strukturierte könnten an ihre Stelle treten, falls jemand aus exegetischen Einzelgründen heraus gerade diese Beispiele nicht anerkennen möchte. Es sollte durch sie nur eines demonstriert werden: Heute werden oft im Namen der literarischen Gattung hermeneutische Lösungen angeboten, die in Wirklichkeit doch von unserer These der Einheit der Schrift her gedacht sind.

Die Thesen dieses Artikels scheinen also gar nicht so neu zu sein, sondern machen nur etwas reflex, was im Grunde auch vorher schon praktiziert worden ist.

6. Die rein historische Exegese, wie sie heute mit Nachdruck betrieben wird, wird durch unsere Thesen keineswegs abgelehnt. Sie ist unaufhebbar notwendig als Anfangs- und Durchgangsphase des Auslegungsprozesses. Auch die Alten setzten stets bei der „historia" an, ehe sie zur „allegoria" weiterschritten. Auch das Verständnis der Schrift als Einheit ist nicht eine schlechthin unhistorisch über die Bibel gelegte Theorie, reine Dogmatik. Es läßt sich vielmehr – wie wir zu zeigen versuchten – historisch-kritisch als innerbiblisches Phänomen verifizieren. Allerdings wird man historisch-kritisch nur den grundsätzlichen Standpunkt des Neuen Testaments zu erheben haben, daß nämlich die ganze Schrift von Christus her zu verstehen ist. In der Einzelauslegung des Alten Testaments wird man diesen neutestamentlichen Standpunkt einzunehmen haben, dann aber im einzelnen selbst mit den heutigen Mitteln des Verstehens den „Ganzheitssinn" alttestamentlicher Texte zu erfassen versuchen. Wieweit man ein solches Tun noch als „historisch-kritisch" [180] bezeichnet, ist wohl Definitionssache. Es hängt davon ab, wieweit man echtes Sach-Verstehen noch als Aufgabe der historisch-kritischen Methode selbst betrachtet.

7. Faßt man in Anlehnung an den unter Exegeten üblichen Sprachgebrauch nur die Erforschung der inneralttestamentlichen Sinnschichten als „historisch-kritische" Arbeit, dann muß man die Beschränkung auf diese Arbeit im Rahmen christlicher Schriftauslegung als ungenügend bezeichnen. „Es ist zweifelhaft, ob es, um das christliche Volk in die Bibel einzuführen, genügt, zur Übersetzung literarische und geschichtliche Anmerkungen hinzuzusetzen, die aufweisen, wie die ursprünglichen Adressaten ihre Texte verstehen konnten. Solche Anmerkungen können vollkommen orthodox sein, ohne doch zu erfüllen, was man von ihnen erwartet: man findet dort alles, nur nicht das Wesentliche."[25] Über der Feststellung der ursprünglichsten Aussage muß sich ein weiterer Auslegungsvorgang aufbauen, der zur Ganzheitsaussage der Schrift gelangt. Erst hier wird der Bereich betreten, wo die Schrift Wort Gottes an uns, wo sie also irrtumslos ist.

Wie dieser Auslegungsvorgang auszusehen hat, ist nicht leicht zu sagen. Die Schrift als Einheit ist ein so vieldimensionales Gefüge, daß sie nicht leicht zu bewältigen ist. Die letzten Seiten konnten den Eindruck erwecken, als müsse vom Ganzen der Schrift her die Aussageintention einzelner biblischer Texte vor allem reduziert werden. Der Eindruck wäre als definitiver unbedingt falsch. Das Neue Testament ist nicht nur die Krisis des Alten, sondern auch seine Erfüllung. So müßte in diesem ganzheitlichen Auslegungsvorgang auch das Licht aufgefangen werden, das von Christus her das Alte Testament erhellt. Hierzu wurde das Beste in neuerer Zeit sicher von Grelot gesagt[26]. Von den Methoden der Alten darf man die spielerische Allegorisierung wohl einem Paul Claudel überlassen. Ernster zu nehmen ist schon die eigentliche Typologie. Sie läßt sich in einer Weise betreiben, die gerade das herausstellt, was heute unser Anliegen sein muß: als Exemplifizierung der analogia fidei in ihrer geschichtlichen Dimensionalität. Es ist nicht zufällig, daß auch eine bedeutende Gruppe evangelischer Alttestamentler wieder zu einem Programm der „Typologie" gefunden hat[27]. Jedoch scheinen solche Methoden, die sich im konkreten Tun noch an den Gang des biblischen Textes halten, eher in den Bereich der Verkündigung zu

---

[25] P. Grelot a.a.O. 442, Anm. 1.
[26] Ebd. 458–499.
[27] Vgl. die Aufsatzsammlung: C. Westermann, Probleme alttestamentlicher Hermeneutik (München 1960). Repräsentatives Werk: G. von Rad, Theologie des Alten Testaments, 2 Bde. (München [4]1962 f.).

gehören. Im Bereich der wissenschaftlichen Theologie wird man mindestens zur Zeit den Einheitssinn der Schrift nicht erreichen können ohne eine gewisse Loslösung vom einzelnen Text. Praktisch wird man erst in der Biblischen Theologie beim irrtumslosen Schriftsinn ankommen. Gemeint ist dabei die aus biblischen Einzeltheologien resultierende biblische Gesamttheologie, für die man heute im übrigen noch keinen überzeugenden Beleg nennen könnte. Vielleicht sollte sie auch gar nicht als „Biblische" Theologie angestrebt [181] werden, sondern unter reflexer Hineinnahme der ja faktisch für keinen Ausleger der Schrift aus seinem „Vorverständnis" ausklammerbaren Tradition sofort als eine allerdings stärker als heute üblich von der Bibel her lebende Dogmatik. Ein so guter Kenner der Probleme wie Henri de Lubac sagt schon von Thomas von Aquin, der noch ganz in der Hermeneutik des geistlichen Sinns steht und sie in seinen Schriftkommentaren in der traditionellen, typologisierenden Weise durchführt: „Die ihm eigentümliche geistliche Auslegung sollte das große Lehrgebäude seiner Summe sein."[28] Vielleicht lassen sich auf die Dauer auch innerhalb der Theologie wieder schriftnähere Auslegungstechniken entwickeln, die bis zum irrtumslosen Schriftsinn hinführen, ohne sich wie eine biblische oder dogmatische Theologie ganz vom Text zu lösen und zur Systematik zu werden. Zur Zeit jedenfalls haben wir sie nicht. Im direkten christlichen Vollzug sind die Dinge ja einfacher. Wer innerhalb des Gottesdienstes der neutestamentlichen Gemeinde die Verkündigung eines alttestamentlichen Textes vernimmt, vollzieht sein Hören immer schon im Raum des Gegenüber zu Christus – hierbei ist gerade nicht an die im Sinne einer spielerischen Sekundäranwendung der Schrift ausgewählten Lesungen der Muttergottesfeste gedacht, sondern an ganz normale, wörtlich zu verstehende alttestamentliche Texte, die die kommende Reform der Perikopenordnung hoffentlich vermehren wird. Auch wer die liturgische Schriftbegegnung in der Form privater Schriftlesung und -meditation verlängert, wird normalerweise aus dem neutestamentlichen Vorverständnis seines Glaubens heraus das Alte Testament lesen.

---

[28] H. de Lubac, Exégèse médiévale, Bd. II, 2 (Paris 1964) 299. – Man müßte im Lichte unserer Überlegungen einmal die Funktion des „Schriftbeweises" in der Dogmatik überdenken: hat er wirklich von dem schon eindeutig festgestellten irrtumslosen Schriftsinn zu starten (so daß er im Grunde, soll er weiterführen, nur zu einer „conclusio theologica", zu einem „sensus consequens" führen kann), oder ist er nicht gerade ein Moment im Zusichselberkommen des irrtumslosen Schriftsinns?

8. Abschließend: im Lichte der vorgetragenen Thesen erweist sich die biblische Irrtumslosigkeit einfach als ein besonderer Aspekt der Wahrheit der göttlichen Offenbarung. Sie hört auf, ein mit dem zentralen Offenbarungsgeschehen nur recht äußerlich und oberflächlich verbindbares theologisches Traditionsstück zu sein, das sich vielen Christen nur dadurch bemerkbar machte, daß es ihnen Glaubensschwierigkeiten bereitete. Wenn eine neuere Theorie der biblischen Inspiration diese ganz im Neuen Testament und im Selbstvollzug der Urkirche ansiedelte[29], so erreicht sie wohl im ganzen die gleiche Sicht wie diese Überlegungen, die eher von den Problemen des Alten Testaments her kamen. Hugo von St. Viktor: Omnis Scriptura Divina unus liber est, et ille unus liber Christus est (Die ganze göttliche Schrift ist nur ein Buch, und dieses eine Buch ist Christus).

---

[29] K. Rahner, Über die Schriftinspiration (Freiburg 1958) besonders vgl. 58–62 und 87f.

Text und Thema

Anmerkungen zum Absolutheitsanspruch der Systematik
bei der Reform der theologischen Studien

[120] Vor mir liegt ein Aufsatz von Karl Rahner „Zur Neuordnung
der theologischen Studien" im Januarheft der „Stimmen der Zeit".
Dem nach dem Konzil im Auftrag der deutschen Bischöfe erstellten
Reformentwurf für die katholischen theologischen Studien wird in
diesem Aufsatz mit den Waffen des Geistes im Namen der wirkli-
chen Theologie und ihrer wirklichen Nöte der Garaus gemacht. Der
Entwurf war gut gemeint. Aber er roch zu sehr nach Arrangement.
Rahner hat recht, nicht der Entwurf. Möge er in Frieden ruhen.

Doch nun, Pater Rahner, zu Ihrem Gegenentwurf. Er ist ja nicht
notwendig deshalb schon gut, weil sein Vorgänger schlecht war. Sie
haben ihn auch nur „als Diskussionsvorschlag gedacht". So werden
Sie es einem Exegeten nicht verübeln, wenn bei der Lektüre Ihres
Entwurfs er nun Zeter und Mordio schreit.

Zwar ist dieser Exeget entzückt, weil Sie für das Recht der
Philosophie innerhalb der theologischen Grundausbildung kämpfen.
Wer weiß, was Exegese ist, muß das im eigenen Interesse wünschen.
Die systematisch durchgeführte Verklammerung philosophischen
Fragens und theologisch-thematischen Antwortens, die Sie vorschla-
gen, kann als Fortschritt gegenüber dem bisher üblichen hilflosen
Nebeneinander zweier sich immer mehr auseinanderlebender Er-
kenntnisbemühungen gelten. Selbst Ihre Idee eines Grundkurses ist
diskutabel, wenn auch hier noch viel zu besprechen und zu klären
wäre. Aber eines gibt es, was alles andere diskreditiert. Sollte es
Ihnen entgangen sein? Sie haben die Exegese vergessen. Zum letzten
Mal wird sie in Fußnote 18, die dem Entwurf vorausgeht, neben der
„Biblischen Theologie" erwähnt. Im Entwurf selbst fehlt sie.

Aber vielleicht mußte sie vergessen werden. Ich habe versucht, sie
nachträglich unterzubringen. Es fand sich kein Platz für sie[1].

---

[1] Auf den ersten Blick schien es möglich, „Exegese" da zuzufügen, wo Karl
Rahner die „Einleitung in das AT und NT" und die „Biblische Theologie"
untergebracht hat. Doch auch das geht nicht. Die beiden Fächer stehen bei

Exegese ist unsystematisch. Die von Ihnen konzipierte theologische Ausbildung ist reine Systematik.

Erlauben Sie mir deshalb bitte ein kleines Plädoyer für das Recht nichtsystematischer Erkenntnisfindung in der Theologie, selbst in einer theologischen Grundausbildung.

I.

121 Vor mir liegt neben dem Januarheft der „Stimmen der Zeit" ein im Auftrag des „Consilium ad exsequendam Constitutionem de Sacra Liturgia" von der Vatikanischen Druckerei als Manuskript gedruckter, 474 Seiten dicker Band mit dem Titel: „Ordo lectionum pro dominicis, feriis et festis sanctorum" (Leseordnung für die Sonntage, Werktage und Heiligenfeste). Dieser Entwurf muß noch einmal überarbeitet werden. Aber er zeigt schon ungefähr an, was in kürzester Zeit auf den Seelsorger und auf jeden Gläubigen, der in den Gottesdienst zu gehen pflegt, zukommt. Denn für die Sonntage ist ein dreijähriger Zyklus liturgischer Lesungen vorgesehen, und zwar mit jeweils drei Schriftlesungen (Altes Testament, neutestamentliche Schriften, Evangelien). Allein an den Sonntagen wird infolgedessen bald das Fünffache dessen vorgetragen werden, was die Liturgie bisher an Schriftlesungen bot, wenn es sich auch über

---

Rahner in einem systematischen Traktat mit dem Titel „Der Mensch in der amtlich besonderen Offenbarungs- und Heilsgeschichte". „Mensch" und „Geschichte" können in diesem Zusammenhang nur als eingrenzende Formalaspekte verstanden werden. In dem Traktat finden sich sonst noch: Geschichtsphilosophie, Hermeneutik, Philosophie- und Kulturgeschichte, allgemeine Dogmengeschichte, theologische Kirchengeschichte – also alle „Geschichten" mitsamt der Reflexion darüber. Die hier zugrunde liegende Idee einer einzigen umfassenden „Geschichte" ist für die Grundausbildung ausgezeichnet. Versteht man unter „Biblischer Theologie" die historische Darstellung der biblischen Einzeltheologien in ihrer Abfolge (man vergleiche von Rad, Bultmann, Conzelmann), also eine Art Vorstufe der christlichen Dogmen- und Theologiegeschichte, dann ist auch die Einordnung der „Biblischen Theologie" in dieser einen „Geschichte" sehr sinnvoll. Sie könnte dann übrigens mit der biblischen Einleitungswissenschaft zusammenwachsen, wie es Schreiner in dem von ihm herausgegebenen Buch „Wort und Botschaft" für das Alte Testament versucht hat. Aber Exegese als Textauslegung hat in diesem Zusammenhang nichts zu suchen. Innerhalb eines Traktats mit so deutlich eingegrenztem Formalobjekt wäre echte Auslegung bei allen Texten der Bibel, die nicht gerade nur eine Aussage über die geschichtliche Entwicklung von Glaube und Offenbarung in der biblischen Zeit machen, durch die einengende Fragestellung schon im Ansatz behindert.

einen längeren Zeitraum verteilt. Der Kirchenbesucher wird dann
mit Recht erwarten, daß ihm die Schrift erklärt wird. Der Geistliche
wird gut daran tun, die Schrift zu erklären. Es erweist sich auch
immer wieder trotz aller Auffächerung moderner Seelsorgemethoden
und Kommunikationsverfahren, daß die Predigt eine entscheidende
Tätigkeit des Priesters bleibt, daß sie sich nur in Sonderfällen oder
zwischendurch einmal von den biblischen Texten des Wortgottes-
dienstes lösen läßt und daß mangelnde Vorbereitung und fehlender
Gehalt sich seelsorglich rächen.

Zur Predigt kommen andere Gelegenheiten, bei denen der Priester
und der als Religionslehrer tätige Laientheologe sein Lehren, Verkünden und Bezeugen von Bibeltexten aus entfalten muß. Man
denke an den Religionsunterricht in der Schule und an Bibelkreise.
Der akademisch ausgebildete Theologe wird mindestens ebensooft
von biblischen Texten her tätig werden müssen wie in Beantwortung
einer thematischen Frage. Die theologische Ausbildung müßte ihrer
Struktur nach dem Doppelcharakter der späteren Tätigkeit entsprechen. Das ist wissenspsychologisch und hochschuldidaktisch durch-
zudenken.

[122] Das in einem Studium erworbene Wissen ordnet sich assoziativ entsprechend der Struktur des Studiums. Es wird später nur
zur Hand sein, wenn die richtigen Assoziationszentren und -bahnen
geschaffen wurden. Wenn das gesamte Wissen um thematische
Fragen gruppiert ist, werden die Assoziationen ausbleiben, wenn ein
Lehrer oder Priester Texte auszulegen hat. In seinem armen Kopf
wird sein vielleicht brillantes systematisches Wissen zur heterogenen
Sprach- und Denkwelt biblischer Texte nicht hinfinden können.

Die Weise, wie man den Glauben bedenkt, meditiert, anderen
sprachlich vermittelt, ist verschieden, wenn man von einer thematischen Frage ausgeht und wenn man einen Text entlanggeht. Ein in
der Diskussion vielleicht dialektisch gewandter Theologe kann hilf-
los darstehen, wenn er einen Text erschließen soll; es fehlt ihm dazu
die Einübung. Literarische Texte (die Bibel ist fast überall Literatur)
erschließen sich nur, wenn sie als ganze gelesen werden: man kann
nicht wie in einem Lexikon oder in einem Denzinger in ihnen
nachschlagen. Die Bemühung um den biblischen Text im Zusammenhang muß in den Studien beginnen.

In der Tätigkeit eines Geistlichen oder eines Religionslehrers sollte
es nicht allzu viele Neuheitserlebnisse hinsichtlich der Dinge und
Tätigkeiten geben, die man von ihm erwartet. Er hat nicht mehr die

Zeit und Kraft, zu viel ihm Unbekanntes von Null ab aufzuarbeiten. Wie man verlangen kann, daß ein Kaplan alle wichtigen thematischen Fragen, die an ihn herantreten, in seinen Studien irgendwie schon einmal bedacht haben sollte, muß man auch fordern, daß wenigstens ein Teil der in der Praxis gebrauchten biblischen Texte mindestens anstudiert wurde.

Man denke sich, ein zukünftiger Deutschlehrer (der also in einem großen Teil seines Unterrichts Texte der deutschen Literatur wird behandeln müssen) erhielte eine Universitätsausbildung von rein systematischer Struktur: seine akademischen Lehrer gäben ihm, Thema für Thema systematisch geordnet, einen Extrakt der deutschen Kulturtradition, sie besprächen und interpretierten aber nie die Werke unserer Dichter im Zusammenhang. Undenkbar.

II.

Man wird einwenden können, nach deutscher Universitätstradition sei die Theologieausbildung nicht im Stil einer höheren Fachschule, sondern als Hineinwachsen in die Forschung zu planen, und so gesehen seien die angestellten Überlegungen zu utilitaristisch. Lassen wir den Einwand, wie er ist, auch wenn mindestens einige Unterscheidungen anzubringen wären. Auf der Ebene des Einwands selbst sei ein anderer Aspekt unserer Sache genannt.

Wissenschaftstheoretisch, das heißt vom Wesen der theologischen Wissenschaft her, ist die nicht von systematischer Fragestellung geleitete, nur auf den jeweiligen Text hörende Auslegung der theologischen Quellentexte, besonders der biblischen, unentbehrlich. [123] Das unterscheidet Theologie von Philosophie und anderen menschlichen Erkenntnisbemühungen, daß sie auf ein von außen ergehendes Wort zu hören hat, das größer und umfassender ist als das eigene Fragen. Jede nur systematisch aufgebaute Theologie hat aber einen festen Kanon vorgesehener und zugelassener Themen. Selbst wenn grundsätzliche Bereitschaft zu ständiger Aufsprengung des eigenen Fragenkanons besteht (was gleichbedeutend wäre mit Bereitschaft zu ständigem Umbau des theologischen Fächersystems), bleibt offen, woher der Erkenntnisfortschritt in das System hineinkommt. Einerseits zweifellos durch neue Fragen, die der Wandel der Epoche heraufführt. Andererseits jedoch nicht minder durch neue Botschaften, die wir aus der niemals ausgeschöpften Offenbarungsurkunde vernehmen, wo sie durch die Zeiten für uns

aufbewahrt waren. Karl Rahner hat sich mehrfach zur Unüberhol-
barkeit der Schrift für den christlichen Glauben und die christliche
Theologie geäußert. Könnte die Schrift ihr neues, nicht vorauszu-
planendes Wort sprechen, wenn sie nur von einem schon im voraus
festgelegten Fragenkanon her abgehört würde?

Gesetzt, ein thematisch arbeitender Theologe wendet sich mit
einer bestimmten Frage an einen biblischen Text, von dem er
Antwort erwartet. Dann sieht er, daß dieser Text zu seiner Frage
nichts zu sagen hat, daß er aber etwas anderes sagen möchte. Doch
das ist nicht die Frage des Mannes, er schiebt den Text beiseite und
sucht einen passenderen. Man kann ihm daraus keinen Vorwurf
machen. Er ist Systematiker, er hat beim Thema zu bleiben.

Aber es muß die andere wissenschaftliche Bemühung um die
Schrift geben, die nicht an vorgegebene Fragen gebunden ist,
sondern nur an den Text. Sie darf nur das Ziel haben, den jeweiligen
Text mit der ihm eigenen Aussage zu Wort kommen zu lassen, ob
angenehm oder unangenehm, ob erwartet oder überraschend, ob neu
oder alt. Nur sie kann dann Neues, nie Gehörtes vernehmen oder
das Alte auf eine neue Weise. Es ist die Exegese. Sie kann das
Neuvernommene der Systematik weiterreichen: als Anregung oder,
wenn man nicht zuhören will, als Provokation. Niemals dürfte die
Spannung und fruchtbare Wechselwirkung zwischen Thema und
Text, sachgebundener Frage und textgebundener Offenheit des Hö-
rens zugunsten der absoluten Alleinherrschaft des einen Wegs der
Wissensfindung beseitigt werden. Exegese gehört vom Wesen her zur
Theologie. Sie ist nicht-systematisch. Sie hat auch nicht nur die
Systematik anzuregen.

Systematik ist nur an den inhaltlichen Aussagen interessiert. Die
Bibel ist – wie schon einmal betont – fast überall „Literatur". Form
und Gestalt, Bild und Rhythmus, Stimmung und alles Mitschwin-
gende sind daher nicht weniger wichtig als der gedankliche Inhalt.
Erst in der Einheit von allem ist das Sprache gewordene Gotteswort
da. Diese Einheit wird nur erfaßt in der Interpretation des Ganzen.

Ferner: Ein Text ist nicht verstanden, wenn er nicht in die eigene
Sprache und eigene Welt hinübergeholt ist. Interpretation biblischer
Texte umschließt, wenn sie richtig geschieht, schon irgendwie das
Ganze des theologischen Tuns, wenn auch auf eine nicht-systemati-
sche Weise.

    124 So steht Exegese wissenschaftstheoretisch selbständig neben
der systematischen Theologie. Haftet diese am Thema, dann sie am

Text. Man mag daher ruhig utililaristische Überlegungen von sich weisen und vom hohen Anspruch des deutschen Universitätsideals ausgehen – der Notwendigkeit nicht-systematischer Theologie in der Form der Bibelauslegung entflieht man dadurch nicht.

III.

Daß die Berufsausbildung zukünftiger Priester und Religionslehrer und das Wesen der Theologie als Glaubenswissenschaft genau dasselbe fordern, ist nicht von ungefähr. Das Interpretieren biblischer Texte gehört in das Berufsbild des christlichen Liturgen und Katecheten notwendig hinein, weil die Heilige Schrift nicht nur gegenüber der Theologie als Wissenschaft, sondern gegenüber dem Glauben aller Gläubigen ihre nie überholbare Funktion der Glaubensstiftung ausüben muß. Deshalb wird man nie die Schulbibeln durch ein Lesebuch aus Teilhard de Chardin ersetzen und in der Sonntagsmesse statt des Evangeliums nur noch Hirtenbriefe und päpstliche Enzykliken vorlesen können. Jeder Christ hat das Recht, in Gottesdienst und Unterweisung dem Wort Gottes selbst zu begegnen und aus ihm vielleicht Dinge zu vernehmen, die sich die Theologen der Epoche auf ihren Kathedern nicht träumen ließen. Priester und Religionslehrer sollen dabei helfen. Deshalb müssen sie selbst die Schrift kennen und in der Lage sein, den Duktus ihrer Sprache zu erschließen.

Es macht das Christsein nicht leichter, daß man Gottes Botschaften über einen Zeit- und Kulturabgrund von zweitausend Jahren hinweg empfangen muß. Aber das ergibt sich daraus, daß Gott in die Geschichte kam. Dies ist so. Wer das aufhebt, und sei es nicht in seiner Theorie, sondern nur durch Beseitigung der entsprechenden Strukturen in Gottesdienst, Katechese und theologischer Ausbildung, setzt sich dem Verdacht aus, nur eine eigene Philosophie anbieten zu wollen. Wer diese Strukturen bewahren oder ihnen da, wo sie unterdrückt und verkümmert waren, wieder zum Leben verhelfen will, sollte nicht des „grassierenden Biblizismus und theologischen Positivismus" bezichtigt werden[2].

---

[2] Rahner scheint diese Worte auf S. 16 seines Aufsatzes auch eher seinen dogmatischen Kollegen als den Exegeten zuzusprechen: es geht im Zusammenhang um die Notwendigkeit der Philosophie im Rahmen der theologischen Ausbildung. Vermutlich hat er mit seinem Vorwurf weithin recht. Vielleicht ist er sogar auch im Recht, wenn er sagt, die heutige Glaubensnot werde „in der

[125] Exegese als nichtsystematische Theologie ist wissenschaftstheoretisch gefordert. Sie muß aber darüber hinaus selbst in einem theologischen Grundkurs zur Ausbildung von Seelsorgern und Religionslehrern tragender Teil sein.

Soweit mein Plädoyer. Habe ich Sie überzeugt, Pater Rahner? Ich hätte nicht anzufangen gewagt, hätte ich nicht das Gefühl gehabt, es müsse möglich sein, Sie zu überzeugen, nicht die leise Hoffnung, Sie könnten die Exegese vielleicht doch nur vergessen haben, fast zufällig.

Zwar sieht sich Ihr Entwurf in den Augen eines Exegeten an wie Kommunikationsabbruch. Sie kennen nur noch einen Grundkurs A, der systematisch ist, und darauf bauend einen Kurs B, und der ist als „Systematische (philosophische und historische) Theologie" sogar deklariert. Wir Exegeten existieren nicht mehr.

Aber Ihr Systematiker habt ja Eure eigene Art, Retuschen vorzunehmen. Irgendwo noch parallel zu A und B ein C – und schon ist alles wieder gut. Schreiben Sie hinter das C dann „Textauslegung" oder etwas ähnliches.

Geben Sie dazu einen Kommentar. Nehmen Sie dabei kein Blatt vor den Mund. Belehren Sie uns Exegeten klar, wie die Auslegung der Bibel im Rahmen eines Grundstudiums aussehen müßte. Schimpfen Sie, weil wir in unserer Praxis noch so weit von unserem Ideal entfernt sind und uns allzuoft ins historisch-kritische Schneckenhaus zurückziehen, wo wir unangreifbar sind, aber oft nicht sehr hilfreich. Fordern Sie im Namen der Hermeneutik, von der wir so gern reden, daß wir uns mehr um die Sache und nicht nur um die Entstehungsumstände der Heiligen Schrift kümmern, daß wir uns mehr bemühen um ihre gelingende Übersetzung in die Sprache von heute, ja von

---

Exegese – so wie sie heute bei uns betrieben wird – nicht bewältigt, sondern eher vermehrt" (6). Aber damit sind wir auf der Ebene der traurigen Wirklichkeit, nicht mehr der Planung einer besseren Zukunft. Im Blick auf heute wäre es sicher nicht allzu schwer, auch eine Gegenrechnung zu präsentieren. Man frage einen beliebigen Theologiestudenten, wie viele seiner Dogmatikprofessoren ihm seine Glaubensnot „bewältigt" und nicht „vermehrt" haben. Wenn es um unser konkretes Forschen und Dozieren geht, wollen wir uns doch lieber nicht gegenseitig den Schwarzen Peter zuschieben, sondern gemeinsam unser Ungenügen und vielleicht auch unsere Schuld bekennen. Strukturelle Reformen dagegen dürften niemals im Blick auf Herrn A., diesen glaubensgefährdenden Exegeten, oder auf Herrn B., diesen glaubensversteinernden Dogmatiker, entworfen werden, sondern nur aus den Erfordernissen der Sache.

morgen. Verlangen Sie, daß wir den Auslegungsvorgang so weit
vorantreiben, daß nicht nur der überbegabte, sondern auch der
durchschnittliche Student nach unserer Vorlesung nur noch einige
kleine Schritte machen müßten, um über den gleichen Text predigen
oder im Religionsunterricht sprechen zu können. Fordern Sie dies
und anderes. Fordern Sie ruhig auch, daß wir mehr Philosophen
lesen und selbst das Philosophieren lernen. Nur verzichten Sie selbst
auf den in Ihrem Entwurf implizierten Absolutheitsanspruch der
Systematik für die theologische Ausbildung[3].

[126] Sie werden dann immer noch genug gegen den im Auftrag
der Bischöfe erstellten Entwurf vorbringen können. Ich wäre von
Ihnen und jedem anderen mißverstanden, wenn das hier Gesagte als
Verteidigung des Bischofsentwurfs und als Entkräftigung Ihrer
Kritik gedeutet würde. Ihre Kritik war berechtigt. Es ging um Ihren
Gegenvorschlag.

---

[3] Karl Rahners Vergessen der Exegese steht wohl nicht allein, sondern findet
nur wenig anders gelagerte Parallelen an verschiedenen Stellen der katholischen Welt, immer bei den Überlegungen zur nachkonziliaren Reform der
theologischen Studien. Meist geschieht dabei die Ausschaltung der eigentlichen Exegese ohne bösen Willen, ja im Namen der von den Dogmatikern
neuentdeckten Bibel. Beim Konzil hatten ja die Exegeten nicht viel zu melden,
die Periti waren in der Mehrzahl Dogmatiker. Ähnlich scheint es jetzt oft bei
den Reformüberlegungen für die theologische Ausbildung zu sein. Die Refor-
mer sind dabei biblisch interessiert. Sie geben in manchen Fällen, was die
Stundenzahl angeht, der Bibelwissenschaft mehr Raum als früher. Aber
zugleich führen sie oft eine thematische Koordination der systematischen und
exegetischen Stoffe ein, und da ist der Pferdefuß. Wenn der Dogmatiker von
Schöpfung und Ursünde spricht, hat der Bibliker die Genesis zu behandeln.
Wenn der Fundamentaltheologe über die Kirchengründung doziert, muß der
Bibliker über Matth. 16 lesen. Ist der Gnadentraktat fällig, erwartet man
biblischerseits Vorlesungen über den Römerbrief. Und so weiter. Die „Exegeten" machen oft begeistert mit. Die angebotene höhere Stundenzahl und das
plötzlich mögliche Einverständnis mit den ehemals feindlichen Brüdern wirken
als Opium. Sie merken nicht, daß sie insgeheim für die Systematik vereinnahmt
werden. Im Grunde haben sie bei einer solchen Planung der Fächer nur die
Funktion des aus der Dogmatik herausgelagerten Schriftarguments der alten
neuscholastischen These übernommen, wenn ihm jetzt auch mehr Raum und
mehr Würde zugesprochen ist. Auf die Dauer werden die Dogmatiker, die jetzt
noch biblisch begeistert sind, völlig von den schwierigen Fragen aus Dogmen-
und Konziliengeschichte absorbiert werden. Weil ihr exegetischer Kollege ja
gut arbeitet, können sie sich auch ohne schlechtes Gewissen von jeder eigenen
Beschäftigung mit der Bibel dispensieren. Ob das die Dogmatik verbessert?
Die Exegeten, die hier mitmachen, übersehen, daß durch diese anscheinend so
bibelfreundlichen Reformen gerade das Ureigenste einer thematisch nicht

Doch eines könnte man erwägen. Mußte das Kind gleich getötet werden? Verriet der Entwurf nicht trotz seiner Mängel einen gewissen Sinn für den methodischen Pluralismus, ohne den die Theologie und selbst ein theologisches Grundstudium nicht leben kann? Er ist zu sehr von gestern. Einige Schönheitsoperationen könnten ihn nicht retten. Aber sollte es nicht vielleicht noch möglich sein, auf einige kühne Organtransplantationen zu sinnen?

---

festgelegten Schriftauslegung abgewürgt wird. Es können nicht mehr *alle* Teile der Bibel frei zu Wort kommen, auch solche, welche zu dem gerade üblichen systematischen Themenkanon nichts beizusteuern haben (welchem dogmatischen Traktat sollte zum Beispiel das Buch Exodus, welchem das Buch Job oder das Buch Kohelet, welchem die Johannesapokalypse auch nur einigermaßen adäquat zugeordnet werden?). Nur selten noch werden die biblischen Bücher als *ganze* als literarische Wirklichkeit in den Blick kommen, da die Aufmerksamkeit vom thematischen Ansatz her sofort auf bestimmte Passagen oder Aspekte fällt. Es wird der Schrift um so schwieriger werden, *Neues* zu sagen, je mehr sich ein neuer Themenkanon der Systematik verfestigt (und das wird bald wieder der Fall sein, auch wenn jetzt alles zu fließen scheint). Die Auslegung der Bibel sollte keinen anderen Kanon kennen als den Kanon der Bibel selbst.

Augustin Bea und die moderne Bibelwissenschaft

> Die Kirche hat kein wissenschaftlich be-
> gründetes Ergebnis der modernen For-
> schung zu fürchten; ja man erweist ihr
> einen Dienst, wenn man echte, tiefe Wis-
> senschaft pflegt.
>
> Augustin Bea[1]

[56] Als ich 1966 Professor am Päpstlichen Bibelinstitut in Rom
wurde, machte ich, wie das damals dort noch üblich war, meine
Antrittsbesuche. Ich besuchte auch meinen ehemaligen Lehrer Pater
Augustin Bea, jetzt Kardinal. Er wohnte nicht mehr im Bibelinstitut,
wo ich als Student nicht nur sein Schüler, sondern auch sein
Hausgenosse gewesen war, sondern weit draußen vor der Stadt im
Brasilianischen Kolleg. Dort hatte ich mit dem 85jährigen, dem sich
nun, nachdem das Konzil vorüber war, selbst seine große Spätzeit
sichtlich zu neigen begann, zwei Jahre vor seinem Tod, ein Gespräch, das ich nicht mehr vergessen kann. Vielleicht war ihm
einfach das Herz aufgegangen, als einer seiner letzten Studenten nun
seine ehemaligen Vorlesungen über die Pentateuchkritik übernehmen sollte. Oder er hatte Angst um mich, weil er zu wissen glaubte,
was in Rom alles auf mich zukommen konnte. Oder auch, ich war
für ihn ein Repräsentant jener neuen Generation von Bibelwissenschaftlern, für deren Freiheit er fast ein ganzes Leben lang gewartet
und geschwiegen hatte und die die endlich erlangte Freiheit nun auf
eine Weise benutzten, wie er es sich eigentlich doch wieder nicht
vorgestellt hatte, so daß ihm dunkle Ahnungen kamen. Was es auch
war: er, der sonst mit persönlichen Mitteilungen eher zurückhielt,
begann plötzlich, eine Geschichte nach der anderen aus jenen
Jahrzehnten des Schweigens zu erzählen, als er in Rom treu seine

---

[1] Augustin Kardinal Bea, Akademische Forschungs- und Lehrtätigkeit im
Dienste der Einheit der Christen (Freiburger Universitätsreden N. F. 24),
Freiburg/Schweiz 1962, 28.

Pflicht getan hatte, die Zeit aufreibend mit Beraterdiensten, die ihn von dem, was er eigentlich hätte tun wollen, der Wissenschaft, immer wieder fernhielten. Im Rückblick erschien sie ihm wie eine Zeit unendlich langen Wartens im Dunkeln. Er konnte hier einmal ein Mißverständnis aufklären, da einmal einem Kollegen helfen, der sich verplappert hatte, dort jemanden warnen – im ganzen konnte er nur warten. ⃞ 57 ⃞ Wobei er selbst gar nicht genau wußte, worauf er eigentlich wartete. Nur wenn sich dann endlich einmal eine Chance bot, etwa damals, als plötzlich ein Papst (Pius XII.) zu einer Enzyklika „*Divino afflante Spiritu*" bereit war, oder als ein Brief an Kardinal Suhard geschrieben werden mußte[2], oder als ein neuer Papst, Johannes XXIII., um sich blickte, um Mitarbeiter für seine Visionen zu entdecken – da war er dann genau an der Stelle, wo er gehört werden konnte und wo er fast wie nebenher, fast unbemerkt und blitzschnell eingreifen und das Richtige in Gang setzen konnte. Er schilderte mir dieses Leben als einen Gang durchs Dunkel, als Hoffnung wider alle Hoffnung, die aber nicht zuschanden wurde. Wie Abraham bekam er noch im hohen Alter die Erfüllung zu sehen.

Ich bin nicht mehr sicher, ob er selbst den Vergleich mit Abraham gebrauchte. Für mich hat er sich mit der Erinnerung an dieses Gespräch verbunden. Ich war betroffen. Ich brachte es nicht fertig, in den nächsten Bus zu steigen und in die Stadt zurückzufahren. Ich ging zu Fuß Kilometer um Kilometer durch die belebten Vorstädte der abendlichen Via Aurelia. Ich bewunderte den Mann. Aber ich lehnte ein solches Leben zugleich instinktiv ab. Zumindest für mich. Wir mögen es ihm und seinesgleichen zu verdanken haben, daß sich alles geändert hat und unsere Bibelwissenschaft in unserer Kirche endlich frei ist. Aber das ist sie jetzt. Jetzt wollen wir anders leben und handeln dürfen. Auch in Rom. Ich billigte dem alten Kardinal das Recht zu, so gelebt zu haben, ja ich war ihm dankbar dafür. Aber ich zog einen Strich und sagte: So nicht mehr weiter.

Hatte ich recht? Das Gespräch mit Bea ist mir von Zeit zu Zeit wieder in den Sinn gekommen – immer dann, wenn ich selbst in irgendeinem Punkt widerlegt wurde. Zum Beispiel, als sich schon nach wenigen Jahren zeigte, daß ich, nach meinen Grundsätzen

---

[2] Der Brief der Päpstlichen Bibelkommission an den Pariser Erzbischof Kardinal Suhard vom 16. 1. 1948 behandelt vor allem Fragen der Pentateuchkritik und der biblischen Urgeschichte (Genesis 1–11). Vgl. Auszüge bei Denzinger-Schönmetzer, Nr. 3862–3864.

lebend und arbeitend, eine Wissenschaftlerexistenz in Rom offenbar
nicht durchhalten konnte. Oder nachdem wir wieder einmal ein von
Hans Küng redigiertes Theologenmanifest zur Reform der Kirche
veröffentlicht hatten und der Effekt bei den Bischöfen nur Abwehr
und Verhärtung war, so daß ich mir und anderen sagte: Ich werde
diesen Weg nicht mehr weitergehen; zumindest in der Kirche, wie sie
ist, produziert er nur das Gegenteil von dem, was wir wünschen.
Und wenn sich in letzter Zeit unter Kollegen und Mitbrüdern
die [58] Gespräche häufen, in denen die Angst aufsteigt, daß sich in
unserer Kirche die Atmosphäre der administrativen Selbstherrlich-
keit, die Überwachung der Wissenschaftler und deren freiwillige
Selbstzensur wieder ausbreiten, dann wünsche ich von ganzem
Herzen, daß solche Angst sich als unbegründet erweisen wird. Aber
wenn all dies doch wieder kommen sollte, dann werde ich mich an
jenes Gespräch erinnern können und an den zusammengekrümmten,
alten, weisen Kardinal und werde wissen, daß man auch dann noch
die Kirche lieben und Hoffnung für sie haben kann.

Das Bibelinstitut als Werkzeug

Im übrigen erschöpft sich sein Beitrag zur Bibelwissenschaft keineswegs darin, daß er in irgendwelchen Vorzimmern des Vatikans zu
günstiger Stunde geholfen hat, die der Bibelwissenschaft angelegten
Fesseln zu lösen. Etwas anderes scheint mir noch bedeutsamer zu
sein. Es ist nicht die Forschung. Auch dazu hätte er das Zeug gehabt.
Aber er hatte das Zeug zu zuviel anderem in sich. Er war ein
Administrator ersten Ranges. Und er war ein immer mehr und von
immer mehr Leuten geschätzter weiser Ratgeber. Diese Charismen
haben seine Zeit gefressen, und für die biblische Wissenschaft blieb
immer zu wenig Zeit übrig. Er schaffte es trotzdem, stets allseits
informierte und didaktisch glänzende Vorlesungen zu halten. Er
schrieb erstaunlich viele und treffende Buchbesprechungen, For-
schungsübersichten und Urteile über Forschungstrends. Er bastelte
an Fragmenten für eine neue Vulgata, vermutlich auf Drängen Papst
Pius' XII. Aber neben so vielem war das nicht mehr möglich, was wir
eigentliche Forschung nennen würden. Die hat er also nicht geleistet.
Als seine eigentliche Leistung erscheint mir, daß er die Möglichkeiten voll ausgeschöpft hat, die ihm das Päpstliche Bibelinstitut bot.
19 Jahre lang war er dessen Rektor, von 1930 bis 1949. Hier hat er
gewissermaßen die Voraussetzungen für die Befreiung der katholi-

schen Exegese erstellt, die er dann gegen Ende dieser Zeit mitherbei-
führte.

Das Bibelinstitut hatte damals in der katholischen Kirche eine
Art Monopolstellung. Alle Exegeseprofessoren an kirchlichen Stu-
dienanstalten in der ganzen Welt mußten – von Randfällen abgesehen, die sich direkt von der Bibelkommission prüfen ⟨59⟩
ließen – den Lizentiatskurs des Instituts absolviert haben. Hier
hatte Bea ein Instrument, mit dem er die Voraussetzungen verändern konnte, die zu den erschreckend kurzsichtigen Dekreten der
Bibelkommission vom Beginn des Jahrhunderts geführt hatten.
Denn die ausgezeichneten Gründer der École Biblique in Jerusalem, dazu eine Reihe bedeutender Forscher in Frankreich und
Deutschland, waren die Opfer dieser Dekrete, vielleicht auch ihr
Anlaß, nicht aber ihre Ursache und ihre Voraussetzung. Das war
vielmehr die massive wissenschaftliche Inferiorität der gängigen
katholischen Bibelauslegung gegenüber der nichtkatholischen, und
damit im Zusammenhang die hochgradige Angst vor Abweichungen vom wahren Glauben. Bea war bis in seine späten Jahre
zumindest in allen öffentlichen Äußerungen der Meinung, die Dekrete der Bibelkommission seien notwendig, weise und heilsam
gewesen. Aber zugleich hat er konstant daran gearbeitet, sie überflüssig und revisionsbedürftig zu machen, indem er, soviel er konnte, dazu beitrug, für die ganze Welt immer höher qualifizierte
katholische Bibelwissenschaftler heranzubilden. Das Monopol des
Bibelinstituts war sein Werkzeug.

Die Bibliothek des Instituts mußte so vollständig wie möglich sein.
Kriterium für eine Bucheinstellung war nicht die Konfession des
Verfassers, sondern der Inhalt. Jeder Student mußte im Laufe seiner
Studien nachweisen, daß er die drei Verkehrssprachen der Bibelwissenschaftler – englisch, deutsch und französisch – so beherrschte,
daß er frei mit wissenschaftlicher Literatur umgehen konnte. Außer
den biblischen Sprachen wurde mindestens eine weitere altorientalische Sprache gefordert. Um dafür ein breites Angebot bereitzustel-
len, gründete Bea 1932 eine zweite Fakultät, die altorientalistische.
Er entwickelte ein System von Studienreisen und -semestern im
Orient, wobei es ihm vor allem auf Landeskunde und Kontakt mit
der Archäologie ankam. Wieviel Wert er gerade auf die Archäologie
legte, zeigt sich am Thema, das er 1936 wählte, als er in Göttingen
auf dem ersten internationalen und interkonfessionellen Alttesta-
mentlerkongreß, den es je gab, das Einleitungsreferat hielt: Er sprach

über die Ausgrabungen des Bibelinstituts in Telēlāt Ghassūl (im
heutigen Jordanien). Entsprechend war das ganze Studienprogramm des Instituts stark
von den Realien- und Hilfswissenschaften bestimmt: alte ⌐60⌐
Sprachen, alte Geschichte, Archäologie, Geographie, Textkritik,
Einleitungswissenschaften. Den Gegenpol bildeten dogmatische Vorlesungen über die katholische Inspirationslehre. An der kirchlichen
Tradition durfte keinen Millimeter gerückt werden. Am liebsten hielt
Bea diese Vorlesungen selbst. Die Frage, wie sich die positivistische
Grundausrichtung der meisten Fächer mit diesem Typ von Inspirationslehre vereinigen lasse, war zwar durch kluge Unterscheidungen
logisch geklärt, doch nicht ohne weiteres auch existentiell. Selbstverständlich wurden auch Exegese und Biblische Theologie vorgetragen. Aber ihre Präsentation war vergleichsweise mager und bei
weitem nicht so magistral wie all die Nebenfächer, wo oft Männer
von internationalem Namen auf den Lehrstühlen saßen.

Als ich, schon nach Beas Rektorat, am Institut studierte, machten
wir uns über die Gewichtsverteilung lustig. Als ich später dort lehrte,
half ich mit, sie zu verändern. Aber im Rückblick ist mir klar, wozu
sie gut war. Wo es möglich war, wurde der Nachwuchs wissenschaftlich hart geschult. Daneben wurde Treue zur Kirche vorexerziert.
Wo es aber weise war, zu schweigen und sich zurückzuhalten,
schwieg man und hielt sich zurück. Nur so war es möglich, die
innerkatholische Situation, unter der alle litten, von innen her zu
verändern.

Dafür, daß diese Strategie richtig war, gibt es den überzeugend-
sten aller Beweise: den Erfolg. 1943 erschien, durch den Krieg fast
unbemerkt, die Enzyklika „Divino afflante Spiritu". In den folgenden zwei Jahrzehnten kam es wellenweise zu Versuchen, die Konsequenzen dieses Rundschreibens zu minimalisieren. Regelmäßig war
der Endeffekt ein neues kirchliches Dokument, das sie explizit
entfaltete. In jedem dieser Fälle war im entscheidenden Augenblick
die Hand von Pater, dann Kardinal Bea am Werk, wie am 15. De-
zember 1968 *Stanislas Lyonnet* in einer hochinteressanten Gedenkre-
de auf Augustin Bea[3] im Detail nachgewiesen hat. Aber wichtiger ist
in unserem Zusammenhang etwas anderes. Sowohl die Enzyklika als
auch das bedeutendste explikative Dokument, die Instruktion über

---

[3] S. Lyonnet, Le Cardinal Bea et le développement des études bibliques: Rivista
Biblica 16, 1968, 371–392.

die „geschichtliche Wahrheit der Evangelien" von 1964, wurden ausgelöst durch Angriffe auf den soeben geschilderten Lehrplan des Bibelinstituts und auf konkrete Professoren desselben. Das zeigt deutlich, wo diejenigen, die jene zu Beginn des Jahrhunderts geschaffene wissenschaftliche Eiszeit perpetuieren ⬚61 wollten, die eigentliche Gefahr witterten. Und es zeigt, wie richtig die geduldige Strategie von Bea war, durch eine neue und wissenschaftlich höher qualifizierte Generation von katholischen Exegeten einfach die Ausgangslage innerhalb der Kirche auf den Kopf zu stellen.

War es eine bewußte Strategie? Sosehr alle, die Bea aus der Nähe kannten, wissen, daß er ein Vollblutpolitiker war, glaube ich nicht an einen vorgefaßten Plan. Er besaß einfach ein doppeltes Vertrauen, sowohl zur Kirche als auch zu den Möglichkeiten echter Wissenschaft, und in der jeweiligen Situation ging er, von diesem doppelten Vertrauen geleitet, immer so weit, wie es nur irgend möglich war. Was am Ende herauskommen würde, ja wie schon der nächste Schritt aussehen würde, hat er wohl oft nicht wissen können und auch nicht vorausüberlegt. Aber vielleicht ist das bei wirklichen Politikern immer so. Entscheidend bleibt, daß man dann, wenn die Stunde sich anbietet, zur Stelle ist und handelt. Das hat er getan.

Hatte Bea ein Konzept?

Ich glaube allerdings, daß es doch über das genannte doppelte Vertrauen hinaus noch so etwas wie ein theoretisches Grundkonzept gegeben hat, das ihn gerade im Umgang mit dem Bibelinstitut leitete. Es ist seine Bewertung von Lage und Geschichte der außerkatholischen Bibelwissenschaften. Bea hat die Dinge vor allem am Beispiel der Pentateuchkritik reflektiert, die ihn zeit seines Lebens besonders beschäftigte.

Schon 1918, im ersten Jahr seiner Lehrtätigkeit als Alttestamentler, schrieb er hierzu zwei einander ergänzende Artikel in den „Stimmen der Zeit".[4] In ihnen scheinen mir drei Gesichtspunkte wichtig.

---

[4] A. Bea, Deutsche Pentateuchforschung und Altertumskunde in den letzten vierzig Jahren: Stimmen der Zeit 94, 1918, 460–474; ders., Neue Wege in der Pentateuchforschung: ebda., 585–594.

▶ Die moderne Bibelwissenschaft ist an sich ein gutes Geschöpf Gottes, nur hat es leider einen Sündenfall gegeben. Dieser läßt sich datieren und mit einer bestimmten Person verbinden: „Die Jahre 1876–1878 werden in der Geschichte der Bibelwissenschaft immer denkwürdig bleiben: da liegt der Wendepunkt, an dem die deutsche Pentateuchforschung, und abhängig von ihr auch die fremder Länder, in neue Bahnen lenkte. In den ‚Jahrbüchern für deutsche Theologie‘ veröffentlichte 1876/77 der Greifswalder Professor *Julius Wellhausen*[5] eine Aufsatzreihe ‚Die Komposition des Hexateuch‘, die sofort zeigte, daß ein selbständiger und starker Geist gewillt war, die Pentateuchfrage in seinem Sinne voranzubringen" (460). Durch diese 1918, im Todesjahr Wellhausens, formulierte Sündenfalltheorie, die natürlich nur die allgemeine Einschätzung ⟨ 62 ⟩ der hohen Bedeutung Wellhausens spiegelte, schuf sich Bea die Möglichkeit, nicht Bibelwissenschaft als solche, auch nicht moderne und außerkatholische Bibelwissenschaft als solche ablehnen zu müssen, sondern nur eine zwar fast universell zur Herrschaft gelangte Richtung derselben, der er aber den Charakter echter Wissenschaftlichkeit gerade abspricht.

▶ Die Unwissenschaftlichkeit der Wellhausenschen Richtung weist er nicht mit Hilfe einer vom eigenen Standpunkt aus statuierten Gegenthese nach, sondern durch Analyse der Wissenschaftsentwicklung im gegnerischen Lager selbst. „Es ist eine der merkwürdigsten Fügungen in der Geschichte des wissenschaftlichen Lebens, daß gerade jenes Gebiet, auf das Wellhausen mit dem größten Vertrauen baute, sich am ehesten und am bestimmtesten als wankender Boden erweisen sollte: die Archäologie und Religionsgeschichte" (464). Das Neue an Wellhausen sei ja gerade gewesen, die Pentateuchgeschichte nicht nur aufgrund von Quellenanalyse, sondern durch Sachkritik, d. h. durch Vergleich mit dem Ablauf der Geschichte Israels zu rekonstruieren. Hier habe er, zum Teil mit Hilfe Hegelscher Theoreme, einen Geschichtsablauf entworfen, an dem sich seine Jünger jetzt mit bisweilen pedantischer Sorgfalt bis ins Kleinste halten. „Aber neben diesen Jüngern des Meisters arbeiten andere, unabhängige Gelehrte, nicht mit den Mitteln apriorischer Aufstellungen, sondern mit Hacke und Spaten, mit Sonde und Lupe, um die Welt des alten Orients wiedererstehen zu lassen und an der Hand greifbarer Tatsachen, unbeeinflußt von aller Theorie, eine Vorstellung zu gewinnen von dem wirklichen Verlauf der Dinge" (465). Und diese wahre „Sachkritik" werde nun Stück für Stück der angeblichen „Sachkritik" Wellhausens zum Verhängnis. Hier müsse sich auch die katholische Exegese einschalten, wobei man damit rechnen müsse, daß „lange Jahre opfervoller Kleinarbeit und Einzelforschung" notwendig seien (593 f.). Es ist wohl deutlich, daß genau hier seine Lehrplangestaltung für das Bibelinstitut ansetzen wird.

▶ Die katholische Bibelwissenschaft ist vor allem deshalb vonnöten, weil in der außerkatholischen zwar allmählich die Sünde Wellhausens bewußt wird, doch neue Sündenfälle an ihre Stelle treten. Die Spitzenreiter der Archäologen und

---

[5] Julius Wellhausen (1844–1918) verhalf der immer noch fast allgemein anerkannten Pentateuch-Entstehungstheorie zum Durchbruch, wonach dieses Werk auf vier durchlaufenden „Quellen" fußt: Jahwist, Elohist, Deuteronomium, Priesterschrift (in dieser zeitlichen Reihenfolge!). Damit legte Wellhausen zugleich den Grund für das in der alttestamentlichen Wissenschaft bis heute bestimmende Bild der Geschichte Israels.

Orientalisten sind selbst in eine Grube gestürzt, den Panbabylonismus.[6] Die mit *Hermann Gunkel* begonnene literaturgeschichtliche Richtung ist zwar wissenschaftlich gesünder, doch auch sie sucht eine rein natürliche Erklärung des Phänomens Israel. Bei den Pentateuchkritikern zeigt sich zwar eine innere Zersetzung der Wellhausenschen Position, doch will man sich nicht von seinem Grundsatz lösen.

Ähnliche Überblicksartikel hat Bea periodisch wieder geschrieben: 1928, 1935, 1940 und 1953.[7] Immer wieder neu arbeitet er die Lage auf, immer konkreter wird sein Demonstrationsmaterial für die Beurteilung der Lage, doch an der Grundstruktur des Bildes ändert sich fast bis am Ende nichts. Wohl treten neue Aspekte hinzu, vor allem ordnet er jetzt den Ansatz Gunkels positiver ein und hofft, mit Hilfe von Stil- und Gattungsforschung selbst der Literarkritik Wellhausens allmählich den Boden unter den Füßen wegziehen zu können. Die Orientalen ⟦ 63 ⟧ hätten eben anders gesprochen als wir Europäer heute. In diesem Zusammenhang entwickelt er im übrigen auch die Mittel, mit denen er die traditionelle katholische Inspirationslehre, ohne ihre Prinzipien in Frage stellen zu müssen, so flexibel machen kann, daß sie schließlich in „Divino afflante Spiritu" als mit literarischer und historischer Kritik voll vereinbar erklärt werden kann. Aber das nur nebenbei. Am wichtigsten scheint mir, daß er zumindest während seines Rektorats, also bis lange nach dem Erscheinen der Enzyklika, die bedeutendsten wissenschaftlichen Leistungen außerhalb der katholischen Exegese immer im Bereich der Archäologie und Orientalistik ansetzte. Bezeichnenderweise heißt sein Überblicksartikel von 1940 noch „Das Zeugnis des Spatens".

Ich habe den Eindruck, daß er trotz der persönlichen Begegnung auf dem Kongreß von Göttingen 1936 die geistigen Umschichtungen in der deutschen evangelischen alttestamentlichen Wissenschaft, die schon Ende der zwanziger Jahre einsetzten und zum Teil durch die dialektische Theologie, zum Teil nachher durch den Kirchenkampf ausgelöst waren, zunächst gar nicht wahrnahm, und daß er die an

---

[6] Panbabylonismus: der in den beiden ersten Jahrzehnten dieses Jahrhunderts in extremer Form gemachte Versuch, die gesamte Kultur- und Religionsgeschichte der Menschheit – also auch die Bibel – von „babylonischen" (mesopotamischen) Ursprüngen abzuleiten.

[7] A. Bea, Biblische Kritik und neuere Forschung: Stimmen der Zeit 114, 1928, 401–412; ders., Der heutige Stand der Pentateuchfrage: Biblica 16, 1935, 175–200; ders., Das Zeugnis des Spatens: Stimmen der Zeit 137, 1940, 284–290; ders., Der heutige Stand der Bibelwissenschaft: ebda. 153, 1953/54, 91–104.

Bedeutung dem Wellhausenschen Gesamtentwurf zumindest für einige Jahrzehnte ebenbürtige große Synthese, die sich durch die Namen *Alt/Noth/von Rad*[8] kennzeichnen läßt, in ihrem Neuansatz und ihrer weltweiten Überzeugungskraft vielleicht nie wirklich erkannt hat. Vielleicht hat ihn gerade sein jahrzehntelang durchgehaltenes Gesamtkonzept daran gehindert.

Erst nach dem Zweiten Weltkrieg, in den letzten Jahren seines Rektorats und nachher, ist ihm offenbar deutlich geworden, in welchem Ausmaß es inzwischen in der Bibelwissenschaft eine „Hinwendung zum Theologischen" gegeben hatte. In seinem letzten Überblicksartikel von 1953/54 bekommt er sie in den Blick und macht sie dann vor allem am „Theologischen Wörterbuch zum Neuen Testament" als ihrem monumentalsten Ausdruck fest. Er stellt nun auf einmal der katholischen Exegese eine neue Aufgabe. Kein Wort mehr von Archäologie, wohl aber die Forderung, ein gleichwertiges katholisches theologisches Wörterbuch zum Neuen Testament zu schaffen.

Das Phänomen einer ihm selbst völlig überraschend im Rahmen des Protestantismus heraufgestiegenen mächtigen ⟨64⟩ biblischen Theologie scheint ihm auch nachher keine Ruhe gelassen zu haben. In seinem Beitrag zur Festschrift zum 50jährigen Bestehen des Päpstlichen Bibelinstituts 1959 – also kurz vor seiner Ernennung zum Kardinal, die sein Leben in völlig neue Bahnen reißen sollte – sieht er das bibeltheologische Interesse als eine seit dem Pietismus des 18. Jahrhunderts im Protestantismus mächtig wirksame und gegen alle rationalistischen Tendenzen anlöckende Kraft, der es gelungen sei, die protestantische Bibelwissenschaft heute wieder zu einer theologischen Disziplin zu machen.[9]

Hier hat sich Bea geirrt. Die Fronten sind weiterhin offen und wogen hin und her. Außerdem frage ich mich, ob diese Äußerungen der späten Jahre am Bibelinstitut überhaupt nur als objektive Forschungsberichte gemeint sind. Vielleicht sind sie versteckte Mahn-

---

[8] Die Schule von *Albrecht Alt* (1883–1856) und seinen beiden Schülern *Martin Noth* (1902–1968) und *Gerhard von Rad* (1901–1971) hat mit ihrer historisch-theologischen Synthese die alttestamentliche Wissenschaft bis vor kurzem weltweit geprägt. Ihren bekanntesten Ausdruck fand diese Synthese in zwei Standardwerken: Noths „Geschichte Israels" (1. Auflage 1950) und von Rads „Theologie des Alten Testaments" (1. Auflage 1960).

[9] A. Bea, „Religionswissenschaftliche" oder „theologische" Exegese?: Analecta Biblica 10, 1959, 188–207.

reden an seine Mitbrüder im Institut und darüber hinaus an viele katholische Bibelwissenschaftler in aller Welt, die meisten seine ehemaligen Schüler.

Der Zauberlehrling oder: Was hat Bea ausgelöst?

Manches spricht dafür, daß sich Bea die Weiterentwicklung der katholischen Bibelwissenschaft nach ihrer Befreiung anders vorgestellt hat, als sie dann tatsächlich verlief. Er hat zum Beispiel bis in seine späten Jahre treu daran festgehalten, der Pentateuch sei von Mose geschrieben worden. Die Professorengeneration, die nach ihm das Bibelinstitut übernahm, begab sich dagegen wie selbstverständlich ins Hypothesengeflecht der Pentateuchtheorie hinein. Sie trieben Literarkritik mit den dort üblichen Kriterien, wobei sie Beas Stilanalyse zwar einbauten, ihr aber nicht die Zauberkraft zuschrieben, die er in ihr sah. So kamen sie schnell zu Positionen, die Bea stets als typisch protestantische betrachtet hatte. Bea mußte erkennen, daß sie das mit Hilfe der Prinzipien, die er ihnen erarbeitet und die seine Enzyklika „Divino afflante Spiritu" ihnen auferlegt hatte, auch konnte. Und doch schmeckte ihm das ganze offenbar nicht recht. Wahrscheinlich vermißte er genau das, weshalb er überhaupt die Bibel liebte: den Wohlgeschmack des Wortes Gottes.

Bea war ein vornehmer Mensch. Er hat in den späten fünfziger Jahren viel geschwiegen. Er nahm auch schon Abschied, [65] dachte an seinen Tod. Dann wurde er Kardinal, und über Nacht war er wieder ganz da. Er zog so schnell wie möglich aus dem Bibelinstitut aus. Es wurde bald darauf abermals angegriffen und geriet in höchste Nöte. Da hat er lange gezögert, ehe er eingriff und half – dann allerdings wirksam. Der alte Kardinal muß sich seinem alten Bibelinstitut gegenüber ein wenig wie der Zauberlehrling vorgekommen sein. Deshalb wahrscheinlich beschwor er die biblische Theologie. Es war sein „In die Ecke, Besen!"

Was hat Bea im ganzen ausgelöst, indem er überall der katholischen Bibelwissenschaft das Tor zur Freiheit eröffnete? Zunächst einen Schock der Überraschung, Stillhalten. Das kann doch nicht wahr sein! Bei manchen dauerte diese Phase viele Jahre, einige haben es nie mehr geglaubt. Doch dann kamen die meisten allmählich aus ihren Löchern, in denen sie überwintert hatten. Sie schnupperten die Luft der neuen Möglichkeiten, reckten die steifen Glieder und begannen zu laufen. Zweifellos hat die katholische Exegese seitdem einen vor einem halben Jahrhundert kaum vorstellbaren Aufschwung genommen.

Zugleich hat die Gesamtheit der Bibelwissenschaften ein riesiges, ihr bisher vorenthaltenes, jetzt sich in sie integrierendes Potential geschenkt bekommen. Es war ungeübt, doch gut geschult. Es war frisch und unbeschwert. Es war lernbereit und kannte keine Schulerstarrungen. Es scheute sich auch nicht, längst erledigte Dummheiten nochmals zu probieren oder ganz Neues zuzulassen, dem die Alteingesessenen noch das Mißtrauen der wissenschaftlichen Tradition entgegenbrachten. Kurz: Es war im ganzen ein Gewinn für alle Seiten. Etwas dieser Art mag Bea sicher seit vielen Jahren erträumt haben. Aber ob er auch anderes vorausgesehen hatte, was jetzt eintrat?

Etwa den Verschleiß fast einer ganzen Generation von Gelehrten im Dienst an der gesamtkirchlichen Bewältigung der neuen Situation? Da gab es plötzlich in vielen Ländern bei Klerus und Laien ein unglaubliches Bedürfnis nach Information über die neue Sicht der Bibel. In ungeahntem Ausmaß wurden popularisierende Bibelzeitschriften gegründet, Bücher und Broschüren geschrieben, Tagungen gehalten, Schulungen durchgeführt, Bibelgruppen ins Leben gerufen – und immer brauchte man dafür die wenigen, die überhaupt schon zu dieser ⟨66⟩ neuen Welt einen Zugang hatten, die Exegeseprofessoren.

Anderes kam hinzu, etwa in Deutschland die Einheitsübersetzung. Jede Erfahrung im Bibelübersetzen fehlte, die Verbindungen zu den Bibelgesellschaften knüpften sich erst langsam, so fing man vieles falsch an und verbrauchte für diese Übersetzung viel zuviel Menschen, Zeit und Kraft.

Im ganzen ist es kein Wunder, daß man bei den katholischen Exegeten der fünfziger und sechziger Jahre geradezu einen wissenschaftlichen Leistungsabfall konstatieren muß. Als die Dekrete der Bibelkommission noch administrativ in Geltung gehalten wurden, besaßen wir immerhin auf ungefährlichen Randgebieten, etwa dem der Septuagintaforschung, wahre Koryphäen. Jetzt traten an ihre Stelle die biblischen Vortragsreisenden. Die großen Standardwerke, die jeder, vor allem aber wohl Bea, erhofft hatte, erschienen nicht. So kam zum Beispiel bei uns in Deutschland trotz vielfacher Initiativen kein sehenswertes Kommentarwerk zum Alten Testament zustande. Erst recht natürlich nicht ein „Theologisches Wörterbuch zum Neuen Testament", wie Bea es wünschte. Befreiung also als Erschlaffung – das ist ein erster, kaum vorhergesehener Preis gewesen, der bezahlt werden mußte.

Später kamen Generationen, die schon ganz in der Freiheit heranwuchsen. Da änderte sich dann etwas im Nestgeruch. Ihnen fehlt jenes „katholische" Problembewußtsein, das früheren Generationen von katholischen Exegeten so eigentümlich anhaftete. Die Bezugsgruppe ist jetzt die universitär-wissenschaftliche Gelehrtenwelt, nicht mehr eine alte Kirche mit ihren spezifischen Traditionen des Umgangs mit der Bibel. Sie steht nur ganz am Rande des Bewußtseins, selbst wenn man an ihren Fakultäten doziert. Man schwimmt und rudert mit in jener langsamen Strömung des intellektuellen Fortschritts, der sich im ständigen Kreislauf der Hypothesen und in gelegentlichem Eindringen neuer Paradigmata der Forschung vollzieht. Manchmal ist solcher Fortschritt auch nichts als die Zerstörung falscher Sicherheiten und vorschneller Großsynthesen. Eine Frage nach der gesellschaftlichen, hier: kirchlichen Relevanz der untersuchten Gegenstände wird kaum einmal gestellt. Insofern frage ich mich – zumindest für unseren deutschen Bereich –, ob sich die katholischen Bibelwissenschaftler, vor allem die Alttestamentler, innerhalb der theologischen Fakultäten ⟨67⟩ zur Zeit nicht selbst an den Rand der Belanglosigkeit, ja des Überflüssigen zu spielen beginnen. Nach welchen Kriterien entscheiden sie sich zum Beispiel für ihre Forschungsgegenstände? Sicher gibt es eine fachimmanente Logik der Gegenstandswahl, und man muß auch den Mut zum langen Atem und zum Unaktuellen haben. Aber muß das dahin führen, daß die wirklichen Probleme der Menschen und des Glaubens fast nur noch woanders verhandelt werden? Auch solche Folgen ihrer Tat haben Leute wie Bea zweifellos niemals angezielt.

Vielleicht ist das alles gar nicht so tragisch. Man muß mit einer neugeschenkten Freiheit erst umzugehen lernen, und das kann etwas dauern. Trotzdem muß der sensible Diagnostiker Bea erschrocken gewesen sein, als er die ersten Symptome von alldem bemerkte. Er schaltete um. Er forderte plötzlich mehr „Biblische Theologie".

Nicht nur er hat umgeschaltet. In einem gewissen Ausmaß gibt es zwar immer noch eine Nachfrage nach Information über die neuen bibelwissenschaftlichen Möglichkeiten, die Bibel zu verstehen. Aber das ist doch zurückgegangen, und auf verschiedene Weisen artikuliert sich jetzt auch das, was ich als gläubige Gegenreaktion gegen eine als säkularisiert empfundene Bibelwissenschaft bezeichnen möchte. Sie erscheint, wenn ich recht sehe, in dreifacher Gestalt.

▶ Als eher gefährlich erscheint mir die im schlechten Sinne *konservative Reaktion.* Genauso wie sie den Rückgang hinter die Liturgiereform fordert, wünscht sie wieder eine strenge kirchliche Überwachung der Theologen und unter ihnen der Bibelwissenschaftler, heute vor allem der Neutestamentler.

▶ Wichtiger ist die Zuwendung zur Bibel in der weltweiten *charismatischen* Bewegung und anderen, ihr vergleichbaren Gruppen. Zumindest außerhalb Deutschlands wird dort die Bibel aber oft bewußt *fundamentalistisch* gelesen. Ein durch modernes Bewußtsein hindurchgegangener Umgang mit der Bibel erscheint eher störend als hilfreich und wird daher abgelehnt. Die Entstehung und unglaublich schnelle Ausbreitung der augenblicklichen pfingstlichen Bewegung und ihr wie selbstverständliches Eindringen auch in die katholische Kirche scheint mir nicht ohne einen Zusammenhang zu sein mit dem Wachstum der von moderner Rationalität bestimmten Bibelwissenschaft und paralleler Erscheinungen. Wir Bibelwissenschaftler [68] sollten das als eine Anfrage an uns betrachten. Hier bekommen wir fast lautlos und ohne jede Aggression vordemonstriert: Wir brauchen die Bibel, aber euch können wir dabei entbehren. Es ist interessant, daß der späte Bea in dem Augenblick, wo er die Exegeten aufforderte, biblische Theologie zu betreiben, den Pietismus entdeckte. Wie würde er sich heute zur Pfingstbewegung stellen?

▶ Und wie würde er sich heute zur *christlichen Basisbewegung* stellen, oder wie man das nennen mag, was am öffentlichsten in Lateinamerika, aber zugleich (und unabhängig davon) auch in anderen Ländern durch den lebendigen Geist Gottes gewirkt wurde? Typisch für solche Gruppen und Gemeinden, die sich auf freie Entscheidung zur Zugehörigkeit gründen, ist die Deutung dessen, was sich ereignet und was man tut, mit der Bibel in der Hand, als jetzt erfahrbares Handeln Gottes. Mit einem fast zu sehr inhaltsbestimmten Namen nennt man diese Weise des Umgangs mit sich selbst, den Ereignissen und dem Wort Gottes oft die „Theologie der Befreiung". Für sie ist wesentlich die unmittelbare Konfrontation von Bibel und bibelkongruenter aktueller Erfahrung. Durchaus entbehrlich ist dabei die Reflexionshöhe einer wissenschaftlichen Metaebene, dagegen geht es kaum ohne eine Lesung der Bibel durch modernes Bewußtsein hindurch. Das heißt, solche Gemeinden können, obwohl sie um der Praxis willen von freischwebender Theorie nichts halten, mit einer von moderner Bibelwissenschaft erschlossenen, wenn auch von ihnen selbst nicht notwendigerweise auf die Weise des Wissen-

schaftsbetreibens angegangenen Bibel mehr anfangen als mit einer
fundamentalistisch gelesenen. Umgekehrt kann ein Exeget, der sich
auf einen solchen Lebenszusammenhang einläßt, hier für seine
Wissenschaft auf die relevanten Fragen gestoßen werden, denen er
wissenschaftlich nachgehen müßte. Nach meinem Gefühl ist hier, wo
ich noch am ehesten die Hoffnung des Glaubens auf Zukunft und
die Hoffnung der Kirchen auf Einheit begründet sehe, auch noch am
meisten jenes Anliegen gesichert, das einen altgewordenen Bea dann,
als er den katholischen Exegeten die Freiheit bewirkt hatte, plötzlich
dazu brachte, nicht mehr von Archäologie, sondern von Theologie
zu reden.

Er starb, als diese Dinge gerade erst keimten. Soweit ich sehe, hat
er sie nicht mehr wirklich vor Augen bekommen. Am ⟨69⟩ Ende
bleibt er doch der Mann, der lange gewartet hat, der sich lange in
Vorbereitungsarbeiten und allerlei anderem, mühsamem Tun ver-
zehrt hat, so wie er sich mir in dem eingangs erwähnten Gespräch
selbst porträtierte. Da liegt seine Größe.

Wenn er dann, als das Erträumte Wirklichkeit wurde, sich nicht
nur freute, sondern zugleich erschrocken war, dann gehört auch das
noch zu ihm und zu dem, was er uns Nachgeborenen zu sagen hat.
Ich möchte es nicht missen.

In den zwei Jahren, die zwischen jenem Gespräch und seinem Tod
noch verstrichen, habe ich noch gelegentlich mit ihm zu tun gehabt –
es war im Zusammenhang mit Verhandlungen, die damals zwischen
dem Einheitssekretariat und dem Weltbund der Bibelgesellschaften
stattfanden und die inzwischen zu einer breiten und weltweiten
Zusammenarbeit bei der Bibelübersetzung und -verbreitung geführt
haben. Es könnte sein, so will mir jedenfalls scheinen, daß ganz am
Ende, nachdem das Konzil vorbei war und die grundlegenden
ökumenischen Zeichen gesetzt waren, als auch der Wind in Rom sich
wieder gegen ihn zu drehen begann, die letzte Zuwendung seines
Lebens nochmals der Bibel galt: bei den Verhandlungen mit den
Bibelgesellschaften und bei der stillen Arbeit an der Neo-Vulgata,
wo er nun endlich die Bibel nicht mehr – wozu ihn Pius XII. einst
gezwungen hatte[10] – in steriles Cicerolatein, sondern in das ge-

---

[10] Vgl. Lyonnet, Le Cardinal Bea, 373. Gemeint ist das sogenannte „Psalterium
Pianum", die von Professoren des Bibelinstituts 1945 herausgegebene neue
lateinische Psalmenübersetzung. Vgl. dazu den Beitrag von M. Zerwick, in:
Augustin Kardinal Bea – Wegbereiter der Einheit, hrsg. von Maria Buch-
müller, Augsburg: Winfried-Werk 1971, bes. 77–80.

schmeidigere und leuchtendere der Kirchenväter übertragen konnte. Es war ein Dienst an der Kirche, bei dem die Bibelwissenschaft Voraussetzung war. Doch er galt der Liturgie und dem Gebet der Priester, Nonnen und Mönche. Das war sein eigenes letztes Wort zum Thema „Bea und die Bibelwissenschaft".

Gesellschaftlicher Wandel
und das Antlitz des wahren Gottes

Zu den Leitkategorien einer Geschichte Israels

[119] Das »Katholische Bibelwerk« hat zwar als »Katholische Bibel-bewegung« begonnen, sich aber längere Zeit hindurch vor allem als Werkzeug dafür verstanden, den Katholiken die endlich im katholischen Raum zugelassene historisch-kritische Bibelwissenschaft zu vermitteln. Es hat da eine wichtige Aufgabe mit Eifer, Einsatz und Erfolg erfüllt. Inzwischen tritt in der Arbeit des Bibelwerks das Spirituelle und Bibelpastorale wieder stärker in den Vordergrund. Das liegt nicht daran, daß der bibelwissenschaftliche Umgang mit der Bibel heute allgemein akzeptiert wäre. Er ist es wahrscheinlich nicht. Vielmehr reagiert das Bibelwerk wohl auf einen recht tiefgehenden Interessenumschwung, vor allem in der Jugend. Einer technikmüde-alternativen Grundeinstellung entspricht da, wo religiöser Aufbruch stattfindet, die Lust am spontan-naiven Beten und am spontanen und reflexionsfreien Umgang mit der Bibel. Mit Recht versucht das Bibelwerk, die hier sich zeigenden Chancen biblischer Pastoral nicht zu vergessen. Daß es dabei die Gewinne für den Umgang mit der Bibel, die die moderne Bibelwissenschaft gebracht hat, nicht aufgeben will, ist – im Augenblick zumindest – ebenfalls deutlich. So scheint alles in Ordnung zu sein.

Man sollte sich trotzdem Gedanken machen. In den Jahren, in denen das Bibelwerk in der Hauptsache ein bibelwissenschaftlich orientiertes Erwachsenenbildungsgeschäft betrieb, litten seine Mitarbeiter zweifellos unter der Beobachtung, daß sich selten aus ihrer mühsamen Vermittlungsarbeit so etwas wie vitale Bibelfrömmigkeit ergab. Und die neue Zuwendung zur Bibel ist keine Frucht der Bibelwissenschaft. Sie ist eher in Spannung zu ihr und dem Bewußtsein, das sie repräsentiert. Diese Spannung läßt sich nicht auf die unvermeidliche Spannung zwischen Theorie und Praxis reduzieren. Sie betrifft die Sicht der Sache.

Vermutlich hätte auch die neue Bibelfrömmigkeit allen Anlaß, sich selbst kritisch zu befragen. Ist es auf der Linie des Glaubens, vor irgend etwas [120] die Augen zumachen zu müssen? Aber dieser

Beitrag ist von einem Bibelwissenschaftler geschrieben. Deshalb gehört es sich, daß die kritische Frage sich in ihm an die Bibelwissenschaft richtet. Ist unsere Bibelwissenschaft denn so, daß sie dem Glauben, der aus der Bibel lebt, beispringt? Oder ist sie so, daß sie ihm die Bibel eher verschleiert? Bei dieser Frage sei ganz abgesehen von allen Problemen der Vermittlung zwischen der Denkform und Sprache der Wissenschaft und der Denkform und Sprache des normalen Gläubigen, so immens allein diese Probleme schon sein mögen und so sicher auch sie die Schuld an mancher Entfremdung zwischen den beiden Arten des Umgangs mit der Bibel tragen.

Ich möchte mich beim Durchdenken der Frage auf eine Teildisziplin der Bibelwissenschaft, wie sie an unseren Hochschulen getrieben wird, beschränken, die »Geschichte Israels«. Mit ihr werden in Deutschland die Theologiestudenten meist relativ früh im Gang ihrer Ausbildung konfrontiert, oft vor jeder Exegese. Der Gedanke ist, daß eine Überblicks- oder Einführungsvorlesung über die Geschichte Israels geeignet sein könnte, ein diachronisches Referenzsystem zu schaffen, in das sich dann im Laufe des weiteren Studiums viele Einzelerkenntnisse einordnen lassen. Insofern gewinnt das Fach in der biblischen Ausbildung leicht eine Schlüsselstellung.

Als Darstellung von »Geschichte« müßte es auf den ersten Blick eine ganz von Faktenwissen bestimmte Unternehmung sein. Doch je gedrängter und überblicksartiger man es darbieten muß, desto mehr kann einem bewußt werden, daß man durch Auswahl, Akzentsetzung, Periodisierung und Benennung notwendig zugleich ein Deutungssystem vermittelt. Ich habe das Fach durch zwei Jahrzehnte immer wieder gelesen. Nie stand mir für die gesamte Geschichte Israels mehr als ein Semester mit zwei Wochenstunden zur Verfügung. Bei den ersten Malen blieb ich irgendwo stecken, einmal schon bei David, und der Rest blieb unbehandelt. Das hielt ich aber für falsch, weil der Wert einer Einführungsvorlesung nun einmal gerade im abgerundeten Überblick liegt. Exemplarisches Arbeiten ist anderen Vorlesungen vorzubehalten und wird da auch genügend geleistet, etwa in der Exegese oder in der Biblischen Theologie. So erzwang ich es schließlich bei mir selbst und meinen Studenten durch rigorose Stundenplanung und unbarmherziges Festhalten am einmal aufgestellten Plan, wirklich einen vollen, wenn auch dann im einzelnen oft erschreckend fragmentarischen Überblick über den gesamten Geschichtsverlauf anzubieten. Aber genau bei diesem Bemühen um den

großen Bogen ging mir auf, wie unmöglich es ist, Geschichte darzustellen, ohne ständig zu deuten. Je weniger man die Quellen selbst sprechen lassen kann, je mehr man sich sogar in der Auswahl
[121] der zur Sprache gebrachten Fakten einschränken muß, desto klarer tritt das hervor, was insgeheim schon das Verständnis der Quellen und die Erarbeitung der Fakten geleitet hat: die stets mitlaufenden Kategorien der Deutung und Wertung der Geschichte.

Und in diesem Zusammenhang kann man dann Entdeckungen machen. Zum Beispiel, in welchem Ausmaß unsere Darstellung der Geschichte Israels von der Kategorie des »Staats« bestimmt wird. Man muß sich nur einmal die Kapitel- und Abschnittsüberschriften der gängigen Handbücher der Geschichte Israels ansehen, um das zu erkennen: »Vorstaatliches Israel«, »Staatenbildung«, »Reichsgründung«, »Großstaat Davids«, »Kleinstaaten Juda und Israel«, »unter der Herrschaft altorientalischer Großmächte«, »Tragödie Israels« (bei *J. Bright* als Überschrift über die Zeit vom babylonischen Exil an, in der es keinen Staat mehr gab). Gibt man sich Rechenschaft darüber, daß in dem von einer »Geschichte Israels« zu behandelnden Zeitraum zwischen dem 13. Jahrhundert und der römischen Epoche insgesamt nur etwa 500 Jahre eigentlich staatlicher Existenz liegen, dann erkennt man, wie hier zwei Perioden, die »Königszeit« und die Zeit der Hasmonäerherrschaft, zu Gipfeln der Geschichtslandschaft erklärt werden, von denen aus alles andere definiert wird, sei es als »vorstaatlich«, sei es als Existenz unter »Fremdherrschaft« und damit als »Tragödie«.

Natürlich fehlt das Denken vom Staat her keineswegs in einem großen Teil unserer biblischen Geschichtsquellen. Die besten und eindringlichsten Geschichtsdarstellungen sind offenbar auch immer im Zusammenhang des Entstehens oder der Krise der staatlichen Systeme verfaßt worden. Man kann daher etwa die Gestalt Davids recht leicht als den Höhepunkt der Geschichte Israels empfinden. Das kann geschehen, weil man oberflächlich liest und von den literarisch eindruckskräftigen Sprachgebilden am stärksten fasziniert wird. Oder auch, weil man auf die ältesten literarischen Schichten aus ist und die in der endgültigen Bibel darüber und darum herum gelegten jüngeren längst als epigonisch und umdeutend abgehoben und vergessen hat. Daß auch Texte, die am salomonischen Hof produziert sein mögen, die Fakten schon deuten, vor allem die Fakten der vorköniglichen Zeit, wird leicht vernachlässigt. Und daß die erste Deutung und darüber gelegte weitere Deutungen sich nicht notwendig einfach aufgrund ihrer Reihenfolge wie »wahr« und »falsch« zueinander verhalten müssen, folgt logisch. Ja, eine Deutung aus größerer Distanz hat sogar gewisse Chancen, zutreffender zu sein.

Wendet man sich deshalb einmal den wechselnden, übereinandergelegten oder einander ablösenden Deutungen des Phänomens »Israel als Staat« [122] (symbolisch oft einfach in der Gestalt Davids erfaßt) zu, dann zeigt sich eine lange, dramatische und selbst am Ende der alttestamentlichen Zeit keineswegs eindeutig gewordene Deutungsgeschichte. Auf weite Strecken handelt es sich dabei um das, was man »Messianismus« nennt. Denn nachdem es keinen Staat mehr gab, kam die Frage, ob man ihn in der Zukunft wieder erwartete, und wenn ja, in welcher Gestalt. Oder erwartete man gerade etwas, was nicht »Staat« war? Soweit ich sehe, ist der »Messianismus ohne Messias« die breitere Strömung, der mit einem Messias rechnende Messianismus aber das daneben her sickernde Rinnsal, und selbst hier wird die Gestalt des kommenden Messias oft nur aus Traditionstreue bewahrt, während sie doch zugleich so konzipiert wird, daß gerade nicht mehr das bleibt, was die Essenz des Staates ausmacht. Mögen also auch die geschichtlichen Erzählungen vom Staat in der Bibel die farbenkräftigsten und eindrucksvollsten sein und mögen die in sie verworbenen staatszentrierten Deutungsmuster beim Lesen auch sehr leicht durchschlagen und sich als die entscheidenden anbieten – in der genau gelesenen und als Gesamtheit genommenen Bibel sind sie relativiert, ja abgetan.

Man muß hinzufügen, daß es im Kanonisierungsprozeß der alttestamentlichen Schriften noch eine andere Technik gab, den Staat als zentrales Deutungsthema des Phänomens »Israel« beiseite zu schieben. Die einzelnen Teile des Kanons bekamen nicht das gleiche Gewicht. Eigentlicher Deutungsschlüssel wurde die Tora. Sie ist in einem uns Christen oft kaum ins Bewußtsein dringenden Ausmaß an Israel als gesellschaftlicher Größe interessiert. Sie sammelt Rechtssammlungen, die fast Gesellschaftsentwürfe sind, aus verschiedensten Jahrhunderten Israels und fügt sie zu einem mehrschichtigen und höchst komplizierten Gesamtsystem zusammen. Doch was in ihr fehlt, ist ein Gesetzbuch aus staatlicher Zeit. Das deuteronomische Gesetz kann man als solches kaum bezeichnen. Seine älteste Schicht stammt zwar aus der letzten Periode des Staates Juda, doch sie ist gerade das Zeugnis des Versuchs, den Staat durch Rückgriff auf vorstaatliche Strukturen Israels zu revitalisieren. Der

größere Teil und die Gesamtredaktion der deuteronomischen Gesetze dürften erst aus exilischer und nachexilischer Zeit stammen. Hier
wird zwar noch mit der Möglichkeit eines wiederkehrenden Staates
gerechnet. Doch wird er, vor allem in der gewaltenteilenden Ämter-
gesetzgebung, so staatskritisch konzipiert, daß man sich fragen
kann, ob man das noch einen Staat nennen könne. Der deuteronomische König Israels ist eigentlich nur noch der Musterisraelit, und
wirklich regiert wird Israel durch seinen Gott Jahwe, der sich in den
Propheten kundtut. Von der höchst abgeschwächten Königsgestalt
des Deuteronomiums [123] abgesehen, kommt nun aber in den
Gesetzen des Pentateuchs der König überhaupt nicht mehr vor, und
ebensowenig andere für den Staat typische Institutionen und Rollenträger. Man kommt nicht daran vorbei, den Pentateuch, insofern er
maßgebend Gesellschaftsentwurf ist, als bewußten Entwurf einer
Gesellschaft, die kein Staat sein will, zu bezeichnen. Das ist auch
nicht verwunderlich, erkennt man in ihm die theoretisch-rechtliche
Existenzbasis jenes gesellschaftlichen Gebildes, das in der persischen
und in der griechischen Epoche um den Tempel von Jerusalem
herum existierte – innerhalb eines der jeweiligen Großreiche, fast
ganz in sich selbst funktionierend, aber nicht als Staat, sondern als
substaatliche Größe. Und dies wird nicht als Mangel oder als
Übergangsphänomen, verbunden mit der Hoffnung auf Wiederkehr
der vollen und freien Staatlichkeit, empfunden, sondern durch die
Verbindung aller Entwürfe mit der grundlegenden Gottesoffenbarung am Sinai zum eigentlichen Willen Gottes für Israel erklärt. Der
Teil der Bibel, der als Schlüssel zum Ganzen gemeint ist, will also
leidenschaftlich Gesellschaft, doch schweigt er vom Staat. Angesichts der vorangegangenen Geschichte jedoch ist dieses Schweigen
signifikant: Er will den Staat nicht.
    Für die Frage nach unserer Rekonstruktion und deutenden Dar-
stellung der »Geschichte Israels« bedeutet dies alles zunächst nur,
daß wir vorsichtig werden gegenüber der Faszination einer literarisch besonders ansprechenden Quellenschicht und ihr Deutungsmuster nicht unreflektiert übernehmen. Es bliebe an sich noch
möglich, daß es sich nach reiflicher Reflexion als das für uns
Sachgemäße erweisen könnte. Doch an welchen Kriterien sollte sich
unsere Reflexion über die rechten Deutungskategorien orientieren?
    M. Weber war bei der Analyse des »antiken Judentums« im Rah-
men einer von ihm geplanten »Wirtschaftsethik der Weltreligionen«
von der ersten Seite an von der Frage bestimmt, wie es zu dem

späteren Judentum gekommen sei. Dieses definierte er soziolo-
gisch als ein »Pariavolk«, brachte es also in den denkbar klarsten
Gegensatz zum Staat. In seiner Darstellung des vorexilischen Israel
gibt es keine scharfe Trennungslinie zwischen »vorstaatlicher« und
»staatlicher« Zeit. Staatstragende Institutionen wie das Königtum
kommen gebührend vor, aber für unser Empfinden seltsam unbetont
als eine unter vielen. Das ganze Kapitel steht unter der Überschrift:
»Die israelitische Eidgenossenschaft und Jahwe«. Natürlich ist We-
ber nicht an der Darstellung diachroner Abläufe interessiert. Deren
Kenntnis setzt er voraus. Trotzdem zeigt sich hier, daß die Größe,
von der aus man zurückfragt, sehr stark die Begriffe prägt, mit
denen man die historischen Sachverhalte begreift.

[124] Das zeigt umgekehrt auch die Darstellung der Geschichte
Israels, die heute im Staat Israel üblich ist. Hier wirkt sich offenbar
die arabische Bestreitung des Existenzrechts des Staates Israel als
Legitimationsdruck aus, der dazu führt, selbst Perioden fehlender
Staatlichkeit unter Begriffen wie »eigenständiges nationales Leben«
und »eigene nationale Leitung« zu fassen. Shmuel Safrai tut das in
seinem Buch »Das jüdische Volk im Zeitalter des Zweiten Tempels«
für die Zeit bis zur arabischen Eroberung Palästinas im 7. Jahrhundert n. Chr. ausdrücklich. Offenbar bestimmt wieder die Größe, von
der aus zurückgefragt wird, die geschichtsdeutenden Kategorien –
und hier ist es die zudem in ihrer Legitimität noch in Frage gestellte
»Medinat Jisrael«.

Die älteren und nicht-israelitischen Darstellungen der Geschichte
des alten Israel sind zwar vom Thema Staatlichkeit nicht so sehr
bestimmt, daß sie es selbst da eintragen, wo es gerade nicht da ist –
aber immerhin können sie dann im Fehlen der Staatlichkeit eine
»Tragödie« sehen, und so bleibt die Kategorie dennoch weiterhin
bestimmend. Wovon gehen sie aus? Wenn ich recht sehe, blicken sie
einfach mit modernem europäischem oder amerikanischem Bewußtsein in die Vergangenheit zurück, so wie andere Historiker für
andere Bereiche der Geschichte ebenfalls. Für dieses Bewußtsein ist
der Staat, wenn möglich sogar der Nationalstaat, die einzig in Frage
kommende Organisationsform von Großgesellschaft, zumindest ist
es die ideale, auf die andere gesellschaftliche Formen evolutiv
hinlaufen müssen. So wird er automatisch zur Leitidee der Geschichtsdarstellung

Bei der Darstellung der Geschichte Israels wird dabei die andersartige Meinung des kanonischen Alten Testaments übergangen oder

in der Überzeugung, selbst über die richtigere Sicht zu verfügen, beiseite geschoben. Sucht man einen Historiker Israels, der die Frage überhaupt als Problem empfunden hat, dann muß man die neueren Darstellungen überspringen und bis auf *M. Noth* zurückgehen. Er fragt im Paragraphen I seines Lehrbuchs, was »Israel«, das Subjekt der Geschichte Israels, eigentlich gewesen sei. Er entwirft im »Ersten Teil« ein vorstaatliches Israel, das er nicht als »noch nicht Staat« kennzeichnet, sondern als eigengeprägte gesellschaftliche Größe zu erfassen sucht, einen amphiktyonisch organisierten Stämmebund. Im Königtum sieht er »auf das Ganze der Geschichte Israels gesehen nur eine Episode« (262). Das, was nach dem Exil um das Heiligtum von Jerusalem herum entstand, versucht er möglichst von positiven Merkmalen her als eigengeprägte Wirklichkeit zu umschreiben. Aber gerade hier und im Endeffekt auch in der gesamten Geschichtsdarstellung drängen sich die Gesichtspunkte der Staatlichkeit doch immer wieder ⌐125⌐ in den Vordergrund und unterlaufen oft das differenzierte Gesamtprogramm.

Offenbar ist es nicht leicht, von den Kategorien, die das eigene Denken unreflex prägen, loszukommen. Unmöglich kann es nicht sein, denn das eigene Bewußtsein ist veränderbar, und es gibt den »hermeneutischen Zirkel«, bei dem die Texte und Fakten Gelegenheit haben, ihr korrigierendes Wort zu sprechen. Es mag sogar sinnvoll sein, daß die Geschichte Israels von verschiedenen Menschen oder Gruppen innerhalb verschiedener Annäherungsweisen angegangen wird. Das kann ja in jedem Fall so geschehen, daß man sich über seine Perspektive Rechenschaft gibt. Sie wird dadurch nachprüfbar und diskutierbar. Und in einem solchen Fall besteht kein Grund, den kritischen Charakter und die Wissenschaftlichkeit des Unternehmens anzuzweifeln. Welche Annäherungsweise sich als die fruchtbarere erweist, kann sich dann ja zeigen.

Damit sind wir wieder beim Ausgangsproblem. Es läßt sich nun neu formulieren. Entspricht eine Geschichte Israels, die von der Idee der Evolution aller menschlichen Gesellschaft auf den Nationalstaat hin gelenkt wird, den Deutungskategorien, mit denen – auf die ihnen eigene vorwissenschaftliche Weise – diejenigen Menschen rechnen sollten, die in ihrem Glauben wachsen wollen, indem sie durch den Umgang mit der Bibel Kontakt mit den Erfahrungen des alten Israels suchen? Offenbar nicht. Ihr Glauben und ihre christliche Existenz hängen nicht an der Bundesrepublik oder überhaupt an einer Gesellschaft, in der der Staat ein maßgebendes Muster darstellt, sondern, wenn man schon gesellschaftlich fragt, an Kirche, an Gemeinde. Beim Israeli von heute ist das anders, für ihn kann die Medinat Jisrael den Frageraster seiner Geschichtsforschung liefern. Bei dem aus der Ratlosigkeit unserer heutigen Gesellschaft heraus zur Bibel greifenden Christen dagegen ist sicher nicht sein Staat mit irgendwelchen religiösen Hoffnungsqualitäten behaftet. Und auch seine Utopien werden sich kaum im Bild eines Staates verdichten. Allerdings werden die wenigsten Christen heute überhaupt ihren Glauben, der sie zur Bibel greifen läßt, gesellschaftlich konkretisiert erlebt haben. Sie fragen als Einzelne und als Suchende. Aber selbst wenn sie aus diesem Grunde dann auch nicht in der Lage sind, aus dem so befragten Alten Testament eine Antwort zu vernehmen, die ins Gesellschaftliche reicht – das eine merken sie: die Deutungskategorie des Staats, von der her ihnen die Bibelwissenschaftler die Geschichte Israels aufschließen wollen, paßt nicht wirklich zu der Bibel, die sie in Händen haben und lesen. So interessiert sie eine »Geschichte Israels« nicht, die sich als Darstellung des im Endeffekt gescheiterten Ringens eines antiken Volkes $\boxed{126}$ um seine nationale Unabhängigkeit und seinen eigenen Staat präsentiert. So etwas ist öfter einmal in der Weltgeschichte vorgekommen. Die sehr irdischen Gründe dafür sind ihnen bekannt. Deshalb haben sie nicht zur Bibel gegriffen.

Was den durchschnittlichen Repräsentanten der neuerwachten Bibelfrömmigkeit zur Bibel treibt, ist die Hoffnung, dort Zeugnis über die Erfahrungen von Menschen mit Gott zu finden. Diese Hoffnung umschließt kaum Aussageerwartungen, die sich ins Geschichtliche oder Gesellschaftliche ausstrecken. Sie schließt sich andererseits gegen solche nicht ab. Sie rechnet nur zunächst einmal mit so etwas überhaupt nicht. Sie erwartet, wenn sie überhaupt Geschichtliches erwartet, Geschichte der Gotteserfahrung, Geschichte des Betens, Geschichte der Erkenntnis Gottes.

Solcher Erwartung entspricht ein vorhandener Sonderstrom der Beschäftigung mit der Geschichte Israels: die religionsgeschichtliche, auch die in einigen exegetischen Kreisen der letzten Jahrzehnte breit entwickelte traditionsgeschichtliche Forschung. So liegt die Entscheidung nah, »Geschichte Israels« vor allem als Religionsgeschichte Israels, als Geschichte der religiösen Traditionen Israels, ja vielleicht einfach als Geschichte des Gottesgedankens in Israel zu treiben. *J. Scharbert* hat sich zum Beispiel in seinem »Sachbuch zur Bibel« zu etwas Derartigem entschlossen.

Das kommt den vorhandenen Erwartungen zunächst einmal zweifellos entgegen. Doch je mehr es zu einer reinen Geschichte der religiösen Vorstellungen gerät, desto mehr entspricht es zwar der Herauslösung des Religiösen aus dem gesamtgesellschaftlichen Zusammenhang und seiner Privatisierung, die für die heutige komplexe Gesellschaft typisch sind, desto weiter entfernt es sich aber zugleich von der engen Einheit, die gesellschaftliches Verhalten und Gottesglaube im Alten Israel gebildet haben. Im Grunde werden auch hier wieder am Heute gewonnene Deutungsraster über das Alte Testament geworfen.

War es bei der vom Staat her deutenden Geschichte Israels die neuzeitliche Gipfelkategorie des »Staates«, so ist es bei einer isolierten Geschichte der religiösen Vorstellungen die Idee des vom Rest des menschlichen Lebens losgelösten religiösen Bereiches.

So mag eine Reduktion der Geschichte Israels auf eine Geschichte der religiösen Aussagen und Erfahrungen in Israel zunächst einmal näher bei den Bedürfnissen, die sich in der neuen Bibelzuwendung zeigen, liegen. Auf die Dauer hilft auch sie nichts, ja, sie muß als gefährlich betrachtet werden.

Die neuen Bibelfrommen wollen sich ja durchaus von der Bibel etwas sagen 127 lassen. Man wird sich also darauf verlassen können, daß sie hinhören und daß beim Hinhören dann, mehr oder weniger schnell, mehr oder weniger eindringlich, der hermeneutische Zirkel sein Werk tut. Das bedeutet, daß er die Fragen und Interessen der Bibelfrommen selbst allmählich näher auf die Fragen und Interessen der Bibel hin verwandelt. Und diese liegen zweifellos nicht bei einer vom Rest der Wirklichkeit abgetrennten religiösen Sinnregion, sondern bei einer engen Durchdringung von gesamtgesellschaftlichem Wollen (das wohlgemerkt nicht staatsorientiert ist) und Glauben an Gott. Wenn es in Israel eine Geschichte gegeben hat, wie die Bibel sie gesehen haben will, dann eine Geschichte, die zugleich und ineins gesellschaftlicher Wandel und voranschreitende Offenbarung Gottes gewesen ist. Eine Geschichte Israels, die der neuen Bibelfrömmigkeit auf die Dauer und wirklich hilfreich wäre, müßte daher eine sehr stark am gesellschaftlichen Wollen und am gesellschaftlichen Wandel in Israel interessierte Geschichte sein, die im Zusammenhang damit in der Lage ist, auch vom voranschreitenden Hervortreten des Bildes des Gottes Israels zu sprechen. Vielleicht würde eine derartige Geschichte Israels den neuen Bibelfrommen zunächst auch nicht zuviel sagen – sie kommen zumeist

durchaus aus der neuzeitlichen Entgesellschaftlichung des Religiösen. Doch sie hätte die Chance, ihnen Kategorien anzubieten, auf die
sie bei zunehmender Vertrautheit mit der Bibel dann selbst auch
notwendig kommen müssen.

Natürlich ist das an dieser Stelle der Überlegungen reine Behauptung. Es müßte einmal – oder in immer neuen Ansätzen vielmals –
durchgespielt werden, ob sich eine derart sozialgeschichtlich-offen-
barungsgeschichtlich orientierte Geschichte Israels überhaupt schreiben ließe. Am Versuch müßte sich zeigen, welches Maß an Erklärungskraft sie entfalten könnte. Wenn sie dabei weniger als die
bisherige »Geschichte Israels« zur Bestätigung, mehr zur Kritik der
heute herrschenden Vorstellungen von der rechten Gesellschaft und
vom rechten Glauben beitrüge, wäre das kein Kriterium, an dem
man ihren wissenschaftlichen Charakter messen müßte.

Manches an dem jetzt Gesagten mag an das Programm erinnern,
das in den letzten Jahren weniger die exegetischen Lehrstuhlinhaber,
mehr aber die Bibelkreise in den Studentengemeinden fasziniert hat
und das sich »materialistische Bibelauslegung« nennt. Ich begrüße in
der Tat den Grundansatz. Die konkrete Durchführung verheddert
sich dann leider meistens in bibelfremdem Gestrüpp, und zwar
einfach, weil man zu schnell den Kleinen Katechismus der marxisti-
schen Begrifflichkeit heranzieht, wie ja schon der Name der Richtung zu erkennen gibt. Im ganzen käme es aber wirklich 128 darauf an, den Zusammenhang zwischen sozialem Wandel und Fortschritt der Gotteserkenntnis aufzuzeigen.

Die Deutung der Frühperiode Israels als »Amphiktyonie« ist als
unhaltbar erwiesen. Aber müssen wir deshalb darauf verzichten, die
gesellschaftliche Eigengestalt dieser Periode zu erfassen? Dieses
Anliegen *M. Noths* bleibt bestehen, auch wenn seine konkrete
Lösung sich als falsch erwies. Müssen wir nicht doch damit rechnen,
daß dieses frühe Israel eine von der kanaanäischen Stadtgesellschaft
klar abgehobene, freie bäuerliche Stammesgesellschaft anstrebte und
daß die Abwendung von den Göttern Kanaans und die Zuwendung
zum Gott Jahwe damit zusammenhing?

Diese älteste Jahwegesellschaft war keineswegs schon das, was
über ein Jahrtausend später in der Bergpredigt als Programm des
menschlichen Zusammenlebens formuliert wird. Sie wollte die Freiheit, und sie war leidenschaftlich egalitär. Doch sie war dies um den
Preis der Lust am Krieg und entsprechend eines Gottes, der auch vor
allem als der große »Kriegsmann« erfahren wurde. Trotzdem war

dies gegenüber der Gesellschaft und den Mythen von Kanaan etwas Neues, und ein neues Antlitz Gottes war in Sicht gekommen.

Aus der Philisterkrise wurde dieses erste Israel nur gerettet, indem ihm eine große Persönlichkeit eine Zentralinstanz verschaffte und es so zum Staat machte. Israel überlebte, indem es, wenigstens unter manchen Aspekten, wurde, wogegen es angetreten war. Die guten vier Jahrhunderte der Monarchie sind, wenn man so will, das zweite Experiment Gottes mit Israel in der Geschichte. Nachdem man den Staat hatte, wollte man auch bei ihm bleiben. Der anfängliche Widerstand der Anhänger der alten akephalen Gesellschaft hatte nur den Erfolg, den einen Staat des Anfangs so zu schwächen, daß er in zwei Hälften auseinanderfiel. Diese lebten dahin, bis sie noch vor der Mitte des ersten Jahrtausends vor Christus von neu entstandenen Großmächten nacheinander zunächst geschwächt, dann vernichtet wurden.

Auch der Staat in Israel ist ein Stück Offenbarungsgeschichte. Man will zweifellos doch einen anderen Staat als die Völker sonst. Man will das, was man von einer gerechten Gesellschaft und ihrem Garanten Jahwe weiß, bewahren, auch im Staat. David versucht dies zu garantieren durch das neue Heiligtum, seinen Kult und seine Theologie, in Jerusalem. Die Propheten, die von einem Untergrund her leben, der sich nie ganz mit dem Staat abgefunden hat, versuchen dies stets neu in Erinnerung zu rufen. In letzter Stunde versucht man es abermals, indem man in der deuteronomischen Reform die alten Gesellschafts- und Kulttraditionen der Richterzeit der Vergessenheit [129] entreißt und gewissermaßen zur Staatsverfassung proklamiert. In all diesen lange dauernden und zähen Vorgängen wandelt sich auch das Bild Jahwes.

Aber auch dieses zweite Experiment scheitert, muß scheitern. Der Fall Jerusalems 586 bringt die Auflösung fast aller Institutionen, dagegen nicht die der sie tragenden Gedanken des alten Jahweglaubens. Das halbe Jahrhundert der Deportiertenexistenz in Mesopotamien ist die theologisch und schriftstellerisch produktivste Epoche der ganzen Geschichte Israels. Mag vorher der gesellschaftliche Wille dazu geführt haben, daß sich auch neue Züge im Antlitz Gottes enthüllten, so übernimmt jetzt die Gotteserkenntnis die Führung und entwirft zukünftige gesellschaftliche Möglichkeiten. Jetzt entsteht die Mehrzahl der Schriften, die wir im Alten Testament gesammelt besitzen. Vergangenheit wird aufgearbeitet und Zukunft entworfen. Jene Ausrichtung auf Zukunft entsteht, die seitdem aus unserer Welt nicht mehr wegzudenken ist. Sie weist in verschiedenste Richtungen.

Was sich faktisch durchsetzt, nachdem unter der neu entstandenen persischen Großmacht Heimkehr und Neuanfang in Jerusalem möglich geworden sind, ist die Idee einer gerechten, aus den alten Traditionen Israels lebenden Gesellschaft um das Heiligtum Jahwes herum. Es ist nicht mehr die segmentäre Stammesgesellschaft des Anfangs, egalitär, aber wehrhaft. Erst recht kein Staat, auf dem Idol der Macht und der Schichtung aufgebaut. Sondern es geht um eine Art substaatlicher Existenz unter dem Dach des jeweiligen Groß-reiches, vom Überstaat einerseits garantiert, andererseits möglichst in Ruhe gelassen, so daß hier auf kleinem Raum unter der Herr-schaft Gottes gewissermaßen eine Modellgesellschaft für die ande-ren Völker entsteht, die zugleich in engem Zusammenhang damit in der Lage ist, vom wahren Gott zu sprechen, der inzwischen als der einzige Gott erkannt ist.

Auch dieses Experiment scheitert. Am Ende sind doch wieder Klassen da, und die Oberschicht hat sich derart an die hellenistische Weltkultur assimiliert, daß sie auch den wahren Gott nicht mehr sieht und den Tempel in ein Heiligtum des Zeus verwandeln will. Der Makkabäeraufstand fegt diesen Spuk hinweg. Doch er entartet sofort wieder in die Bildung eines Staats mit harten Machtstruktu-ren, dann kommen die Römer darüber, und wenn Jesus von Nazaret auftritt, ist die Lage, von der Sache der guten Gesellschaft und der Erkenntnis des wahren Gottes her gesehen, immer noch offen und im Gären, obwohl immer mehr Wissen um diese Gesellschaft und diesen Gott im Laufe der Geschichte gesammelt worden ist. Die Sehnsucht nach beidem, der gerechten Gesellschaft und der Durch-setzung des wahren Gottes [130] in der Welt, prägt sich am stärk-sten in der extrem pessimistischen wie extrem optimistischen Bewe-gung der Apokalyptik aus. Sie betrachtet alles, selbst das Positivste der Vergangenheit Israels, als letztlich verloren und überholt, rech-net aber zugleich mit einer völligen Verwandlung der Wirklichkeit von Gott her, die unmittelbar bevorstehen muß. Man spricht vom Kommen des Königtums Gottes. Jesus tritt mit der so einfachen Aussage auf, soeben sei es dabei, zu kommen.

Wenn ich den Lauf der Geschichte Israels auf diese Weise unter der doppelten Rücksicht des gesellschaftlichen Wandels und der mit ihm verbundenen wachsenden Erkenntnis des wahren Gottes höchst grobmaschig skizziert habe, dann vor allem, um einen Verdacht abzuwehren: Daß dieses Programm auf eine Art »Heilsgeschichte« hinausliefe, die einfach nur die biblischen Geschichtsdarstellungen nacherzählt. Es geht durchaus um kritisch rekonstruierten Geschichtsablauf, um kritisch erhobene gesellschaftliche Zustände, um kritisch rekonstruierte Geschichte der Gottesaussagen. Doch weil auch dies nicht ohne deutende Kategorien geht, soll die Prädominanz einer staatsverherrlichenden Deutung oder die Flucht in reine Geschichte des Gottesbildes vermieden werden zugunsten einer Aufmerksamkeit auf Kategorien, die in der kanonisch vorliegenden Bibel selbst den Maßstab setzen.

Stellt man sich unter die Voraussetzungen theologischer Rede, dann kann man dies allerdings durchaus in einem brauchbaren Sinn auch als »Heilsgeschichte«, oder besser: als Geschichte des Handelns Gottes und seiner Selbstoffenbarung in seinem Handeln bezeichnen. Denn wenn Gott grundsätzlich handelt, indem Menschen handeln, und sich offenbart, indem Menschen dieses Handeln als Handeln Gottes deuten, dann ist einfach der Wandel der Gesellschaft auf eine bessere Gesellschaft hin zugleich das Hervortreten des wahren Gottes. Je menschlicher die Gesellschaft wird, desto weniger haben die Menschen es nötig, das Antlitz Gottes durch Projektion unmenschlicher Züge legitimierend zu entstellen. In dem Maße, in dem es im Mühen um die gerechte Gesellschaft ein Auf und Ab und ein Hin und Her gibt, ereignet sich ähnliches auch mit dem Bild Gottes, das die Menschen erkennen können. Gerade wenn man Geschichte Israels als Gesellschaftsgeschichte betreibt, kann man sie also auch als Offenbarungsgeschichte begreifen.

Unter diesem Aspekt kann man daher die Geschichte Israels auch durchaus als ein »theologisches« Fach betrachten. Ohne etwas an historischer Kritik auszunehmen, zeichnet sie doch das Handeln und Sichzeigen Gottes in Israel nach. Und zwar einfach deshalb, weil sie sich von der Bibel selbst die [131] angemessenen Deutungskategorien vorgeben läßt. Tut sie das nicht, läßt sie sich eher von einem Leitbild des Staats oder eines privatisierten Gottesverhältnisses prägen, dann verliert sie den theologischen Stempel und wird zur »profanen« Hilfswissenschaft der biblischen Exegese. Meistens erleben wir sie ja nur als solche.

Ließen wir uns als Bibelwissenschaftler dazu bringen, unsere »Geschichte Israels« mehr als bisher unter solchen Aspekten zu entwickeln, dann würden wir wahrscheinlich auch dem Katholischen Bibelwerk, zu dessen Jubiläum diese Seiten verfaßt wurden, größere

Dienste tun, als wenn wir ihm alle möglichen Einzelhilfestellungen anböten. Es könnte sich vielleicht leichter voll auf die neuen Bibelfrommen einlassen, ohne Angst zu haben, deshalb seine alte Treue zur Bibelwissenschaft in Frage stellen zu müssen. Und den Bibelfrommen hätte es von der Wissenschaft her etwas zu geben, was diese akzeptieren könnten.

Der weiße Fleck in Dei Verbum, Artikel 12[1]

[20] Als wir, Notker Füglister und ich, uns in den sechziger Jahren, unmittelbar nach dem II. Vatikanischen Konzil, als junge Exegeseprofessoren in Rom kennenlernten, erwarteten unsere Studenten von uns, daß wir nun jene neuzeitliche Bibelwissenschaft trieben, die unseren Vorgängern und älteren Kollegen untersagt gewesen war. Wir selbst waren uns manchmal gar nicht so sicher, wie eine katholische Bibelauslegung aussehen sollte, die nicht nur alles Liegengebliebene aufarbeitete, sondern wirklich gut war − denn als Insider kannten wir ja auch durchaus die vielen Unausgegorenheiten, Vorläufigkeiten, Eitelkeiten und Versessenheiten, die es, wie bei jeder Wissenschaft, auch bei der internationalen Bibelwissenschaft gibt. Manches wurde uns damals angesonnen, auch im Namen des Konzils, das uns eher beunruhigte − weil wir eher Mode und Zeitgeist rochen als einen *odor biblicus*. So verband uns zum Beispiel der Kampf für die Psalmen. Wir versuchten, bei den nachkonziliaren Reformen für das Stundengebet den vollen Psalter zu retten. Wir haben diesen Kampf verloren. Im Namen des Konzils sind aus sogenannten pastoralen Gründen die sogenannten Fluchpsalmen und Fluchverse geopfert worden[2].

Mir wurde damals deutlich, daß dieses Konzil noch keineswegs zu

---

[1] Festvortrag bei der Überreichung einer Festschrift an Notker Füglister am 13. März 1991 in Salzburg. Leicht überarbeitet und durch Anmerkungen ergänzt. Abgekürzt zitiert: AS = Acta Synodalia Sacrosancti Concilii Oecumenici Vaticani II. (Rom III, 3 1974; IV, 1 1976; IV, 2 1977, IV, 5 1978); GRILLMEIER = A. GRILLMEIER, Kommentar zum III. Kapitel [von *Dei Verbum*], in Lexikon für Theologie und Kirche². Zusatzband: Das Zweite Vatikanische Konzil II (Freiburg 1967) 528 − 558.

[2] Es wurden auch andere Begründungen angegeben, zum Beispiel, daß es ja nicht um das Mönchsgebet gehe, sondern um das der Weltpriester und des ganzen christlichen Volkes. Da gelte eher die Tradition des Stundengebets der Kathedralen, und die sei stets selektiv gewesen. Aber war dort die Selektion insgeheim markionitisch gesteuert? Wurden auch die ausgewählten Psalmen noch verstümmelt?

Ende war. Daß über den bleibenden Sinn seiner Sätze und über die Rangordnung seiner oft unverbundenen Aussagen vielmehr erst im Lauf einer Auslegungsgeschichte entschieden würde, die noch kaum begonnen hatte. Sie wiederum war in die Hand der Theologen gegeben, noch mehr in die kirchlicher Autoritäten. Vielleicht sollte sie auf die Dauer noch am meisten von langsamen Grundwellen des gläubigen Bewußtseins bestimmt werden, die das eine Wort des Konzils hochtragen, ein anderes tief ins Vergessen hinabspülen würden. Hinter und in allem wirkt der Geist, der die Kirche lenkt. Aber er wirkt in solchen Prozessen.

[21] Notker Füglister hat damals einen Artikel in den „Stimmen der Zeit" betitelt: „Vom Mut zur ganzen Schrift."[3] Erst im Untertitel nannte er das eigentliche Thema: „Zur vorgesehenen Eliminierung der sogenannten Fluchspalmen aus dem neuen römischen Brevier." Letztlich ging es ihm nicht um die Fluchpsalmen. Er litt um die „ganze Schrift". Deshalb stand das im Haupttitel. In dem Aufsatz hieß es: „Die ganze Schrift ist der Kontext, der die einzelne Aussage determiniert, modifiziert, relativiert, in und aus dem sie Stellenwert und Sinn, Bedeutung und Funktion erhält."[4] Dafür zitierte er die Offenbarungskonstitution des II. Vatikanums, *art.* 12 und *art.* 16[5]. Wir waren uns dessen sicher, daß wir nicht nur die zweitausendjährige Tradition der Kirche, sondern auch das Konzil selbst auf unserer Seite hatten. Doch diejenigen, die mit der Zensurschere den Psalmenbetern ihre Psalmen zusammenschnitten, waren auch überzeugt, im Geiste des Konzils zu handeln.

Ich will jetzt nicht beim Thema „Fluchpsalmen" bleiben. Wohl aber bei dem an diesem Thema brisant werdenden Thema der „ganzen Schrift". Daß weder Notker Füglister noch ich noch andere ihm damals Gehör verschaffen konnten, lag neben anderem sicher an zwei Dingen. Einerseits am Stand der damaligen Bibelwissenschaft − darüber gleich. Andererseits daran, daß das Konzil selbst an einer wichtigen Stelle, wo es von der Ganzheit der Schrift handelt, fast ein wenig in Atemnot zu geraten scheint. Seine Sprache klingt da fast, als wisse es nicht weiter. Ich denke an den von Notker Füglister selbst zitierten *art.* 12 im dritten Kapitel von „Dei Verbum". Er ist eine kleine Analyse wert.

---

[3] StdZt 184 (1969) 186−200.
[4] Ebd. 197.
[5] Ebd. 198, Anm. 32.

Concilium Vaticanum II
Constitutio dogmatica de Divina revelatione, Artikel 12

(Einleitung: Disposition)

Cum autem Deus in Sacra Scriptura per homines more hominum locutus sit, interpres Sacrae Scripturae, ut perspiciat, quid Ipse nobiscum communicare voluerit, attente investigare debet, quid hagiographi reapse significare intenderint et eorum verbis manifestare Deo placuerit.

(Korpus, Teil I: Autorenintention)

Ad hagiographorum intentionem eruendam inter alia etiam genera litteraria respicienda sunt. Aliter enim atque aliter veritas in textibus vario modo historicis, vel propheticis, vel poeticis, vel in aliis dicendi generibus proponitur et exprimitur. Oportet porro ut interpres sensum inquirat, quem in determinatis adiunctis hagiographus, pro sui temporis et suae culturae conditione, ope generum litterariorum illo tempore adhibitorum intenderit et expresserit. Ad recte enim intelligendum id quod sacer auctor asserrere voluerit, rite attendendum est tum ad suetos nativos sentiendi, dicendi, narrandive modos, qui temporibus hagiographi vigebant, tum ad illos qui illo aevo in mutuo hominum commercio passim adhiberi solebant.

(Korpus, Teil II: Definitiver Schriftsinn)

Sed, cum Sacra Scriptura eodem Spiritu quo scripta est etiam legenda et interpretanda sit, ad recte sacrorum textuum sensum eruendum, non minus diligenter respiciendum est ad contentum et unitatem totius Scripturae, ratione habita vivae totius Ecclesiae Traditionis et analogiae fidei.

(Abschlußbemerkung: Kirchenbezug der Bibelwissenschaft)

Exegetarum autem est secundem has regulas adlaborare ad Sacrae Scripturae sensum penitius intelligendum et exponendum, ut quasi praeparato studio, iudicium Ecclesiae maturetur. Cuncta enim haec, de ratione interpretandi Scripturam, Ecclesiae iudicio ultime subsunt, quae verbi Dei servandi et interpretandi fungitur mandato et ministerio.

I. Ein weißer Fleck in Dei Verbum

Innerhalb von Kapitel III geht der *art.* 11 voraus. Er enthält, in knappster Form, eine „Inspirationslehre". Der *art.* 12 zieht aus ihr die Folgerungen für die Auslegung der Bibel. Gehandelt wird, wie dann auch der Schlußsatz des Artikels zeigt, vom professionellen Schriftausleger, nicht also vom Pfarrer auf der Kanzel oder vom Gesprächspartner im Bibelkreis. Sie legen auch die Bibel aus. Sie sind in „Dei Verbum" auch keineswegs vergessen[6].

[22] Aber hier geht es, wenn vom *interpres Sacrae Scripturae,* dem „Ausleger der Heiligen Schrift" die Rede ist, um den Exegeseprofessor im Hörsaal. Um seinen Vortrag, vor allem aber um seine vorausgehende und mitlaufende Erkenntnisbemühung. Deren Ziel ist: *ut perspiciat, quid Ipse [= Deus] nobiscum communicare voluerit.* Der Exeget soll zu erkennen versuchen, „was Gott uns als sein Wort sagen will, wodurch er mit uns in Gemeinschaft treten will" — beides steckt in *nobiscum communicare*[7]. Diese Zielsetzung der Exegese ist entscheidend für alles, was folgt.

Die Arbeit des Exegeten ist: *investigare,* „untersuchen, forschen".

---

[6] Um sich ein Bild der Lehre der Konstitution von der Auslegung der Schrift in allen ihren Dimensionen zu machen, muß man *Dei Verbum* als ganzes befragen. Ich sage das, obwohl auf dem Konzil im Zusammenhang mit *art.* 12 oft über Bibelauslegung als ganze, nicht nur über deren wissenschaftliche Sondergestalt, gesprochen wurde. Vor allem die eindrucksvolle Rede des unierten Erzbischofs Neophytus EDELBY in der 94. Generalversammlung (AS III, 3 306 — 309) brachte bei der Diskussion dieses Artikels die volle Hermeneutik der frühen Kirche und der ostkirchlichen Tradition zur Sprache. Es ist wohl auch ein Mißverständnis, wenn sich das ausgezeichnete Aufsatz von H. RIEDLINGER, Zur geschichtlichen und geistlichen Schriftauslegung. Erwägungen im Rückblick auf die hermeneutische Weisung der dogmatischen Konstitution „Dei Verbum" des Zweiten Vatikanischen Konzils, in: W. LÖSER u.a. (Hrg.), Dogmengeschichte und katholische Theologie (Würzburg 1985) 423 — 450, als Auslegung von *art.* 12 versteht. Riedlinger handelt vom vollen Verstehen der Bibel im Glauben, nicht nur von der davon zwar umfangenen, aber daraus noch einmal herauszudifferenzierenden reflex-wissenschaftlichen Bibelauslegung. Für meine Sicht des Gesamtvorgangs christlichen Schriftverstehens und des Ortes der Bibelwissenschaft innerhalb desselben vgl. N. LOHFINK, Das Alte Testament christlich ausgelegt. Eine Reflexion im Anschluß an die Osternacht (Meitingen und Freising 1988).

[7] Textgeschichtlich ist aus einem *„nobis communicare"* nur um der besseren Latinität willen ein *„nobiscum communicare"* gemacht worden. Vgl. AS IV, 5 710 (Kommissionsstellungnahme 13). Doch im Kontext der gesamten Lehre der Konstitution über das Wesen von Offenbarung und Schrift ist meine Doppeldeutung wohl berechtigt.

Das ist das neolateinische Wort für „Wissenschaft" und „Forschung"[8]. Dieses Wort steht über allem, was folgt. Es öffnet eine Tür, und in den Raum hineingerufen sind: Bücher, Artikel, Fußnoten; Ursprachen; immer neues Suchen nach neuen Quellen und Techniken der Erkenntnis; Rationalität und nüchterne Klarheit; öffentliche Rechenschaftsablage über die Gründe für das, was man sagt; Angabe von Bedingungen für die mögliche Falsifikation von Thesen, die man aufstellt; Disput; auch Hypothese und vorentwerfende Vermutung. Nichts davon ist ausgeschlossen beim Wort *investigare*.

Was soll der Fachexeget also zu erforschen versuchen? Es werden zwei Dinge genannt: *quid hagiographi reapse significare intenderint et eorum verbis manifestare Deo placuerit*. Mit der Technik wissenschaftlicher Erkenntnisfindung ⟦ 23 ⟧ soll erarbeitet werden: Erstens die Aussageintention der biblischen Autoren von damals; zweitens das, was der hinter ihnen stehende und durch sie sprechende Gott sagen will. Vom Anfang des Satzes her noch genauer: was Gott nicht den Menschen damals sagen wollte, sondern uns heute sagen will. Zwei Formulierungen also nebeneinander. Wie verhalten sie sich zueinander? Meinen sie dasselbe, etwa wie die zwei Glieder eines Parallelismus in manchen Psalmen? Dann wäre das, was der einzelne biblische Verfasser damals seinen Adressaten sagen wollte, genau das, was Gott uns heute sagen will. Der Exeget könnte die doppelte Aufgabe in einem einzigen Aufwasch erfüllen. Oder spricht das Wort Gottes an uns heute etwas aus, was man zwar vom Wort des einzelnen biblischen Schriftstellers an seine Adressaten von damals nicht loslösen und an ihm vorbei niemals vernehmen kann, was aber dann doch noch einmal umfassender ist, alles in größerem Bogen überwölbend? Dann wären zwei Arbeitsgänge des Exegeten angezielt. Der zweite baute zwar auf dem ersten auf, doch er wäre noch einmal etwas Neues. Aus dem Wortlaut des ersten Satzes von *art.* 12

---

[8] Bis zur Textfassung von 1963 (GRILLMEIER: D) bezog *investigare* sich auf jeden Fall nur auf historisch-kritische Forschung. Erst die Anreicherung des Textes ab 1964 (GRILLMEIER: E-G) läßt hier überhaupt Fragen aufkommen. Doch im Erweiterungsbereich des Textes wird nach einer umfassenden Aussage über Bibellektüre und -auslegung überhaupt *(cum Sacra Scriptura eodem Spiritu quo scripta est etiam legenda et interpretanda sit)* mithilfe des neolateinisch ebenfalls für wissenschaftliches Tun benutzten Wortes *eruere* „ausgraben, ans Tageslicht bringen, ermitteln, erforschen" die mit *investigare* gegebene Eingrenzung des Gesichtspunkts wiederhergestellt *(ad recte sacrorum textuum sensum eruendum)*.

kann man zwischen den beiden Verständnismöglichkeiten nicht
entscheiden. Das „und" bleibt offen. Es kann additiv, es kann
identifizierend sein.

So gilt zunächst einmal: Der professionelle Ausleger der Bibel hat
die Aufgabe, auf rational-wissenschaftliche Weise zu erforschen,
welche Aussageintention die einzelnen biblischen Schriftsteller zu
ihrer Zeit hatten. Dann gabeln sich die Verständnismöglichkeiten.
Entweder: Ebendarin erforscht er, was Gott durch die Autoren von
damals uns heute sagen will. Oder: Darüber hinaus hat der Exeget
die Aufgabe, zu erforschen, was Gott durch die damalige Aussage
hindurch vielleicht Größeres und Deutlicheres uns heute sagen will.

Aus der Geschichte des Konzilstextes wissen wir, weshalb es zu
dieser doppelten Formulierung kam[9]. Die alte christliche Auslegungstradition kannte als einen Schriftsinn, der den historischen
Sinn überwölbt, den geistlichen (oder „allegorischen") Sinn der
Schrift, genauer: die neutestamentliche Neulesung des Alten Testaments. In unserem Jahrhundert, wenn man nicht gerade Jean
Daniélou, Henri de Lubac oder Hans Urs von Balthasar hieß, hat
man sich dieser alten Theorien geschämt, sie aber trotzdem als zu
heilig empfunden, als daß man sie einfach hätte vergessen $\boxed{24}$
können. Deshalb haben einige katholische Exegeten eine irgendwie ähnliche Theorie entwickelt, die aber nun den verschiedenen
Schriftsinnen verschiedene Methoden zuordnete. Es war die Theorie
vom *sensus plenior*[10]. Nach ihr gibt es zunächst die Aussageintention
der biblischen Schriftsteller. Sie ist mit historisch-kritischer Wissenschaft zu erforschen. Dann gibt es darüber hinaus, zumindest für
manche Stellen des Alten Testaments, noch eine zunächst verborgen
gebliebene, vollere Aussageintention Gottes. Sie trat erst durch
spätere biblische Schriften, oder gar erst durch die Kirchenväter
oder die kirchliche Auslegetradition zutage. Ihr gegenüber versagt

---

[9] Die Doppelung findet sich erst in der Fassung vom Frühjahr 1964 (GRILL-
MEIER: E). Die Vorstufen des Satzes führen letztlich auf *Divino afflante Spiritu*
zurück. Stets war im Zusammenhang nur von der Aussageintention der
biblischen Autoren die Rede. Die „*Relatio*" bemerkt zur vorgenommenen
Erweiterung: „*Iure desiderabatur ab E/223; E/2166; E/313, ut praeter herme-
neuticam mere rationalem locutio fiat etiam de principiis theologicis hermeneu-
ticae (sensus a Deo intentus, analogia fidei, traditio). Quod factum est in fine
paragraphi (AS III, 3 92)*. Die Erweiterung im Eingangssatz hängt also mit
Textelementen gegen Ende des Artikels zusammen.

[10] Der Name stammt von A. FERNÁNDEZ, Institutiones Biblicae (Rom 1925)
306 f.

die moderne Wissenschaft. Diesen *sensus plenior* kann man nur glaubend entgegennehmen, aus den genannten späteren Textbereichen. So etwa als einer der letzten direkt vor dem Konzil der bekannte amerikanische Johanneskommentator Raymond E. Brown in seiner nicht ganz so bekannten Doktorarbeit[11].

Wir wissen, daß die Frage des *sensus plenior* in den Vorbereitungskommissionen von *Dei Verbum* diskutiert worden und daß die Doppelgestalt der Formulierung aus dieser Diskussion hervorgegangen ist[12]. Man wollte den Horizont dieser Frage eröffnen. Doch zugleich war man fest entschlossen, das Konzil zu dieser damals umstrittenen, heute fast schon vergessenen Theorie keine Stellung beziehen zu lassen, weder positiv noch negativ[13]. Man hat auch keine Änderungsvorschläge, die in einer Zwischenabstimmung am 21. September 1965 eingereicht wurden und den Text in der einen oder der anderen Richtung festgelegt hätten, akzeptiert. Es blieb bei der schwebenden Aussage[14]. Wir sollten das auf keinen Fall als übersubtil empfinden. Die Verfasser dieses Konziltextes haben so differenziert gedacht. Wichtig scheint mir bei dem ganzen für uns heute nicht, daß damit ein Platz für die Diskussion der Theorie vom *sensus plenior* offengehalten wurde, sondern daß dadurch die in der Theorie vom *sensus plenior* aufgegriffene Problematik, die schon die des geistlichen Sinns der Kirchenväterauslegung war, präsent bleibt. Einzelne Konzilväter, wie etwa Erzbischof Edelby, dachten sowieso von der alten Tradition her. Der Bibelwissenschaftler soll in seiner Arbeit von dieser Problematik also mitbestimmt sein.

[25] Der Satz, mit dem ich mich bisher allein beschäftigt habe, war der Einleitungssatz von *art.* 12. Als Einleitungssatz macht er mit der doppelten Aufgabenbestimmung für die Exegese zugleich eine Dispositionsangabe für den Rest des Artikels. Das zeigt sich, wenn man weiterliest. Es geht zunächst um die erste Aufgabe des Exegeten, die Erforschung der Aussageintention der biblischen Verfasser.

---

[11] R.E. BROWN, The „Sensus Plenior" of Sacred Scripture (Diss. Baltimore 1954). Vgl. dazu R.B. ROBINSON, Roman Catholic Exegesis since *Divino Afflante Spiritu:* Hermeneutical Implications (SBLDS 111; Atlanta 1988).

[12] Nach GRILLMEIER 539f. war der Anlaß die Diskussion über den *sensus plenior.* Vgl. auch ebd. 552. Alois Grillmeier war der Sekretär der zuständigen Subkommission.

[13] Die „*Relatio*" über die Texterweiterung bemerkt: *Abstrahitur autem a solvenda quaestione de «sensu pleniore»* (AS III, 3 92).

[14] AS IV, 359 (*Relatio* zu B); IV, 5 710 (*Modi a Patribus conciliaribus propositi a Commissione doctrinali examinati,* zu 15).

Das Stichwort wird explizit aufgegriffen: *Ad hagiographorum intentionem eruendam inter alia etiam genera litteraria respicienda sunt.* „Bei der Bestimmung der Aussageintention der Autoren muß, unter anderem (hier wird also keine volle Methodologie entwickelt, es werden aktuelle Beispiele gebracht), auf die literarischen Gattungen geachtet werden." Dieser Satz wird in einem zweiten Satz begründet. Man achte auf die Begründungspartikel *enim.*

Dann folgt ein neuer Abschnitt. Er geht noch nicht zu einem neuen Thema über, sondern bleibt bei der Erforschung der Aussageintention der biblischen Autoren. Das erkennt man einerseits an dem Gedankenverlängerungspartikel *porro* „weiterhin"[15], andererseits daran, daß das entscheidende Stichwort („Intention des Autors") wiederkehrt, der stilistischen Variation wegen nun in verbaler Form. Der Satz lautet: *Oportet porro ut interpres sensum inquirat, quem in determinatis adiunctis hagiographus, pro sui tempori et suae culturae conditione . . . intenderit et expresserit* „Weiterhin hat der Ausleger nach jenem Sinn zu forschen, den der biblische Autor in einer gegebenen Situation entsprechend den Bedingungen seiner Zeit und Kultur . . . hat ausdrücken wollen und wirklich ausgedrückt hat." Wieder folgt dieser Aufgabenstellung ein begründender Satz, der mit dem Begründungspartikel *enim* eingeführt wird.

Vom Inhalt her ist er gar keine echte Begründung für den vorausgehenden Satz. Man merkt gerade hier, daß wir es mit einem Kommissions- und Abstimmungstext zu tun haben. Ich gehe nicht auf die genauen Aussagen ein. Sie konzentrieren sich auf die damals umstrittenen Methoden der historisch-kritischen Auslegung, vor allem die Gattungsforschung. Es wird nach Möglichkeit mit Formulierungen aus den Kirchenvätern und aus neueren päpstlichen Enzykliken gesprochen. Die Anmerkungen geben die Quellen an. Dadurch wird der Text kompliziert, die Gedankenführung ist manchmal schwierig. Um so deutlicher ist aber die formal durchgeführte logische Gestalt der Sätze. Zweimal eine Anweisung, zweimal eine mit *enim* eröffnete Begründung für die Anweisung. In beiden Fällen fällt das Stichwort „Aussageintention". Wir sind also immer noch beim ersten der beiden am Anfang angekündigten Themen.

---

[15] Ein Änderungsvorschlag wollte *porro* durch *ergo* ersetzen. Der Antrag wurde von der Kommission abgelehnt mit der Bemerkung: *Quia inducitur nova idea de variis adiunctis conscriptionis librorum, servandum est «porro»* (AS IV, 5 710f.).

26 Den dann folgenden Satz eröffnet dagegen die Absetzungspartikel *sed* „aber, jedoch". Hier beginnt etwas Neues. Es wird auch nichts mehr von Autorenintention gesagt. Vielmehr: *Sed, cum Sacra Scriptura eodem Spiritu quo scripta est etiam legenda et interpretanda sit, ad recte sacrorum textuum sensum eruendum non minus diligenter respiciendum est ad contentum et unitatem totius Scripturae* „Da jedoch die Heilige Schrift in jenem Geiste zu lesen und auszulegen ist, durch den sie verfaßt wurde, müssen, um den Sinn der heiligen Texte richtig zu erheben, mit nicht geringerer Sorgfalt Inhalt und Einheit der Schrift als ganzer ins Auge gefaßt werden."

Wird hier ein völlig neues Thema in den Artikel eingeführt? Oder geht es jetzt um die zweite Aufgabe des Exegeten, die der Einleitungssatz genannt hatte: zu erarbeiten, was Gott mit den „Worten" der Bibel sagen will? Gegen die zweite Annahme spräche, daß hier im Gegensatz zum Abschnitt über die Autorenintention die Formulierung des ersten Satzes nicht wörtlich aufgenommen wird. Doch der Sache nach wird zweifellos von der Autorenintention zum Sinn von Texten fortgeschritten. Das entspricht, wenn auch ohne Einführung der Idee des von Gott für uns heute intendierten Sinnes, inhaltlich durchaus der Unterscheidung im Einleitungssatz. Dort war von „Worten", hier ist von „Texten" die Rede. Warum als neues Motiv die Rede vom Heiligen Geist hinzukommt, läßt sich erklären. Wieder war eine Enzyklikenformulierung unterzubringen, die ihrerseits eine Kirchenväterformulierung aufgegriffen hatte. Sie wurde erst ganz spät in den Text eingeführt. Doch war er vorher nicht deutlicher gewesen. Die Erweiterung könnte höchstens bewirkt haben, daß auch in der letzten Redaktionsphase keine Gelegenheit mehr vorhanden war, ihn noch etwas klarer auf die Ankündigung im Einleitungssatz zu beziehen. Es handelt sich, wie die Fußnote angibt, um eine Anspielung auf die Bibelenzyklika „Spiritus Paraclitus" Benedikts XV., die sich selbst an eine Formulierung des heiligen Hieronymus in seinem Galaterkommentar anlehnt[16].

---

[16] Wir können noch feststellen, durch wen die Formulierung eingebracht wurde. Vgl. AS IV, 2 983 (F. RAEYMAEKERS); ebd. 996 (A. Meyer, P. Richard, T. Botero Salazar, P. Gouyon, J. Zoa, A. Bontemps, L. Ménager, R. Cleire, E. Schick, L. Volker in einem Sammelantrag). Die beiden Anträge entsprechen sich. Beide berufen sich auf die Rede von Erzbischof Neophytus EDELBY auf der 94. Generalversammlung, die jedoch keinen formellen Abänderungsantrag enthielt. Bei der Einfügung wurde der vorhandene Text einfach erweitert. Vorher lautete er: *Sed ad recte sacrorum textuum sensum eruendum, respicien-*

Gerade an dieser späten Texterweiterung zeigt sich, daß wir den Text nicht nur von der Problematik des *sensus plenior* her erklären können. Die ⎡27⎤ Konziltheologen wußten durchaus, daß es eigentlich um die alte Kirchenväterhermeneutik des „geistlichen Sinns" ging. So führten sie hier eine Formulierung ein, die von jenem „Geist" spricht, durch den die Bibel geschrieben wurde und in dem sie auch gelesen werden soll. Im ganzen: Wir sind durchaus beim zweiten angekündigten Teil[17].

Der Teil ist kurz. Es ist nur ein einziger Satz. Wenn es, über das hinaus, was die biblischen Autoren zu ihrer Zeit ihren Lesern sagen wollten, um das geht, was Gott uns heute in den biblischen Texten sagt, ist Inhalt und Einheit der Schrift als ganzer in den Blick zu nehmen. Bei dem Wort „Einheit" ist an die Einheit der beiden Testamente zu denken. Weil ihr das wichtig war, hat die Kommission dieses Wort auf einen Antrag hin noch relativ spät eingefügt[18]. Die eigentliche Anweisung an den Exegeten ist hier die, den Sinn der einzelnen Texte von Inhalt und Einheit der Schrift als ganzer her zu erheben. Der gesamte Kanon der Heiligen Schriften ist also gewissermaßen als einziges Sinngefüge, als einziges Buch zu nehmen, in dem alles aufeinander bezogen ist und sich gegenseitig erhellt.

Soviel wird gesagt, nicht mehr. Es folgt kein mit *enim* eingeführter Begründungssatz[19]. Nur noch ein Zusatz: *ratione habita vivae totius Ecclesiae traditionis et analogiae fidei* „unter Berücksichtigung der lebendigen Überlieferung der Gesamtkirche und der Analogie des

---

dum est etiam ad contentum et unitatem totius Scripturae ... (AS IV, 1 356, rechte Spalte). Die Kommission hat den Erweiterungsvorschlag akzeptiert und durch die Quellenangabe ergänzt, aber keinerlei eigene Begründung für ihre Zustimmung mitgeteilt (AS IV, 5 712, zu 27; vgl. 743). Eigentümlicherweise spricht sie von einem Antrag von 8 Konzilsvätern.

[17] Ich habe versucht, diesen wichtigen Punkt durch Textanalyse zu erarbeiten. Doch sei ausdrücklich auf Anm. 9 hingewiesen. Aus der dort zitierten „*Relatio*" geht hervor, daß die zweite Bestimmung der Aufgabe des Exegeten im Einleitungssatz und dieser Abschnitt gleichzeitig und aufeinander bezogen eingefügt wurden.

[18] AS IV, 1 359 (K): «*Et unitatem*» *inseritur secundum E/3667, qui tamen putat omittendum esse* «*contentum*». *Ponitur utrumque, quia* «*unitas utriusque Testamenti*» *habet momentum theologicum proprium, sicuti etiam* «*contentum*».

[19] Interessanterweise ist die späte Einfügung am Anfang, die mit *cum* beginnt, ein Begründungssatz. Doch ist weder vom Duktus des jetzigen Textes her noch aufgrund der Textgeschichte anzunehmen, daß hier ein kompositorisches Äquivalent zu den sonst systematisch gesetzten *enim*-Sätzen intendiert wäre.

Glaubens"[20]. So ⌐28⌐ wichtig das ist – nach der traditionellen theologischen Erkenntnislehre hätte es auch schon zur Erforschung der Aussagenintention der biblischen Autoren hinzugefügt werden können. Denn welche Methode auch angewandt wird – kirchliche Tradition und *analogia fidei* sind stets zumindest *norma negativa*. Da sie in ihrem eigenen Kern nichts anderes sind als der eigentliche Sinn der Schrift, sind sie, je mehr die Auslegung sich von den einzelnen Schriften zur Schrift als ganzer bewegt, natürlich noch wesentlich mehr als nur *norma negativa*. Selbst von einer profanen Hermeneutik aus, welche die soziale Zuordnung von Texten und ihre Auslegungsgeschichte ernst nimmt, wäre ähnliches zu sagen gewesen, und zwar auch schon zum ersten Teil des Artikels.

Hier an dieser Stelle untergebracht, ist das Element „Überlieferung" und *analogia fidei* zugleich schon eine motivliche Überleitung zum Schlußteil des ganzen Artikels. In ihm wird gesagt, daß die wissenschaftliche exegetische Arbeit natürlich auf das Wachsen der Schriftkenntnis der Kirche als ganzer hingeordnet ist und letztlich dem Urteil der Kirche untersteht. Nebenbei: Die Konstitution unterscheidet durchaus zwischen „Kirche" und „Lehramt". Hier sagt sie „Kirche"[21]. Die Bibelwissenschaft ist also direkt auf das

---

[20] Der vor allem durch den Ausdruck *ratione habita* nahegelegte Zusatzcharakter der Aussage ist erst im Laufe der Redaktionsgeschichte des Textes erzeugt worden. Eine Textform *respiciendum est etiam ad contentum totius Scripturae, in viva Ecclesiae traditione, sub analogia fidei* wurde verändert zu *respiciendum est etiam ad contentum et unitatem totius Scripturae, ratione habita vivae Ecclesiae traditionis et analogiae fidei*. Dies geschah nach Kommissionsauskunft einfach, *ut clarior redderetur textus prior* (AS IV, 1 359, zu L). Während der ältere Text die verschiedenen Aussagen organisch ineinanderschachtelte, hat die definitive Textfassung durch *ratione habita* „berücksichtigend, in Erwägung ziehend, beachtend" eine logische Formel benutzt, die enger wie weiter ausgelegt werden kann und auf jeden Fall nicht so ausgelegt werden muß, daß es sich bei Tradition oder *analogia fidei* auf der Ebene rationaler Beweisführung um den Ausgangspunkt der Argumentation handelt. Die ältere Formulierung hätte Anlaß zu weniger offenem Verständnis geben können. Die spätere Kommentierung dieses Satzes ist sich dieser Abänderung des Textes offenbar gar nicht bewußt geworden. Es wird kaum über Inhalt und Einheit der Schrift gesprochen, um die es doch im Hauptsatz geht. Man konzentriert sich sofort auf Tradition und *analogia fidei,* so als seien diese bei der hier angezielten exegetischen Tätigkeit die eigentlichen Erkenntnisquellen, und nicht mehr die Schrift selbst.

[21] Es gab mehrere Anträge, hier das Wort *magisterium* einzufügen. Die Kommission ging darauf nicht ein. Vgl. AS IV, 5 7 und 12 f. zu den Vorschlägen 30, 33 und 34. Anträge der genannten Art finden sich in AS III, 3450, 453, 825; IV, 2950, 952.

Schriftverständnis der ganzen Kirche, nicht auf das Lehramt hingeordnet. Aber das nur nebenbei.
    Der Schlußteil besteht wieder aus zwei Sätzen. Der zweite begrün-
det den ersten. Auch die Partikel *enim* ist wieder da. Ein zugefügter
Satz mit *enim* fehlt also nur an einer Stelle in dem außerordentlich
durchsichtig gegliederten Artikel: wo es um den Blick auf Inhalt und
Einheit der ganzen Schrift geht.
    Wenn das Konzil in *art.* 12 von der Ganzheit der Schrift handelt,
kommt es also wirklich fast ein wenig außer Atem[22]. Zu diesem
Thema war damals offensichtlich nicht viel zu sagen. Das heiße
Eisen war die historisch-kritische Methode, vor allem die „literarische Gattung". Ihretwegen wurden Professoren abgesetzt und in die
Verzweiflung an der Kirche getrieben. Bei der „Schrift als ganzer"
dagegen klingt es so, als mache man eine Pflichtübung. Die Tradition vom geistlichen Schriftsinn wird als wichtig ⊂29⊃ empfunden.
Offenbar stand sie aber irgendwie disparat neben dem, was die
historisch-kritischen Exegeten taten. Dennoch wollte man diese
nicht davon freisprechen, sich ihr Anliegen zu eigen zu machen.
Aber das war es dann auch. Oder aber: Man war wirklich verlegen.
Man wußte vielleicht wirklich nicht, was man noch hätte sagen
können.
    Ich schließe das auch aus der bisherigen Kommentierung dieses
Konzilstextes. Einer der wichtigsten Kommentare, der von Alois
Grillmeier, betrachtet zum Beispiel die Anweisungen, die sich auf die
Aussageintention biblischer Autoren beziehen, als „fachexegetische
Regeln", dagegen diejenigen, die sich auf das Wort Gottes an uns
beziehen, als „theologisch-dogmatische Regeln"[23]. Wenn der wissen-
schaftliche Bibelausleger zu seiner eigentlichen Aufgabe kommt, die
Schrift für den Menschen von heute zu erschließen, müßte er also die
Fachexegese an den Kleiderhaken hängen und in die Toga eines
Dogmatikers schlüpfen. Grillmeier verteilt die Aufgaben sogar auf

---

[22] Am deutlichsten hat das Erzbischof EDELBY gespürt und zum Ausdruck
    gebracht: *Pars autem altera huius numeri, illa nempe que continentur in linn,*
    21–32 pag. 28, nimis videtur debilis relate ad primam (As III, 3 308). Er
    spricht von *timiditas* (ebd. 306).
[23] So formuliert er sogar in seinen Zwischenüberschriften. Vgl. GRILLMEIER 553f.
    Es muß allerdings hinzugefügt werden, daß er im Text doch auch wieder die
    Dinge zusammenzubringen versucht. Auch die „fachexegetische" Arbeit sei
    schon theologisch und geschehe schon im Heiligen Geist. Umgekehrt bleibe
    die „theologisch-dogmatische" Arbeit im Bereich der Wissenschaft (vgl. ebd.
    552 und 555).

verschiedene Personen: einerseits den Fachexegeten, andererseits den „Bibeltheologen und Dogmatiker"[24].

Vielleicht haben die meisten Konzilstheologen, die den Text redigiert haben, wirklich so gedacht. Vertreter des *sensus plenior* mußten sogar so denken. Wer von der alten Hermeneutik des geistlichen Sinns herkam, hatte zumindest keine Vorbilder, die ihm zeigten, daß auch das, was die Kirchenväter getan hatten, seine rational erfaßbare, heute nach textwissenschaftlicher Methodik rufende Seite hatte. Nicht alle Interpreten der Konstitution dachten allerdings so. Auch nicht Notker Füglister in seinem schönen Beitrag zur Karl-Berg-Festschrift über *Dei Verbum* und das Alte Testament. Er widerspricht dort jedoch so bescheiden, daß nur der Kenner es merkt[25]. Ich will versuchen, den Sachverhalt etwas ausdrücklicher zu entfalten.

Zunächst einmal gilt bei der Hermeneutik von Konzilsdokumenten: Die Erforschung der Autorenintention kann zwar hilfreich sein. Deshalb habe ich mich auch nicht gescheut, die Konzilsakten auszuwerten. Aber letztlich ist in solchen Dokumenten nur das gesagt, was im Text steht. ⎡ 30 ⎤ Denn es sind Rechtstexte. Im Text von *Dei Verbum* steht nun aber nicht, daß bei den beiden Aufgaben des Exegeten zwischen „fachexegetischen" und „theologisch-dogmatischen" Methoden zu unterscheiden wäre, genau so wenig, wie der Streit um den *sensus plenior* entschieden oder eine bestimmte Form der allegorischen Exegese der Frühzeit kanonisiert werden soll[26]. Wer es will, kann die Konzilsaussage so lesen, daß auch bei der geforderten Auslegung biblischer Texte von „Inhalt und Einheit der Schrift als ganzer" her mit „fachexegetischen" Methoden gearbeitet wird.

Ein solches Verständnis liegt sogar näher. Die Logik des Textes

---

[24] Ebd. 555.

[25] N. Füglister, Das Alte Testament — Wort Gottes an uns. Die Konzilskonstitution „*Dei Verbum*" und das Alte Testament, in: Uni trinoque Domino. Karl Berg — Bischof im Dienste der Einheit (Hg. v. H. Paarhammer und F. M. Schmölz; Thaur/Tirol 1989) 139—160, hier 146.

[26] Vielleicht sollte man sogar das theoretische Recht einer solchen Unterscheidung in Frage stellen. Denn muß die Dogmatik da, wo sie sich auf Texte stützt, nicht auch mit jenen Methoden arbeiten, die von Grillmeier als „fachexegetisch" bezeichnet werden? Und kann sie, wenn sie Wissenschaft sein will, anders argumentieren als von Texten her? Ist nicht auch „fachexegetische" Arbeit echte Theologie? Letzteres sagt Grillmeier selbst. Aber das alles bleibe hier unerörtert.

führt eher zu ihm als zu dem, was die frühen Kommentatoren der Konstitution geschrieben haben. Denn: Erstens steht alles unter dem Stichwort *investigare,* „forschen". Hier war in den Frühstadien der Konstitution eindeutig die moderne Wissenschaftlichkeit im Blick. Hätten die später hinzugefügten Erweiterungen des Textes zu diesem Wort nicht gepaßt, hätte man es wohl durch ein offeneres ersetzt. Zweitens steht alles im Licht der vorher in *art.* 11 behandelten Inspirationslehre. Sie wird am Anfang des Artikels aufgenommen mit der Formulierung: *Cum autem Deus in Sacra Sriptura per homines more hominum locutus sit* „da Gott in der Heiligen Schrift durch Menschen auf menschliche Weise gesprochen hat". Man könnte von einer Applikation der Inkarnationslehre auf das biblische Wort Gottes sprechen. Bei der Inkarnation wurde aber, wie die Kirchenväter sagen, „alles aufgenommen", nicht nur ein Teil der Menschheit Jesu. So dann doch wohl auch hier. Wenn Gott „durch Menschen auf menschliche Weise" spricht, dann gilt das nicht nur von dem, was er zu den ursprünglichen Adressaten dieser oder jenes alttestamentlichen Buches sagte, sondern auch von dem, was er durch dieses Buch im Rahmen des Gesamtkanons zu uns sagt. Wenn daher auch die jetzige Bibel, und nicht nur einzelne Vorstufen von ihr, Gotteswort und Menschenwort zugleich ist, dann muß sie auch in ihrer Endgestalt noch menschlicher Text sein, selbst wenn man dann den Begriff des „Autors", mit dem man inspirationstheologisch arbeitet, ein wenig differenzieren muß[27]. Auch ihre jetzige Aussage muß dann aber noch mit jenen Methoden erfaßbar sein, die in der Wissenschaft entwickelt wurden, um menschliche Sprachgebilde besser zu verstehen.

☐31☐ Der Text selbst stützt also nicht alle Beigedanken mancher seiner Verfasser und ersten Kommentatoren. Er läßt zumindest die Möglichkeit offen, daß auch die zweite Aufgabe des Exegeten, die Auslegung des Sinnes der Bibel als Wort Gottes an uns, soll sie mit der heute nötigen Reflexheit geschehen, der fachexegetischen Methoden bedarf. Nach meiner Meinung tut er mehr: Durch seine interne Logik zwingt er dazu, das als Auftrag zu sehen — auch wenn seine Verfasser hier nur noch stammeln konnten und sich vielleicht selbst nicht mehr ganz verstanden.

---

[27] Für die heute notwendige Differenzierung des in der klassischen Inspirations- und Inerranzlehre zentralen Begriffs des „Hagiographen" vgl. N. LOHFINK, Über die Irrtumslosigkeit und die Einheit der Schrift, StdZt 174 (1964) 161 – 181.

Wir müssen im Grunde nur fragen, warum das Konzil, so klar es
im Grundsatz sah, in der konkreten Ausfüllung seiner Aussagen
denn so in Verlegenheit geriet. Und hier müssen wir uns der
faktischen Bibelwissenschaft zuwenden, wie sie damals aussah und
wie sie heute aussieht. Meine These ist: Heute käme das Konzil nicht
mehr in diese Verlegenheit. Denn inzwischen hat sich in der Bibelwissenschaft einiges getan.

II. Der weiße Fleck und der bibelwissenschaftliche „Paradigmen-
wechsel"

In den letzten Jahren wird von Exegeten, vor allem im angelsächsischen und romanischen Bereich, in Anlehnung an die Theorie
wissenschaftlicher Revolutionen von Kuhn, oft feierlich ein „Paradigmenwechsel" proklamiert. In den Fachzeitschriften und erst recht
auf Kongressen häufen sich die Beiträge, die der ganzen „historisch-
kritischen" Bibelauslegung die Grabrede halten. Die Schlagworte,
die den Umschwung am deutlichsten kennzeichnen, lauten „Diachronie" und „Synchronie". Das Wortpaar stammt aus der Linguis-
tik. Man kann seine Einwanderung in unsere Gefilde deutlich über
Stationen wie den französischen Strukturalismus, eine vor allem im
angelsächsischen Raum entwickelte Textlinguistik und eine mit
dieser sich verbindende oder auch unabhängig davon entstandene
rhetorische, stilistische und narrative Analysearbeit verfolgen. Die in
solchen Zusammenhängen praktizierten Methoden der Analyse von
Texten ohne besondere Berücksichtigung ihrer sich in der Zeit
erstreckenden Werdedimension gewinnen immer mehr auch für jene
Exegeten an Bedeutung, die ihrem Selbstverständnis nach durchaus
„historisch" arbeiten. Sie gesellen sich einfach als Bereicherung den
alten Methoden zu. Die Entwicklung ist so weit, daß die neuen
Sichtweisen schon in die Lehrbücher eingedrungen sind. Ich erwähne
nur die „Methodenlehre" des Brixener Bischofs und Neutestamentlers Wilhelm Egger[28]. Für das Alte Testament steht eine solche
Methodenlehre allerdings noch aus. Wolfgang Richters Methodologie[29] $\boxed{32}$ zielt zwar deutlich in diese Richtung, ist aber konkret
noch stark von der vorangehenden Periode bestimmt.

---

[28] W. Egger, Methodenlehre zum Neuen Testament. Einführung in linguistische
und historisch-kritische Methoden (Freiburg 1987).
[29] W. Richter, Exegese als Literaturwissenschaft. Entwurf einer alttestamentlichen Literaturtheorie und Methodologie (Göttingen 1971).

Auch die exegetische Praxis sieht heute anders aus als vor 25 Jahren. Um ein Beispiel aus dem Arbeitsfeld von Notker Füglister zu bringen: Im Bereich der Psalmen ist die Textbeschreibung weit über die Gattungsbestimmungen Gunkels hinausgekommen, die jahrzehntelang die einzigen textbeschreibenden Auskünfte waren, die man erhalten konnte.

Gerade die Psalmenforschung zeigt allerdings, daß es vielleicht doch etwas zu vollmundig ist, von einem wirklichen „Paradigmenwechsel" zu sprechen. Bei solcher Rede klingen vielleicht auch die geheimen Interessen mancher Exegeten mit, die aus Milieus mit fundamentalistischer Auslegungstradition kommen und sich gerade erst auf moderne Bibelwissenschaft einlassen. Sie mögen ihren Kreisen noch signalisieren müssen, daß nicht eigentlich sie zum Feind von gestern übergelaufen sind, sondern daß dieser sich zu ihnen hat locken lassen.

An sich hatten sich die neuzeitlichen Bibelwissenschaftler, die die historisch-kritische Methode entwickelten, immer zugleich auch als Ausleger des vorliegenden Bibeltextes verstanden. Gerade die Psalmenkommentare des vorigen Jahrhunderts zeigen das. Diachronie und Synchronie, obwohl die Wörter unbekannt waren, waren immer beide im Blick, wenn auch vielleicht oft sehr ungleichmäßig entwickelt. Vieles auf der synchronen Ebene war den in humanistischen Gymnasien gebildeten Exegeten des vorigen Jahrhunderts so selbstverständlich, ihre heute von uns kaum noch erreichte Sprachbeherrschung und Textkenntnis so groß, daß sie diesbezüglich eher intuitiv als reflex arbeiteten. Um die historische Methodik dagegen mußten sie ringen, und so stand diese reflex im Vordergrund der Aufmerksamkeit.

Sie stand auch im Vordergrund bei den Disputen über die moderne Exegese, die seit dem Modernismusstreit offen und mehr noch verdeckt im katholischen Milieu stattfanden. So ist es verstehbar, daß schon zu Zeiten von *Divino afflante Spiritu* (1943) und erneut direkt vor und dann in den Jahren des Konzils die moderne Bibelwissenschaft, um deren Recht in der römisch-katholischen Kirche gekämpft wurde, fast ganz unter dem Stichwort „historisch-kritisch" lief. Um die geschichtliche Sicht kämpfte man, man zitterte um den ursprünglichen Sinn der Texte in ihrer ursprünglichen Situation. Die Methoden, die das erarbeiteten, standen zur Debatte. Nur sie waren den Konzilstheologen, meist Dogmatikern, als typisch für die neuzeitliche Bibelwissenschaft bekannt, anderes nicht. So

wird verständlich, ⌈33⌉ warum in *Dei Verbum, art.* 12, jener weiße
Fleck auf die methodologische Landkarte geraten konnte.

Doch sollte ich noch etwas genauer werden. Mit der Zuwendung
zur Synchronie, damit: zum uns gegebenen Text, ist es bei den
Bibelwissenschaftlern zu einer Art Perspektivenverschiebung gekommen. Früher herrschte ein gewissermaßen romantisches Interesse
vor. Je älter, je besser! Man war vor allem an Frühformen und
ältesten Aussageabsichten von Texten interessiert. Mit dem wachsenden Interesse an der synchronen Erschließung des Endtextes
wurden die Spätzeiten der Geschichte Israels, die Vorgänge, die zur
endgültigen Fassung der einzelnen biblischen Bücher und schließlich
zur Ausbildung des Kanons führten, immer aufregender und wichtiger. Damit ergab sich – nicht nur in der Methode, sondern auch im
Interesse – eine Zuwendung zu Sinnabwandlungen und Sinnberei-
cherungen, die nach der Hauptabfassung (vor allem) der alttestamentlichen Bücher lagen. Die Aufmerksamkeit wanderte immer
stärker von dem Bereich, den *Verbum Dei* als die erste Aufgabe des
Exegeten erklärt (Autorenintention der ursprünglichen Buchver-
fasser) in jenen, den es offenbar der zweiten zuordnet (endgültige,
uns im jetzigen Bibeltext begegnende Aussage). Es kam schließlich
zu ausgesprochenen Forschungsprogrammen, denen es um die Aussage des definitiven biblischen Textes geht.

Das profilierteste ist das Programm von Brevard S. Childs, von
ihm selbst als *Canonical criticism* bezeichnet[30]. Es ist in seinen Einzelheiten durchaus umstritten, bei manchen Kollegen sogar in seinem Ansatz. Aber es wird immer mehr aufgenommen und konkretisiert. So ist Rolf Rendtorff zur Zeit dabei, im Sinne dieses Ansat-
zes eine „Theologie des Alten Testaments" zu schreiben. Dem Anliegen lassen sich auch neugegründete Zeitschriften und Jahrbücher
zuordnen, vor allem in Amerika die „Horizons in Biblical Theology"
und in Deutschland das „Jahrbuch für biblische Theologie".

Ich signalisiere das alles nur gerade. Worauf es ankommt, ist: Hier
werden fachwissenschaftlich-exegetische Fragestellungen und Me-

---

[30] B.S. Childs, Biblical Theology in Crisis (Philadelphia 1970); Introduction to
the Old Testament as Scripture (Philadelphia 1979); The New Testament as
Canon: An Introduction (Philadelphia 1985); Old Testament Theology in a
Canonical Context (Philadelphia 1985). Als Beispiel der deutschen Diskussion
des Programms vgl. I. Baldermann u.a. (Hrg.), Zum Problem des biblischen
Kanons (JBTh 3; Neukirchen-Vluyn 1988), wo sich auch eine Vorstellung des
eigenen Anliegens durch Childs selbst findet 13 – 27).

thoden entwickelt, die genau in jenen Bereich vorstoßen, indem der Konzilstext seinen weißen Flecken hat. Es ist keine „theologisch-dogmatische" Methodik. Über ihre Prozeduren kann man sich mit Literaturwissenschaftlern [34] jeder Provenienz und jeder Spezialisierung im Bereich der Weltliteratur verständigen.

Daß es in der Bibelwissenschaft einen „Paradigmenwechsel" im Kuhnschen Sinn gegeben hat, mag man mit Recht verneinen. Daß sich, und zweifellos nun nicht in Ausführung von irgendwelchen Konzilsanweisungen, sondern einfach im Rahmen der inneren Dynamik der Wissenschaftsentwicklung, manch Neues getan hat und tut, zumindest auf der reflex-methodologischen Ebene und bezüglich der Interessenausrichtung, steht außer Zweifel. Im übrigen waren diese Dinge längst im Anlaufen, als die Konzilsdiskussionen stattfanden. Im Päpstlichen Bibelinstitut zu Rom war damals zum Beispiel eine der profiliertesten Professorengestalten der Spanier Luis Alonso Schökel. Er kam von Literaturwissenschaftlern wie Emil Staiger, Wolfgang Kayser und Damaso Alonso her. Er ist im Laufe der Zeit vor allem im katholisch-romanischen Bereich der Bibelwissenschaft zum Vater der synchronen Auslegungsarbeit geworden. Auch er sollte kurz vor dem Konzil abgesetzt werden, einflußreiche Freunde verhinderten es in letzter Minute. Doch scheint er nicht zu jenen Theologen gehört zu haben, die *Dei Verbum* ausformulierten.

Schlußgedanken

Wie sollen wir das ganze einordnen? Auf keinen Fall sollten wir wohl nachträglich so tun, als habe das Konzil alles, was kommen sollte, schon vorausgesehen, und was sich in unserer Wissenschaft getan hat, sei schlichte Realisierung seiner Anweisungen gewesen. Das wäre unlauter.

Aber ich erlaube mir, hier etwas anderes zu erkennen. Und das ist für mich ein kleiner Trost, wenn es manchmal in der Kirche so schwer zu sein scheint, dem Selbstverständlichen und Richtigen auch zu seinem Recht zu verhelfen. Ich glaube daran, daß nicht nur in den biblischen Schriften, sondern ebenso in der Kirche und speziell auch in Konzilien der Heilige Geist am Werk ist. Er kann die Geschichte so fügen, daß vorher unverbundene Fäden plötzlich zusammenlaufen und sich glücklich verknüpfen. Er hat dafür gesorgt, daß in der Kirche bei allem Kampf gegen die moderne Exegese und für dieselbe

das Wissen um die viel vollere Hermeneutik der Frühzeit nicht
verlorengegangen ist, und wenn es sich in so seltsamen Blüten
bewahrte wie in der Theorie vom *sensus plenior.* Zugleich sorgte er
auch dafür, daß in der weiten, kirchlich und national so vielfältigen
Welt der Bibelforschung die methodologische Dialektik weiterlief
und allmählich jene Methoden nach oben drängten, für die das
Konzil in seinem weißen Fleck schon den Ort freigelassen hatte.
Jetzt erst sehen wir den ⎡35⎤ Zusammenhang. Wir können ihn
feststellen und dem, der alles gelenkt hat, danken.

Lieber Notker Füglister, wir wurden einst besiegt, als wir für das
Ganze der Schrift eintraten. Ist es nicht schön, daß man dann, wenn
man sich bald zur Ruhe setzen wird, noch sieht, daß ein anderer da
war, der die Wahrheit ans Licht gebracht hat? Ob wir es vielleicht
sogar noch erleben werden, daß auch das Psalmengebet wieder
geheilt wird und auch dort die *ganze* Schrift ihr Recht erhält?

II. Thematische Fragen ans Alte Testament

Beobachtungen des zur Geschichte des Ausdrucks עם יהוה

275 *Gerhard von Rad* hat seine Publikationen 1929 mit einem Buch über »Das Gottesvolk im Deuteronomium« begonnen.[1] Das Thema »Gottesvolk« hat dann von den dreißiger Jahren bis heute die Theologie in ökumenischer Breite immer wieder beschäftigt.[2] *Gerhard von Rads* Buch war keine lexikalische Studie. Er wollte die theologische Sache definieren, um die es im Deuteronomium geht. Vielleicht wird er es trotzdem nicht verschmähen, wenn ihm zu seinem 70. Geburtstag einige eher in den Bereich lexikalischer Untersuchung gehörende Beobachtungen zu dem von ihm als Leitwort der Deuteronomiumsdeutung aufgegriffenen biblischen Ausdruck als Zeichen des Dankes gewidmet werden. Auf ihre Weise führen ja auch solche Untersuchungen wieder zur Sache hin.

---

[1] BWANT 47.

[2] Vgl. die bibliographischen Hinweise bei *MSchmaus*, Katholische Dogmatik III,1 ($^{3-5}$1958) 856; *UValeske*, Votum Ecclesiae (1962) 201–209. 237–250; *YCongar*, L'Église comme peuple de Dieu, Concilium 1 (1965) 15–32; *RSchnackenburg – JDupont*, L'Église, Peuple de Dieu, ebd. 91–100. Die wichtigsten Veröffentlichungen zur Sache Gottesvolk für den Bereich Altes Testament nach 1929: *NWPorteous*, Volk und Gottesvolk im Alten Testament, Theologische Aufsätze Karl Barth zum 50. Geburtstag (1936) 146–163; *NADahl*, Das Volk Gottes (1941, ^{2}1963); *OEißfeldt*, Volk und »Kirche« im Alten Testament, Geschichtliches und Übergeschichtliches im Alten Testament, ThStkr 109,2 (1947) 9–23; *HWHertzberg*, Werdende Kirche im Alten Testament, ThEx NF 20 (1950); *FMaaß*, Gedanken der Gemeindeauffassung in Israel und Juda, ThViat 2 (1950) 16–32; *AOepke*, Das neue Gottesvolk in Schrifttum, Schauspiel, bildende (sic!) Kunst und Weltgestaltung (1950) 87–122; *OProcksch*, Theologie des Alten Testaments (1950) 503–512 (»Die Gottesfamilie«); *GADanell*, The Idea of God's People in the Bible, in: *AFriedrichsen* ua, The Root of the Vine (1953) 23–36; *JDWWatts*, The People of God, ET 67 (1956) 232–237; *JMShaw*, The Concept of »The People of God« in Recent Biblical Research, Diss. Princeton Theological Seminary 1958 (ungedruckt, vgl. Catalogue of Doctoral Dissertations, Princeton Theological Seminary 1944–1960, 1962, 84f); *JScharbert*, Volk (Gottes), *JBBauer* (Hg), Bibeltheologisches Wörterbuch II (^{3}1967) 1428–1439. Diese Arbeiten enthalten auch wichtige Einzelhinweise für die Thematik dieser Untersuchung.

Genau genommen stünde hinter dem deutschen Wort »Gottesvolk« der hebräische Ausdruck עם (ה)א(להים). Doch er ist in der
hebräischen [276] Bibel nur zweimal belegt.[3] Etwas häufiger steht
der Ausdruck עם יהוה.[4] Außerdem wird er häufig durch עם mit auf
Jahwe bezogenem Suffix (עמסי,[5] עמך,[6] עמו[7]) vertreten.[8] Ferner
wird er in der einen Hälfte der sogenannten »Bundesformel« vorausgesetzt.[9] Das ergibt insgesamt 359 Stellen der hebräischen Bi-

---

[3] Ri 20₂ עם האלהים; 2Sam 14₁₃ עם אלהים. Zu vergleichen wäre noch Ps
47₁₀ עם אלהי אברהם (MDahood, Psalms I 1–50, Anchor Bible, 1966, 112 und
286, versteht allerdings עם an dieser Stelle als Gottesepithet »The Strong
One«).

[4] Num 11₂₉; 17₆; Ri 5₁₁.₁₃; 1Sam 2₂₄; 2Sam 1₁₂; 6₂₁; 2Kön 9₆; Ez 36₂₀; Zeph 2₁₀
(Gesamtzahl: 10). Zu vergleichen wären noch: Dtn 7₆; 14₂.₂₁; 26₁₉ עם קדש ליהוה
אלהיך; Jes 62₁₂; עם הקדש גאולי יהוה; Ps 33₁₂ הגוי יהוה אלהיו; גוי) in Parallelismus
zu עם); Ps 144₁₅ העם שיהוה אלהיו (Gesamtzahl: 7).

[5] Ex 3₇.₁₀; 5₁; 7₄.₁₆.₂₆; 8₁₆.₁₇.₁₈.₁₉; 9₁.₁₃.₁₇; 10₃.₄; 22₂₄; 1Sam 2₂₉ (textkritisch nicht
sicher); 9₁₆ (3mal).₁₇; 2Sam 3₁₈; 5₂; 7₇.₈.₁₀.₁₁; 1Kön 6₁₃; 8₁₆ (2mal); 14₇; 16₂ (2mal);
2Kön 20₅; 19₂₅; Jes 1₃; 3₁₂ (Bezug auf Jahwe nicht sicher; 2mal).₁₅; 5₁₃; 10₂
(Bezug auf Jahwe nicht sicher).₂₄; 40₁ (HJvanDijk, Consolamini, consolamini,
popule meus?, VD 45, 1967, 432–346, übersetzt hier und in 52₉ »Stadt«, doch
ohne überzeugende Begründung); 43₂₀; 47₆; 51₄.₁₆; 52₄.₅.₆; 53₈ (Bezug auf Jahwe
nicht sicher); 57₁₄; 58₁; 63₈; 65₁₀.₁₉.₂₂; Jer 2₁₁.₁₃.₃₁.₃₂; 4₂₂; 5₂₆; 6₁₄.₂₇; 7₁₂; 8₇.₁₁; 9₆;
12₁₄.₁₆ (3mal); 14₁₇; 15₇; 18₁₅; 23₂.₁₃.₂₂.₂₇.₃₂; 29₃₂; 30₃; 31₁₄; 33₂₄; 50₆; 51₄₅; Ez
13₉.₁₀.₁₈.₁₉ (2mal).₂₁.₂₃; 14₈.₉; 21₁₇ (2mal); 25₁₄; 33₃₁; 34₃₀; 36₈.₁₂; 37₁₂ (textkritisch
fragwürdig).₁₃; 38₁₄.₁₆; 39₇; 44₂₃; 45₈.₉; 46₁₈; Hos 1₉ (2mal); 2₁.₃.₂₅ (2mal); 4₆.₈.₁₂;
6₁₁; 11₇; Jo 2₂₆.₂₇; 4₂.₃; Am 7₈.₁₅; 8₂; 9₁₀.₁₄; Ob 13; Mi 6₃.₅.₁₆ (textkritisch unsicher);
Zeph 2₈.₉; Sach 8₇; 13₉; Ps 14₄; 50₇; 53₅; 81₉.₁₂.₁₄; 1Chr 11₂ (2mal); 17₆.₇.₉.₁₀; 2Chr
1₁₁; 6₅ (2mal).₆; 7₁₃.₁₄ (Gesamtzahl: 158. Davon in den Prophetenbüchern: 106).

[6] Ex 5₂₃; 15₁₆; 32₁₁.₁₂; 33₁₃.₁₆ (2mal); Dtn 9₂₆.₂₉; 21₈ (2mal); 26₁₅; 2Sam 7₂₃ (2mal).₂₄;
1Kön 3₈.₉ (2mal); 8₃₀.₃₃.₃₄.₃₆ (2mal).₃₈.₄₁.₄₃.₄₄.₅₀.₅₁.₅₂; Jes 2₆; 63₁₄; 64₈; Jer 32₂₁; Jo 2₁₇;
Mi 7₁₄; Hab 3₁₃; Ps 3₉; 28₉; 44₁₃; 60₅; 68₈; 72₂; 77₁₆.₂₁; 79₁₃; 80₅; 83₄; 85₃.₇; 94₅;
106₄; Dan 9₁₅.₁₆.₁₉; Neh 1₁₀; 9₃₂; 1Chr 17₂₁ (2mal).₂₂; 29₁₇.₁₈; 2Chr 1₁₀; 6₂₁.₂₄.₂₅.₂₇
(2mal).₂₉.₃₂.₃₃.₃₄.₃₉; 20₇ (Gesamtzahl:74).

[7] Ex 18₁ (vgl. unten Anm. 23); 32₁₄; Dtn 32₉.₃₆.₄₃ (2mal); Ri 11₂₃; 1Sam 12₂₂; 13₁₄;
15₁; 2Sam 5₁₂; 1Kön 8₅₆.₅₉.₆₆; Jes 3₁₃ (Konjektur, vgl. LXX, Syr).₁₄; 52₅; 11₁₁.₁₆;
14₃₂; 25₈; 28₅; 30₂₆; 49₁₃; 51₂₂; 52₉ (vgl. oben Anm. 5 zu Jes 40₁); 56₃; 63₁₁
(textkritisch problematisch); Jo 2₁₈.₁₉; 4₁₆; Mi 6₂; Sach 9₁₆; Ps 14₇; 28₈ (emendierter Text).₁₁ (2mal); 50₄; 53₇; 68₃₆ (emendierter Text); 78₂₀.₅₂.₆₂.₇₁; 85₉; 94₁₄; 100₃;
105₂₄.₂₅.₄₃; 106₄₀; 111₆.₉; 116₁₄.₁₈; 125₂; 135₁₂.₁₄; 136₁₆; 148₁₄; 149₄; Ruth 1₆; Esr 1₃;
1Chr 14₂; 21₃; 22₁₈; 23₂₅; 2Chr 2₁₀; 7₁₀; 31₈.₁₀; 32₁₇; 35₃; 36₁₅.₁₆.₂₃ (Gesamtzahl:
76).

[8] Die in Anm. 5–7 genannten Stellen ergeben zusammen 308 Belege, davon 34
im Pentateuch, 45 in Jos-2Kön (plus Ruth), 135 in den Prophetenbüchern
(plus Dan), 49 in Ps, 45 in Chr (plus Neh).

[9] Ex 6₇; Lev 26₁₂; Dtn 4₂₀; 7₆; 14₂; 26₁₈; 27₉; 28₉; 29₁₂; 1Sam 12₂₂; 2Sam 7₂₃(?).₂₄;
2Kön 11₁₇; Jer 7₂₃; 11₄; 13₁₁; 24₇; 30₂₂; 31₁.₃₃; 32₃₈; Ez 11₂₀; 14₁₁; 36₂₈; 37₂₃.₂₇; Sach

bel, die bei einer Untersuchung des Ausdrucks עם יהוה zu beachten sind. Eine monographische Studie zu Bedeutung und Gebrauch von עם יהוה ⟨277⟩ gibt es nicht.[10] Es scheint ja auch auf der Hand zu liegen, daß עם mit »Volk« zu übersetzen ist.[11] Es scheint selbstverständlich zu sein, daß עם יהוה und seine Substitutionen sich auf Israel beziehen. Die relativ hohe Zahl der Belege dürfte ferner die allgemeine Überzeugung hervorgebracht haben, der Ausdruck sei von den Anfängen Israels an gebraucht worden und in allen Lebenslagen und Sprechsituationen verwendbar gewesen. Unter diesen Voraussetzungen erübrigte es sich natürlich, nach dem »Sitz im Leben« und nach der Geschichte der Verwendung des Ausdrucks zu fragen.[12] Tatsächlich sind aber alle diese Annahmen gar nicht so sicher. Das Wort עם war ursprünglich ein Verwandtschaftsterminus. Es ist auch im biblischen Hebräisch noch für die Bedeutung »Familie, Sippe, Verwandtschaft« belegbar. Selbst wenn es mit »Volk« zu übersetzen ist, hat es nach einigen Autoren noch von seiner ursprünglichen Bedeutung her eine besondere Nunance.[13] Außerdem

---

2₁₅; 8₈; 1Chr 17₂₂; 2Chr 23₁₆. Dazu noch die lockeren Abwandlungen in Ex 19₅.₆; Lev 20₂₆; Ps 33₁₂ (Gesamtzahl: 34. Davon 12 im Pentateuch, 4 in Jos-2Kön, 15 in den Prophetenbüchern, 1 in Ps, 2 in Chr.).

[10] Am genauesten erwies sich der oben, Anm. 2, zitierte Abschnitt bei *OProcksch*. Soweit ich sehe, ist die Frage nach der Geschichte der Bedeutung und des Gebrauchs von עם יהוה nur in einer Arbeit gestellt: *RSmend* jun., Die Bundesformel, ThSt(B) 68 (1963), 11–13.15f.19.1–31. Diesen Seiten verdanke ich entscheidende Anregungen.

[11] Vgl. die Klage von *EASpeiser*, »People« and »Nation« (vgl. unten Anm. 13) 158, über die Wörterbücher.

[12] Das ThW zum Beispiel hat unter ἔϑνος (II 362–370, *GBertram* und *KL Schmidt*) und λαός (IV 29–57, *HStrathmann* und *RMeyer*) keine volle Untersuchung des Befunds für עם und עם יהוה im hebräischen Alten Testament.

[13] Untersuchungen zu עם: *MKrenkel*, Das Verwandtschaftswort עם, ZAW 8 (1888) 280–284; *ENestle*, Miszellen, ZAW 16 (1896) 321–327 (Moab und Ammon. Gen. 19, 36, 322f); *ThWJuynboll*, Über die Bedeutung des Wortes *'amm*, Orientalische Studien Th. Nöldecke ... gewidmet (1906) 353–356; *MNoth*, Die israelitischen Personennamen im Rahmen der gemeinsemitischen Namengebung, BWANT 46 (1928) 77ff; *LRost*, Die Bezeichnungen für Land und Volk im Alten Testament, Festschr. Otto Procksch (1934) 125–148 = Das kleine Credo und andere Studien zum Alten Testament (1965) 76–101 (vor allem 141–147; Diskussion mit *MNoth:* 144, Anm. 1); *EASpeiser*, »People« and »Nation« of Israel, JBL 79 (1960) 157–163 = *JJFinkelstein* – *MGreenberg* (Hg), Oriental and Biblical Studies (1967) 160–170; *OBächli*, Israel und die Völker, AThANT 41 (1962) 114–128; *ACody*, When is the Chosen People Called a Gôy?, VT 14 (1964) 1–6; *CMVogt*, Studien zur nachexilischen Gemeinde in Esra-Nehemia (1966) 76–89.

gibt es die These von *LRost*, עם meine unter Ausschluß von Frauen
und Kindern fast überall nur die rechts-, kriegs- und kulturfähigen
Männer des Sippen- oder Volksverbands.[14] Wie sich zeigen wird, ist
der Ausdruck עם יהוה auch keineswegs immer auf die Größe »Israel«
bezogen. Ferner bezieht das Wort »Israel« sich nicht immer auf die
278 gleiche Gruppe.[15] *RSmend* jun. hat darauf hingewiesen, daß
wir vor der Samuelszeit nur im Deboralied einen Beleg für עם יהוה
haben (und dort meint der Ausdruck nicht »Israel«, sondern die zum
Kampf ausrückende Mannschaft).[16] Schließlich wird sich auch zeigen, daß עם יהוה keineswegs in jeder Sprechsituation frei zur Verfügung stand.

Der folgende Beitrag ist keine systematische und den Gegenstand
erschöpfende Behandlung des Themas.[17] Er beruht jedoch auf einer
Durchsicht aller in Frage kommenden biblischen Texte und möchte
die wichtigsten Beobachtungen und Hypothesen vorlegen, die sich

---

[14] *LRost*, Bezeichnungen (vgl. vorige Anm.) 144. Kritik bei *OBächli* (vgl. vorige
Anm.) 115f und *Vogt* (vgl. vorige Anm.) 79f. Man wird *Rosts* These allerdings
nur für einen kleinen Teil der Belege akzeptieren können.

[15] Studien zum Namen »Israel«: *OSeesemann*, Israel und Juda bei Amos und
Hosea nebst einem Kommentar über Hosea 1–3 (1898); *ESachße*, Die Bedeu-
tung des Namens Israel I (1910), II (1922); *LRost*, Israel bei den Propheten,
BWANT 71 (1937); *Gvon Rad*, Israel, Juda, Hebräer in AT., ThW III (1938)
357–359; *GADanell*, Studies in the Name Israel in the Old Testament (1946);
AGelin, Le sens du mot »Israël« en Jérémie XXX–XXXI, Memorial J. Chaine,
Bibliotheque de la Faculté Catholique de Théologie de Lyon 5 (1950) 161–168;
WEichrodt, Israel in der Weissagung des Alten Testaments (1951); *ARHulst*,
Der Name »Israel« im Deuteronomium, OTS 9 (1951) 65–106; *HWHertzberg*,
Jeremia und das Nordreich Israel, ThLZ 77 (1962) 595–602 = Beiträge zur
Traditionsgeschichte und Theologie des Alten Testaments (1962) 91–100;
WZimmerli, Israel im Buche Ezechiel, VT 8 (1958) 75–90; *ABesters*, »Israël« et
»Fils d'Israël« dans les livres historiques, RB 74 (1967) 5–23.321–355. Weitere
Literatur bei *GADanell* 323–334.

[16] Bundesformel (vgl. oben Anm. 10) 11f.

[17] Die nachdavidische Geschichte des Ausdrucks ist nur teilweise erfaßt. Ferner
wäre das Verhältnis des Ausdrucks zu Nachbarausdrücken zu klären, etwa zu
עם(ה) allein, zu העם הזה (dazu vgl. *JBoehmer*, »Dieses Volk«, JBL 45, 1926,
134–148), zu ישראל (dazu vgl. die oben, Anm. 15, genannte Literatur), zu קהל
und עדה (dazu vgl. *LRost*, Die Vorstufen von Kirche und Synagoge im Alten
Testament, BWANT 76, 1938; *JDWKrinzinger*, Qehal Jahwe, Wat dit is en wie
daaraan mag behoort, 1957; *Vogt*, Studien, (vgl. oben Anm. 15, 90–99) und zu
עם קדוש (dazu vgl. *HJKraus*, Das heilige Volk, Freude am Evangelium, Alfred
de Quervain zum 70. Geburtstag am 28. September 1966, BEvTh 44, 1966,
50–61). Eine soeben erschienene Teiluntersuchung für Mi ist: *JTWillis*, Micah
2: 6–8 and the »People of God« in Micah, BZ 14 (1970) 72–87.

ergaben. Da fragmentarisch, ist die Studie auch provisorisch. Das sei betont. Eine vollständigere Untersuchung könnte zu Korrekturen zwingen.

1. Der eingegrenzte Gebrauch des Ausdrucks

Die Belege für עם יהוה sind folgendermaßen über die biblischen Bücher verteilt (vgl. Anm. 3–9):

Pentateuch	52	Psalmen	52
Jos-2Kön (plus Ruth)	56	Weisheit usw.	—
Propheten (plus Dan)	152	Chr (plus Esr und Neh)	47

279 Am auffälligsten ist der hohe Anteil der prophetischen Schriften. Zieht man noch die Doppelbelege in Ps und Chr ab und berücksichtigt, daß auch im Pentateuch und den anderen erzählenden Büchern eine Reihe von Belegen Wiedergabe oder Spiegelung prophetischer Sprache sind, dann zeigt sich: Mehr als die Hälfte aller Belege für עם יהוה bezeugen prophetische Sprache. Die Zahlen, mit denen wir bei עם יהוה arbeiten, sind hoch genug, um den Zufall auszuschließen. Also gehört der Ausdruck עם יהוה in Israel vor allem zur Sprache der Propheten.

In den weisheitlichen Schriften fehlt jeglicher Beleg. Da die Weisen Israels – wer immer sie waren – sich nicht scheuten, den Jahwenamen zu verwenden, hätten sie auch bei sich bietender Gelegenheit vom עם יהוה sprechen können. Da sie es nicht taten, stand dieser Ausdruck innerhalb der ihnen eigenen Sprache offenbar nicht zur Verfügung. Erst die deuterokanonische Weisheit verwendet ihn, und in ihr läßt sich erkennen, daß er erst zusammen mit der heilsgeschichtlichen Tradition Israels in ihren Sprachbestand aufgenommen worden ist, vor allem in Weish.[18] Das Fehlen des Ausdrucks in der älteren Weisheit ist also relevant: Ein Weiser in Israel gebrauchte ihn nicht.[19]

---

[18] Dort finden sich 9 Belege, meist verbunden mit der Bezeichnung der Israeliten als Jahwes Söhne und Töchter.

[19] Man könnte darauf kommen, 2Sam 14₁₃ als Gegeninstanz anzuführen. Daß die Frau aus Thekoa nicht vom עם יהוה, sondern vom עם אלהים spricht, kann nämlich vernachlässigt werden (vgl. unten Anm. 66). Aber wir müssen die hier gespiegelte Redetechnik beim höfischen Plädoyer von der Sprache der Weisen, wenn sie unter sich waren, unterscheiden. Diese spiegelt sich in den Sprichwörtern und den lehrhaften Ausführungen der biblischen Weisheitsliteratur. Die Frau aus Thekoa dagegen mußte bei ihrem Gespräch mit David auf Motive ausgreifen, die den König ansprechen konnten.

In den priesterlichen Gesetzen fehlt עם יהוה ganz.[20] Im Bundesbuch steht der Ausdruck zwar in Ex 22₂₄, aber an dieser unten noch
genauer zu besprechenden Stelle hat sich die Ichrede Jahwes durch-
gesetzt: Es liegt eher Paränese als Gesetz vor. In den Gesetzen des
Deuteronomiums findet sich in Dtn 14₂.₂₁ in paränetischen Begründungen eine aufgelöste Form des Ausdrucks – עם קדוש ליהוה –,
einmal noch durch die »Bundesformel« erweitert.[21] Außerdem steht
der genaue Ausdruck zweimal in Gebetsformeln, die das deuteronomische Gesetz vorschreibt und dabei wörtlich zitiert (21₈ und 26₁₅).
עם יהוה gehört also [280] auch nicht in die Gesetzessprache, doch ist
der Ausdruck den Verfassern von Gesetzen als Element der Gebetssprache bekannt, und er kann auf dem Umweg über paränetische
Erweiterungen sekundär in Gesetze eindringen.

In den erzählenden Büchern finden sich insgesamt 155 Belege für
עם יהוה. Doch 142 aus ihnen stehen in angeführten Reden, Gebeten,
Gesprächen, Gesetzen usw. Nur 13 Belege (wegen Chronikdoppe-
lungen auf 10 reduzierbar) kommen aus dem Mund der Erzähler
selbst.[22] Auch bei ihnen liegt in mehreren Fällen noch die Vermutung nahe, daß die Erzähler auf bestimmte Texte oder Redeweisen
aus anderen Gattungen anspielen.[23] Man wird also mindestens sagen

---

[20] In den folgenden Abschnitten werden die Listen der Anm. 3–9 vorausgesetzt. –
      Im Bereich der priesterlichen Gesetze darf Lev 20₂₆ als lockere Anspielung auf
      die »Bundesformel«, dazu noch in einem völlig paränetischen Vers, außer
      Betracht bleiben.

[21] Es handelt sich um eine Abwandlung des Motivs אנשי קדש von Ex 22₃₀, in
      wörtlicher Übereinstimmung mit Dtn 7₆ (paränetischer Teil des Dtn). Vgl.
      auch Dtn 26₁₉.

[22] Ex 18₁; Ri 20₂; 2Sam 1₁₂; (= 1Chr 14₂); 1Kön 8₆₆ (= 2 Chr 7₁₀); 2Kön 11₁₇
      (= 2Chr 23₁₆); Ruth 1₆; 2Chr 31₈; 36₁₅.₁₆.

[23] Ex 18₁ (E?) – falls hier nicht sogar vom עם משה die Rede ist – spielt auf die
      Herausführungserzählungen an, in denen der Ausdruck seit J zu Hause ist (vgl.
      unten Abschnitt 3). Ri 20₂ scheint den offiziellen Namen der Versammlung zu
      nennen: קהל עם האלהים. 2Sam 1₁₂ scheint auf ein Klagelied anzuspielen (vgl.
      unten Abschnitt 2). 2Kön 11₁₇ greift offenbar ein Stichwort des ברית-Textes
      auf. 2Chr 31₈ lehnt sich an späte Hymnensprache, 2Chr 36₁₅f an prophetische
      Sprache an. Daß der Chronist das so leicht konnte, mag allerdings aus der
      späten Entstehungszeit der Chr erklärt werden: Die beiden Texte haben keine
      Parallele in den Königsbüchern. Schwieriger läßt sich der Befund in 2Sam 5₁₂
      und 1 Kön 8₆₆ erklären. Vielleicht spielt es eine Rolle, daß beide Texte in
      Abschlußposition sind: 2Sam 5₁₂ beschloß ursprünglich die Erzählung vom
      Aufstieg Davids (*Noth*, ÜSt 63 Anm. 5), 1Kön 8₆₆ beendet die dtr Darstellung
      der Tempelweihe. Im Psalter steht עם יהוה nämlich häufig in Schlußposition:
      Ps 3₉; 14₇; 28₉; 29₁₁; 47₁₀; 53₇; 68₃₆; 77₂₁; 78₇₁; 79₁₃; 144₁₅; 148₁₄. Ruth 1₆ kann ich

können, daß Erzähler im Erzähltext selbst nicht so selbstverständlich vom עם יהוה sprechen konnten, wie sie vom עם allein, von »Israel« oder von den »Söhnen Israels« erzählten. Aber sie kannten den Ausdruck, denn sie legten ihn bei bestimmten Gelegenheiten bestimmten Personen in den Mund.

Einen weiteren Hinweis auf die Zusammenhänge, in denen עם יהוה gebraucht wurde, gibt die statistische Verteilung der Suffixausdrücke. Denn עמי als Vertretung für עם יהוה ist nur möglich in Jahwerede oder menschlicher Rede im Namen Jahwes, עמך als Vertretung für עם יהוה ist nur möglich in Gebetsanrede. Nun fallen von den 359 Belegen 158 auf עמי und 74 auf עמך. Die Summe 232 ist sogar zu erhöhen, da in Jahweworten und Gebeten oft auch in dritter Person von Jahwe gesprochen wird. So kann man sagen: Mehr als zwei Drittel aller Belege für עם יהוה stehen in Jahwerede, Rede im Namen Jahwes oder Gebetsanrede an Jahwe. Der Ausdruck gehört hauptsächlich in die Sprechsituation des Dialogs zwischen Jahwe und Israel, weniger in die Situation des objektiven Sprechens über Israel.

[281] Mehr Auskünfte sind von einer diachronisch undifferenzierten statistischen Betrachtung nicht zu fordern. Da man damit rechnen muß, daß die Verwendung eines ursprünglich nur in genau eingegrenzten Situationen erlaubten Ausdrucks sich langsam ausdehnte und daß in Spätzeiten das Gefühl für den ursprünglichen Ort schwand, ist es überhaupt erstaunlich, daß die reine Statistik schon ein so deutliches Bild ergibt. Denn sie hat mindestens gezeigt, daß עם יהוה nicht ein dem Israeliten in jeder Sprechsituation frei verfügbarer Ausdruck war. Ferner hat sie den Rahmen angedeutet, innerhalb dessen sich die Suche nach dem ursprünglichen Ort des Ausdrucks lohnt. Es sind vor allem Situationen, in denen Jahwe zu Israel oder Israel zu Jahwe spricht.

Auch hat sich ein Fingerzeig für den einzuschlagenden Weg ergeben. Da die biblischen Erzähler selbst den Ausdruck עם יהוה kaum gebrauchen, ist anzunehmen, daß dann, wenn sie ihn in bestimmten Situationen bestimmten Personen in den Mund legen, der Ausdruck tatsächlich in solchen Situationen von derartigen Personen gebraucht wurde. Es gilt also, die erzählende biblische Literatur auszuwerten. Dabei muß diachronisch differenziert werden.

---

nur so erklären, daß die hier behandelte Gattungsgesetzlichkeit vom Verfasser dieses Buches nicht mehr empfunden wurde. Das wäre ein weiteres kleines Argument für den Spätansatz von Ruth.

Ein brauchbarer synchronischer Querschnitt durch die verschiedenen Weisen des Gebrauchs von עם יהוה ist angesichts der Quellenlage für eine Periode vor David nicht möglich. Er soll deshalb im
folgenden Abschnitt für die Davidzeit versucht werden.[24] In den
weiteren Abschnitten können dann in Auswahl einzelne Entwick-
lungen im Gebrauch des Ausdrucks diachronisch verfolgt werden.

2. *Die Verwendung von* עם יהוה *in der Davidszeit*

a. Der älteste sichere Beleg für עם יהוה steht im Deboralied: Ri 5₁₃.[25]
Dort meint der Ausdruck offenbar das Heer, das zum Kampf oder –
bei anderer Interpretation – zur Siegesfeier zieht. עם יהוה ist hier
nicht 282 mit der Größe »Israel« identisch. Es handelt sich nur um
Männer, nicht auch um Frauen und Kinder. Außerdem hat nur ein
Teil der Stämme, die »Israel« bilden, an der Schlacht teilgenommen.

Die Bedeutung »Heer Jahwes« läßt sich mit einiger Sicherheit erst
wieder in Ex 7₄ P^g nachweisen.[26] Dieser Text ist exilisch oder
nachexilisch.

Aus dem sehr frühen und sehr späten Beleg läßt sich schließen,
daß עם יהוה auch in der Zwischenzeit im Sinne von »Heer Jahwes«
verstanden werden konnte.

Setzt man das voraus, dann läßt sich vielleicht ein Text der
Davidszeit selbst, der aus sich allein nicht deutlich genug wäre,
ebenfalls in diesem Sinn verstehen: 2Sam 1₁₂. Auf die Nachricht

---

[24] Der Terminus »Davidszeit« muß im folgenden relativ locker verstanden
werden. Ferner muß in einigen Fällen aus späteren oder zeitlich unsicheren
Belegen auf den Gebrauch zur Davidszeit zurückgeschlossen werden, um
Lücken der auch für diese Periode noch spärlichen Information zu schließen.
Natürlich müssen diese Rückschlüsse begründet werden.

[25] עם יהוה steht auch in 5₁₁. Doch die Zugehörigkeit von 5₁₁b zum ursprünglichen
Deboralied ist nicht sicher. Letzte ausführliche Untersuchung des Lieds:
WRichter, Traditionsgeschichtliche Untersuchungen zum Richterbuch, BBB
18 (1963) 65–105 (Literatur!). Nach *WRichter* ergibt sich in 9b durch
Streichung von ברכו ein weiterer Beleg für עם יהוה, der Beleg in 11b ist zu
streichen, und in 13a als Parallelismuswort zu עם יהוה mit vielen älteren
Autoren ישׂראל einzusetzen. Gegen die letzte Operation: *RSmend* jun., Jahwekrieg und Stämmebund, FRLANT 84 (1963) 10f; ders., Bundesformel (vgl.
oben Anm. 10) 11–13. Daher wird man auch gegenüber der Streichung von
ברכו in 9b Vorsicht walten lassen.

[26] Dort steht parallel את צבאתי und in Apposition בני ישׂראל. Unter Umständen
könnte man noch Ri 11₂₃ für die Bedeutung »Heer Jahwes« beanspruchen,
doch scheint mir das zweifelhaft. Der Zeitansatz wäre nach *WRichter,* Die
Überlieferung um Jephtah Ri 10,17–12,6, Bibl 47 (1966) 485–556, nach E (535
Anm. 2), vor Dtr (538), in der Nähe Jeremias (546). Vgl. noch Dtn 33₂₉.

von der Gilboaschlacht hin trauert David über Saul, über dessen Sohn Jonathan, über den עם יהוה und über das Haus Israel.[27] Die Paarung der Angaben und die ungewöhnlichen Formulierungen lassen vermuten, daß der Erzähler hier auf ein ihm (und
vielleicht auch seinen Lesern) bekanntes Lied zurückgreift.[28] Aus
1Sam 31₇ geht hervor, daß die auf jeden Fall zum »Haus Israel«
zu rechnenden Stämme in Galiläa und im Ostjordanland an der
Schlacht von Gilboa nicht beteiligt waren, daß sie aber von ihren
Folgen betroffen wurden. Daher könnte eine Steigerung vorliegen.
Dann ist עם יהוה hier das Heer unter Saul und Jonathan, das bei
Gilboa geschlagen wurde, »Haus Israel« dagegen meint alle Stämme
Israels.

Die spärlichen und teilweise nicht sehr sicheren Belege für עם יהוה
in der Bedeutung »Heer Jahwes« stammen bis in die Davidszeit aus
der Lyrik. Da, wie sich zeigen wird, in anderen Gattungsbereichen,
in denen עם יהוה vorkommt, andere Bedeutungen vorliegen, können
wir mit der gebotenen Vorsicht eine Koppelung von Kriegslyrik
(Sieges- und Heldengesänge) und עם יהוה im Sinne von »Heer
Jahwes« annehmen. P^g – mehrere Jahrhunderte später – hätte sich
dann nicht mehr an diese Gattungsregel gehalten, mußte die beabsichtigte Aussage deshalb aber auch durch eine Parallelformulierung
sichern. Ri 20₂ scheint den Ausdruck zu bezeugen, der für die gleiche
Sache außerhalb der ⟨283⟩ Kriegslyrik gebraucht wurde – vielleicht
ist er auch der ältere. Die Versammlung der Anführer des Heeres
der israelitischen Stämme, welche den Krieg gegen Benjamin be-
schließt,[29] heißt hier nämlich: קהל עם האלהים »Die Versammlung
des Gottesheeres«.[30]

b. עם יהוה gehört zur Titulation des נגיד. Zu ihr gibt es eine

---

[27] LXX setzt die Lesart עם יהדה voraus. Doch sie dürfte eine durch ישראל
hervorgerufene Korruption sein. Gegen *J Wellhausen*, Der Text der Bücher
Samuelis (1871) 151, ist keineswegs vorauszusetzen, daß der Umfang von עם
יהוה und von בית ישראל der gleiche wäre.

[28] Es kann nicht identisch sein mit dem in 2Sam 1₁₉₋₂₇ zitierten Lied. Aber
eine Schlacht wie die von Gilboa kann mehrere Lieder inspiriert haben.

[29] פנות כל העם כל שבטי ישראל. Vgl. zu פנות 1Sam 14₃₈. Zur Möglichkeit von
Determination innerhalb einer Genitivkette vgl. *M Dahood*, Punic הכבכם אל
and Isa 14₃, Or 34 (1965) 170–172 (bes. 172), und die Beispiele bei *Gesenius-
Kautzsch*[28] § 127f–h, die dort allerdings anders erklärt werden.

[30] Zum Alter von קהל an dieser Stelle: *M Noth*, Das System der zwölf Stämme
Israels, BWANT 52 (1930) 102 Anm. 2.

gründliche Untersuchung von *W Richter*.[31] Nach *W Richter* bezeichnet der Titel nicht, wie man früher oft annahm, den designierten
König. Er meint ein selbständiges, vorkönigliches, »an Jahwe ge-
bundenes, für die Errettung Israels mittels Propheten gesetztes
Amt«.[32] Saul wird noch נגיד, bevor er König wird. Erst David hat
den Titel bei sich und seinem Sohn Salomo für den König usurpiert.
Nach der Reichstrennung war der Titel nur noch in prophetischen
Kreisen interessant. Sie gebrauchten ihn für die Könige des Nord-
reichs.[33]

Mit Sicherheit enthielt der ursprüngliche Titel die Wortgruppe
נגיד על עם יהוה.[34] Es könnte eine Parallelformulierung נחלת על
יהוה נגיד gegeben haben.[35] Oder – wahrscheinlicher – es gab nur eine,
doppelt angelegte Formel: נגיד על עם יהוה ועל נחלתו. Für eine solche
kombinierte Formel spricht folgende Überlegung: Die Verbindung
von עם יהוה mit נחלת יהוה ist ziemlich oft belegt.[36] Es scheint in der
Königszeit eine festliegende ⟨284⟩ WoÖrtpaarung zu sein. Zwei der
Belege aus dem Psalter handeln vom davidischen König und schei-

---

[31] Die *nāgīd*-Formel, BZ 9 (1965) 71–84 (Literatur!). Vgl. ferner: *J A Soggin*, Das
Königtum in Israel, BZAW 104 (1967).

[32] *W Richter* (vgl. vorige Anmerkung) 83. Ähnlich *R Smend*, Bundesformel (vgl.
oben Anm. 10) 19: »alter Titel des Anführers im Kriege Jahwes«. Wenn im
folgenden in Anlehnung an *Richter* die Nagidtitulatur von Anfang an mit den
»Propheten« verbunden wird, so ist das eine Vereinfachung. Es ist dabei an
das zum späteren Prophetentum kontinuierliche Element in Gestalten wie
Samuel gedacht, ohne daß im einzelnen zur Frühgeschichte des Propheten-
tums und zu den Problemen seiner einzelnen Entwicklungsphasen Stellung
genommen werden könnte.

[33] Die von *W Richter* untersuchten Stellen sind: 1 Sam 9₁₆; 10₁; 13₁₄; 25₃₀; 2 Sam 5₂;
6₂₁; 7₈; 1 Kön 1₃₅; 14₇; 16₂; 2 Kön 20₅. עם יהוה steht in 1 Sam 9₁₆; 13₁₄; 2 Sam 6₂₁;
7₈; 1 Kön 14₇; 16₂; 2 Kön 20₅, an den restlichen Stellen stehen andere Bezeichnungen. Für die Zwecke dieser Untersuchung sind hinzuzufügen: 1 Sam 15₁
und 2 Kön 9₆ (Imitation des Titels für den König). Das Alter der Formel und
ihr Bekanntsein auch zur Davidzeit stehen außer Zweifel.

[34] So vorausgesetzt in 1 Sam 13₁₄.

[35] So vorausgesetzt in 1 Sam 10₁ MT. Die Existenz zweier Parallelformulierungen
vertritt *W Richter*, *nāgīd*-Formel (vgl. oben Anm. 31) 77. Dort auch die Gründe
dafür, daß ישראל in dem Titel nicht ursprünglich ist.

[36] Dtn 9₂₆.₂₉; 32₉; 2 Sam 14₁₃₊₁₆ (vgl. unten Anm. 66); 1 Kön 8₅₁.₅₂f; Jes 19₂₅; 47₆; Jo
2₁₇; 4₂; Mi 7₁₄; Ps 28₉; 78₆₂.₇₁; 94₅.₁₄; 106₄f.₄₀. Dazu sekundäre Zusammenzie-
hungen und Abwandlungen in Dtn 4₂₀; Jes 63₁₇; Ps 33₁₂; 74₂. Zu נחלה als
personaler Bezeichnung vgl. *F Horst*, Zwei Begriffe für Eigentum (Besitz),
Verbannung u. Heimkehr, W Rudolph z. 70. Geburtstage (1961) 135–156 (bes.
142f).

nen sich an die Nagidtitulatur anzulehnen.[37] In 1Sam 9₁–10₁₆ steht der Nagidtitel zweimal, nämlich in 9₁₆ mit עם und in 10₁ mit נחלה.[38] Die beiden Stellen sind als Auftrag und Ausführung parallel. Daher liegt die Annahme nahe, daß der Erzähler hier die beliebte Technik angewendet hat, einen Doppelausdruck aufzuspalten und auf parallele Texte zu verteilen.[39]

Aber ob Doppelformel oder zwei parallele Formeln – auf jeden Fall ist hier der Ausdruck עם יהוה in fester Nachbarschaft zum Ausdruck נחלת יהוה, und in den beiden Ausdrücken haben עם und נחלה die gleiche Funktion. Nimmt man noch hinzu, daß mindestens seit David der עם יהוה mit der – selbst wechselnden – Größe »Israel« identifiziert wird, dann hat man die Ausgangsdaten zusammen, um die richtige Übersetzung von עם יהוה in der Nagidtitulatur zu bestimmen.

RSmend nimmt auch hier die Bedeutung »Heer Jahwes« an.[40] *WRichter* denkt ähnlich an die »freien, waffenfähigen, besitzenden Männer« eines Stammes.[41] Doch die Gleichsetzung von עם יהוה und »Israel« macht diese Deutung fragwürdig, selbst wenn Kriegsführung die wichtigste oder sogar einzige Aufgabe eines Nagid war. Denn »Israel« meint kaum nur das Heeresaufgebot der Stämme. Dazu kommt der Parallelismus von עם und נחלה. Im Ausdruck נחלת יהוה wird das *Volk* eines Stammes, mehrerer Stämme oder aller

---

[37] Ps 28₉ (vgl. 8 משיחו) und 78₇₁ (vgl. 70).

[38] LXX hat in 10₁ einen volleren Text mit Parallelen zu 9₁₆.₁₇. Für spätere Auffüllung spricht, daß Saul nicht mehr von den Philistern, sondern von allen Feinden retten soll. Aber der MT wirkt verstümmelt, was für den längeren Text spräche. Ich folge dem für unsere Frage schwierigeren MT. Hat die LXX den ursprünglichen Text, dann ist der Parallelismus עם//נחלה innerhalb von 10₁ gegeben.

[39] Vgl. *EZMelamed*, Break-up of Stereotype Phrases as an Artistic Device in Biblical Poetry, Scripta Hierosolymitana 8 (1961) 115–153; *STalmon*, Synonymous Readings in the Textual Traditions of the Old Testament, ebd. 335–383. Weitere Beispiele: *MDahood*, Psalms I (vgl. oben Anm. 3) und II (1968) im »Subject Index« unter »Breakup«; *GBraulik*, Aufbrechen von geprägten Wortverbindungen und Zusammenfassen von stereotypen Ausdrücken in der alttestamentlichen Kunstprosa, Semitics 1 (1970) 7–11.

[40] Bundesformel (vgl. oben Anm. 10) 19.

[41] *nāgīd*-Formel (vgl. oben Anm. 31) 77. Er deutet נחלה als »das einem Stamm vom Amphiktyonieverband zugebilligte Erbland«. Die Schwierigkeit dieser Deutung liegt darin, daß נחלה in der Formel nicht auf einen Stamm, sondern auf Jahwe bezogen ist: Es geht um eine נחלה Jahwes!

Stämme Israels als Jahwes »erblicher Grundbesitz« betrachtet.[42] Das ist ein Bild. Daher dürfte ⟨285⟩ das parallele Wort עם auch schon ein Bild sein, das dann durch נחלה nur erweitert und ergänzt wird. Nun bedeutet עם ja ursprünglich wohl den Onkel väterlicherseits, und in der Bibel bedeutet es auf jeden Fall oft die Sippe, die Verwandtschaft, die Angehörigen. Daneben steht zwar auch von Anfang an die nochmals erweiterte Bedeutung »Volk«, und sie hat die Mehrzahl der Belege. Aber bis in die Spätzeit bleibt – am Kontext erkennbar – auch die Bedeutung »Verwandtschaft« bestehen. Sie dürfte auch hier – wohlgemerkt: als Bild – vorliegen. Dann ist Israel in der Gesamttitulatur durch ein doppeltes Bild bezeichnet. Es ist »Jahwes Verwandtschaft und Grundbesitz«. Der von Jahwe eingesetzte Nagid ist über Jahwes Eigenstes gesetzt, über Menschen, die Jahwe in einem Bild als seine Sippe und seinen Grundbesitz bezeichnen kann.

Dieses Verständnis der Nagidtitulatur würde auch erklären, warum עם יהוה später oft mit einer Aussage über die Vater-Sohn-Beziehung zwischen Jahwe und Israel verbunden wird.[43] Als indirekter Beweis für das hohe Alter dieser Motivkombination kann Num 21₂₉ angeführt werden. In Num 21₂₇b–₃₀ wird ein wohl aus vorköniglicher Zeit stammendes Siegeslied über die Amoriter von Hesbon zitiert.[44] In ihm heißt es über eine Niederlage der Moabiter:

> Wehe über dich, Moab,
> du bist zugrundegegangen, עם des Kemosch!
> Er hat seine Söhne zu Flüchtlingen gemacht,
> seine Töchter sind Kriegsgefangene ... (21₂₉).

---

[42] Die Belege für den Doppelausdruck (vgl. oben Anm. 36) weisen alle in die gleiche Richtung: נחלה meint in ihm Menschen, nicht Land.

[43] Dtn 14₂ (vgl. ₁); 32₆.₉.₃₆.₄₃ (vgl. ₅.₆.₁₉.₂₀); 2Sam 7₂₄ (parallel zu ₁₄); Jes 1₃ (vgl. ₂.₄); 63₈.₁₄ (vgl. ₁₆); Jer 4₂₂; 31₁ (vgl. ₉); Hos 1₉; 2₁.₃.₂₅; 1Chr 17₂₂ (parallel zu 17₁₃). Dazu eine Reihe von Belegen aus Weish. Die »Bundesformel« steht von ihrer Form her in Zusammenhang mit der Form des Sprechens über Heirat und Adoption; vgl. *NLohfink*, Dt 26,17–19 und die »Bundesformel«, ZKTh 91 (1969) 517–553 (bes. 518–520). Zur Benutzung des Vater-Sohn-Verhältnisses zur Umschreibung der Beziehung Jahwes zu Israel vgl. *GFohrer*, ThW VIII 352–354.

[44] Zur Struktur und Alter des Spruchs: *MNoth*, Num. 21 als Glied der »Hexateuch«-Erzählung, ZAW 58 (1940/41) 161–189 (bes. 167–170); ders., Das vierte Buch Mose Numeri, ATD 7 (1966) 144.

Was Israel von sich selbst denkt, hat es also hier auf ein anderes Volk übertragen. Eines Gottes עם meint: seine Söhne und Töchter.[45]

[286] Eine andere Frage ist, ob sich der Bildcharakter des Ausdrucks עם יהוה auf die Dauer durchgehalten hat. Zu einem bestimmten Zeitpunkt war die bezeichnete Sache normalerweise nicht mehr eine kleinere oder größere Gruppe innerhalb Israels, sondern einfach »Israel«, und Israel war ein Volk. Die häufigste Bedeutung des Wortes עם war auch damals schon »Volk«, und so liegt die Vermutung nahe, daß das Bild der Sippe von der bezeichnenden Sache her langsam verblaßte.

Seit David wird עם יהוה auch mit dem Bild der Herde verbunden.[46] Im ganzen alten Orient wurde die Herde als Bild für eine Bevölkerung gebraucht. Das Bild ist auch nicht nur bei viehzüchtender Bevölkerung üblich. Hier stellt sich die gleiche Frage wie bei עם: Wie lange stand die Aussage von der Herde Jahwes noch als Bild im Bewußtsein? Wann wurde »Herde« zu einem klischeehaften Wechselausdruck für »Volk«? Die Frage ist kaum zu beantworten.

Soweit zu עם יהוה in der Nagiditulatur. Doch der Ausdruck ist

---

45 Erst wieder in Jer 48₄₆ (fehlt in LXX; späte Nachahmung von Num 21₂₈f); 49₁ (statt *malkām* ist mit LXX, Syr, Vulg *milkōm* zu lesen); 2Chr 32₁₄.₁₅.₁₇ (eine Assyrern in den Mund gelegte Auffassung; noch nicht in 2Kön 18) werden andere Völker als der עם ihres Gottes bezeichnet. Vielleicht enthält Mi 4₅ eine theoretische Äußerung dazu. Dieser Befund empfiehlt nicht die Annahme, Israel habe schon in der Frühzeit jedes Volk als den עם des betreffenden Hauptgottes betrachtet. Eher ist in Num 21₂₉ die für Israel vorhandene Vorstellung einmalig auf ein anderes Volk und seinen Gott übertragen worden. Oder es wäre denkbar, daß neben Israel auch Moab und Ammon die gleiche Vorstellung besaßen und daß man das in Israel wußte und anerkannte. Dann gälte dies jedoch nicht für die Territorialstaaten Syrien-Palästinas, und insofern wäre mindestens eine generelle Theorie, wie sie hinter 2Chr 32 steht, eine spätere Entwicklung. Vgl. hierzu *GBuccellati,* Cities and Nations of Ancient Syria, Studi Semitici 26 (1967) 104f.

46 2Sam 5₂ (= 1Chr 11₂); 2Sam 7₇f (= 1Chr 17₆f). An der zweiten Stelle ist das Hirtenbild allerdings nicht auf David, sondern auf die Richter bezogen, während es für David nur in der Anspielung auf seinen Hirtenberuf anklingt (vgl. zu 2Sam 7₇ auch unten Anm. 55). Die Verbindung der Motive עם יהוה, König und Herde klingt weiter in Ps 78₇₁f; Jer 23₂ (vgl. 4.5); Ez 34₂₃ (vgl. 30f); 37₂₄ (vgl. 23.27). Ohne daß der König hervortritt, ist עם יהוה vor allem in den Psalmen mit dem Herdenmotiv verbunden: Ps 28₉; 77₂₁; 78₅₂; 79₁₃; 80₂ (vgl. 5); 95₇; 100₃. Vgl. ferner: Jer 31₁₀ (vgl. 14); Mi 7₁₄; Sach 9₁₆; 13₉ (vgl. 7). Belege zum Herdenbild im Alten Orient sind gesammelt bei *GJBotterweck,* Hirt und Herde im Alten Testament und im Alten Orient, Die Kirche und ihre Ämter und Stände, Festgabe Joseph Kardinal Frings (1960) 339–352.

nicht auf sie beschränkt. Er steht in der gesamten prophetischen Rede, in der uns der Nagidtitel entgegentritt. Ihr Typ ist zum erstenmal greifbar in dem Salbungsauftrag, den Samuel in 1Sam 9₁₆ enthält. 1Sam 9₁–10₁₆, später in die Erzählung von Sauls Aufstieg und Ende aufgenommen und mit dieser dann ins dtr Geschichtswerk integriert, ist eine volkstümliche Sage, deren Entstehungszeit nicht allzuweit von den Ereignissen selbst angesetzt werden kann.[47] Sie ist erzählerisch organisiert in Anlehnung an ein altes Berufungsschema und enthält im Zusammenhang damit gerade in 9₁₆ ⎡287⎤ altes formelhaftes Sprachgut.[48] Hier wird nun folgende Ereigniskette sichtbar: Das Schreien der von den Philistern Bedrängten ist zu Jahwe gedrungen – Jahwe sieht das Elend[49] seines עם – er setzt deshalb einen נגיד über seinen עם ein – dieser soll seinen עם aus der Gewalt der Philister retten (ישע hi.). Der ganze Vorgang, durch den es zur Rettung der in Not Befindlichen kommt,[50] vollzieht sich offenbar, weil die in Not Befindlichen von Jahwe als sein עם betrachtet werden.

Ein Echo des Gebrauchs von עם יהוה in der Prophetenrede, durch die ein נגיד bestellt wurde, findet sich in der Erzählung von Davids Aufstieg, die noch am davidischen oder wenigstens am salomonischen Hof zur Legitimation des keineswegs auf traditionelle Weise zur Macht gekommenen Königs verfaßt sein dürfte.[51] Die entschei-

---

[47] Gattung: »volkstümliche Sage mit Märchen- und Wundermotiven« (*GFohrer*, Einleitung in das Alte Testament, ¹¹1969, 238). Entstehungszeit: Daß sie »nicht allzuweit von den behandelten Ereignissen entfernt war, ist nach den Gesetzen der Sagenbildung mit großer Wahrscheinlichkeit zu vermuten« (*AAlt*, Die Staatenbildung der Israeliten in Palästina, 1930, 19 = KlSchr II 14). Literatur zu 1Sam 9₁–10₁₆: *ASoggin*, Königtum (vgl. oben Anm. 31) 29, Anm. 1, und 39, Anm. 26.

[48] *WRichter*, Traditionsgeschichtliche Untersuchungen (vgl. oben Anm. 25) 149–151 (Exkurs »Die Retterformel«); ders., *nāgīd*-Formel (vgl. oben Anm. 31) 78–82.

[49] Man ergänze עני mit LXX, Targ.

[50] עמי im folgenden Vers gehört noch in den gleichen Zusammenhang. Leider ist die Bedeutung des Verbs nicht durchsichtig, so daß es keinen Sinn hat, den Vers heranzuziehen. 10₁ würde die an 9₁₆ gemachte Analyse unterstreichen, falls der LXX-Text ursprünglich ist.

[51] »Mit Recht hat man hervorgehoben, daß der Verfasser wirklichkeitsnah beobachtet, einen Sinn für die geschichtlichen und religiösen Zusammenhänge hat, mit den erzählten Ereignissen vertraut und schriftstellerisch befähigt ist … Er dürfte zu dem gebildeten Kreise am davidisch-salomonischen Hofe gehört haben« – so *GFohrer*, Einleitung (vgl. oben Anm. 47) 239. Nach *AAlt*,

dende Rolle bei Davids Legitimierung aus alter Tradition spielt
dabei ein Jahwewort, das an David ergangen und durch das er zum
נגיד über Jahwes עם bestellt worden sein soll. Es wird in jeweils
verschiedener Weise erwähnt in 1Sam 25₃₀; 2Sam 3₃₀.₁₈, ₅₂, und im
Schlußsatz der ganzen Erzählung 2Sam 5₁₂ könnte man ein Echo auf
das Wort nachklingen hören.[52] In der Fassung von 2Sam 3₁₈ lautet
das Jahwewort: »Durch 288 meines Knechtes Davids Hand rette
(ישׁע hi.) ich meinen עם[53] Israel aus der Hand der Philister und aus
der Hand aller seiner Feinde.« Das klingt wie ein lockeres Zitat der
Fortführung der Fassung von 2Sam 5₂, die das Wort als Einsetzung
zum Hirten und נגיד über den עם יהוה bietet. Der Verfasser der
Aufstiegserzählung kannte also den in 1Sam 9₁₆ belegten prophetischen Sprachgebrauch und hielt ihn für entscheidend zur Legitimierung Davids aus der kanonischen Vergangenheit.

Ein noch etwas entfernteres Echo dieses prophetischen Sprachgebrauchs findet sich in den Versen 8–10 der davidischen »Königsnovelle«[54] 2Sam 7, die vielleicht schon aus salomonischer Zeit

---

Staatenbildung (vgl. oben Anm. 47) 42 = 34, steht der Verfasser den Ereignissen »zeitlich ganz nahe«. In diesem Artikel wurde auch die
Tendenz der Erzählung zum ersten Mal deutlich herausgestellt.

[52] *AAlt*, Staatenbildung (vgl. oben Anm. 47) 46f = 38. Historisch fällt es schwer,
das Jahwewort unterzubringen. Nach 1Chr 11₃ hat Samuel es gesprochen. Chr
hat wohl an die Salbungslegende 1Sam 16₁₋₁₃ gedacht. Doch sie formuliert
schon aus späterer, stark verwischter Perspektive im Sinne von Königs-, nicht
von Nagidsalbung. Das läuft der Tendenz der Aufstiegserzählung entgegen,
und deshalb dürfte sie auch – gegen *AWeiser*, Die Legitimation des Königs
David, VT 16 (1966) 325–354 – nicht zu ihr gehört haben. Falls sie eine
historische Basis hat, könnte die Theorie der Chr trotzdem zutreffen. Aber
erweisen läßt sich nichts. *KBudde*, Die Bücher Samuel, KHC 8 (1902) 212,
denkt an das Orakel des Priesters Achimelek in Nob, das 1Sam 22₁₀.₁₃ erwähnt
wird, und *ASoggin*, Königtum (vgl. oben Anm. 31) 65, an das in Ziklag
eingeholte Jahweorakel von 2Sam 2₁. Aber die Formulierungen des Gottes-
worts sprechen nicht für ein priesterliches Orakel. Auch kennen wir das Orakel
von 2Sam 2₁ aus dem biblischen Text. Nach *Noth*, GI (²1954) 172, »mag die
Stimme eines uns unbekannten Propheten dies alles ausgesprochen haben«.
Nach *AAlt* (vgl. oben) 47f = 38f handelt es sich um eine Fiktion. Sowohl bei
Noths als auch bei *Alts* Annahme – beide scheinen mir vertretbar zu sein – ist
gesichert, daß auch in 2Sam 3₁₈ formelhafter prophetischer Redestil aus
vorköniglicher Zeit aufklingt, der in der Zeit Davids noch gut bekannt war,
wenn nicht sogar weiterhin gebraucht wurde.

[53] In der LXX fehlt allerdings eine Entsprechung zu את עמי.

[54] Zum Terminus: *SHerrmann*, Die Königsnovelle in Ägypten und in Israel, WZ
Leipzig 3 (1953/54) 33–44.

stammen könnten.[55] Sie geben sich als Wort des Propheten Nathan und sind geschichtlicher ⟨289⟩ Rückblick.[56] Sie beginnen mit der Berufung Davids durch Jahwe zum נגיד über Jahwes עם Israel, sprechen dann von Jahwes Beistand gegen alle Feinde Davids und stellen fest, daß Jahwe ihm einen großen Namen bereitet hat. Dann in Vers 10 weitet sich der Blick auf ganz Israel, den עם יהוה. Was Jahwe durch David für Israel getan hat, ist praktisch die Beendigung von Zittern und Unterdrückung. So ist hier die ganze Davidsgeschichte stilisiert als Geschichte der Rettung von Jahwes עם.

Zusammenfassend läßt sich sagen: In der Davidszeit wurde der Ausdruck עם יהוה durch Propheten gebraucht, wenn sie im Zusam-

---

[55] Die in der uferlosen Literatur zu 2Sam 7 geäußerten Meinungen sind rettungslos geteilt. Lange Zeit führte *Wellhausens* dtr Ansatz, dann folgten viele Autoren *LRosts* Schichtenaufteilung (die Überlieferung der Thronnachfolge Davids, BWANT 3,6, 1926, 47–74), seit *SHerrmann* (vgl. vorige Anmerkung) neigt man oft zu einer relativen Einheit des Textes, wobei jedoch ein früher oder später Zeitansatz zur Debatte steht. *MNoth*, David und Israel in 2. Samuel 7, Mélanges Bibliques rédigés en l'honneur de André Robert, Travaux de l'Institut Catholique de Paris 4 (o.J. = 1957) 122–130, ist bis in die Zeit Davids selbst zurückgegangen, hat aber kaum Gefolgschaft gefunden. Doch neigen viele heute zu einer Abfassung unter Salomo oder kurz darauf. Literatur: vgl. *GFohrer*, Einleitung (vgl. oben Anm. 47) 240 Anm. 7. Dazu kommen aus den letzten Jahren: *PJCalderone*, Dynastic Oracle and Suzerainty Treaty: 2Sam 7, 8–16, Logos 1 (o.J. = 1966); *DJMcCarthy*, 2Sam 7 and the Structure of the Deuteronomic History, JBL 84 (1965) 131–138; *NPoullsen*, König und Tempel im Glaubenszeugnis des Alten Testamentes, Stuttgarter Biblische Monographien 3 (1967) 43–55; *KSeybold*, Das davidische Königtum im Zeugnis der Propheten, Diss. Kiel 1967 (ungedruckt); *AWeiser*, Die Tempelbaukrise unter David, ZAW 77 (1965) 153–168; ders., Legitimation (vgl. oben Anm. 52). – Außer in den hier behandelten Versen 8–10 steht עם יהוה noch in 7₇.₁₁a.₂₃.₂₄. Doch scheinen mir alle diese Belege für die Davidszeit auszuscheiden. Für 23f bestehen nach einer noch unveröffentlichten Studie von *GBraulik* ernsthafte Gründe, eine sekundär-deuteronomistische Hand der ausgehenden Exilszeit anzunehmen. Vorher hatte wohl schon eine eigentlich deuteronomistische Bearbeitung stattgefunden, der in Vers 7 die Wörter אשר צויתי לרעות את עמי את ישראל und in Vers 11 die erste Vershälfte zuzurechnen sind. In Vers 7 dürfte ursprünglich שבטי gestanden haben; das wurde bei der dtr Bearbeitung in שפטי abgewandelt und so von Chr übernommen; die ursprüngliche Lesart kam aber über eine nichtdtr Texttradition wieder in unsere Texttradition von 2Sam hinein. Durch die Erweiterungen in 7₇ und ₁₁ wurde dem geschichtlichen Rückblick Nathans die dtr Geschichtsperspektive gegeben. Eine vordeuteronomistische Richterauffassung kann in den hier als zugefügt betrachteten Textstücken nicht vorliegen, weil die Richter im jetzigen Text von 7₈₋₁₀ aus in Parallele zum Nagid und als Rettergestalten (mindestens der Aufgabe nach) gesehen werden müssen.

[56] Oder Rückblick und Vorblick, falls man die Verben von 9b ab entsprechend auffaßt.

menhang mit der Einsetzung eines נגיד eine Rettungszusage machten
oder wenn sie in anderem Zusammenhang über Jahwes Rettungshandeln durch einen נגיד sprachen. Der Sprachgebrauch ist älter und
wird in der Davidszeit schon literarisch aufgegriffen, um Tradi-
tionsentsprechung zu manifestieren. Die Nagidtitulatur ist gewissermaßen der Kristallisationskern. Mindestens in einer älteren Phase,
als die Rettungszusage noch nicht notwendig auf ein Volk bezogen
war, dürfte עם יהוה dann auch nicht nur in der Nagidtitulatur,
sondern im ganzen Zusammenhang als »Sippe Jahwes« oder »Verwandtschaft Jahwes« verstanden worden sein. Wenn Jahwe den
Notschrei einer Gruppe seiner Verehrer hörte und sich zur Rettung
entschloß, dann deshalb, weil er diese notleidende Menschengruppe
als seine eigene Sippe betrachtete. Die grundlegende Sprechsituation
ist dialogisch. Jahwe selbst oder in seinem Namen ein Prophet
spricht zu den Menschen, die vorher geklagt haben und nun gerettet
werden sollen. Sekundär kann dann auch im Reden über das Rettungshandeln Jahwes die gleiche Terminologie gebraucht werden.

Es dürfte möglich sein, die meisten späteren Verwendungen von
עם יהוה direkt oder indirekt von diesem Gebrauch herzuleiten. In
zwei Fällen legt sich dabei nahe, daß es diese erst später sicher
bezeugten Verwendungen schon in der Davidszeit gab. Diese beiden
Fälle seien kurz erörtert.

Im Psalter wird עם יהוה sehr vielfältig gebraucht. Viele Belege
scheinen spät zu sein und eine Entwicklungsstufe zu bezeugen, in der
עם יהוה mindestens innerhalb der Gebetssprache schon frei verwendbar war. Eine ursprüngliche Verbindung mit einer bestimmten
Gattung ist wohl nur beim Volksklagelied feststellbar.[57] Nun ist die

---

[57] Folgende Belege stehen in Volksklageliedern und scheinen dort natürlich in
den Textzusammenhang zu gehören: Ps 44₁₃; 60₅; 79₁₃; 80₅; 83₄; 85₃.₇.₉ (Gattungsbestimmung schwierig); 94₅.₁₄ (dasselbe); 106₄ (Bußlied). Zu dem Motiv
in Volksklageliedern vgl. *HGunkel - JBegrich*, Einleitung in die Psalmen (1933)
129. Bei mehreren Klageliedern von Einzelnen steht עם יהוה gerade in jenen
Zusätzen, die den Liedern sekundär eine kollektive Interpretation geben: Ps 3₉;
28₈.₉; 144₁₅. Die restlichen Belege von עם יהוה im Psalter lassen sich dagegen
schwer als ursprüngliche Motive bestimmter Gattungen betrachten. Psalter-
fremder Gattungseinfluß liegt vor, wo die Nagidtitulatur anklingt: Ps 72₂; 78₇₁.
Ebenso bei Belegen in prophetischen Liturgien (Ps 50₄.₇; 81₉.₁₂.₁₄; 95₇) und bei in
Psalmen aufgenommenen Heilsgeschichtsmotiven (Ps 68₈; 77₁₆.₂₁; 78₂₀.₅₂.₆₂;
105₂₄.₂₅.₄₃; 106₄₀; 111₆.₉; 135₁₂; 136₁₆). Später und gelockerter Gebrauch von עם
יהוה dürfte vorliegen in Ps 144₇; 29₁₁; 33₁₂; 47₁₀; 53₅.₇; 68₃₆; 100₃; 116₁₄.₁₈; 125₂;
135₁₄; 148₁₄; 149₄. Zur Verwendung von עם יהוה in Abschlußposition vgl. oben
Anm. 23.

prophetische Rettungsankündigung 290 allem Anschein nach so
etwas wie eine Antwort auf die Volksklage (vgl. 1Sam 9₁₆).[58] Die geringe Zahl der Zeugnisse und die Datierungsprobleme erlauben es
nicht, mit einiger Sicherheit zu klären, ob wir in der vorköniglichen
und der beginnenden königlichen Zeit schon mit der aus dem Psalter
bekannten Gattung des Volksklagelieds rechnen dürfen. Doch kann
man annehmen, daß auch eine eventuelle Vorläufergattung schon
das Motiv des עם יהוה enthielt. Man möchte auch fast daran
zweifeln, daß die Volksklage und die prophetische Rettungsankündigung mit Nagideinsetzung rituell zusammengehörten, in diesem
Sinne also einen einzigen »Sitz im Leben« hatten. Aber es genügt,
wenn die prophetische Rettungsankündigung sich ausdrücklich auf
die Klage des Volkes bezog, wenn also ein Sachzusammenhang
zwischen dem »Sitz im Leben« der Klage und dem prophetischen
Auftreten im Bewußtsein stand. Allerdings läßt sich ein engerer
Zusammenhang auch wieder nicht ausschließen. Auf jeden Fall
dürfte man sich auch bei der gemeinsamen Bitte um Rettung schon
des Motivs bedient haben, das Jahwe dann in der Rettungsankündigung durch Propheten als Motiv seines Einschreitens anzugeben
pflegte: daß die in Not befindlichen Menschen doch seine Angehörigen seien.

Außerhalb des Psalters begegnet עם יהוה etwa 40mal in Fürbittgebeten.[59] 291 In den teilweise späten Belegen werden diese Gebete

---

[58] Zur Klage- und Bußliturgie vgl. *E Lipinski*, La liturgie pénitentielle dans la
Bible, Lectio Divina 52 (1969). *C Westermann*, Das Heilswort bei Deutero-
jesaja, EvTh 24 (1964) 355–373, unterscheidet zwischen »Heilszusage« (=
Heilsorakel) und »Heilsankündigung«. Sie entsprechen der Klage des Einzelnen und der Volksklage. Dann folgert er, »daß die Gottesantwort auf die
Klage eines Einzelnen in Israel auf eine andere Weise gegeben wurde als die
Gottesantwort auf eine Klage des Volkes. Der Heilszusage in ihrer allgemeinen Sprache entspricht eine priesterliche Vermittlung. Sie ist in ihrem Kern
Zusage der Erhörung Gottes; diese entspricht einer Entscheidungsfrage, die
der Priester auch durch ein kulttechnisches Mittel erwirken kann. Dagegen
gibt die Heilsankündigung eine geschichtliche Konkretisierung; es wird Bestimmtes angekündigt, was geschehen wird. Dem entspricht eine prophetische
Vermittlung. Die Ankündigung ist keine priesterliche, sondern eine prophetische Funktion« (372).

[59] Ex 5₂₃; 32₁₁.₁₂.₁₄; 33₁₃.₁₆; Dtn 9₂₆.₂₉; 21₈; 1Sam 12₂₂ (vgl. ₂₃); 1Kön 8₃₀.₃₃.₃₄.₃₆.₃₈.₄₁.₄₃.
₄₄.₅₀.₅₁.₅₂; Jes (63₁₇); 64₈; Jer 32₂₁; Jo 2₁₇ (vgl. ₁₈.₁₉.₂₆.₂₇; 42.₃.₁₆: Rückbezug auf das
Motiv bei der Erhörung); Mi 7₁₄ (?); Dan 9₁₅ (auch als Geschichtsmotiv
erklärbar).₁₆.₁₉; Neh 1₁₀; 9₃₂; 2Chr 6₂₁.₂₄.₂₅.₂₇.₂₉.₃₂.₃₃.₃₄.₃₉. Der Zusammenhang mit

von verschiedenen Personen, nicht nur von Propheten, gesprochen. Ob in der vorköniglichen und beginnenden königlichen Zeit Fürbitte eine prophetische Aufgabe war, läßt sich schwer ausmachen, doch ist es nicht ausgeschlossen.[60] Daher könnte das Motiv des עם יהוה in den später formulierten Fürbittgebeten ein aus der prophetischen Fürbitte der älteren Zeit geerbter Topos sein. Dann wäre es so gewesen, daß der Prophet versuchte, Jahwe mit den Motiven zum rettenden Einschreiten zu bewegen, die vorher schon die gemeinsam klagende Gemeinde vorgebracht hatte und die Jahwe dann, wenn er die Rettung einleiten würde, in seiner Rettungsankündigung als seine eigenen Motive angeben würde. Falls es damals keine prophetische Fürbitte gab, wohl aber etwa Fürbitte durch Priester und falls dabei das Motiv des עם יהוה gebraucht wurde, besteht mindestens ein ähnlicher Sachbezug zur prophetischen Rettungsankündigung wie bei der Volksklage.

Man könnte noch fragen, ob עם יהוה zur Davidszeit nur im Fürbitte-Rettungs-Zusammenhang von den Propheten gebraucht wurde oder ob der Ausdruck nicht vielleicht in einem generelleren Sinn zur prophetischen Sprache gehört habe. In den Belegen aus späteren Epochen erscheint er mehr in Straf- als in Rettungsankündigungen der Propheten. Doch wir haben keinen positiven Grund, auf einen entsprechenden Gebrauch in der Davidszeit zurückzuschließen. So liegt es näher, mit einer Umfunktionierung des Ausdrucks auch für Droh- und Strafzusammenhänge in dem Augenblick, in dem das Schwergewicht des prophetischen Auftretens sich auf die Gerichtsandrohung verlagerte, zu rechnen.

c. Vielleicht gab es in der Davidszeit noch eine dritte Verwendung von עם יהוה. Sie ist aber schwer zu fassen und läßt sich auch kaum einer bestimmten Gattung oder einer bestimmten Menschengruppe zuteilen.

Das Gesetz über das Zinsverbot beginnt im Bundesbuch so: »Wenn du meinem עם, dem Armen bei dir, Geld leihst ...« (Ex 22₂₄).

---

der Klage-Errettungs-Situation wird noch unterstrichen dadurch, daß in Dtn 9₂₆.₂₉; 1Kön 8₅₁.₅₂ (vgl. ₅₃); (Jes 63₁₇;) Jo 2₁₇ (vgl. ₄₂); Mi 7₁₅ parallel נחלת יהוה steht.

60 Vgl. *PAHdeBoer*, De Voorbede in het Oude Testament: OTS 3 (1943) 156–170; *FHesse*, Die Fürbitte im Alten Testament, Diss. Erlangen 1951, 23f; *JScharbert*, Heilsmittler im Alten Testament und im Alten Orient, Quaestiones Disputatae 23/24 (1964) 288f.

Es liegt ⊠ 292 nah, auch in diesem alten Text[61] עם mit »Sippe,
Verwandtschaft«, wenn nicht sogar singularisch mit »Verwandter,
Angehöriger« zu übersetzen.[62] Es würde dann vorausgesetzt, daß
Jahwe einen verarmten Israeliten in besonderer Weise als sei-
nen Verwandten betrachtet und ihn deshalb durch das Zinsverbot
schützt.

Nach 1Sam 2₂₄[63] wies Heli seine Söhne zurecht, weil er aus dem
עם יהוה hören mußte, daß sie das Opferfleisch der Leute nicht recht
behandelten. Soll man folgern: die von den sündigen Priestern
Geschädigten als der עם יהוה?[64]

In 2Sam 14₁₃[65] warnt die weise Frau aus Thekoa David davor,
Schlechtes gegen den עם אלהים zu sinnen. David will seinen verstoßenen Sohn nicht begnadigen. Wer sich gegen seinen Sohn
vergeht – so scheint sie zu sagen –, der vergeht sich gegen die
Gottessippe. Daß an dieser Stelle nicht der Gottesname Jahwe steht,
sondern אלהים, soll wohl den weisheitlichen Bildungshintergrund
der Frau anzeigen.[66]

---

[61] Die Umgebung dieses Verses ist paränetisch. Die paränetischen Elemente sind
vordeuteronomisch. *WBeyerlein*, Die Paränese im Bundesbuch und ihre Herkunft, Gottes Wort und Gottes Land (1965) 9–29, führt diese Paränesen
auf ein Fest aus der Anfangszeit des Jahweglaubens zurück.

[62] So LXX (ἀδελφός) und *HCazelles*, Études sur le Code de l'Alliance (1946) 79.

[63] Die Datierung der Tradition von 1Sam 2₁₂–₁₇.₂₂–₂₅ ist schwierig. Ich folge der
Argumentation von *MNoth*, Samuel und Silo, VT 13 (1963) 390–400 (hier:
394): Nicht zu spät nach dem Tempelbau in Jerusalem. Zu 2₂₇–₃₆ und zur
Literatur: vgl. *ACody*, History of Old Testament Priesthood, AnBibl 35 (1969)
66–69.

[64] Theoretisch wäre auch denkbar, daß Heli mit dem עם יהוה eine offizielle
Volksversammlung meint, die mißbilligende Vorstellungen beim Familien-
vater gemacht hätte. Aber für eine solche Bedeutung von עם יהוה gäbe es keine
Parallelen.

[65] Der Zusammenhang gehört zur Erzählung von der Thronnachfolge Davids.
Vgl. vor allem *LRost*, Thronnachfolge (vgl. oben Anm. 55). Eine andere
Auffassung bei *RACarlson*, David the Chosen King (1964), doch schwerlich
überzeugend. Nach *GFohrer*, Einleitung (vgl. oben Anm. 47) 241, dürfte der
Verfasser der Thronfolgeerzählung ein Angehöriger des Königshofs in Jerusalem gewesen sein und sein Werk vielleicht zwischen dem dritten und dem
vierten Regierungsjahr Salomos verfaßt haben.

[66] Die Frau gebraucht אלהים in 14₁₃.₁₄.₁₆.₁₇.₂₀, יהוה dagegen nur in 14₁₁, wo sie
einen Schwur Davids bei seinem Gott fordert, und in 14₁₇ im Parallelismus zu
אלהים. Ihr normaler Ausdruck ist also אלהים. Den Gottesnamen kennt sie
auch, gebraucht ihn aber nur in Sonderfällen. Vermutlich wollte der Erzähler
durch diesen Sprachgebrauch die Frau als »weise« kennzeichnen. עם אלהים ist
also Äquivalent zu normalem עם יהוה. Das läßt sich durch eine weitere

[293] An allen drei Stellen gibt es den Gegensatz zwischen den Gutgestellten, denen, die Macht und Amt innehaben, einerseits, und den Armen, Geschädigten und Verstoßenen andererseits. Es geht hier nicht um einen Gegensatz zu äußersten Feinden Israels, sondern um Spannungen innerhalb Israels. Auch sind nirgends Propheten im Spiel. Diejenigen, welche für die unterlegenen Personen eintreten – Jahwe als Gesetzgeber, der Chef des Priestergeschlechts, die weise Frau im Auftrag des Generals – werben für das Recht der Unterlegenen, indem sie für diese eine besondere Jahwebeziehung beanspruchen. Also die sozial Schwachen innerhalb Israels als die »Verwandten Jahwes«.

Ein bestimmter »Sitz im Leben« ist nicht zu erkennen. Sollte hier vielleicht der gleiche Gebrauch von עם יהוה vorliegen wie in Volksklage, Fürbitte und prophetischer Rettungsankündigung, nur in einer ersten Sprengung des Gattungsrahmens und Übertragung auf einen analogen, aber doch anderen Zusammenhang? Einige Jahrhunderte später sind vor allem die Propheten die Verteidiger der Übervorteilten und Ausgebeuteten in Israel. In diesem Zusammenhang gebrauchen sie auch den Ausdruck עם יהוה, und mit ähnlichen Untertönen.[67] Als sie begannen, nicht nur für das geschundene Israel, sondern auch für die Geschundenen in Israel einzutreten, haben sie vielleicht den einmal von ihnen weggesprungenen Ausdruck wieder zu sich zurückgeholt. Aber das sind Vermutungen.

d. Damit sind die für die Davidszeit auswertbaren Belege erschöpft. Eine Durchsicht aller Belege für עם יהוה ergab, daß sich vermutlich alle übrigen in späteren Perioden noch belegbaren Verwendungen des Ausdrucks auf diesem oder jenem Weg auf die hier für die Davidszeit festgestellten drei Verwendungen zurückführen lassen, vor allem auf die zweite. Das spricht dafür, daß es in der Davidszeit *nur* diese drei Verwendungen von עם יהוה gab.

Am Ende der synchronischen Bestandsaufnahme ist man versucht, nach der Vorgeschichte zu fragen. Es ist kaum anzuraten,

---

Beobachtung erhärten. Bekanntlich steht neben עם יהוה häufig נחלת יהוה. So finden wir hier nicht allzuweit von עם אלהים in 14₁₆ נחלת אלהים. Zwar steht נחלת אלהים hier innerhalb der fingierten Familiengeschichte der Frau, nicht direkt auf die Familie Davids bezogen, wie עם אלהים in 14₁₃. Aber die beiden Familiengeschichten entsprechen einander. So dürfte der Zusammenhang von עם אלהים in 2Sam 14₁₃ mit עם יהוה anders zu beurteilen sein als der von עם האלהים in Ri 20₂ und – vielleicht – der von עם אלהי אברהם in Ps 47₁₀.

[67] Vgl. Hos 4₄₋₁₁; Jes 3₁₂₋₁₅; 10₁f; Jer 5₂₆₋₃₁; 6₁₄; 23₁₋₄.₉₋₃₂; 50₆; Ez 13₁₋₂₃; 45₇₋₁₂; 46₁₆₋₁₈.

deshalb, weil unser ältester Beleg zufällig der Lyrik angehört,
genetisch den prophetischen Gebrauch vom lyrischen, die Bedeutung »Sippe Jahwes« von der Bedeutung »Heer Jahwes« abzuleiten.
Die umgekehrte Ableitung ist genau so riskant. Da die semantische
Differenzierung von עם (Onkel, Familie, Sippe, Volk, Kriegsvolk)
wohl schon längere Zeit vor dem Jahr 1000 stattgefunden hat,
könnte man vielleicht an zwei verschiedene Geburten des gleichen
Ausdrucks in zwei deutlich unterschiedenen Zusammenhängen auf
der Basis von zwei verschiedenen Bedeutungen ⟨294⟩ des Wortes עם
denken. Dagegen könnte sich die dritte Verwendung von עם יהוה –
wie oben schon angedeutet – aus der zweiten entwickelt haben.

Die semantische Koexistenz eines עם יהוה I »Heer Jahwes« und
eines עם יהוה II »Sippe Jahwes« blieb unproblematisch, solange
die beiden homonymen Ausdrücke zwei sauber unterscheidbaren
sprachlichen Feldern angehörten. Dagegen mußten Schwierigkeiten
entstehen, als עם יהוה II die Grenzen der ursprünglichen Situationen
und Gattungen sprengte und in immer neuen Zusammenhängen
Heimatrecht erwarb – ein Prozeß, der etwa von der Davidszeit an
einsetzte, wenn auch niemals ein Stadium erreicht wurde, in dem
עם יהוה II unterschiedslos in jeder Sprechsituation hätte gebraucht
werden können. Die Lösung, die sich einstellte, war die in solchen
Fällen zu erwartende: Obwohl עם allein in vom Kontext her ein-
deutigen Aussagen weiterhin mit der Bedeutung »Kriegsvolk« gebraucht wurde, verschwand עם יהוה I vom Markte. Daß Pᵍ in Ex 7₄
noch einmal mit der Nachhilfe einer synonymen Apposition die alte
Bedeutung von עם יהוה I erzwingt, ist wahrscheinlich als bewußt
archaisierender Sondergebrauch dieses Schriftstellers zu bewerten.[68]

So ist vor allem das עם יהוה II der Davidszeit zukunftsträchtig.
Die drei folgenden, diachronisch ausgreifenden Teile werden es nur
mit der weiteren Geschichte von עם יהוה II zu tun haben.

3. *Der Jahwist:* עם יהוה *tritt in die Geschichtsdarstellung ein*

Im ursprünglichen jahwistischen Werk nimmt der Erzähler selbst
עם יהוה niemals in den Mund. Aber auch seine Figuren gebrauchen
den Ausdruck nur in einem einzigen Erzählungszusammenhang:
dort, wo im Buch Exodus die Herausführung aus Ägypten erzählt

---

[68] Zu archaisierenden Prozeduren in Pᵍ vgl. *NLohfink*, Die priesterschriftliche
   Abwertung der Tradition von der Offenbarung des Jahwenamens an Mose,
   Bibl 49 (1968) 1–8 (hier: 4 Anm. 2).

wird.[69] Und hier erinnert alles an die Rettungszusagen der Davidszeit.

295 In Ex 3₇ sagt Jahwe zu Mose, er habe das Elend seines עם
gesehen und habe ihr Schreien gehört. Man vergleiche 1Sam 9₁₆. In
Ex 5₁ bittet Mose den Pharao, Jahwes עם zu einer Festfeier ziehen zu
lassen. In 5₂₃, nach einem ersten Mißerfolg, wendet sich Mose in
einem Fürbittgebet an Jahwe und beklagt sich, daß Jahwe seinen עם
nicht gerettet hat (נצל hi.). Vor der ersten bis fünften Plage erhält
Mose jeweils den Befehl Jahwes, den Pharao aufzufordern, er solle
Jahwes עם ziehen lassen, damit er Jahwe dienen könne (7₁₆.₂₆;
8₁₆.₁₇.₁₈.₁₉; 9₁.₁₃.₁₇). Vor der sechsten jahwistischen Plage wird nicht
Jahwes Befehl erzählt, sondern wie Mose dem Pharao Jahwes
Auftrag ausrichtet, er solle Jahwes עם ziehen lassen (10₃.₄). Bei der
siebten und letzten Plage, der Tötung der Erstgeburt, werden keine
Botschaften mehr übermittelt.[70] Jahwe beginnt schon damit, die
seinem עם zugesagte Rettung durchzuführen. Der Jahwist deutet
also die alte Erzähltradition von der Herausführung aus Ägypten
mit Hilfe des Ausdrucks עם יהוה.

Diese Deutung ist seine eigene Leistung. Wenn *MNoths* Analyse
von Ex 5₃₋₁₉ richtig ist,[71] ist uns dort noch ein Stück vorjahwistischer
Auszugserzählung erhalten, vom Jahwisten in sein Werk eingesetzt.
In diesem älteren Text verhandelt nicht Mose mit dem Pharao,
sondern die שטרים der Israeliten. Hier fehlt der Ausdruck עם יהוה
völlig, obwohl 5₃.₈.₁₇ mit seiner Hilfe formuliert sein könnten. In 5₁₆

---

[69] Die Belege bei J werden im folgenden Absatz vollständig aufgezählt. Bei den
Belegen für עם יהוה in Ex 32₁₁.₁₂.₁₄; 33₁₃₋₁₆ ist die Schichtenzuteilung schwer.
Doch handelt es sich mit Sicherheit nicht um Bestandteile der ursprünglichen
Pentateuchquellen. Num 11₂₉ gehört zu einem Zusatz zu J *(Noth)* oder E
(Baentsch). E hat עם יהוה nur in Ex 3₁₀ (Jahwe zu Mose) und 18₁ (Rückver-
weis auf die Herausführungserzählung, vgl. oben Anm. 23). Auch Pᵍ hat עם
יהוה nur im Exoduszusammenhang (Ex 6₇; 7₄; Pˢ: Lev 26₁₂; Num 17₆). Also
haben auch die anderen Pentateuchquellen den von J geschaffenen Rahmen
des Gebrauchs nicht gesprengt. Im Siegeslied Ex 15 dagegen ist עם יהוה im
Zusammenhang mit dem Einzug in das Land Kanaan gebraucht: Ex 15₁₆.

[70] 11₁₋₆ sind nicht an den Pharao gerichtet. 11₇.₈ sind als späterer Zusatz zu
betrachten. Vgl. *MNoth*, Das zweite Buch Mose Exodus, ATD 5 (²1961) 72.

[71] Vgl. *MNoth*, Exodus (vgl. vorige Anmerkung) 34–41. Dagegen: *GFohrer*,
Überlieferung und Geschichte des Exodus, BZAW 91 (1964) 57f, aber wohl
doch nicht mit durchschlagenden Gründen. Die Berufung auf *RSmend*,
Jahwekrieg (vgl. oben Anm. 25) 90–92, ist nicht ganz berechtigt, da *Smend*
nicht *Noths* literarkritischer Analyse, sondern dessen Folgerungen für den
historischen Mose widerspricht.

scheinen sich die Israeliten sogar, um vom Pharao eine Erleichterung zu erhandeln, als der עם des Pharao zu bezeichnen.[72] Es ist schwer denkbar, daß der Jahwist selbst so formuliert hätte. Bei ihm stehen der עם יהוה und der עם פרעה einander als zwei entgegengesetzte Gruppen gegenüber (vgl. 8₁₉).

Der Jahwist lebte vermutlich in der Zeit Salomos. Der Gebrauch von עם יהוה bei prophetischen Rettungsankündigungen konnte ihm bekannt sein. Indem er den Ausdruck עם יהוה in die Auszugs-erzählung einführte, deutete er den Auszug aus Ägypten theologisch als Rettungshandeln Jahwes.[73]

[296] Der Jahwist hat עם יהוה wohl schon eher als »Volk Jah-wes« verstanden und den ursprünglichen Gedanken der Fami-lienzugehörigkeit zu Jahwe nicht herausgestellt.[74] Dies haben je-doch spätere Generationen in den Exoduserzählungen nachgeholt. In Ex 4₂₂f, wohl einem Zusatz zu JE,[75] wird Israel Jahwes erstgebo-rener Sohn genannt. P^g sieht Jahwe nach Ex 6₆ in der Funktion eines גאל – ein Bild, das ja auch ein Verwandtschaftsverhältnis impli-ziert.[76]

Außerhalb der eigentlichen Pentateuchquellen werden später auch andere Phasen der Anfangsgeschichte Israels, etwa die Wüstenwan-derung und die Hereinführung in das Land Kanaan, als Taten Jahwes an seinem עם bezeichnet. In diesen Fällen dürfte die Inten-tion, aus der heraus der Ausdruck ursprünglich in die Exodus-erzählungen eingeführt wurde, schon vergessen sein. Aber diese Ausweitung des Gebrauchs ist seltener, als man vor einer Überprü-fung der Belege spontan annehmen würde.[77]

---

[72] Ich lese וְחָטָאתָ עַמֶּךָ, vgl. LXX und Syr (zu חטא + Akk. vgl. Spr 20₂).

[73] Die hier gemachten Beobachtungen und ihre Konsequenzen sind in einer Reihe von Punkten im Einklang mit der von *WLMoran* stammenden, von *JPlastaras,* The God of Exodus (1966), breiter entfalteten These, »that the redactional framework of Ex 2–15 is based upon the structure and form of Israel's lamentation liturgy«.

[74] Hauptgrund für diese Aussage ist die Gegenüberstellung von עם יהוה und עם פרעה beim Jahwisten.

[75] So *MNoth,* Exodus (vgl. oben Anm. 70) 33f; *HSeebaß,* Mose und Aaron, Sinai und Gottesberg (1962) 12; *BBaentsch,* Exodus-Leviticus-Numeri, HKAT I,2 (1903) 34 (R^d). Anders *OEißfeldt,* Hexateuchsynopse (1922) 115* (L); *GBeer,* Exodus HAT I,3 (1939) 36 (J¹ – doch vgl. 37: »gehört zu den jüngeren Texten«); *GFohrer,* Exodus (vgl. oben Anm. 71) 38 (E).

[76] Ähnlich Ex 15₁₃ und Ps 77₁₆. Zum Begriff vgl. *DDaube,* The Exodus Pattern in the Bible, All Souls Studies 2 (1963) 27–29.

[77] Ex 15₁₆; Ps 68₅; 78₂₀.₅₂; 105₂₄f.₄₃f; 106₄₀; 135₁₂; 136₁₆; 1Chr 17₂₁.

4. *Jerusalem: die »Bundesformel« wird geschaffen*

Der Ausdruck עם יהוה erscheint mit 34 Belegen in der sogenannten »Bundesformel«,[78] und zwar transformiert innerhalb eines Verbal-komplexes, ⸢297⸣ der aussagt, daß der mit עם יהוה bezeichnete Sach-verhalt eintrat, eintritt oder eintreten wird. Der willkürlich heraus-gegriffene Beleg der »Bundesformel« Jer 11₄ והייתם לי לעם ואנכי אהיה לכם לאלהים ist zum Beispiel zu übersetzen: »dann sollt ihr mein עם werden, und ich will euer Gott werden«.[79] In den Belegen

---

[78] Die für עם יהוה relevanten Belege der »Bundesformel« sind oben Anm. 9 aufgezählt. Die übrigen Belege der »Bundesformel« sind: Gen 17₇.₈; Ex 29₄₅; Lev 11₄₅; 22₃₃; 25₃₈; 26₄₅; Num 15₄₁; Dtn 26₁₇; Ex 11₁₆ (?); 34₂₄. Folgende Belege enthalten die volle »Bundesformel« mit ihren beiden Teilen: Ex 6₇; Lev 26₁₂; Dtn 26₁₇₋₁₉; 29₁₂; 2Sam 7₂₄; Jer 7₂₃; 11₄; 24₇; 30₂₂; 31₁.₃₃; 32₃₈; Ez 11₂₀; 14₁₁; 36₂₈; 37₂₃.₂₇; Sach 8₈; 1Chr 17₂₂; Ps 33₁₂. In 12 dieser 20 Belege steht die עם יהוה-Aussage, in 8 Belegen die אלהי ישראל-Aussage an erster Stelle. Bei einer Ein-zelanalyse gewinnt man den Eindruck, daß die Anfangsstellung der עם יהוה-Aussage Normalfall, die Anfangsstellung der אלהי ישראל-Aussage meist kontextbedingte Umstellung ist. Das spräche dafür, daß die עם יהוה-Aussage die Urzelle der Formel darstellt und einige ältere Belege mit der עם יהוה-Aussage allein vielleicht gar nicht als defiziente Verwendungen der Formel, sondern als Zeugnisse von deren Frühform betrachtet werden könnten. Doch läßt sich hierfür keine Sicherheit erreichen.

[79] Gewöhnlich wird mit »sein« übersetzt, so auch noch bei *NLohfink*, Dt 26, 17–19 (vgl. oben Anm. 43). Aber mit dieser Übersetzung kommt die besondere Nuance der verbalen »Bundesformel« gegenüber entsprechenden Nominal-satzformulierungen (Dtn 9₂₉; Jos 24₁₈; 1Kön 8₅₁; Jes 41₁₀; 43₃; 48₁₇; 51₁₆; Jer 3₂₂; 31₁₈; Ez 34₃₀.₃₁; 36₂₀; Hos 2₁.₃.₂₅; Sach 13₉; Ps 79₁₃; 95₇; 100₃; 105₇; 144₁₅; 1Chr 16₁₄; 2Chr 13₁₀; 14₁₀) oder innerhalb gemischter Konstruktionen (Jes 63₈; Hos 1₉; Ps 33₁₂) nicht zum Ausdruck. Worin sie besteht, läßt sich vielleicht am einfachsten durch Vergleich mit dem Sprechen über die Ehe verdeutlichen. 1. Das schon bestehende Eheverhältnis wird durch Nominalsatz festgestellt: vgl. Gen 12₁₂.₁₈; 26₉; 39₉ usw. Für die Negation eines bestehenden Eheverhältnisses vgl. Hos 2₄. Diesem Gebrauch entsprechen die meisten soeben aufgezählten Nominalsatzparallelen zur »Bundesformel«. In ihnen wird also ein als beste-hend vorausgesetztes Verhältnis Israel-Jahwe ausgesagt. 2. Bei der Eheschlie-ßung selbst scheinen Nominalsätze als *verba solemnia* gebraucht worden zu sein: vgl. *ACowley*, Aramaic Papyri of the Fifth Century B. C. (1923) Nr. 15,4: הי אנתתי ואנה בעלה; *EGKraeling*, The Brooklin Museum Aramaic Papyri (1953) Nr. 2,3f; 7,4. Sie haben also performativen Sinn: »*Hiermit* ist sie meine Frau, und ich bin ihr Mann«. Aus den oben aufgezählten Nominalsatzparalle-len zur »Bundesformel« könnten vielleicht Hos 2₂₅ und Sach 13₉ verglichen werden. 3. Bei der Werbung und in anderen Situationen, wo über einen bevorstehenden oder zurückliegenden Eheschluß gesprochen wird, gebraucht man Verbalsätze. Die Konstruktion ist gewöhnlich mit doppeltem Lamed. Das Verbum ist נתן, wenn die Eheschließung von den Brauteltern oder anderen

für עם יהוה aus der Davidszeit waren die syntaktischen Zusammenhänge stets so, daß der mit עם יהוה bezeichnete Sachverhalt als schlechthin gegeben, nicht aber als eintretend oder werdend erschien. Das Moment des Eintretens oder ⎡298⎤ Werdens ist das entscheidend Neue, das die »Bundesformel« zur Geschichte des Gebrauchs von עם יהוה beiträgt.

Ferner tritt עם יהוה durch die »Bundesformel« erstmalig in Zusammenhang mit dem Gesetzesgehorsam und mit dem Wort ברית. Denn sie kommen so häufig zusammen mit der »Bundesformel« vor, daß man von einem festen Motivkomplex sprechen kann.[80]

Die meisten Belege der »Bundesformel« stammen aus exilischer und frühnachexilischer Zeit. Offenbar wurde die Formel erst damals literarisch produktiv. Sie scheint aber schon aus der Königszeit zu stammen. *RSmend* hat vor kurzem die These vertreten, daß sie 621 für die Bundeserneuerung Josias geschaffen wurde.[81] Er betrachtet Dtn 26₁₇–₁₉ als ihren ursprünglichsten Beleg. Doch sprechen eine Reihe von Beobachtungen gegen diese Ableitung, wie ich an anderer Stelle gezeigt zu haben glaube.[82] Wie ich dort breiter begründet

---

Verfügungsrecht über die Braut besitzenden Personen her (Gen 16₃; 29₂₈; 30₄.₉; 34₈.₁₂; 38₁₄; 41₄₅ usw.), לקח, wenn sie vom Bräutigam oder dessen Eltern her (Gen 12₁₉; 25₂₀; 28₉; 34₄.₂₁ usw.), היה, wenn sie von der Braut her (Gen 20₁₂; 23₆₇ usw.) ins Auge gefaßt wird. Die »Bundesformel« entspricht diesem dritten Bereich des Sprechens über die Ehe. Normalerweise wird der Vorgang bei der ersten Hälfte (עם) von Israel, bei der zweiten Hälfte (אלהי ישראל) von Jahwe her ins Auge gefaßt. Daher steht gewöhnlich היה. Doch kann in Sonderfällen das עם יהוה-Werden Israels vom Partner Jahwe aus ins Auge gefaßt werden. Dann steht in Ex 6₇ das zu erwartende לקח, an weiteren Stellen äquivalente Verben (Dtn 28₉; 29₁₂ קום hi.; 1Sam 12₂₂ עשה; 2Sam 7₂₄ כון pol.; Ps 33₁₂ בחר; 1Chr 17₂₂ sogar נתן im Sinne von »rechtskräftig bestimmen«). Eine Entsprechung zu der Sicht des Eheschlusses aus der Perspektive der Brauteltern gibt es naturgemäß nicht. Von dieser zweifellos relevanten Analogie her ist היה in der »Bundesformel« ingressiv-fientisch zu übersetzen, falls dies vom Kontext aller Belege her nicht ausgeschlossen wird. Eine Überprüfung hat ergeben: An einigen Stellen ist die ingressiv-fientische Übersetzung schon vom Kontext her geboten, zB in Dtn 27₉; Jer 7₂₃; Sach 2₁₅; an allen anderen Stellen ist sie vom Kontext her entweder naheliegend oder mindestens nicht ausschließbar.

[80] Einzelnachweise bei *NLohfink*, Dt 26,17–19 (vgl. oben Anm. 43) 521f.
[81] *RSmend*, Bundesformel (vgl. oben Anm. 10).
[82] *NLohfink*, Dt 26,17–19 (vgl. oben Anm. 43).

habe,[83] empfehlen sich für die Frühgeschichte der »Bundesformel«
am ehesten folgende Annahmen:
1. Sie stammt aus Jerusalem.
2. Sie wurde im vorexilischen Jerusalem als ein von Jahwe beim
Auszug aus Ägypten gesprochenes Wort betrachtet.
3. Sie wurde in der Königszeit entweder einmal oder zu wieder-
holten Malen innerhalb einer Zeremonie, in der man sich durch
Eid (ברית) zur Gesetzesbeobachtung verpflichtete, im Namen Jahwes ausgesprochen.
4. Es scheint sich um eine wiederholbare Selbstverpflichtung zu
handeln, und zwar liegt es weniger nahe, an eine in fester
Periodizität wiederkehrende liturgische Bundeserneuerung zu denken als an einen Verpflichtungsakt, der zu den Zeremonien beim
Regierungsantritt eines Jerusalemer Königs gehörte. Dies ergibt
sich aus dem ältesten und für die Königszeit einzigen datierbaren
Beleg der »Bundesformel« in 2Kön 11₁₇.
5. Wann dieser Verpflichtungsakt bei Regierungsantritt in das
Königsritual eingeführt wurde, ob im Jahre 836 bei der in 2Kön
11 geschilderten ⌈299⌉ Machtergreifung von Joas oder schon bei
einem seiner Vorgänger, muß offen bleiben.
Es sei betont, daß dies zwar die sich am ehesten empfehlenden
Annahmen sind, daß aber auch an ihnen infolge unserer Quellenlage
hohe Unsicherheitsmomente haften.
Warum wurde in das Jerusalemer Inthronisationsritual eine Ver-
pflichtungszeremonie eingebaut, durch die עם יהוה entsteht? Die
Frage läßt sich präzisieren. Gemäß 2Kön 11₁₇[84] vermittelt Jojada
nämlich zwei Bundesschlüsse. Der erste war die ברית zwischen Jahwe, dem König und dem Volk, להיות לעם ליהוה (»durch die sie Jahwes עם wurden«), der zweite war die ברית zwischen König und Volk
allein. Im zweiten Fall handelt es sich um einen Vertrag zwischen Kö-

---

[83] Ebd. 548–553. An den dortigen Ausführungen würde ich inzwischen folgende,
die Hauptthesen jedoch nicht abändernde Korrekturen anbringen: 1. 2Sam 7₂₄
scheidet als Zeugnis für die Frühgeschichte der Formel aus. Es dürfte sich um
einen sekundärdeuteronomistischen Zusatz handeln (vgl. oben Anm. 55). 2.
Die Notwendigkeit, auf die Nominalsatzparallelen zur »Bundesformel« bei
Hosea Rücksicht zu nehmen, scheint mir jetzt noch geringer als bei der
Abfassung der damaligen Arbeit. Hoseas Aussagen haben ihre eigene Figura-
tion und gehören in eine andere Entwicklungslinie von עם יהוה (vgl. dazu
unten, Abschnitt 5).
[84] Zur Textkritik, Quellencharakter und historischer Zeugniskraft von 2Kön 11₁₇
vgl. *NLohfink*, Dt 26,17–19 (vgl. oben Anm. 43) 526.

nig und Volk, wie ihn David nach 2Sam 5₃ einst mit den Nordstäm-
men und vorhöer wohl auch schon mit Großjuda[85] geschlossen
hatte. Warum also wurde diesem Vertrag zwischen König und Volk
ein erster Vertrag vorausgeschickt, durch den עם יהוה entstand?
Ist man der Auffassung, עם יהוה sei ein überall frei verfügbarer
Ausdruck gewesen, dann fällt eine eindeutige Antwort schwer.
Anders dagegen, wenn man nur mit den wenigen bisher untersuchten
Verwendungen des Ausdrucks rechnet. Denn dann legt sich ein
Zusammenhang mit dem alten Nagidtitel nahe.
Nach allem, was wir wissen, gab es im 9. Jahrhundert in Jerusalem
keine prophetischen Nagideinsetzungen mehr. Falls der Sprachgebrauch der Chronik alte Wurzeln hat, war das Wort נגיד vielleicht
sogar schon der Name für Ämter unter dem König geworden.[86] Der
alte Nagidtitel war durch den Königstitel abgelöst. Deshalb könnte
das Bedürfnis entstanden sein, wie früher das Nagidamt so jetzt das
Königsamt auf die Realität עם יהוה zu beziehen. Die Einführung
einer ברית zwischen Jahwe, König und Volk in den Inthronisations-
ritus, bei der die Realität עם יהוה neu deklariert wurde, wäre dann
der Weg gewesen, dieses Bedürfnis zu befriedigen. Wenn ein neuer
Herrscher so in der Jahwe-Israel-Struktur seinen Platz gefunden
hatte, konnte anschließend auch die zwischenmenschliche Rechts-
setzung eines Königsvertrags vorgenommen werden.
Das von uns soeben erschlossene Prinzip, daß vor dem Abschluß
eines Königsvertrags die Zuordnung des Königs zum עם יהוה stehen
mußte, ist in der Tat für das Denken am davidisch-salomonischen
Hof 300 positiv erhebbar, und zwar aus der Erzählung vom Aufstieg Davids.[87] Nach 2Sam 5₁f fühlten sich die Ältesten Israels aus
folgenden Gründen zum Abschluß eines Königsvertrags mit David
gedrängt: 1. Blutbande (das ist eher eine Voraussetzung als ein
Grund, David zum König zu wählen); 2. David hat schon unter Saul als Feldherr seine Führungsqualitäten gezeigt (das sind
menschliche Gründe); 3. Jahwe hat David schon zum Hirten und
Nagid über seinen עם Israel eingesetzt. Dieses dritte Element ist im
Sinne der Erzählung von Davids Aufstieg entscheidend. Es ist das

---

[85] Vgl. *GFohrer*, Der Vertrag zwischen König und Volk in Israel, ZAW 71 (1959)
1–22 (hier: 3f). Dieser Aufsatz ist auch für die Deutung von 2Kön 11₁₇
unentbehrlich.
[86] Belege bei *WRichter*, *nāgīd*-Formel (vgl. oben Anm. 31) 82f.
[87] Vgl. oben Anm. 51 und 52.

Leitmotiv der Erzählung. Hierdurch wird der nun folgende Abschluß des Königsvertrags legitimiert. Die Hofkreise, die hinter
dieser Erzählung standen, mußten in der Folgezeit, wenn es weitere
Davididen in die Herrschaft einzuführen galt, die nicht persönlich
von einem Propheten vorher zum Nagid gesalbt worden waren,
notwendig darauf sinnen, einen neuen Weg zu finden, um vor
dem Abschluß des Königsvertrags den neuen König in die Gott-
Israel-Beziehung hineinzustellen. Der Weg, den sie – sofort oder
auch erst nach einigem Tasten – fanden, war die ברית zwischen
Jahwe, König und Volk, bei der – wohl durch eine im Namen Jahwes
durch einen Priester abgegebene Erklärung – der עם יהוה jeweils
wieder neu ins Dasein trat.

Es dürfte auch schon in vorköniglicher Zeit Gebote und Gesetze
Jahwes gegeben haben. Vielleicht gab es auch schon mit Eidleistung
(ברית) verbundene Riten der Verpflichtung auf diese Gebote und
Gesetze. Doch wir verfügen über kein positives Zeugnis, das uns
zu der Annahme veranlaßt, auch schon vor der Königszeit sei
im Zusammenhang eines solchen Verpflichtungsritus eine Erklärung im Namen Jahwes abgegeben worden, hiermit mache er die
Sichverpflichtenden zu seinem עם. Daher ist es zwar nicht schlechthin ausschließbar, daß eine schon mit einer älteren ברית-Zere-
monie verbundene »Bundesformel« sekundär mit dieser Zeremonie zusammen ins Königsritual eingesetzt wurde. Doch näherliegend ist, daß sie gerade bei der Einfügung eines vielleicht schon
älteren ברית-Ritus in das Königsritual geschaffen wurde, damit
dieser ברית-Ritus die prophetische Nagideinsetzung voll ersetzen
konnte.

5. Die Verwendung von עם יהוה zur Periodisierung der Geschichte

Im Zusammenhang der Klage-, Fürbitte- und Rettungssituation
motivierte עם יהוה zwar ein Geschehen, nämlich Jahwes Rettungstat, meinte aber selbst nicht eine geschichtlich erst werdende Wirklichkeit. [301] Das gilt auch vom Jahwisten. Bei ihm wird nicht etwa
durch den Auszug aus Ägypten Israel zu Jahwes Volk, sondern
Jahwe befreit Israel aus Ägypten, weil es sein Volk ist. Das gilt
schließlich auch für die Mehrzahl der Belege aus späteren Epochen.
Die mit עם יהוה bezeichnete Wirklichkeit ist nicht so, daß sie für
eine bestimmte Periode der Geschichte ausgesagt, für eine andere
negiert werden müßte. Sie ist vorgegeben. Es liegt auf dieser Linie,

wenn עם יהוה in Dtn 32₉; Jes 51₁₆ und Ps 33₁₂ im Zusammenhang mit Schöpfungsaussagen auftritt.
Doch gibt es einige wenige, deshalb aber umso interessantere
Ausnahmen.
a. Der Prophet Hosea erlebt Israels Abfall von Jahwe so erschreckend, daß er Jahwe nicht mehr עמי sagen läßt, sondern
לא עמי.[88] Doch spricht er dann auch die Hoffnung aus, es werde
eine Zeit kommen, in der Jahwe wieder wie früher sagen kann:
עמי־אתה.[89] Der Kontext dieser Aussagen sowie ihre Form legen
nahe, daß Hosea hier die Gestalt von Eheschluß- und Eheschei-
dungs-, vielleicht auch von Adoptionsformeln imitiert.[90] Jedenfalls
unterscheidet er durch Geltung und Nichtgeltung von עם יהוה drei
Perioden im Schicksal Israels.
Diese Technik der Geschichtsgliederung ist von keinem anderen
Propheten aufgenommen worden. Man hatte ähnliche Gerichtsbot-
schaften, aber man benutzte den Ausdruck עם יהוה auch für das
von Jahwe verurteilte und bestrafte Volk.[91] Selbst in der nun zu
besprechenden Gruppe von Texten, nach denen die aus dem Exil
Heimkehrenden auf neue Weise zum עם יהוה werden, scheint nicht
vorausgesetzt zu sein, daß Israel vorher – also im Exil – nicht der
עם יהוה gewesen sei.
b. Es handelt sich um Jer 24₇; 30₂₂; 31₁.₃₃; 32₃₈; Ez 11₂₀; 26₂₈;
37₂₃.₂₇; Sach 8₈.[92] An allen diesen Stellen steht die »Bundesformel«.

---

[88] Hos 1₉.
[89] Hos 2₂₅, vgl. 2₁.₃.
[90] Allerdings ist diese Aussagefiguration selbst bei Hosea auf die Kapitel 1–3
eingeschränkt. Nachher findet sich der übliche prophetische Gebrauch von
עם יהוה. Zu den Eheschlußformeln vgl. oben Anm. 79, zu dieser ganzen
Formelwelt auch *NLohfink*, Dt 26,17–19 (vgl. oben Anm. 43) 519.
[91] Jes 51₃.₂₅; 11₁₁.₁₆; 40₁ und öfter. Besonders auffallend ist, daß in Jer 3; Ez 16; 23,
wo das Motiv der untreuen und verstoßenen Ehefrau aus Hos 1–3 aufgenommen wird, der Ausdruck לא־עמי fehlt. Eventuell könnte man Stellen wie Jes
1₁₀ (עם עמרה) und Jer 13₁₀ (העם הזה הרע) als lockere Annäherung an die
Sprache Hoseas anführen. Sach 13₉, wo Hos 2₂₅ nachgeahmt wird, hat nur die
positive, nicht eine vorangehende negative Aussage über עם יהוה. Falls das
Wortpaar באמת ובצדקה in Sach 8₈ eine Anspielung auf Hos 2₂₁ ist (so *FHorst*,
HAT 14, 1954, 243) und deshalb auch die »Bundesformel« hier als Bezugnahme auf Hos 2₂₅ betrachtet werden muß, ist der vorangehende Vers Sach 8₇
um so beachtenswerter, weil in ihm עם יהוה schon für die vorausliegende Zeit
steht.
[92] Vielleicht auch Sach 2₁₅ (falls von Israeliten). In Sach 13₉ wird עם יהוה für eine
noch fernere Zukunft gebraucht. Vgl. zu den meisten dieser Stellen *PBuis*, La

In ⌐302┐ Jer 24₇; 32₃₈; Ez 11₂₀; 36₂₈; 37₂₃.₂₇; Sach 8₈ geht eine Aussage über die Heimkehr aus dem Exil voran. Für Jer 30₂₂; 31₁.₃₃ ist vom Trostbuch Jer 30f her, zu dem diese Texte jetzt gehören, der Zusammenhang mit der Heimkehr der Nordstämme gegeben. Die für den Augenblick der Heimkehr gemachte Hauptaussage ist eine neue Hingabe der Israeliten an Jahwe: Die verwendeten Motive sind Reinigung (Ez 36₂₈; 37₂₃), neues und anderes Herz (Jer 24₇; 32₃₈; Ez 11₂₀; 36₂₈), Gesetz im Herzen (Jer 31₃₃), neuer Geist (Ez 11₂₀; 36₂₈), Bekehrung (Jer 24₇), Jahweerkenntnis (Jer 24₇; 31₃₃), Beobachtung der Gesetze (Ez 11₂₀; 36₂₈; 37₂₇), Sündenvergebung (Jer 31₃₃), Furcht Jahwes (32₃₈).[93] An diese Hauptaussage schließt sich dann die »Bundesformel« an. Dem neuen, im übrigen von Jahwe selbst geschenkten Verhalten Israels entspricht auch wieder neu das von Jahwe gesetzte Verhältnis. Bei der Heimkehr aus dem Exil wird also die Wirklichkeit עם יהוה neu gesetzt:

Doch wäre es wahrscheinlich vorschnell, daraus zu folgern, im Sinne dieser Texte seien die Exilierten nicht mehr der עם יהוה gewesen. Mindestens wird das niemals ausdrücklich gesagt. Ez 36₂₈ ist sogar die Gegenaussage zu der Spottaussage der Völker über die Exilierten in 36₂₀: »Diese sind der עם יהוה, und aus seinem Land haben sie hinausgehen müssen«.[94] Vermutlich muß man alle diese Texte so verstehen, wie es Sach 8₇f ausdrücklich ausspricht: Die Heimführung aus dem Exil ist schon Jahwes Rettungstat an seinem עם, und wenn sie dann heimgekehrt sind, werden sie neu Jahwes עם.

Eine sachgemäße Erklärung dieses Befunds dürfte vom rituellen Ursprung der »Bundesformel« aus möglich sein, der auch oben in anderem Zusammenhang schon angenommen wurde. Durch einen ברית-Ritus, innerhalb dessen die »Bundesformel« gesprochen wurde, wurde Israel im Sinne kultischer Erneuerung, im Sinne eines jeweiligen kultischen »Heute« immer wieder neu zum עם יהוה. Das immer Geltende wurde nur neu in die Gegenwart gestellt. Damit war

---

Nouvelle Alliance, VT 18 (1968) 1–15. Man könnte auch noch Ez 34₃₀ hinzuziehen, wo in einer erweiterten Erkenntnisvoraussage eine Nominalsatzformulierung steht.

[93] Keine derartigen Motive sind verbunden mit Jer 30₂₂; 31₁ – spät zugefügten Zusätzen, die sich aber wohl an die hier behandelten Texte anlehnen – und mit Sach 8₈ – einer Kurzimitation der hier behandelten Texte.

[94] Zur schichtmäßigen Zusammengehörigkeit vgl. *WZimmerli*, Ezechiel, BK XIII/2 (1969) 872–874.

nie ausgeschlossen, daß Israel auch schon vorher עם יהוה war. Ein dazu analoges Neudasein der mit עם יהוה gemeinten Wirklichkeit, ja vielleicht sogar auch einen dem alten analogen ברית-Ritus wollen unsere Texte für den Augenblick der Heimkehr aus dem Exil ankündigen.[95] Die Heimkehr aus [303] dem Exil ist also in diesen Texten mithilfe des Ausdrucks עם יהוה als ein Neuanfang in der Heilsgeschichte gekennzeichnet, doch läßt sich diese neue Epoche der Heilsgeschichte nicht einfach dadurch schon von vorangehenden unterscheiden.

In ähnlicher Weise ist es wohl zu beurteilen, wenn das Eintreten der mit עם יהוה gemeinten Wirklichkeit in Ex 19₃₋₈ am Sinai, in Lev 26₁₂ in der Richterzeit,[96] in Jer 13₁₁ in der Königszeit und in Ez 14₁₁ in der Exilszeit angesetzt wird.

Ja, man wird auch das Deuteronomistische Geschichtswerk ähnlich verstehen müssen, wenn es den Augenblick der Verkündigung des deuteronomischen Gesetzes durch Mose, kurz vor seinem Tod im Lande Moab, als den Zeitpunkt anzunehmen scheint, in dem Israel zum עם יהוה wurde.[97] Nirgends wird gesagt, Israel sei vorher noch nicht עם יהוה gewesen. In der deuteronomistischer Hand zuzuschreibenden Zusammenfassung des Nathanorakels in 1Kön 8₁₆[98] heißt es sogar: מן־היום אשר הוצאתי את־עמי את־ישראל ממצרים. Das spiegelt die Sicht des Jahwisten, nach der Israel schon vor der Herausführung aus Ägypten Jahwes Volk war. In den anschließenden deuteronomistischen Texten von 1Kön 8 ist עם יהוה eine Art Leitmotiv. Der Ausdruck wird aber genau in der Weise verwendet wie auch sonst in der Gebetssprache. So wird man den Eindruck,

---

[95] Vgl. das Wort ברית in Jer 31₃₁₋₃₃ und – in anderer Verwendung – in Jer 32₄₀ und Ez 37₂₆. Zu den beiden unterschiedlichen Verwendungen von ברית im Zusammenhang mit der »Bundesformel« vgl. *NLohfink*, Dt 26,17–19 (vgl. oben Anm. 43) 521f.

[96] Dies unter der Voraussetzung, daß Lev 26₁₂a והתהלכתי בתוככם eine Bezugnahme auf die kultische Kennzeichnung der Richterzeit in 2Sam 7₆f sein soll. In diesem Fall geben – mindestens im Sinne einer bestimmten Redaktionsschicht – Lev 26₃₋₁₃ einen Vorblick auf die Richterzeit, Lev 26₁₄₋₃₉ auf Königszeit und Exil, Lev 26₄₀₋₄₅ auf die Beendigung des Exils. Sollte diese Deutung nicht richtig sein, dann ist Lev 26₁₂ auf die gesamte Zeit zwischen Landnahme und Exil zu beziehen.

[97] Dtn 26₁₇₋₁₉ und 27₉f sind von 4₄₄₋₄₉ her, 29₉₋₁₄ von 28₆₉ her in Moab kurz vor Moses Tod lokalisiert. Die lokalisierenden Angaben sind wohl deuteronomistischer Redaktionsarbeit zuzuschreiben. 1Sam 12₂₂, ein wohl von deuteronomistischer Hand geschaffener Vers, blickt auf ein früheres Ereignis zurück.

[98] Zur Zuteilung vgl. *MNoth*, Könige I, BK IX/1 (1968) 182.

der im Buch Deuteronomium entsteht, anders erklären müssen. Der
»Deuteronomist« wollte offenbar die Jerusalemer Gesetzes- und
ברית-Texte der ausgehenden Königszeit ätiologisch-historisierend
an geeigneter Stelle im Leben Moses unterbringen. Wurden diese
Texte in Jerusalem normalerweise bei der Einführung eines neuen
Königs in sein Amt gebraucht, dann war es sinnvoll, sie innerhalb
des Geschichtswerks im Augenblick des Übergangs der Führung
Israels von Mose auf Josua unterzubringen. Tatsächlich sind die dtn
Kerntexte deuteronomistisch durch die Thematik der Amtsübergabe
umklammert: Dtn 1₃₈; ⎡304⎤ 3₂₃₋₂₈; 31₁₋₈.₁₄f.₂₃; Jos 1₁₋₁₈.⁹⁹ Mit den Jerusalemer ברית-Texten kam auch die »Bundesformel« in die Moabsituation, ohne daß damit gemeint war, vorher sei Israel noch nicht
der עם יהוה gewesen.

c. Eine echte Geschichtsperiodisierung mithilfe von עם יהוה
scheint dagegen in einigen Texten vorzuliegen, nach denen Jahwe
Israel durch die Herausführung aus Ägypten zu seinem עם gemacht
hat. Da wird offenbar mithilfe des Ausdrucks עם יהוה die Zeit seit
dem Auszug aus Ägypten abgehoben von der vorangehenden Zeit.

Während bei J und E Jahwe Israel aus Ägypten herausführt, weil
Israel sein עם ist, nimmt Jahwe Israel nach Ex 6₇ P^g in der
Herausführung aus Ägypten bzw. durch sie zu seinem Volk an.¹⁰⁰

Ähnlich ist es nach einer Spätbearbeitung des Deuteronomistischen Geschichtswerks, zu der Dtn 4₁₋₄₀ und einige Zusätze an
anderen Stellen des Werks gehören.¹⁰¹ Dtn 4₂₀ und 2Sam 7₂₃ sagen,
Jahwe habe Israel aus Ägypten geführt, um es zu seinem Volk zu
machen.¹⁰² Hierhin gehört auch der Sache nach 1Kön 8₅₃, wo nicht
עם, sondern נחלה steht.

Es dürfte eine Historisierung der Überzeugung vorliegen, die sich
offenbar im ursprünglichen Ritual mit der »Bundesformel« verband:
daß diese Formel zum erstenmal beim Auszug aus Ägypten gespro-

---

⁹⁹ Vgl. *NLohfink*, Die deuteronomistische Darstellung des Übergangs der Führung Israels von Moses auf Josue, Schol 37 (1962) 32–44.
¹⁰⁰ Daß Ex 6₇ nicht einen auf die Handlungen von 6₆ folgenden, sondern einen
damit identischen Vorgang meint, ergibt sich aus 7₄. Nach diesem Text wird
Israel nämlich bereits als Jahwes עם (hier mit archaisierend-militärischer
Nuance, vgl. oben) aus Ägypten geführt.
¹⁰¹ Zu Dtn 4₁₋₄₀; 2Sam 7₂₂₋₂₄ und 1Kön 8₅₂₋₅₃.₅₉₋₆₀ sind Untersuchungen von
GBraulik in Arbeit, auf deren Ergebnisse ich hier vorgreife.
¹⁰² Zu dem textkritisch schwierigen Vers 2Sam 7₂₃ vgl. auch die Chronikparallele
1Chr 17₂₁f.

chen worden sei.[103] Im Ritual war das wohl nicht im Sinne einer
Unterscheidung von Epochen der Heilsgeschichte gemeint gewesen.
Die Zeit, in der Israel aus Ägypten zog, war vielmehr »Urzeit« im
Sinne kultischen Denkens, und die Frage nach einem Vorher stellte
sich dann nicht.[104] Bei 305 P^g dagegen gehen in der Geschichtserzählung andere Perioden voran, und die Annahme der Israeliten
als עם יהוה muß als neue, die heilsgeschichtliche Situation ver-
ändernde Setzung verstanden werden. Einmal geschehene Heils-
setzungen Jahwes sind nach dem Verständnis der Priesterschrift
unaufhebbar. Einzelne Menschen und ganze Generationen können
sündigen und werden dann vom Heil ausgeschlossen. Aber nachher
wirkt die alte Setzung weiter. Darin liegt Israels Hoffnung im Exil.[105]
Ähnlich dürfte Dtn 4₁₋₄₀ denken.[106]

---

[103] Der für diese Annahme wichtigste Beleg ist Dtn 4₄₅, das dann in 4₄₆ von dtr
Hand sekundär auf die Moabsituation umgedeutet wurde. Spätere Belege, die
diese Jerusalemer Ansetzung des Urereignisses reflektieren: Ex 6₇; 19₅f; 29₄₅;
Lev 11₄₅; 22₃₃; 25₃₈; 26₁₂.₄₅; Num 15₄₁; Dtn 4₂₀; 7₆; 2Sam 7; 24 (= 1Chr 17₂₂);
Jer 7₂₃; 11₄; 31₃₃; vgl. auch Ps 81₉.₁₂.₁₄. Ausführliche Diskussion der Verbindung zwischen »Bundesformel« und Auszug aus Ägypten bei *NLohfink*, Dt
26,17–19 (vgl. oben Anm. 43) 517f. 542 und 549f.

[104] Schwierigkeiten bereitet allerdings der Rückverweis auf einen Schwur Jahwes
an die Patriarchen, die »Bundesformel« zu realisieren, in Dtn 29₁₂, falls man
hier – wie ich es tun möchte – einen vom Deuteronomistischen Geschichtswerk aufgenommenen Text aus dem Jerusalemer ברית-Ritual vermutet. Sollte
29₁₂b ein Zusatz zu dem ursprünglichen Text sein? Auch sonst zeigen sich in
Dtn 29₁₋₂₀ einige deuteronomistische Überarbeitungsspuren.

[105] Zu diesen Grundansätzen der Theologie von P^g vgl. vor allem: *WZimmerli*,
Sinaibund und Abrahamsbund, ThZ 16 (1960) 268–280; *RKilian*, Die Hoffnung auf Heimkehr in der Priesterschrift, Bibel und Leben 7 (1966) 39–51;
NLohfink, Die Ursünden in der priesterlichen Geschichtserzählung, Die Zeit
Jesu, Festschr. HSchlier (1970) 38–57. H und P^g haben dies wieder rückgängig
gemacht und die Realisierung von Jahwes Zusagen wieder an die Gesetzesbeobachtung gebunden. Für עם יהוה insbesondere geschieht dies im Segens-
text von H (Lev 26₃₋₁₃).

[106] Auch 4₂₉₋₃₁ rechnet mit neuem Erbarmen Jahwes nach dem Exil. Als das
Hauptmotiv Jahwes wird die ברית, die er den Vätern geschworen hat, angegeben. Das ist auch die grundlegende Heilsetzung bei P^g, zu der dann die
Annahme Israels als עם יהוה hinzukommt: vgl. Ex 6₄₋₈. – Das Manuskript
wurde am 1. 6. 1970 abgeschlossen. Spätere Literatur konnte nicht mehr
berücksichtigt werden.

Das Alte Testament und sein Monotheismus

[28] Als Mose die Israeliten aus Ägypten geführt hatte, zogen sie durch die Wüste und kamen zum Gottesberg. Dort erschien ihnen der Gott Jahwe. Er zeigte sich in Feuersglut und Wolkendunkel. Donner dröhnte und Widderhörner schallten. Er rief ihnen die „Zehn Worte" zu. Diese begannen folgendermaßen:

„Ich bin Jahwe, dein Gott,
der dich aus Ägypten, dem Sklavenstaat, geführt hat.
Du sollst an meiner Seite keine anderen Götter verehren.
Du sollst dir kein Bild machen in der Gestalt von irgendetwas,
am Himmel droben, auf der Erde unten, im Wasser unter der Erde.
Du sollst dich nicht vor ihnen niederwerfen
und nicht vor ihnen Dienst tun.
Denn ich, Jahwe, bin El, der Eifersüchtige".
(Ex 20,2ff; Dtn 5,6ff)

Die Sinaitheophanie steht im Zentrum der Tora Israels. Am Sinai hat Jahwe sich sein Volk konstituiert und sich in diesem Volk einen Ort in der Welt geschaffen.

Hier verbietet Jahwe seinem Volk also, neben ihm noch andere Götter zu haben. Er bezeichnet das selbst als Ausdruck seiner Eifersucht. Dieser vulkanische Gott will nicht etwa, daß alle Menschen und alle Völker nur ihn verehren und sich um keine anderen Götter kümmern. Einem Eifersüchtigen geht es nur um einen einzigen Menschen. Nur an diesen will er keinen Rivalen heranlassen. Nicht alle Völker hat Jahwe in die Wüste zu seinem Berg gelockt. Nur diesem einen Volk hat er sich gezeigt. Nur von ihm fordert er, daß kein anderer Gott seine Opfer zu riechen und seine Gebete zu hören bekommt. Die anderen mögen ruhig andere Götter anbeten:

„Wenn du deine Augen zum Himmel hebst
und siehst die Sonne, den Mond und die Sterne, das ganze Himmelsheer,
[29] dann laß dich nicht verführen,
dich vor ihnen niederzuwerfen und ihnen zu dienen.
Denn Jahwe, dein Gott, hat sie

alle den anderen Völkern unter dem ganzen Himmel zugeteilt.
Nur euch hat Jahwe ergriffen
und aus Ägypten, dem Schmelzofen, geführt,
damit ihr zu dem Volke werdet, das sein besonderes Eigentum ist."

So heißt es in einem Kommentar zum Ersten Gebot (Dtn 4,19–20).
Eifersucht sagt Entflammbarkeit und Leidenschaft. Wenige Götter sind so erregbar, hart und leidenschaftlich wie der Jahwe vom
Sinai. Er verlangt sein Recht und kämpft um sein Recht, er scheut
selbst kein Blutvergießen. Ein Prophet, der zum Dienst anderer
Götter auffordert, muß in Israel getötet werden, selbst wenn er
Zeichen und Wunder wirkt. Selbst wenn der beste Freund und die
eigene Frau von anderen Göttern zu reden beginnen, und sei es auch
ganz im geheimen – der Israelit muß sie anzeigen, damit sie getötet
werden. Und wenn eine ganze Stadt von Jahwe abfällt, dann muß
Israel aufschreien und diese Stadt in einem heiligen Krieg dem
Erdboden gleichmachen. So erklären die Gesetze in Dtn 13. Auch
der Gott Assur war hart. Auch noch andere Götter des alten Orients
waren es. Aber sie waren hart gegen andere Völker, nicht gegen das
eigene. Im allgemeinen aber war der Polytheismus des Alten Orients
unendlich aufnahmefähig für immer neue göttliche Gestalten und
insofern eher tolerant. Wenn Jahwes Volk ihm untreu wird, kennt er
keine Toleranz. Seine Eifersucht geht bis zum Mord an der Geliebten.
    In der Gestalt des Propheten Hosea droht er ihn an. Weil Israel,
die ihm angetraute Ehefrau, so lebt, als sei sie nicht mehr seine Frau
und er nicht mehr ihr Ehemann, stellt er ihr ein Ultimatum. Sie soll
den Stirnschmuck lösen, der ihre Zugehörigkeit zu anderen Göttern
kundtut, und von der Brust die Brosche reißen, die sie anlegt, wenn
sie in fremde Tempel geht, um dort Unzucht und Ehebruch zu
treiben. Tut sie das aber nicht, dann will er ihr den Ehebreche-
rinnenprozeß machen. Er wird ihr die Kleider vom Leibe reißen, sie
nackt ⎡ 30 ⎤ an den Pranger stellen und dort verdursten lassen (Hos
2,4–7a).
    Er tut es dann doch nicht. Er läßt sie ins Elend geraten. Und wie
er sie wieder in der Wüste hat, läuft er hinter ihr her. Er wirbt von
neuem um ihr Herz, als sei es zum erstenmal. Bis daß ihr Herz
gerührt ist und sie ihm antwortet. Ein Tor der Hoffnung öffnet sich.
Sie antwortet ihm wie in den Tagen ihrer Jugend, wie damals, als sie
aus Ägypten zog. Sie sagt zu ihm: „Mein Mann"! Niemals mehr sagt
sie zu einem anderen Gott: „Mein Baal!" (Hos 2,16–18)

Es ist eine Liebesgeschichte. Und wenn in ihr der Liebhaber existiert und das Zentralmotiv die Eifersucht ist, dann wäre alles eine Farce, wenn nicht alle Beteiligten damit rechneten, daß auch die Rivalen und Gegenspieler als existent vorausgesetzt werden.

Doch später ist dies alles ganz anders ausgedrückt worden. Nehmen wir einen Schriftsteller wie Flavius Josephus, aus dem Jahrhundert, in dem Jesus von Nazaret gelebt hat und der zweite Tempel zerstört worden ist. Für ihn ist dieses Volk ein Volk der Philosophen, lange vor den Griechen. Und Abraham, der Ahnherr des Volkes, war der erste Monotheist. Denn er hat nach den „Antiquitates Iudaicae" (I 155) „als erster gewagt zu behaupten, *ein* Gott sei der Baumeister des Alls. Wer aber von den übrigen (Wesen) etwas zum Wohlergehen beitrüge, tue das im Auftrage dieses Einen und nicht aus eigener Machtvollkommenheit. Dies entnahm er aus den Vorgängen auf dem Lande und auf dem Meere, an der Sonne und dem Monde und aus den Veränderungen am Himmelsgewölbe. Denn, so sagt er, läge die Kraft in der Schöpfung selbst, so würde sie wohl auch für ihre Erhaltung sorgen. Daß dies aber nicht der Fall ist, liege auf der Hand."

Solch ein Text klingt wie eine billige hellenistische Philosophenvita. Aber die schönen jüdischen und islamischen Legenden vom jugendlichen Abraham, der, als sein Vater auf Reisen war, mit einem Stecken die Götter zu Hause in Stücke hieb und, als dann kein Blitz vom Himmel zuckte, nur noch den Einen verehrte und seinetwegen die Heimat verließ, sagen im Grunde dasselbe. Auch die christliche Tradition hat seit fast zwei Jahrtausenden den Gott des Alten Testaments 31 als den einen Gott des Monotheismus gesehen. Seitdem der Grieche Markion[1] ihn wegen seiner Leidenschaft und seinem gewalttätigen Hang zur Gerechtigkeit für nichtidentisch mit dem liebevollen Vater Jesu Christi erklärt hatte, rettet sie seine Identität, indem sie den Eifersuchtsroman vertuschte und aus ihm mithilfe allegorischer Auslegung doch so etwas wie die Nachricht vom unbewegten Beweger machte, auf jeden Fall vom einen Gott des Monotheismus, neben dem andere Götter zu denken lächerlich wäre.

Dieser Monotheismus scheint ja die gemeinsame Voraussetzung

---

[1] Vgl. A. v. Harnack, Marcion. Das Evangelium vom fremden Gott. Eine Monographie zur Geschichte der Grundlegung der katholischen Kirche (TU 45) Berlin ²1921.

der drei großen Religionen zu sein, deren Gottesverständnis in diesen Tagen miteinander verglichen werden soll. Ihre Theoretiker behaupten das auch schon immer. Irgendwie stimmt das auch. Wir haben alle die schon vorsokratische Dialektik des Vielen und des Einen hinter uns und können uns, wenn es zum Denken kommt, das Göttliche nicht anders als das Eine oder allerhöchstens den Einen denken. Darin kommen wir überein.

Aber ist das denn wirklich alles, worin wir übereinkommen? Wieso konnten denn die griechischen Philosophen an den Einen glauben und dennoch selbstverständlich je nach dem Ort, in den sie kamen, einmal diesem, einmal jenem dort verehrten Gotte ein Opfer spenden? War das nur mangelnder Mut, wie etwa Flavius Josephus insinuiert,[2] oder kann nicht theoretischer Monotheismus als solcher noch genau so offenherzig und tolerant sein wie der klassische Polytheismus, sei es in Indien, Griechenland und vielleicht sogar, von der Häresie von Amarna abgesehen, auch in Ägypten? Kommt bei unseren drei Religionen also nicht noch wesentlich der intolerante Alleinverehrungsanspruch dieses bestimmten Gottes hinzu, der zwar der eine Gott der Philosophen sein mag, aber zugleich an einem bestimmten Ort und an einem bestimmten Zeitpunkt und durch einen bestimmten Menschen sich geoffenbart hat? Und ist diese behauptete Offenbarung des einen Gottes nicht etwas so Eingreifendes, daß sie notwendigerweise eine andere, sich von den Gesellschaften der Welt abhebende neue Gesellschaft dieses Gottes konstituiert, ob sich diese nun, wie im Fall des Judentums, als grundsätzlich partikulär oder, wie im Falle des Islam und des Christentums, als ⎡32⎤ zumindest der Zielrichtung nach universal und die ganze Menschheit in sich hineinziehend versteht?

Gesetzt, dies sei der Fall. Gesetzt, die Gemeinsamkeit unseres Gottesverständnisses sei in diesem Sinne viel breiter, konkreter und determinierter als unsere eigenen Theoretiker zu denken wagen – lassen wir uns dann nicht durch die Fixierung der Diskussion auf das Problem „Monotheismus oder nicht" vielleicht in die Irre führen? Ist nicht vielleicht auch die in unserem Gespräch so kritische Frage der christlichen Rede vom dreifaltigen Gott gar nicht auf der Ebene der Monotheismus-Diskussion zu Hause, sondern erst auf jener Ebene,

---

[2] Vgl. Y. Amir, Die Begegnung des biblischen und des philosophischen Monotheismus als Grundthema des jüdischen Hellenismus: Ev. Th. 38, 1978, S. 2–19.

wo von dem sich offenbarenden und eine neue menschliche Gesellschaft konstituierenden einen Gott die Rede ist? Ich lasse diese Frage hier einfach so stehen. Es ist ja nicht Sache eines Alttestamentlers, sie zu klären. Ich wollte in diesen einleitenden Überlegungen nur zeigen, in welchem Ausmaß von dem wirklichen, nicht durch jahrtausendelang eingeübte Auslegungstraditionen auf die Monotheismusaussage reduzierten Gottesbild des Alten Testaments aus Zweifel daran aufkommen können, ob man das Gespräch zwischen Juden, Muslimen und Christen so sehr um die Monotheismusfrage kreisen lassen soll.

De facto kreist es darum. Wir bräuchten eigentlich nur das Stichwort „Monotheismus" aufzugeben und mit den Worten unserer heiligen Schriften vom einen und einzigen Gott zu reden, dann wäre alles schon besser. Wir müßten es dann nur noch ein wenig offenlassen, was die Rede vom einen und einzigen Gott eigentlich meint.

Im übrigen ist natürlich die rein theoretische Lehre vom Monotheismus richtig. Mag sie im alten Israel auch erst zu einem bestimmten Zeitpunkt in solch theoretischer Gestalt formuliert worden sein – zumindest in der nachexilischen Zeit wurde sie es. Sie ist also da, und es ist sinnvoll und notwendig, nach dem Monotheismus in Israel zu fragen.

Dies möchte ich nun im Hauptteil meiner Ausführungen tun. Ich möchte nicht einfach meine eigene Auffassung vorlegen – das habe ich bei anderen Gelegenheiten schon getan, und diese Äußerungen sind auch veröffentlicht.[3] Vielmehr möchte ich alles in die Form eines Forschungsberichtes ⎡33⎤ kleiden – natürlich mit eingeflochtenen Sachaussagen und Stellungnahmen.

Die allgemeine Religionsgeschichte[4] begann in der zweiten Hälfte des 18. Jahrhunderts praktisch mit einer Meinungsverschiedenheit darüber, ob am Anfang der menschlichen Geschichte der Polytheis-

---

[3] Vgl. N. Lohfink, Gott und die Götter im Alten Testament, in: Theol. Akad. 6, 1969, S. 50–71; ders., Die Aussage des Alten Testaments über „Offenbarung", in: G. Oberhammer (Hg.), Offenbarung, geistige Realität des Menschen, Wien, 1974, S. 135–151; ders., Gott im Buch Deuteronomiums, in: J. Coppens (Hg.), La notion biblique de Dieu, Gembleux 1976, S. 101–126; ders., Gott. Polytheistisches und monotheistisches Sprechen von Gott im Alten Testament, in: Unsere großen Wörter, 1977, S. 127–144.

[4] Hierzu vgl. vor allem: R. Pettazoni, Die Entstehung des Monotheismus, in: Der allwissende Gott, 1960, S. 109–118.

mus gestanden habe oder der Monotheismus. Für Polytheismus am Anfang traten der schottische Philosoph David Hume[5] und der französische Philosoph Jean-Jacques Rousseau[6] ein. Die Gegenthese vertrat zur gleichen Zeit Voltaire[7]. Auguste Comte[8] baute den Ansatz von Hume und Rousseau im folgenden Jahrhundert zur Theorie einer dreistufigen Religionsentwicklung aus: Erst Fetischismus, dann Polytheismus, schließlich Monotheismus. Der englische Anthropologe Edward B. Taylor[9] ersetzte dieses Schema durch ein anderes: Animismus – Polytheismus – Monotheismus.

Dies war zu der Zeit, in der der Evolutionsgedanke allgemein beherrschend wurde, und es lag in der Luft, selbst für die menschheitsgeschichtlich späte Geschichte des Volkes Israel die Frage zu stellen, ob sich in ihr nicht vielleicht noch alle drei Stadien spiegelten. Die Antwort wäre bis zur zweiten Hälfte des vorigen Jahrhunderts noch recht schwierig gewesen, weil die allgemein als die älteste betrachtete Schicht des Pentateuch, heute in der Wissenschaft als die „Priesterschrift" bezeichnet, eindeutig monotheistisch ist. Der eine Gott schafft am Anfang in einem Werk von sieben Tagen den Kosmos und seine Bewohner (Gen 1). Doch gelang es auf der Ebene der Literarkritik einer Gruppe von Forschern, deren hervorragendster Name der von Julius Wellhausen[10] war, genau in den siebziger Jahren des vorigen Jahrhunderts den nachexilischen Ansatz der Priesterschrift plausibel zu machen. Die nunmehr älteste Pentateuchquelle, das „Jahwistische Werk", kann nach der damaligen Auffassung frühestens aus dem 9. Jahrhundert stammen und ist schon mit den Anfängen der prophetischen Bewegung verbunden. Mit dieser verbindet die kritische Schule nun auch die Entstehung des Monotheismus in Israel.

Das entscheidende Schlagwort hat der holländische Gelehrte Abraham Kuenen geprägt: Die Propheten schufen den ⎡34⎤ „ethischen Monotheismus". Sie „haben sich zum Glauben an einen einzigen, heiligen und gerechten Gott emporgeschwungen, der seinen Willen, das heißt das moralisch Gute, in der Welt durchsetzt, und

---

[5] D. Hume, The Natural History of Religion, 1757.
[6] J.-J. Rousseau, Emilie, 1764.
[7] Voltaire, Dictionnaire Philosophique, 1764.
[8] A. Comte, Cours de philosophie positive.
[9] E. B. Taylor, Primitive Culture, 1871.
[10] J. Wellhausen, Die Komposition des Hexateuch und der Historischen Bücher des Alten Testaments, 1899.

sie haben durch Wort und Schrift diesen Glauben zu einem unver-
äußerlichen Besitz unserer Rasse gemacht"[11]. Durch die ältesten
Schriften Israels schimmern nach Meinung dieser Schule die älteren polytheistischen, ja magisch-animistischen Auffassungen noch
durch, wenn auch alle Bücher monotheistisch redigiert sind.

Dabei kann man mit ersten Bewegungen auf das hin, was später
als Monotheismus hervortreten wird, durchaus schon zur Zeit des
Ursprungs Israels rechnen. Eine berühmt gewordene Formulierung
Wellhausens lautet zum Beispiel: „Jahve, der Gott Israels, Israel das
Volk Jahves: das ist der Anfang und das bleibende Prinzip der
folgenden politisch-religiösen Geschichte"[12].

Die Zuordnung dieses Volkes auf einen einzigen Gott, Jahwe,
ist also von Anfang an da. Nur ist das noch kein Monotheismus.
Jahwe war „von Haus aus der Gott Israels und wurde dann sehr
viel später der universale Gott."[13] Praktisch wurde schon damals
oft konstatiert, daß wir voll ausformulierten Monotheismus eigentlich erst auf dem Höhepunkt der prophetischen Bewegung finden,
bei Deuterojesaja im babylonischen Exil, das heißt im 6. Jahrhundert v. Chr.

Um hier sofort eine Reflexion dazwischenzuschalten: Die Charak-
terisierung des Prophetismus als der kreativen Bewegung zum
ethischen Monotheismus hin wird man inzwischen mit sehr vielen
Fragezeichen versehen müssen. Die Leistung der Propheten muß
anders charakterisiert werden. Doch hat diese evolutionistische
Schule zweifellos eine Reihe von Datierungsfragen definitiv gelöst.
So vor allem auch die nach der Zeit des ersten Auftretens von
theoretisch behauptetem Monotheismus.

Man wird nicht hinter das babylonische Exil zurückkönnen, ob
man nun Deuterojesaja oder einem anderen Text aus dieser Zeit die
Priorität zuerkennt. Noch einem Deuterojesaja ist es kaum möglich,
sich vom polytheistischen Sprachspiel zu lösen, wenn er seine neue,
monotheistische Aussage machen will. Er muß zunächst so sprechen,
als existierten viele Götter. ⌐35⌐ Sie werden vor ein Gericht zitiert.
Dort wird ihnen nachgewiesen, daß sie – anders als Jahwe –
nicht über der Geschichte stehen. Sie können nicht, wie er, die

---

[11] A. Kuenen, The Prophets und Prophecy in Israel, 1877, S. 585.
[12] J. Wellhausen, Israelitische und jüdische Geschichte, ⁹1958, S. 23.
[13] ebd. S. 32.
[14] Monographie hierzu, allerdings mit fundamentalistischer Tendenz: C. J. La-
buschagne, The Incomparability of Yahweh in the Old Testament, 1966.

Zukunft richtig voraussagen. Das zeigt, daß sie machtlos, letztlich nichtig sind: es gibt sie gar nicht. In diesem Zusammenhang erklingt dann der hymnische Selbstpreis Jahwes, der die monotheistische Aussage enthält: Ich bin der Erste und der Letzte, und außer mir ist kein Gott. Wer ist wie ich? Er trete hervor ... Ihr seid meine Zeugen! Ist ein Gott außer mir? Ist ein Fels? Ich weiß keinen" (Jes 44,6–8). Auch die hier benutzte Redeform des hymnischen Selbstpreises der Gottheit, bei der ihre Einzigartigkeit gegenüber anderen Göttern proklamiert wird, stammt noch aus polytheistischem Zusammenhang. Doch hier bei Deuterojesaja ist mehr als Jahwes Unvergleichlichkeit gemeint, hier wird die Existenz der anderen Götter negiert. In der zweiten Hälfte der Schrift von Deuterojesaja sind keine Götter mehr da. Jahwe allein dominiert die Geschichte. Den anderen Völkern, die nun ohne Götter sind, wird die Möglichkeit eröffnet, in Jerusalem beim Volk Jahwes Heil zu finden (Jes 51)[15].

Seit Deuterojesaja setzt der literarische Spott auf die Götzenbilder und ihre Verfertiger ein. Er wird auch in ältere Bücher nachträglich eingefügt[16].

Aber um einer auch uns wirklich monotheistisch anmutenden Sprache zu begegnen, müssen wir in den biblischen Büchern wohl bis zu der aus dem 1. Jahrhundert v.Chr. stammenden Weisheit Salomos weiterblättern, die nun endlich griechische Philosophie mit biblischem Denken vereint.

Der voll ausformulierte Monotheismus ist also in Israel fast so spät wie die Lehre von einer Auferstehung der Toten, ganz am äußersten Rand gerade noch faßbar. Doch stand auch in der kritischen Schule des ausgehenden 19. Jahrhunderts fest, daß man das, was davor war, nicht schlechthin als den üblichen Polytheismus betrachten kann. Denn es gab offenbar von Anfang an die alleinige und Exklusivität beanspruchende Zuordnung der Größen „Israel" und „Jahwe". Dies machte es möglich, daß nun in der Theoriebildung doch bald wieder ganz überraschende Wendungen auftraten.

Gegen Ende des vorigen Jahrhunderts wurde bei den Ureinwohnern ⟨36⟩ Australiens die Verehrung eines „Höchsten Wesens" entdeckt. Dies warf alle bisher herrschenden evolutionistischen

---

[15] Die letzte gründliche Untersuchung der Monotheismus-Texte bei Deuterojesaja machte H. Wildberger, Der Monotheismus Deuterojesajas, in: Beiträge zur Alttestamentlichen Theologie = FS W. Zimmerli, 1977, S. 506–530.
[16] Dazu vgl. H.D. Preuss, Verspottung fremder Religionen im Alten Testament, 1971.

Schemata über den Haufen und brachte neue Sichten auf, bis hin zu der Theorie eines „Urmonotheismus"[17]. Man begann vor allem auch darüber nachzudenken, ob der konkrete Polytheismus, wie er uns bei den Völkern des Altertums begegnet, nicht eine höchst komplizierte Angelegenheit gewesen sei und auf eine andere, ihm spezifische Weise durchaus auch um die Einheit des Göttlichen gewußt habe. Auch kam die Frage auf, ob man nicht innerhalb polytheistischer Sprach- und Kultsysteme faktisch monotheistisch empfinden und leben konnte. Im Zusammenhang mit solchen allgemeinen religionswissenschaftlichen Fragestellungen sind aus der alttestamentlichen Wissenschaft vor allem zwei Denkansätze zu berichten: einmal die Theorie vom sich durchhaltenden Monotheismus der Nomaden, zum andern die Theorie vom panbabylonischen Monotheismus.

Die Meinung, Monotheismus sei die spezifische Religion der Wüste, ist schon im vorigen Jahrhundert durch Ernest Renan[18] entwickelt worden. Der Monotonie der Landschaft entspreche die Abstraktheit der Gottesidee. Diese Auffassung ist später vor allem durch Sigmund Freuds Schrift „Der Mann Moses und die monotheistische Religion" populär geworden[19], und noch Friedrich Dürenmatt[20] hat vor einigen Jahren bei einem Flug über die Sinaiwüste die Entstehung des Monotheismus gewissermaßen nacherlebt.

Die Theorie ist wissenschaftlich unhaltbar, seitdem wir wissen, daß es echtes Wüstennomadentum im mittleren zweiten Jahrtausend noch gar nicht gegeben hat, weil das Kamel noch nicht domestiziert war, und daß die am Rande des Kulturlandes lebenden Viehhirten gesellschaftlich durchaus an die ackerbautreibende, ja an die Stadtbevölkerung gebunden waren, und das ebenfalls religiös. Es gab damals keine spezifische Nomadenreligion, geschweige denn einen aus dem Erlebnis der Wüste stammenden Monotheismus.

Doch besitzt die Theorie eine unglaubliche Zähigkeit, und auch heute noch glauben viele Alttestamentler zumindest die frühe Alleinverehrung Jahwes in Israel dadurch intelligibel [37] machen zu können, daß sie von einem Sichdurchhalten nomadischer Glaubensformen sprechen.

[17] S. Wilhelm Schmidt, Handbuch der vergleichenden Religionsgeschichte, 1930.
[18] E. Renan, Oeuvres complètes (hrsg. von L. Psichari), Bd. 8, 1958.
[19] hierzu vgl. B. Stemberger, „Der Mann Moses" in Freuds Gesamtwerk: Kairos 16, 1974, S. 161–251.
[20] F. Dürenmatt, Zusammenhänge. Essays über Israel, 1976, S. 186f.

Weniger Dauer war den Theorien des Panbabylonismus beschieden, obwohl sie im Endeffekt vielleicht tiefere Intuitionen enthielten. Der Panbabylonismus stellt einen ersten, forschungsgeschichtlich wohl viel zu früh unternommenen Versuch dar, die gesamte altorientalische Welt, Israel und seine Bibel bewußt eingeschlossen, in all ihren verschiedenen Lebensäußerungen als eine Einheit zu erfassen. Dabei gelangen ihm zweifellos ganz neue Einsichten in das, was man gemeinhin als Polytheismus bezeichnete.

Indem man für den Begriff Monotheismus „eine gewisse Elastizität in Anspruch nahm"[21], konnte man die These aufstellen, es habe einen allgemeinen altorientalischen Monotheismus gegeben. Er schließt allerdings „den Polytheismus nicht aus, sondern vielmehr als seine Voraussetzung ein."[22] Sowohl in Mesopotamien als auch in Ägypten äußere er sich in einem Phänomen, das schon F. W. J. Schelling beschrieben und Max Müller mit dem Terminus „Henotheismus" belegt hatte: Im Augenblick, in dem ein Beter einen bestimmten polytheistischen Gott verehrt, „wird alles, was von einem göttlichen Wesen gesagt werden kann", diesem einen Namen „beigelegt".[23] So zeigt der Henotheismus, daß man letztlich genau um die Einheit des Göttlichen weiß, auch wenn man es einmal in dieser, einmal in jener Gestalt anruft.

Gleiches tritt zutage, wenn die kultische Praxis eines Individuums, einer Familie oder gar einer größeren menschlichen Gruppe sich im Grunde an einen einzigen Gott hält. Dieses Phänomen bezeichnet man seit dem vorigen Jahrhundert als Monolatrie.

Schließlich entwarfen die Priester und Gelehrten der Tempel oft systematische Götterhierarchien oder identifizierten die verschiedenen Gottheiten so miteinander, daß man dahinter das Wissen um die Einheit des Göttlichen vermuten kann.

All dies trat in Mesopotamien in anderer Form auf als in Ägypten, und für den syrischen Raum mußte man es mehr oder weniger erschließen. Dennoch sichtete man einen monotheistischen Grundstrom, der zum Wesen des Polytheismus ⟨38⟩ selbst gehörte. Die Folgerungen für das alte Israel hat 1906 B. Baentsch in seinem Buch „Altorientalischer und iraelitischer Monotheismus" gezogen. Israel kommt von diesem allgemeinen Monotheismus, der der Verehrung

---

[21] S. B. Baentsch, Altorientalischer und israelitischer Monotheismus, 1906, S. VII.
[22] Ebd. S. 44.
[23] M. Müller, Vorlesungen über den Ursprung und die Entwicklung der Religion mit besonderer Rücksicht auf die Religion des Alten Indiens, ²1881, S. 312.

verschiedener Götter gegenüber durchaus tolerant ist, her, trägt aber in sich ein so „mächtiges, lebendiges, kräftiges, religiöses Prinzip", daß es daraus einen neuen, exklusiven Typ des Monotheismus entwickelt. Die Vertreter dieses Monotheismus mußten am Ende „dem Polytheismus den Krieg erklären."[24] Der Panbabylonismus kam zu früh und hatte wohl auch zu große antibiblische Affekte. In den zwanziger Jahren brach er zusammen. Sein Todesgesang ist Benno Landsbergers Aufsatz über „Die Eigenbegrifflichkeit der babylonischen Welt."[25] Er fegte für Babylon auch den Begriff des Monotheismus hinweg. Was er erlaubte, war etwas, das er als „Monotheiotismus" bezeichnete[26]: ein hintergründiges Wissen darum, daß es letztlich nur ein einziges Göttliches gebe.

Im Bereich der Ägyptologie hat sich auch später die Rede vom geheimen Monotheismus inmitten des krassen Polytheismus noch weiter geregt, und erst das Buch von Erik Hornung „Der Eine und die Vielen" (1971) bezeichnet hier wohl einen Endpunkt, hinter dem es dann möglich wurde, bestimmte Einzelerscheinungen innerhalb der ägyptischen Religionsgeschichte in einem gegen den Polytheismus abhebbaren Sinn als wirklichen Monotheismus innerägyptischer Provenienz zu beschreiben.[27]

Im Rahmen der alttestamentlichen Wissenschaft fiel das Ende des Panbabylonismus mit einem inneren Interessenumschwung zusammen. Die dialektische Theologie mit ihrer harten Unterscheidung von „Religion" und „Glaube" warf ihre Schatten, und bald galt es, das eigentlich biblische Erbe von völkisch-naturalen Religionstendenzen abzuheben. So war es nicht schwer, sich auch auf die alttestamentliche „Eigenbegrifflichkeit" zu konzentrieren, und zumindest in jener deutschen exegetischen Strömung, für die Namen wie Albrecht Alt, Martin Noth, Gerhard von Rad repräsentativ sind, war der Monotheismus kein großes Diskussionsthema.

Die harte Ausschließlichkeitsforderung für die Jahweverehrung genügte. Sie war die Form, in der in Israel von Anfang an ⟦ 39 ⟧ der Monotheismus auftrat, theoretische Formulierung desselben wurde nicht als dem Genie Israels entsprechend empfunden.

---

[24] Baentsch, ebd. S. 45.
[25] B. Landsberger, Die Eigenbegrifflichkeit der babylonischen Welt, in: Islamica 2, 1926, S. 355–372.
[26] Ebd. S. 369.
[27] Vgl. vor allem J. Assmann, Re und Amun. Die Krise des polytheistischen Weltbildes im Ägypten der 18.–20. Dynastie (OBO 51), 1983.

Die Jahwe-Ausschließlichkeit galt auch als Typicum Israels von Anbeginn an. Denn das Israel des Anfangs war eine kultische Amphiktyonie, und sein Kult war wesentlich Bundeskult, das heißt Begegnung des ausschließlichen Zuordnungsverhältnisses von Jahwe und Israel.

Für die Zeit vor der Konstitution der Amphiktyonie reflektiert man vor allem über die Gottesverehrung der Partriarchen. Hier setzte sich die Vätergöttertheorie von Albrecht Alt[28] durch. Sie ist eine Sonderform der alten Theorie vom Monotheismus der Nomaden: Diese Kleinviehhirten verehrten namenlose Familiengötter, die sie später mit den „Elim" der Kulturlandheiligtümer und noch später mit Jahwe identifizierten. Jahwe blieb auch dann, als in der staatlichen Epoche stärkerer Kontakt mit der kanaanäischen Kultur entstand, der eine Gott Israels, indem er manche Götter assimilierte, so vor allem den Götterkönig El Eljon von Jerusalem, andere aber leidenschaftlich abstieß, so alle unter dem Namen Baal auftretenden Fruchtbarkeitsgottheiten.

Ich halte die Selbstverständlichkeit, mit der in dieser Schule zunächst einmal die untheoretische Weise Israels, sein Gottesverhältnis auszudrücken, einfach zur Kenntnis genommen und in ihrer Geschichte verfolgt wurde, für einen ausgesprochenen Gewinn. Hier ist das Ohr voll Geduld im genauen Zuhören geübt worden, hier liegt ein Versuch des Verstehens vor, der sich so lange wie möglich sträubt, mit von woanders her kommenden Begrifflichkeiten dreinzureden. Deshalb haben die Arbeiten dieser Epoche auch bleibenden Wert.[29] Es wird sich immer lohnen, die Theologie des Alten Testaments von Gerhard von Rad zu lesen.[30]

Allerdings hat Gerhard von Rad seiner Theologie dann ja nach einigen Jahren ein Buch über die Weisheit Israels nachfolgen lassen, weil er fühlte, daß er diesem Teil des Alten Testament bei der Engführung, aus der er kam, nicht gerecht geworden war.[31] Vielleicht hätte er, wenn er noch länger gelebt hätte, auch die Religionsgeschichte Israels, die er an den Anfang seiner „Theologie" gestellt

---

[28] A. Alt, Der Gott der Väter (BWAT 3.F., 12), 1929.

[29] Die Monographie zum Monotheismus aus dieser Periode, die zwar nicht in allem als repräsentativ betrachtet werden kann, aber auf jeden Fall innerisraelitisch-traditionsgeschichtlich arbeitet, ist: B. Balscheit, Alter und Aufkommen des Monotheismus in der israelitischen Religion (BZAW 69), 1938.

[30] G. v. Rad, Theologie des Alten Testaments (2 Bände), 1957/60.

[31] G. v. Rad, Weisheit in Israel, 1970.

hatte, noch einmal neu geschrieben. ⟨40⟩ Denn in den letzten Jahren haben sich offensichtlich die Interessen von neuem verschoben, und die alten religionsgeschichtlichen Fragestellungen drängen wieder mit Gewalt in den Vordergrund. Daran ist zunächst einmal eine Fülle von neuem Quellenmaterial schuld, das uns zugeströmt ist. Ugarit, Mari, Alalach, Ebla, sehr viele Inschriften, Papyri, Rollen vom Toten Meer – all dies war der religionsgeschichtlichen Schule zu Beginn des Jahrhunderts noch unbekannt. Zahllose Ausgrabungen sind auch religionsgeschichtlich bedeutsam geworden. Außerdem aber haben sich die Zentren der wissenschaftlichen Arbeiten verlagert und vermehrt. Zur protestantischen Gelehrsamkeit ist die katholische und die jüdische gekommen, zur mitteleuropäischen vor allem die nordamerikanische. Und mit den neuen fragenden Gruppen kommen auch neue Fragestellungen, oder die alten von ehedem kehren zurück. Und so ist auch auf einmal wieder die Frage nach Polytheismus und Monotheismus im alten Israel wieder da.

Schon seit einiger Zeit sind amerikanische Gelehrte, vor allem aus der um Harvard konzentrierten Schule von Frank Moore Cross, systematisch daran, die biblischen Gottesaussagen auf ihren inzwischen erhebbaren kanaanäischen Hintergrund hin abzuhören.

Im deutschen Sprachbereich haben vor allem zwei Sammelveröffentlichungen das Monotheismusthema hochgebracht. 1980 gab Othmar Keel einen Band heraus: „Monotheismus im Alten Israel und seiner Umwelt".[32] Er enthält neben einer langen Einleitung des Herausgebers Beiträge von Giovanni Pettinato (Ebla), Benedikt Hartmann (Mesopotamien), Erik Hornung (Ägypten), Hans-Peter Müller (Anfänge Israels) und Fritz Stolz (Israel). Fast gleichzeitig, 1981, brachte Bernhard Lang einen Band heraus, den er betitelte: „Der einzige Gott. Die Geburt des biblischen Monotheismus". Hier findet sich zunächst ein Kapitel aus dem Buch des amerikanischen Gelehrten Morton Smith „Palestinian Parties and Politics that Shaped the old Testament" (1971), dann folgen teilweise parallele Beiträge von Bernhard Lang selbst und von Hermann Vorländer – immer zu den Anfängen des Monotheismus in Israel. Bernhard Lang hat außerdem in der Tübinger Theologischen ⟨41⟩ Quartalschrift

---

[32] O. Keel (Hg.), Monotheismus im Alten Israel und seiner Umwelt (Biblische Beiträge 14), 1980.

zweimal, 1980 und 1983, einen Literaturbericht über Literatur zum Monotheismus in Israel veröffentlicht.[33]

Die Meinungen der verschiedenen Autoren, dazu auch einiger anderer, auf die in den beiden Büchern schon Bezug genommen wird, etwa Martin Rose,[34] lassen sich natürlich nicht über einen Leisten scheren. Trotzdem zeichnet sich, vor allem aus dem von Bernhard Lang herausgegebenen Sammelband, so etwas wie eine neue Konzeption der Geschichte des Monotheismus in Israel ab, die in dieser Form bisher wohl noch nicht vertreten worden ist.

Für sie ist zunächst einmal typisch, daß kein allzu großer Wert auf die Unterscheidung von exklusiver Jahweverehrung und theoretischem Monotheismus gelegt wird. Der Monotheismus erscheint als die letzte Phase in der Geschichte einer Bewegung (Morton Smith spricht gar von einer Partei), die den Namen Jahwe-allein-Bewegung erhält.

Diese Bewegung ist gar nicht so alt. Ihre ersten Spuren lassen sich im 9. Jahrhundert v. Chr. feststellen, im Kampf gegen den Kult des syrischen Baal. Ihr ältestes und gewissermaßen grundlegendes Dokument ist das Hoseabuch aus dem 8. Jahrhundert. Die deuteronomische Bewegung im 7. Jahrhundert führte sie erstmalig zu einem gewissen öffentlichen Erfolg, und in der Krise des Exils im 6. Jahrhundert eroberte sie das Bewußtsein derer, die nach Babylonien deportiert waren. Das bedeutete auf die Dauer ihren Sieg. Für Vorländer ist alles sogar noch stärker um das Exil selbst herum gelagert.

Das Ziel der Gruppen, die diese Bewegung trugen, war es, daß nur noch der Gott Jahwe verehrt wurde. Das heißt aber, daß das Israel bis in die beginnende Königszeit friedlich polytheistisch war und daß es bis ans Ende der Königszeit polytheistisch blieb, wenn auch minoritäre Gruppen, eben die Jahwe-allein-Bewegung, alles daran setzte, diesen Zustand zu ändern. Selbstverständlich wurde Jahwe verehrt, aber nur als der „Nationalgott", dazu in der davidischen Dynastie (und vielleicht auch noch in anderen einzelnen Familien) als der „Familiengott". Für andere Anliegen als die nationalen oder die der Königsfamilie waren, wie das innerhalb des Polytheismus

---

[33] B. Lang, Vor einer Wende im Verständnis des iraelitischen Gottesglaubens?, in: Tübinger Theologische Quartalschrift 160, 1980, S. 53–60; ders., Neues über die Geschichte des Monotheismus, in: Tübinger Theologische Quartalschrift 163, 1983, S. 54–58.

[34] M. Rose, Der Ausschließlichkeitsanspruch Jahwes. Deuteronomistische Schultheologie und Volksfrömmigkeit in der späten Königszeit (BWANT 106), 1975; ders., Jahwe. Zum Streit um den alttestamentlichen Gottesnamen (Theologische Studien 122), 1978.

üblich ⎡42⎤ ist, andere Gottheiten zuständig, etwa die Gottheiten, die die Fruchtbarkeit sicherten, und die verschiedenen Familien hatten auch verschiedene Familiengötter. Diese typisch polytheistischen Verhältnisse betrachtete der normale Bürger nicht als Abfall von Jahwe. Erst eine nach dem Sieg der Jahwe-allein-Bewegung geschaffene neue Sicht der Vergangenheit hat die Dinge so beurteilt.

Die Motive der Jahwe-allein-Bewegung waren wohl kaum die ehrenhaftesten: Es ging vor allem um Macht, Einfluß und Einkünfte der eigenen Gruppe. Soziale Programme wurden aufgenommen, um auch die unteren Bevölkerungsschichten für die Bewegung zu gewinnen. Wichtige Agitatoren der Bewegung waren die Propheten.

Auf diese Thesen ist, von Buchbesprechungen abgesehen,[35] noch keine breitere wissenschaftliche Reaktion erfolgt. Ich bin überzeugt, daß sie kommen wird. Denn ich glaube nicht, daß diese neue Sicht der Geschichte der Jahweverehrung in Israel sich durchhalten läßt. Ich sage dies unter völliger Absehung von den oft sehr eigentümlichen Wertungskategorien und dem manchmal fast frivolen Vokabular, die vor allem Morton Smiths Beitrag auszeichnen. Ich möchte meine Stellungnahme in einigen Punkten zusammenfassen.

1. Es ist richtig, daß theoretischer Monotheismus erst im babylonischen Exil auftritt. Ich habe das ja schon ausgeführt.

2. Es ist auch an der Zeit, daß für die Königszeit die eigentlich religionsgeschichtliche Frage gestellt wird. Sie muß für die gesamte Bevölkerung der Staaten Juda und Israel gestellt werden, also unter territorialem Gesichtspunkt. Diese Bevölkerung ist allerdings nicht einfach mit den Nachkommen der vorstaatlichen israelitischen Sippe identisch. Wir müssen dabei nicht nur Verehrung verschiedener Götter konstatieren, sondern auch eine typische polytheistische Einstellung dazu – mit Ausnahme jener Gruppen natürlich, die den Alleinverehrungsanspruch Jahwes vertraten.

3. Mit den Titeln „Nationalgott" und „persönlicher Gott der Davidsdynastie" scheinen mir die Funktionen Jahwes nicht voll erfaßt zu sein. Für die eigentlich israelitischen Bevölkerungsanteile war Jahwe von vorstaatlicher Zeit her vor allem einmal der „Gott Israels", ferner war er, zumindest dem Anspruch ⎡43⎤ nach, wohl auch der Familiengott aller israelitischen Familien.

---

[35] Vgl. meine Besprechung der beiden Sammelbände in Theol. Phil. 57, 1982, S. 574–577.

4. Ich halte es für falsch, daß der Alleinverehrungsanspruch
Jahwes bis in deuteronomische Zeit nichts mit der Forderung nach
einer gerechten und egalitären Gesellschaft zu tun gehabt habe.
5. Für höchst gefährlich halte ich es, daß in diesen Entwürfen die
Frühzeit Israels kaum noch vorkommt. Das wird damit entschul-
digt, daß wir über diese Zeit so wenig wüßten. Das wiederum hängt,
für den Nichtfachmann unter den Lesern der Bücher kaum noch
erkennbar, an Umdatierungen, die in der deutschen Bibelwissenschaft in den letzten Jahren immer mehr vorgenommen werden. Es
gibt so etwas wie eine Mode der Spätdatierung. Vorländer und Rose
gehören zu ihren Vorkämpfern, für sie ist der gesamte Pentateuch in
allen seinen Schichten erst exilisch und nachexilisch.[36] Dann kann
man daraus natürlich keinerlei Auskünfte mehr über die vorstaatliche Zeit Israels gewinnen.

Ich halte die Methoden, die zu diesen Spätdatierungen führen,
teilweise für nicht vertretbar.[37] Ich bin überzeugt, daß wir über
genügend historisch brauchbare Quellen verfügen, um auch über die
Frühzeit Israels eine Reihe von Aussagen machen zu können. Dazu
gehört auch, daß im vorstaatlichen Israel die Alleinverehrung Jahwes gefordert war, und zwar in enger Verbindung mit den Forderungen der Abgrenzung von anderen Bevölkerungsgruppen mit anderen
Gesellschaftsformen. Ich verweise auf den als alt nachweisbaren
Kernbestand des sogenannten „jahwistischen Dekalogs" in Ex 34.[38]
6. Eine viel plausiblere Erklärung für den in der staatlichen Zeit
vor allem durch die Propheten immer wieder vorangetragenen
Kampf um die Alleinverehrung Jahwes, als es Machtansprüche und
Gewinngier kleiner Gruppen sein können, ist die Annahme, daß sich
hier die durch die Bildung des Territorialstaats an den Rand und in
den Untergrund gedrängte gesellschaftliche und religiöse Tradition
aus der vorstaatlichen Zeit immer wieder zäh zu Wort meldet und
durchzusetzen versucht.
7. Auch viele Einzelthesen halte ich für fantasiegesteuert und

---

[36] M. Rose, Deuteronomist und Jahwist (AThANT 67), Zürich 1981; H.
Vorländer, Die Entstehungszeit des jehovistischen Geschichtswerkes (EHS.T
109), 1978.

[37] Vgl. meine Besprechung des Buches von M. Rose in Theol. Phil. 57, 1982,
S. 276–280.

[38] Näheres bei J. Halbe, Das Privilegrecht Jahwes Ex 34,10–26. Gestalt und
Wesen, Herkunft und Wirken in vordeuteronomistischer Zeit (FRLANT 114),
1975 – eine Monographie, die im Sammelband von B. Lang nicht zitiert wird.

widerlegbar. So etwa, daß noch in der Königszeit Jahwe und [44] El als verschiedene Götter verehrt worden wären und Jahwe deshalb noch nicht als der höchste Gott; oder, daß es im Alten Orient so etwas wie eine „temporäre Monolatrie in Krisenzeiten" gegeben und daß sich die Jahwe-allein-Verehrung durch die Perpetuierung einer solchen temporären Maßnahme entwickelt habe.

Das mag als Stellungnahme zu den neuesten Konzeptionen der Geschichte des Monotheismus im alten Israel genügen. Die Diskussion wird mit Sicherheit weitergehen. Die bisherige Forschungsgeschichte hat gezeigt, daß es keine einlinige Richtung der Forschung gibt, sondern daß Thesen und Gegenthesen dialektisch ineinanderspielen. Deshalb bin ich auch überzeugt, daß bald wieder von einem höheren Alter der exklusiven Jahweverehrung in Israel die Rede sein wird und daß man nicht dabei bleiben wird, die Bindung Israels an Jahwe von dem Willen Jahwes, Israel solle eine gerechte Gesellschaft darstellen, loszulösen.

Ich selbst sehe die Dinge so, daß am Anfang der Größe Israel ein antikanaanäisch orientierter Wille zu einer akephalen Gesellschaft freier und gleicher Bauern stand. Er war recht früh mit der Verpflichtung auf die Verehrung des Gottes Jahwe verbunden, der damals schon mit El identifiziert wurde. Es gab also auf der Ebene der Stämmegesellschaft „Israel" eine Jahwemonolatrie. Vermutlich galt dasselbe auf der Ebene der Familienfrömmigkeit. Diese Jahwemonolatrie war exklusiv. Jahwe war auch nicht ein Teilelement in Göttergeschichten oder Götterkonstellationen. Die anderen Götter standen ihm als sein Hofstaat gegenüber, und zwar als Gruppe, nicht mehr als Individuen mit Namen und je einer Geschichte. Seine wirklichen Partner oder Gegenspieler waren nicht Götter, sondern Menschen, Völker. Dies alles zusammengenommen ist noch lange kein Monotheismus im strengen Sinn. Doch ist es zugleich ein Gottesverständnis, das den typischen Polytheismus schon verlassen hat. Denn in ihm ist jeder Gott nur ein Element in einer göttlichen Konstellation.

Das Jahweverständnis der Frühzeit ist bei der Bildung einer staatlichen, auch Nichtisraeliten umfassenden Gesellschaft in eine Geschichte der Bedrängnis hineingeraten. Von ihr allein [45] eigentlich, und da dann unter oft recht begrenzten Gesichtspunkten, handeln die neueren Theorien, von denen ich berichtet habe.

Im übrigen möchte ich, gerade im Hinblick auf den eher systematischen Gesprächszusammenhang, in dem dieses Referat steht, betonen, daß das für den Glauben der Juden und Christen verbindliche Dokument die definitive Bibel ist, so wie sie nach der Rückkehr aus dem babylonischen Exil geschaffen wurde. Die vorangehende Geschichte Israels und die Vorgeschichte des definitiven Bibeltextes müssen genau erforscht werden, weil dies dem vollen Verständnis des Textes dient. Doch der Text, auf den es als auf das Wort Gottes ankommt, ist der, welcher jetzt vorliegt.

Dieser Text ist monotheistisch. Doch er ist mehr als monotheistisch. Er spricht, wie ich am Anfang dieses Referates zu zeigen versuchte, von dem einen Gott Israels, der sich diesem Volk geoffenbart hat und nun auf dieses Volk eifersüchtig ist. Als solcher Gott hat er eine Geschichte, die mit der Geschichte dieses Volkes zusammenspielt. Es ist die unglaublich menschliche Geschichte einer Ehe, in der der liebende Gott verraten und verlassen wird. Es treibt ihn bis dahin, daß er die Geliebte töten will. Doch dann tut er das Gegenteil und gewinnt sie zurück.

Diese Geschichte ist im Buche Hosea, von dem wir am Anfang ausgegangen waren, zugleich die persönliche Geschichte eines Mannes und seiner Frau, Hoseas und Gomers. Es ist oft kaum möglich, die Ebenen der Aussage auseinanderzuhalten. Und es wäre vielleicht auch gegen die Sache, das zu tun. Die Ehegeschichte Hoseas ist ein Stück der Ehegeschichte Gottes. Die Ehegeschichte Gottes mit diesem Volk Israel vollzieht sich exemplarisch und offenbarend im Schicksal dieser beiden Menschen. Offenbarung ist hier alles andere als distanzierter Wortempfang eines Propheten und dessen spätere Weitergabe oder Aufzeichnung in einem Buch. Offenbarung ist hier Ingangsetzung und Amlaufenhalten eines menschlichen Schicksals, das ein Stück des Schicksals Gottes mit seinem Volk ist.

Das alles durchaus so, daß nichts von Gottes Transzendenz
46 und Freiheit in Frage gestellt wird. Gerade weil er der ganz andere und der schlechthin Freie ist, kann er sich so in die Freiheit von Geschöpfen hineingeben und in deren Geschichte offenbar werden. Hier gibt es eine Struktur, die uns vor allem Ulrich Mauser in seinem Buch „Gottesbild und Menschwerdung" dargelegt hat (1971). Es ist eine Struktur, die dann in der Offenbarung an und durch Jesus von Nazaret abermals und noch deutlicher erscheint. Der zornige Gott kommt ans Ende seines Zorns, indem der, der ihn als sein Bild im eigenen Leben abbildet, von uns umgebracht wird.

Ich halte es für völlig überflüssig, im Alten Testament nach Dreiheiten zu suchen, um in ihnen erste Spuren des Wissens um die Trinität zu finden. Die Offenbarung der Trinität ist im Alten Testament längst im Gange, aber gerade in der Struktur der Offenbarung selbst, in der Gottes Geschichte sich mit der Geschichte seiner Boten vermischt und hinzielt auf seine gemeinsame Geschichte mit dem von ihm geliebten Volk.

Der Begriff des Gottesreichs
vom Alten Testament her gesehen

1. „Jesus verkündete das Gottesreich, es kam die Kirche" – die Frage im Hintergrund

[33] Wir fragen auf dieser Tagung, ob und, wenn ja, wie sich im Alten Testament das anbahne, was später im Neuen Testament „Kirche" heißt. In diesem Zusammenhang soll ich den Begriff der *basileia tou theou,* also den Zentralbegriff der Verkündigung Jesu, vom Alten Testament her beleuchten. Das entbehrt, so scheint mir, nicht einer gewissen pikanten Note.

Es gibt das bekannte Wort von Alfred Loisy: „Jésus annonçait le royaume, et c'est l'église qui est venue."[1] Loisy hat das im Jahre 1902 gegen Adolf von Harnack und dessen liberal-religiösen Individualismus formuliert. Es ging ihm gerade um die Kontinuität zwischen Reich Gottes und Kirche. Heute hat dieses Wort für viele Theologen zweifellos eine geheime Leitfunktion – aber mit umgekehrter Stoßrichtung. Wir glauben doch eher, eine möglichst große Diastase herstellen zu müssen zwischen der Kirche, die entstand, und dem, was zuvor einmal Jesus als *basileia tou theou* angekündigt hatte.

[34] Wird das Alte Testament, auf Gottes Königtum befragt, diesem dunklen Bedürfnis, vielleicht sogar vor allem unter Katholiken, dienlich sein?

---

[1] *A. Loisy,* L'Évangile et l'Église (Paris 1902), 111. – Zu der im folgenden gegebenen Deutung des geflügelten Wortes von Loisy vgl. *G. Heinz,* Das Problem der Kirchenentstehung in der deutschen protestantischen Theologie des 20. Jahrhunderts (TTS 4; Mainz 1974) 122–139 (Exkurs: „Alfred Loisy: Kirche durch organische Entfaltung der im Evangelium Jesu angelegten Strukturen"). *Heinz* zitiert nach der 2. Auflage. – Für den Hinweis auf das Buch von *Heinz* danke ich meinem Bruder Gerhard, der das ganze Manuskript prüfend durchgesehen hat. Ferner möchte ich mich vor allem bei E. Zenger bedanken, der mich durch eine Einladung zu einer Gastvorlesung in Münster zur Herstellung der ersten Fassung angeregt hat, und bei G. Braulik, mit dem ich die Probleme des Beitrags in verschiedenen Phasen der Entstehung immer wieder diskutieren konnte.

Beim Studium der neutestamentlichen Literatur zum Thema fiel mir auf, wie häufig dort die (zutreffende) Tatsache herausgestellt wird, daß die Abstraktbildung *malkût* nur selten und spät mit Gott verbunden wird. Ferner wird gern hinzugefügt, daß selbst sie dann noch möglichst verbal verstanden werden müsse, also mit Blick auf Gottes königliches „Regiment", nicht auf die von ihm regierten Subjekte, auf das „Reich".[2] Dann folgt häufig noch die Feststellung, der Begriff enthalte keine „Raumkomponente", womit jeder Gedanke an ein „Territorium" ausgeschlossen wird.[3]

Zweifellos steht bei der Bevorzugung solcher Feststellungen, selbst wenn es nicht ausdrücklich gesagt wird, die Frage nach der Differenz von *basileia tou theou* und *ekklesia* im Hintergrund. Denn *ekklesia* meint ja auf jeden Fall eine wenn schon nicht mit eigner Territorialhoheit ausgestattete, so doch zumindest gesellschaftliche Größe. Wer würde denn auch noch an so etwas wie „Kirche" denken, wenn er als eine Art Definition von *basileia tou theou* liest, es handle sich um einen *„dynamischen Begriff"*. Er bezeichne „die königliche Herrschaft Gottes in actu, zunächst im Gegensatz zu irdischer Königsherrschaft, dann aber zu aller Herrschaft im Himmel und auf der Erde. Ihr Hauptkennzeichen ist, daß Gott das ständig ersehnte, auf Erden nie erfüllte Königsideal der Gerechtigkeit verwirklicht."[4] Die immer noch klassische Monographie ⟨35⟩ zur *basileia tou theou* fand zu folgender zusammenfassender Formulierung: „Das mit der Gottesherrschaft von Jesus angesagte und verheißene Heil ist eine rein religiöse Größe."[5]

[2] Beispiel: *J. Jeremias,* Neutestamentliche Theologie, I. Die Verkündung Jesu (Gütersloh 1971), 101. – Für eine dem, was hier folgt, vergleichbare kritische Analyse der Positionen von Neutestamentlern zum Begriff des Gottesreiches vgl. *G. Lohfink,* Die Korrelation von Reich Gottes und Volk Gottes bei Jesus, in: ThQ 165 (1985) 173–183, 174–178.

[3] Beispiel: *M. Lattke,* Zur jüdischen Vorgeschichte des synoptischen Begriffs der „Königsherrschaft Gottes", in: P. Fiedler – D. Zeller (Hg.), Gegenwart und kommendes Reich. FS A. Vögtle (SBB 6; Stuttgart 1975), 9–25, 11. – In welche Schwierigkeiten diese Akzentsetzung bei manchen konkreten Jesusworten führen kann, wird z. B. deutlich bei *H. Merklein,* Die Gottesherrschaft als Handlungsprinzip. Untersuchungen zur Ethik Jesu (fzb 34; Würzburg [2]1981), 120: „Im syntagmatischen Zusammenhang mit ‚eingehen' bzw. ‚erben' bezeichnet die ‚Gottesherrschaft' das Heilsgut bzw. den Heilszustand. Angesichts des verbalen Grundcharakters des Begriffs ist das höchst verwunderlich: Jesus gebraucht einen Aktionsterminus, wo man eine Sachbezeichnung erwarten würde (paradigmatisch: das Leben, den zukünftigen Äon)."

[4] *Jeremias,* Theologie, ebd. (s. Anm. 2).

[5] *R. Schnackenburg,* Gottes Herrschaft und Reich (Freiburg [4]1965), 62.

Die Frage an den Alttestamentler kann in diesem Zusammenhang wohl nur die sein, ob er nicht von seinen Quellen her bestätigen könne, daß es sich auch dort um eine „rein religiöse Größe" handelt und daß im Begriff des Königtums Gottes der gesellschaftlichen Komponente keine oder nur geringe Bedeutung zukomme, von der „räumlichen" ganz zu schweigen. Leider sehe ich mich nicht in der Lage, solcher Erwartung zu entsprechen. So etwas ist von der Sache her gar nicht zu erwarten, und es ist auch nicht so.

2. Erfahrung von „Staat" als notwendiges Element des Begriffs des Gottesreiches

Aussagen über Gott sind immer analog. Sie nehmen Elemente jener Erfahrungswirklichkeit in sich auf, von der aus sie gebildet sind. Dann gilt aber in unserem Fall: Der Begriff der *basileia tou theou* ist einfach durch die Tatsache, daß er auf die Wirklichkeit „König" verweist, an den Erfahrungsraum von „Gesellschaft" und „Staat" gebunden, und nicht etwa an irgendwelche seelischen oder privaten Erfahrungsbereiche. Daher konnte er auch niemals ohne Bezug auf Gesellschaft gedacht werden.

Die genaue Bezugsgröße scheint die Erfahrungswirklichkeit „Monarchie" zu sein. Sie ist heute selten oder nur noch in konstitutionell verdünnten Formen vorhanden. Deshalb fällt es uns auch nicht leicht, den Begriff auszufühlen. Noch schwieriger scheint es zu sein, ihn pastoral zu vermitteln. Doch wir machen uns die Sache vielleicht auch unnötig schwer. Denn wir können das Bezugsfeld des Begriffs abstrakter fassen. In der Welt, um die es geht[6], war ein „Königreich" nicht *eine* mögliche Form des Staates unter mehreren. Das Wort *basileia* stand ohne viel begriffliche Konkurrenz 36 ziemlich genau in der Position, in der in unseren Sprachen das Wort „Staat" steht. Wo es im alten Orient Staat gab, gab es auch Könige. Königlose Formen des Staats waren kaum bekannt. Wer „Staat" sagen wollte, sagte „König", wer „König" sagte, sagte zugleich „Staat". Augustinus, der Lateiner mit Erinnerungen an republikanische Frühzeiten Roms, war keineswegs schlecht beraten, als er

---

[6] Alttestamentlich handelt es sich um die Staatenwelt des ausgehenden 2. und des 1. Jahrtausends im Alten Orient, neutestamentlich um die griechisch-römische Welt. In letzterer gab es zwar noch Restbestände griechischer Polis-Demokratie, aber nur als untergeordnete Gebilde innerhalb umfassender staatlicher Strukturen.

schon wenige Jahrhunderte später das große Werk, aus dem dann das Mittelalter seine Grundgestalt entwerfen sollte, nicht „de regno Dei", sondern „de civitate Dei" überschrieb. Das war im Lateinischen eben die exaktere Übersetzung von *basileia tou theou.* Allein von seinem Bezugsfeld her kann *basileia tou theou* also schon als „politisch-theologischer" Begriff bezeichnet werden[7]. Da sich dieses Bezugsfeld im Gang der Geschichte und in verschiedenen Erfahrungsräumen verändern kann, wird der Begriff im Einzelfall auch mehr oder weniger durch die jeweils existierenden Strukturen der Macht mitdeterminiert. Das gilt selbst da, wo die Aufmerksamkeit sich auf das Verbale, auf das König*sein,* konzentriert. Die Objekte des Verbs entschwinden trotzdem nie ganz aus dem Blickfeld, und dabei tritt als Erfahrungsbasis die jeweilige Erfahrung von „Staat" ein.

Der Neutestamentler Anton Vögtle hat allerdings die These aufgestellt, *basileia tou theou* sei zur Zeit Jesu keine „Analogiebildung", keine „Übertragung des profanen Sprachgebrauchs von Königreich (malkut) auf das Königreich Gottes" gewesen[8]. In letzter Konsequenz dürfte sich eine solche Aussage nicht durchhalten lassen. Solange wir für Göttliches Wörter benutzen, mit denen wir zugleich innerweltliche Erfahrungen bezeichnen, lassen sich auch die jeweils evozierten Bewußtseinsinhalte nicht hermetisch voneinander abschließen. Es gibt da immer so etwas wie ein System kommunizierender Röhren.

[37] Aber Vögtle meint im Zusammenhang eine besondere Prozedur, die bei der Schaffung des Abstraktbegriffs *malkût* wohl wirksam war: die „jüdische Tendenz", alttestamentliche verbale Aussagen über Gott zu vermeiden und „an ihrer Stelle Abstraktbildungen zu verwenden". Deshalb – sagt Vögtle – übersetzten die Targumim das „verbale ‚malak Jahwe' des Alten Testaments ... mit malkut schamajim" (sic!).

---

[7] Diesen Aspekt betont *F.C. Grant,* The Idea of the Kingdom of God in the New Testament, in: La regalità sacra (SHR 4; Leiden 1959), 437–447, 443: „basically a political idea, but political in the ancient religious sense." Er konkretisiert dies an den geschichtlichen Verhältnissen, wobei er zu Recht von der Formulierung von *Josephus,* Antiquitates 17,11,2, ausgeht, die Juden hätten verlangt, frei zu sein „von der königlichen und anderen Formen der Regierung und erlaubt zu bekommen, Gott allein zu dienen" (441).
[8] *A. Vögtle,* Das Neue Testament und die Zukunft des Kosmos (Düsseldorf 1970), 145.

Zwar wird die Rede von Gottes *malkût* nicht erst bei der Anferti-
gung aramäischer Übersetzungen entstanden sein. In den Ps 145
zum Beispiel ist sie sicher nicht erst als Reflex aramäischer Übersetzungen eingetreten. Ganz richtig ist aber das, worauf Vögtle eigentlich hinausmöchte: Der Begriff des Gottesreiches ist keineswegs von
Jesus ganz neu und eigenständig mit Inhalt gefüllt worden[9], sondern
hat in den eher verbalen Aussagen des Alten Testaments über Jahwe,
den König, eine gewaltige Vorgeschichte gehabt. Er war zur Zeit
Jesu, auch wenn dieser ihn selbstverständlich noch einmal abgewandelt hat, aus einer langen Geschichte heraus schon charakteristisch
geprägt. Er deckte sich keineswegs mit dem, was sich ergeben hätte,
wenn er zur Zeit Jesu zum erstenmal geprägt worden wäre.

Dem kann man nur zustimmen. Dann ist aber (neben der zwischentestamentlichen Literatur) genau das Alte Testament gefragt,
wenn es um Sinn und Konnotationen des neutestamentlichen Begriffs geht.

3. Der Frageaspekt: Gesellschaftsbezogene Funktion der Rede von der Gottesherrschaft

Für das Alte Testament als Ganzes, wie wir es heute in Händen
halten, ist die Aussage, Jahwe sei König, prägend[10]. Auch in der

---

[9] So etwa *Jeremias,* Theologie (s. Anm. 2) 53. Viel vorsichtiger ist *Merklein,*
Gottesherrschaft (s. Anm. 39) 109: „Jesus kann den Begriff bei seinen Hörern
als bekannt voraussetzen. Dennoch redet er in einer Weise von der Gottesherrschaft, daß auch der damalige Hörer aufhorchen mußte."

[10] *T.N.D. Mettinger,* Fighting the Powers of Chaos and Hell – Towards the
Biblical Portrait of God, in: StTh 39 (1985) 21–38, 21, klagt zu Recht darüber,
„how little recognition" der Idee, Jahwe sei König, „in modern works on OT
theology" gegeben werde. Selbst wo man sich dem Königtum Jahwes thematisch zuwendet, erklärt man es erst einmal für nicht sehr zentral. So schreibt
W. Dietrich, Gott als König: Zur Frage nach der theologischen und politischen
Legitimität religiöser Begriffsbildung, in: ZThK 77 (1980) 251–268, 251: Das
Bild von Gott als König spielt „in der Bibel keineswegs eine hervorragende
Rolle. Im Alten Testament wird Gott mit Ausdrücken vom Wortstamm *mālak*
rund 50mal belegt, wobei noch zu berücksichtigen ist, daß der Begriff in
bestimmten Textbereichen gehäuft auftritt. Der große Strom der israelitischen
Religions- und Geistesgeschichte hat diese Terminologie nicht in sich aufgenommen." Hier ist zunächst die Zahl 50 schlicht falsch: Ich zähle im
hebräisch-aramäischen Kanon 71 Belege. Im griechischen kommen weitere
wichtige hinzu. Ferner sind Parallelwörter und Anspielungen auf zugehörige
Bildelemente (etwa Thron, himmlische Ratsversammlung usw.) zu beachten.

Geschichte seines Werdens hat diese Aussage eine größere Bedeutung ⎡38⎤ gehabt, als neuerdings manche Alttestamentler zuzugeben bereit sind – vielleicht aus Angst, in so etwas wie „politische Theologie" hineinzugeraten[11]. Wie soll der Alttestamentler die Frage angehen? Sicher wären zunächst semantische Analysen am Platz. Doch es ist eher schon zu oft untersucht worden, wo Jahwe im Alten Testament König der Welt, der Götter, der Völker, Israels, des einzelnen war, wo er immer König war, es bei jedem sogenannten Thronbesteigungsfest wieder neu wurde oder es erst in einer eschatologischen Zukunft werden sollte. Das übliche Ergebnis dieser Untersuchungen lautet: alle diese Möglichkeiten sind belegt und lassen sich in Tabellen aufreihen[12].

⎡39⎤ Auch traditionsgeschichtliche Untersuchungen sind zur Genüge gemacht worden, sowohl hinsichtlich der Abhängigkeit Israels von allgemein verbreiteten Gott-Königs-Vorstellungen des alten Orients als auch hinsichtlich der Übernahme der Aussage und ihrer nachfolgenden Geschichte in Israel selbst. Es gibt eine immense Literatur[13].

---

[11] Dabei komme ich, wenn ich zurückhaltend zähle, auf etwa 130 Belege – aber man könnte nochmals weiter ausgreifen. Daß die Vorstellung in der Weisheitsliteratur fehlt (doch nicht ganz: vgl. die Rahmenerzählung in Ijob), ist gattungsbedingt. Die Belege häufen sich im Psalter und bei den Propheten. Sie fehlen keineswegs in der Tora und den Vorderen Propheten. Wenn sie sich gerade in jüngeren Texten mehren (bestimmte Psalmen, Chronik, Daniel), dann weist dies auf eine besondere Hochschätzung des Begriffs im Augenblick der alttestamentlichen Kanonbildung. Dieses Faktum ist für die weitere Begriffsgeschichte natürlich nicht ohne Bedeutung.

[11] Als Beispiel sei der Vortrag von *W. Dietrich* genannt (s. vorige Anmerkung). Im ganzen läuft er auf eine Warnung vor dem Begriff hinaus. Die Angst vor einer mißbrauchbaren „politischen Theologie" ist durchaus verständlich. Nicht umsonst spielte der Ausdruck „Reich Gottes" bei den Deutschen Christen der dreißiger Jahre eine eminente Rolle, und manchem hallen vielleicht noch die Sätze von *Ernesto Cardenal* bei der Friedenspreisverleihung in der Frankfurter Paulskirche im Ohr, als er uns beschwor, der Revolution in Nicaragua beizustehen, denn dort gehe es darum, das Himmelreich zu schaffen – vgl. FAZ vom 13.10.1980 (Nr. 238), 11.

[12] Einen trefflichen Überblick bietet – im Zusammenhang des Themas dieser Tagung – *N. Füglister,* Strukturen der alttestamentlichen Ekklesiologie, in: MySal IV, 1 (1972) 23–99, 51–55.

[13] Ausführliche Bibliographien bei *J. Coppens,* La relève apocalyptique du messianisme royal: I. La royauté – Le règne – Le royaume de Dieu, cadre de la relève apocalyptique (BEThL 50; Löwen 1979). Neueste Bibliographie bei

Auch das Ergebnis der traditionsgeschichtlichen Arbeit ist nicht begeisternd. Die großen Entwürfe der Skandinavier in der ersten Hälfte unseres Jahrhunderts werden kaum noch geglaubt[14]. Aber an ihre Stelle sind keine von gleicher Statur getreten. Es geht meistens um Details. Nur in wenigem besteht ein Konsensus. Immerhin läßt sich sagen, daß inzwischen für die meisten Probleme die meisten möglichen Hypothesen schon einmal durchgespielt worden sind und deshalb auch auf ihre Plausibilität hin verglichen werden können[15]. Man kann sich also in vielem leichter als vor einigen Generationen eine eigene Meinung bilden.

Ich möchte im folgenden eine andere Fragestellung wählen, die in reflexer Form wohl gerade erst in unseren Jahren aufkommt – obwohl sie implizit natürlich schon immer mitgedacht wurde. Es handelt sich um die Frage nach der Funktion der Rede vom Königtum ⸤40⸥ Gottes für die jeweiligen gesellschaftlichen Gebilde. Um gewissermaßen eine Voraus-Hypothese zu umreißen: Die Rede von Gottes Königtum kann im Hinblick auf die vorhandene gesellschaftliche Struktur, sie es nun ein Staat, sei es eine nichtstaatliche Größe, sowohl affirmativ-legitimierend als auch kritisch-offensiv eingesetzt werden. Darüber hinaus wäre es denkbar, daß der Begriff überhaupt nur deshalb übernommen wurde oder Karriere

---

H. Ringgren – K. Seybold – H.-J. Fabry, maelaek, mālak, in: ThWAT IV 926–957, 926–930. Forschungsbericht: *E. Lipiński*, Les psaumes de la royauté de Yahvé dans l'exégèse moderne, in: R. de Langhe (Hg.), Le Psautier: Ses origines – Ses problèmes – son influence (OBL 4; Löwen 1962), 133–273. Vgl. ferner: *Merklein*, Gottesherrschaft (s. Anm. 3) 302–329.

[14] Ausgangspunkt der Entwürfe war *S. Mowinckel*, Psalmenstudium: II. Das Thronbesteigungsfest Jahwäs und der Ursprung der Eschatologie (Kristiania 1922). Die Hypothesen kombinierten verschiedene Einzelkomplexe: kultische Königsinthronisation Jahwes an jedem Neujahrsfest im Herbst, rituelle Wiederholung der Weltschöpfung am Neujahrstag, Mythos vom sterbenden und auferstehenden Gott, kultische Repräsentanz des göttlichen Königs durch den irdischen, Ritus der heiligen Hochzeit. Das stille Ende dieser Bewegung dürfte vor allem durch genaueres Studium der altorientalischen Quellen gekommen sein. Den neuesten Versuch, die Gesamtkonzeption – wenn auch mit erheblichen Abstrichen – aufrechtzuerhalten, stellt *J. Gray*, The Biblical Doctrine of the Reign of God (Edinburgh 1979), dar.

[15] Es sei etwa an folgende immer wieder behandelten Fragenkreise erinnert: Jahwe-Königs-Aussagen in Israels Frühzeit?, Königtum Jahwes und Lade, Zeitpunkt der Identifizierung von Jahwe mit El (oder gar mit Baal), Alter der Jahwekönigspsalmen, Bedeutung von *JHWH mālak*, Objekte und Zeitpunkt des Königtums Jahwes, Nähe und Differenz zu außerisraelitischen Gott-Königs-Aussagen.

machte, weil er für eine solche gesellschaftsbezogene Aussage benötigt wurde.

So fingerfertig wir in der traditionsgeschichtlichen Arbeit sind, so wenig Übung scheinen wir darin zu haben, derartige funktionale Zusammenhänge der Traditionsgeschichte mit politischen, wirtschaftlichen und gesellschaftlichen Vorgängen in der Geschichte Israels zu untersuchen. Zum Teil fehlt uns wohl sogar das methodische Instrumentarium dafür. Was ich vortrage, kann deshalb nicht mehr sein als eine sehr vorläufige Hypothesenbildung[16].

---

[16] Das Problem wird im amerikanischen Raum deutlicher gesehen als im mitteleuropäischen, vor allem im Gefolge der Veröffentlichungen von *Georg E. Mendenhall*. Er hat auch speziell das frühe Israel in seinem Gegensatz zur ägyptischen und kanaanäischen Staatsstruktur als „Königreich Jahwes" charakterisiert, vgl. ders., The Tenth Generation: The Origins of the Biblical Tradition (Baltimore 1973), 1–31 (Erstes Kapitel: „Early Israel as the Kingdom of Yahweh") oder 224 („The king, who was the focus of the whole political, economic, and religious system, was eliminated. If he ruled by delegated authority from the gods, why did not the God himself rule? That is exactly what ancient Israel was – the Kingdom of God. There was no delegation of power to a centralized political system"). Zur Problematik dieser These, die „Königreich Jahwe" nicht nur zur entscheidenden Sache, sondern auch zum zentralen Begriff der Frühzeit macht, s. Anm. 31. Für unser Thema speziell dürfte die wichtigste Vorarbeit *F. Crüsemann, Der Widerstand gegen das Königtum: Die antiköniglichen Texte des Alten Testaments und der Kampf um den frühen Staat* (WMANT 49; Neukirchen-Vluyn 1978), sein, obwohl dort die Hauptfrage eine andere ist. Der Vortrag von *W. Dietrich* (s. Anm. 10) kann als erster direkter Versuch zum Thema als ganzem gelten. Dietrich gerät allerdings unterwegs mehrfach wieder in andere Fragestellungen hinein. Aber er macht eine Reihe von Beobachtungen, die für mich sehr anregend waren. Er schließt, durchaus sachgemäß, mit einem knappen Hinweis auf die Funktion des Begriffs des Gottesreiches bei Jesus, wo das Wort einerseits „nicht die Bestärkung, sondern gerade die Bestreitung der geltenden Werte und Strukturen" bedeute, andererseits nicht in „futurische Ferne" entrückt werde, sondern „sinnverändernd die Gegenwart bestimmt". Damit verliere die Rede vom Gottesreich „alles Unbestimmte oder Opportunistische oder Triumphale, das ihr im Alten Testament zuweilen anhaftet". Um das sehen zu können, bleibe die Kenntnis der alttestamentlichen Vorgeschichte des Begriffs wichtig. Man wird zu diesen Formulierungen vielleicht fragen dürfen, ob Jesus die Funktion der Ankündigung des Gottesreiches nur in einer *Sinnveränderung* gesehen habe. Die Reduktion des Evangeliums auf eine Sinnfrage dürfte selbst wieder durch unsere komplex-pluralistische Gesellschaft bedingt sein, die damit in ihrem Grundansatz gerade von der Infragestellung durch das Evangelium ausgenommen wird. – Auch *A. H. J. Gunneweg*, Herrschaft Gottes und Herrschaft des Menschen: Eine alttestamentliche Aporie von aktueller Bedeutung, in: KuD 27 (1981) 164–179, will wohl auf

41 Dabei handelt es sich um eine Hypothesenbildung zweiten Grades. Sowohl die Rekonstruktion der gesellschaftlichen Geschichte Israels als auch die Rekonstruktion der Geschichte der
Rede von Jahwe, dem König, sind schon hypothetische Gebilde und
sind damit offen dafür, auch wieder falsifiziert zu werden. Eine
Hypothese, die versucht, den sachlichen Zusammenhang der beiden
Abläufe intellegibel zu machen, ist notwendig eine Hypothese über
Hypothesen. Doch das ist kein Grund, die Fragestellung zu vermeiden.

*4. Die Abfolge gesellschaftlicher Gestalten Israels als Leitfaden der
    Darstellung*

Als Leitfaden für die Darstellung bestand die Wahl zwischen der
Traditionsgeschichte der Jahwe-Königs-Aussage und der realen
politisch-gesellschaftlichen Geschichte. Die zweite Möglichkeit ist
wohl praktischer. Ich halte mich also an das Nacheinander der
42 Gesellschaftsgestalten in Israel. Für jede von ihnen ist zu
fragen, ob, wie und warum man im Blick auf sie vom Königtum
Jahwe gesprochen habe.

---

unsere Fragestellung hinaus. Aber er weiß etwas zu genau, daß die Gottesherrschaft in ihrem „wahren Wesen" nichts mit „sichtbarem, politischen
Geschehen", mit dem „bruchstückhaften Tun, das Menschen verrichten", zu
tun hat, sondern allein die Befreiung von „Sünde, Tod und Gesetz" darstellt.
Diese ist „unabhängig von politischen Systemen" und kann sich in jedem von
ihnen verwirklichen. Da Israel das niemals erkannt hat, blieb es in einer
„tragischen Aporie" (177 f). So erschöpft sich der Aufsatz im Aufweis dieser
„Aporie" durch die verschiedenen Textkomplexe hindurch, ohne daß sich eine
durchlaufende Dialektik zwischen gesellschaftlichem Wandel und dem Wandel
der Aussagen über die Herrschaft Gottes zeigte. Noch weniger ist das in dem
Buch der Fall, dessen Fazit der Aufsatz wohl ziehen will: *A. H. J. Gunneweg –
W. Schmithals,* Herrschaft (Biblische Konfrontationen; Kohlhammer Ta-
schenbücher 1012; Stuttgart 1980). Für einen Teilbereich hat sich – wohl nicht
sehr glücklich – auch *O. Eißfeldt* zu unserer Fragestellung geäußert: Jahwes
Königsprädizierung als Verklärung national-politischer Ansprüche Israels, in:
Wort, Lied und Gottesspruch. Festschrift für Joseph Ziegler I (fzb 1; Würzburg 1972), 51–55. Es ist erfreulich festzustellen, daß der Problemaspekt
in *P. Eicher* (Hg.), Neues Handbuch theologischer Grundbegriffe, 4 (München
1985), 38–45 (*M.-T. Wacker,* Reich Gottes: A. Biblisch), wie selbstverständlich
die Darstellung trägt. Für die Zeit der Monarchie spricht die Autorin von
einem „politisch-theol. Profil" der Bezeichnung Jahwes als König, und sie
unterscheidet eine „affirmierend-legitimierende Lesart" des Titels von einer
„kritisch-ausschließenden" (39).

Ich gebe im folgenden der Übersicht halber die Periodisierung an, die ich zugrunde lege. Das definitorische Bezugssystem dieser Periodisierung ist, da es dann ja um eine Aussage über das Königtum geht, das Verhältnis der einzelnen Perioden zur Größe Staat. Natürlich hängt einiges an der vorausgesetzten Definition von „Staat". Bisweilen wird der Begriff des Staats in den Gesellschafts- und Geschichtswissenschaften so eng gefaßt, daß man überhaupt erst in der europäischen Neuzeit vom Staat reden könnte. Ich nehme hier als Minimalelemente einer staatlich verfaßten Großgesellschaft 1. eine Zentralinstanz und 2. einen ihr verbundenen Verwaltungs- und Erzwingungsstab.

Das frühe Israel des ausgehenden 2. Jahrtausends betrachte ich als eine segmentäre (d. h. auf Familien- und Stammesstrukturen basierende) Gesellschaft mit egalitärem Pathos. Sie lehnte eine politische Zentralinstanz ab. Sie war nicht vorstaatlich, sondern *antistaatlich*.

Mit David begann um das Jahr 1000 die Periode der *Staatlichkeit* Israels. Sie endete für den Norden mit dem Fall Samariens 722, für den Süden mit dem Fall Jerusalems 587. Die Unterscheidung von Perioden voller Souveränität und Perioden der Vasallität in diesem Zeitraum halte ich bei der hier verhandelten Frage nicht für so wichtig.

Seit Kyros und der Heimkehr größerer Gruppen der babylonischen Gola entwickelte sich eine *substaatliche* Existenz Israels: die „theokratische" Gemeinde um den zweiten Jerusalemer Tempel herum. Diese Gesellschaft ist substaatlich, weil sie durch die jeweilige Weltmacht, sei diese nun persisch, makedonisch, ptolemäisch, seleukidisch oder, nach dem Hasmonäerintermezzo, römisch, kontrolliert und zugleich garantiert wird und sich selbst gar nicht als Staat im Sinne von Königreich versteht. Sie ist entscheidend bestimmt durch ihre sowohl von ihr selbst wie vom übergreifenden Staat anerkannte schriftliche Tora.

Jede dieser gerade im Bezug zur Größe „Staat" so unterschiedlichen drei Gesellschaften legitimierte sich durch Hinweise auf den 43 Gott Jahwe und dessen gesellschaftlichen Willen. Daher muß es höchst relevant sein, ob man im einzelnen Fall Jahwe als König bezeichnete oder nicht, und – wo man es tat – in welchem Sinn man das verstand und wie man die Aussage argumentativ einsetzte.

Da im 2. Jahrhundert v. Chr. die dritte Konstellation langsam ihre Identität verlor und von den Makkabäeraufständen an zwischen verschiedenen Formen hin- und hertorkelte, da sie zugleich von der aufkommenden Apokalyptik kritisch voll durchschaut wurde, müssen sich noch weitere Überlegungen anschließen. Sie müssen die ganz zukunftsbezogene Geschichtsschau des Danielbuches ins Auge fassen. Das ist dann traditionsgeschichtlich der äußerste Rand des alttestamentlichen Aussagefeldes.

5. Das Schweigen von Jahwes Königtum im Israel der Frühzeit

Ich setze im folgenden voraus, daß das vorstaatliche Israel eine akephale Stämmegesellschaft nach Analogie der von der angelsächsischen Social Anthropology erforschten segmentären Gesellschaften Afrikas war. Diese Gesellschaft hat sich beim Übergang von der Spätbronze zur Eisenzeit im palästinensischen Bergland zum Teil aus Einwanderern, zum Teil aus Abwanderern aus den kanaanäischen Stadtgesellschaften in Opposition zu diesen geformt[17].

Im vorgegebenen gesellschaftlichen und politischen Umfeld des Kanaan des 2. Jahrtausends kann eine derartige, von egalitären Idealen bestimmte, stammesübergreifende Gesellschaft nicht als flüchtige Übergangsphase „der Anarchie und Unterdrückung" zwischen einem nomadischen Wanderleben und dem davidischen Staat als einem ersten „geordneten und wehrfähigen Gemeinwesen" verstanden werden – so hat es Julius Wellhausen, und so haben es fast alle Historiker Israels vor Albrecht Alt und Martin Noth gesehen und sehen es neuerdings wieder viele Alttestamentler[18]. 44 Es handelt sich vielmehr um eine eigenständige politische Organisationsform. Sie muß als solche in Abhebung von der schon existieren-

---

[17] Näheres hierzu – um nur von mir selbst verantwortete oder mitverantwortete Darstellungen zu nennen – in Heft 2/1983 der Zeitschrift „Bibel und Kirche" (Bd. 38; Thema des Heftes: „Die Anfänge Israels"; Autoren: *H. Engel, H.-W. Jüngling, P.J. King, N. Lohfink*) und bei *N. Lohfink,* Warum wir weiter nach Israels Anfängen fragen müssen: Was läßt sich von der „Landnahme" wissen?, in: KatBl 110 (1985) 166–175. Dort auch Literaturverweise.

[18] *Crüsemann,* Widerstand (s. Anm. 16) 4–9, zeigt, daß bei Wellhausen, Budde u. a. allein der Staat als Gestalt einer Großgesellschaft denkbar war, genau genommen sogar: die Monarchie. Dann waren evolutionistische Konzeptionen dieser Art unvermeidlich. Die Zitate im Text stammen aus *J. Wellhausen,* Die Composition des Hexateuchs und der historischen Bücher des Alten Testaments (Berlin ⁴1963), 251.

den kanaanäischen und staatlichen Gesellschaft und der vielleicht noch locker darüber schwebenden ägyptischen Kolonialhoheit gewollt gewesen sein: als Gegenmodell.

Der Wille zu ihr mag zunächst tastend gewesen sein, eher ein Wille zur Freiheit und Gleichheit als die Vision eines Ziels. Alles mag mehr mit Versagung als mit Aktion begonnen haben. Die Entfaltung der segmentären Struktur mag zunächst der Not derer entsprungen sein, die sich einfach nicht mehr von oben verwalten lassen wollten und, wie man heute sagt, „ausstiegen". Aber irgendwann kam es auch zu Programmen, Namen und Ideologie. Irgendwann sprach man von „Israel". Irgendwann stieß eine Gruppe hinzu, die aus Ägypten entkommen war und einen Gott verehrte, der sie aus der Unterdrückung des Pharao befreit hatte. Durch sie wurde Jahwe zum Gott der neuen Gesellschaft[19]. Die Herausführung aus Ägypten wurde zu so etwas wie einem Basismythos des Stämmebundes. In ihm konnten auch die Gruppen, die nicht aus Ägypten kamen, alle eigenen Erfahrungen mit der Gesellschaft und den Staaten Kanaans unterbringen. Diese Stämmegesellschaft war in bezug auf die damals vorgegebene staatliche Wirklichkeit dezidiert antistaatlich.

Wie steht es innerhalb dieses Referenzrahmens nun mit dem Königtum Jahwes, mit einer Aussage also, die schon vom Wort her auf den Gedanken eines wie auch immer vorgestellten „Jahwestaates" hinausgelaufen wäre?

Stellen wir das Faktum an den Anfang! Soweit es uns die für $\boxed{45}$ diese Periode gar nicht leicht zu bestimmenden und auf jeden Fall spärlichen und schwierigen Quellen zu sagen erlauben, wurde Jahwe im vorstaatlichen Israel nicht als König bezeichnet.

An Quellen aus der Zeit selbst gibt es nur das Deboralied. Doch sind die Quellen aus der unmittelbar folgenden Periode wahrschein-

---

[19] Es sei nur gerade angedeutet, daß hier komplizierte Verschmelzungsprozesse anzunehmen sind (jetzt schon, nicht erst später in Jerusalem!), und zwar zwischen Jahwe und El (außer Jahwe wäre von vornherein ein El-Beiname gewesen, wie *F. M. Cross* vermutet – s. Anm. 33 f), vielleicht auch zwischen Jahwe und Baal (außer, Jahwe selbst war ein Gott vom Baalstyp, oder der hier vorauszusetzende El war nicht so deutlich wie in den ugaritischen Mythen gegen Baal zu distinguieren, sondern selbst ein Kämpfergott), und möglicherweise noch mit weiteren Gottheiten (die „Vätergötter" Alts sind allerdings inzwischen recht unwahrscheinlich geworden).

lich reichhaltiger, als im Augenblick oft angenommen wird, und sie
erlauben durchaus Rückschlüsse[20].

---

[20] Als aus der vorstaatlichen Zeit stammender Text ist eigentlich nur das
Deboralied allgemein anerkannt (und selbst hier gibt es Überarbeitungs-
theorien). Es enthält keine Gott-Königs-Aussage. Nach *E. Lipiński*, La
Royauté de Yahwé dans la poésie et le culte de l'ancien Israël (VVAW.
L 27,55; Brüssel [2] 1968), 430 und 433, stammen Ps 24 und Ps 47 wahrscheinlich aus dem
vormonarchischen Schilo. *K. Seybold*, in: ThWAT (1984) IV 948, hält Num
23,21; Dtn 33,5; Ps 24 für „unsichere vorkönigszeitliche Belege". Die am
weitesten gehende Zahl von frühdatierten Geschichten kennen *W. F. Albright*
und die von ihm beeinflußten nordamerikanischen Gelehrten, vor allem *F. M.
Cross, D. N. Freedman* und ihre Schüler. Sie haben eine Kriteriologie entwickelt, die innerhalb der Frühzeit sogar nochmals differenzierte Zeitansätze
ermöglichen soll. Doch ist die Methode umstritten und in der Tat problematisch. Einen handlichen Überblick über die in Frage kommenden Texte bietet
D. N. Freedman, Divine Names and Titles in Early Hebrew Poetry, in: F. M.
Cross u. a. (Hg.), Magnalia Dei: The Mightly Acts of God (Mem. G. E. Wright;
Garden City 1976), 55–107, 96. Doch selbst wenn diese Texte vorstaatlich sind,
gibt es doch Detailprobleme für die in ihnen enthaltenen expliziten Jahwe-
Königs-Aussagen. – Zu einzelnen Texten: Der Abschluß des Schilfmeerliedes
mit der Jahwe-Königs-Aussage (Ex 15, 18) folgt logisch aus der Schilderung
Jahwes als eines Kämpfergottes und aus dem Erwerb eines Heiligtums nach
dem Sieg; es handelt sich also entgegen vielfacher Behauptung nicht um ein
dem Psalm an sich fremdes Motiv. Das Heiligtum (15,17) muß nicht notwendig Jerusalem sein, es kann sogar das ganze Land gemeint sein. Das alles
spräche also nicht gegen vorstaatlichen Ursprung der Jahwe-Königs-Aussage,
falls der Text selbst vorstaatlich ist. Nach den von *D. A. Roberts*, Linguistic
Evidence in Dating Early Hebrew Poetry (Diss. Yale University, 1966),
aufgestellten linguistischen Kriterien wäre er sogar der einzige im Alten
Testament, der mit Sicherheit als vorstaatlich betrachtet werden könnte. Aber
schon die Nennung der Philister, die man höchstens deshalb, weil sie einem
nicht passen, einer späteren Erweiterung zuteilen kann, läßt an vordavidischer
Entstehung zweifeln (15, 14). Denn das Zittern und die Versteinerung der
Völker meinen doch wohl mehr, als daß sie nur ein wenig erschreckt gewesen
wären und dann an ihrer Existenz im Lande Kanaan nichts weiter geän-
dert hätte. Eine gute Übersicht über die Theorien zum Schilfmeerlied bietet
E. Zenger, Tradition und Interpretation in Exodus xv 1–21, in: J. A. Emerton
(Hg.), Congress Volume Vienna (VT.S 29; Leiden 1981), 452–483, 453–460;
die dort dann entwickelte Hypothese folgt dagegen nicht aus den angeführten
Beobachtungen, speziell nicht die Zeitansätze. – In den Bileamsprüchen von
Num 23f, deren Zeitansatz unklar bleibt, findet sich zweimal die möglicherweise uralte Zurückführung der Befreiung aus Ägypten auf El (nicht auf
Jahwe): 23,22; 24,8. Unmittelbar davor steht in beiden Fällen eine Königs-
Aussage, bei der jedoch nicht klar ist, ob sie sich auf Jahwe (Jahwe steht in
23,21 im Parallelismus) oder auf einen menschlichen König Israels (in 24,7
steht der Amalekiterkönig Agag im Parallelismus) bezieht. Vermutlich ist 23,
21 anders zu beurteilen als 24,7, und erst hier ist – gegen die Hochschätzung

46 Daß Jahwe nicht als König bezeichnet wurde, ergibt sich – um es knapp anzudeuten – aus folgenden qualifizierten Negativbefunden:
1. Im Deboralied wird Jahwe als Kämpfergott gezeichnet, was altorientalisch die Königsprädikation fordern würde – sie fehlt aber.
2. Wo die Aussage vom Königtum Jahwes im Widerstand gegen den später entstehenden Staat endlich erstmalig auftritt, im Gi-

---

des menschlichen Königs im älteren 24,7 – das Königtum Jahwes an dessen Stelle eingeführt. 23,18–24 ist ja die spätere Fassung, die 24,3–9 und wohl auch schon die Prosaerzählung voraussetzt. Deshalb kann man kaum *E. Zenger*, Funktion und Sinn der ältesten Herausführungsformel, in: ZDMG.S 1 (1969) 234–242, folgen. Er geht ohne Diskussion davon aus, daß die Königsprädikation Jahwes „seit der Landnahme belegt" sei (340). Von der zeitlichen Ansetzung der Texte in Num 23f unabhängig ist dagegen seine Argumentation dafür, daß eigentlich schon die Herausführungs-Aussage das Königsein des herausführenden Gottes implizieren müßte. – Der Rahmenpsalm des Mosesegens in Dtn 33 ist in der jetzigen, masoretischen Fassung in 33,1–5 heilsgeschichtlich zu lesen und handelt in 33,5 von der Einführung des Königtums unter Samuel. Doch die Gott-König-Topik in 33,26–29 und der sekundäre Charakter von 33,4 sprechen dafür, daß in 33,5 ursprünglich gesagt wurde, Jahwe sei Herrscher in Jeschurun. Natürlich bleibt unsicher, ob schon die Wurzel *mlk* gebraucht wurde – in 33,26–29 fehlt sie. Das Datum bleibt offen: vorstaatliche Zeit wie staatskritischer Untergrund der beginnenden Königszeit sind in gleicher Weise denkbar. Ich wage es unter diesen Umständen nicht, diesen Text als (im Endeffekt einziges) positives Zeugnis für eine Jahwe-Königs-Auffassung der vorstaatlichen Periode zu nehmen. – Die Psalmen 24 und 47 werden selbst von der Albright ausgehenden Richtung nicht für die vorstaatliche Zeit beansprucht. – *A. Alt*, Gedanken über das Königtum Jahwes, in: *ders.*, Kleine Schriften zur Geschichte des Volkes Israel, I (München ³1963), 345–357, 349, behält recht: Wir können „kein direktes sicheres Zeugnis für die Bekanntschaft des Volkes Israel mit der Idee des Königtums Jahwes in der vorstaatlichen Zeit namhaft machen." Daraus darf, wie Alt mit Recht fortfährt, allerdings nicht ohne weiteres auf ein „Nochnichtvorhandensein der Idee in jener Periode" geschlossen werden. Es gibt durchaus noch die Möglichkeit des „Rückschlusses aus einwandfrei bezeugten Tatbeständen der nächstfolgenden Periode." Doch auch dann bleibt noch offen, ob der Rückschluß aus ihnen zu den von Alt erzielten oder zu gegenteiligen Ergebnissen führt. – Es sei sofort hinzugefügt, daß zwei Wege des Rückschlusses aus späteren Texten durch den Fortgang der Forschung als erledigt betrachtet werden können. Der eine ist derjenige von *M. Buber*, der die Gottheit nomadischer Ahnen als Königsgottheit erschließen zu können glaubte: Königtum Gottes (Heidelberg ³1956). Der andere ist derjenige von *H. Wildberger*, der ein sehr früh angesetztes Ex 19,3b–8 als Grundtradition einer Bundes-Erwählungs-Theologie betrachtete, in der Jahwe als König gegolten habe: Jahwes Eigentumsvolk. Eine Studie zur Traditionsgeschichte und Theologie des Erwählungsgedankens (AThANT 37; Zürich 1960).

deonspruch (Ri 8,23), wird die Wurzel *mšl* benutzt, so als wage man 47 selbst hier noch nicht zur eigentlich in Frage kommenden Wurzel *mlk* zu greifen[21].

3. Die Lade als Thron(podest) Jahwes ebenso wie die Vorstellung von Jahwe als dem Kerubenthroner könnten beide schon vorstaatlich sein (Haftpunkt: Schilo) und gehören der Sache nach in den Zusammenhang der Königsvorstellung[22]. Nun scheinen die Bezeichnungen der Lade auch in frühen Belegen recht variabel zu sein. Doch die Wurzel *mlk* ist nie anzutreffen. Sie fehlt auch bei alten Aussagen über den Kerubenthroner[23]. Hier dürften sprachliche Tabus aus einer Zeit weiterwirken, in der man dem Wort „König" in Zusammenhängen, wo es eigentlich nahelag, aus dem Weg ging.

4. Der Jahwist scheint sich Jahwe wie selbstverständlich als von einem göttlichen Hofstaat umgeben gedacht zu haben[24]. Aber den Königstitel selbst braucht er für Jahwe nie. Auch hier dürfte man wohl nicht, wie Alt es tut[25], einen Beleg für die Vorstellung von Jahwe als König in vorstaatlicher Zeit sehen, sondern, wenn sich hier schon vorstaatliche Sprachtraditionen fortsetzen, eher umgekehrt für das Fehlen des Königstitels trotz des Vorhandenseins von Vorstellungen, die ihn normalerweise forderten[26].

5. Jahwehaltige Personennamen mit *mlk* sind erst vom 7./6. Jahrhundert an belegt. Nun gibt es zwar datierbare Belege für einen *mlk*haltigen Namen in der Richterzeit und mehrere an deren Ende[27], aber alle diese Namen bis auf einen sind auch außerisraelitisch (mit Bezug auf andere Götter als Jahwe) belegt. Sie dürften 48 sich zwar in Israel auf Jahwe bezogen haben, können aber aus familiären

---

[21] Zur hier vorausgesetzten Datierung des Gideonspruchs vgl. *Crüsemann*, Widerstand (s. Anm. 16) 42–54.

[22] Vgl. *M. Metzger*, Königsthron und Gottesthron (AOAT 15/1 + 2; Neukirchen-Vluyn 1985), 365 f. *Alt*, Gedanken (s. Anm. 20) schließt zurück, es müsse auch die Königsaussage gegeben haben. *W. Schmidt*, Königtum Gottes in Ugarit und Israel. Zur Herkunft der Königsprädikation Jahwes (BZAW 80; Berlin 1961), 77 f, folgt ihm.

[23] Vgl. 1 Sam 4,4; 2 Kön 19,15; Ps 80,2 (anders im sicher nachexilischen Ps 99,1).

[24] Vgl. Stellen wie Gen 3,22; 6,1 ff; 11,7; 18, 1 ff.

[25] *Alt*, Gedanken (s. Anm. 20) 352 f.

[26] Vgl. auch *L. Rost*, Königsherrschaft Jahwes in vorköniglicher Zeit?, in: ThLZ 85 (1960) 721–724.

[27] Abimelech ¬ also ausgerechnet derjenige, der vor der Zeit das Königtum einzuführen versuchte – und später Malkischua 1 Sam 14,49; Ahimelech 21,2; vielleicht auch Elimelech Rut 1,2.

Namenstraditionen stammen und bezeugen nicht ohne weiteres kultische oder theologische Königs-Aussagen für Jahwe[28]. Dann spricht das späte Auftreten der jahwehaltigen Namen mit *mlk* aber dafür, Jahwe-Königs-Aussagen in Kult und Theologie auch nicht zu früh anzusetzen.

Als Gegeninstanz könnte die ebenfalls der Lade zuzuordnende und vermutlich auch schon vorstaatliche Bezeichnung *JHWH ṣᵉbāʾôt* erscheinen[29]. Hier gilt nun nicht, daß sie sich in möglicherweise frühstaatlichen Texten nie mit dem Königstitel für Jahwe verbinde. Denn dieser erscheint in der wohl frühstaatlichen Einzugsliturgie von Ps 24 explizit und emphatisch in Verbindung mit *JHWH ṣᵉbāʾôt*. Bezeugt dieser Psalm dann nicht doch eine ältere Tradition? Doch gerade die Emphase könnte anzeigen, daß eine bisher ungewohnte Identifizierung vorgenommen wird. So folgt aus Psalm 24 nichts Sicheres[30].

Nun scheint es ja auch wieder logisch zu sein, daß die Jahwe-Königs-Aussage nicht auftrat, solange die eigene Gesellschaft kein Königtum kannte und selbst so sehr im Gegensatz zu staatlichen Systemen entstanden war[31].

Doch so klar sind die Dinge dann doch wieder nicht. Wir müssen vielmehr vom religionsgeschichtlichen und politisch-religiösen Kontext her noch einmal genauer überlegen, was wohl vor sich gegangen sein könnte.

Zunächst gilt in der Tat, daß die Nichtbenutzung des Königstitels [49] für den Gott Israels *bewußt und gewollt* gewesen sein muß. Denn:

---

[28] Vgl. *O. Eißfeldt,* Jahwe als König, jetzt in: *ders.,* Kleine Schriften I (Tübingen 1962), 172–193, 179.

[29] Auch sie wird von *Alt* und *W. Schmidt* zum Rückschluß benutzt, der Königstitel sei schon in Schilo für Jahwe gebraucht worden. Hier gilt, was oben zu Lade und Kerubenthroner gesagt wurde.

[30] Ganz anders klingt später die ruhig-selbstverständliche Formelverbindung in Jes 6,5 oder gar die Formel von Jer 46,18; 48,15; 51,57. Ähnlich zu Ps 24 *K. Seybold,* ThWAT IV (1984) 949. Allerdings müßte man liturgischer Dramatisierung solche Emphasen auch zubilligen, wenn die Verbindung an sich schon traditionell war. So lassen sich die Dinge hier nicht voll klären.

[31] Auf diesem logischen Schluß, und auf ihm allein, beruht die These von *Mendenhall,* das vorstaatliche Israel habe sich als „Königreich Jahwes" verstanden, vgl. oben Anm. 16. Einen datierbaren Textbeleg bietet er, soweit ich sehe, nicht. Da es im folgenden ausgesprochen um die Rede von Gottes Königtum geht, trennen sich nun unsere Wege.

1. In der damaligen Welt galten Götter, die eine mit der Jahwes in Israel vergleichbare Position einnahmen, stets auch als „Könige"[32].
2. Jahwe war in dieser Periode aller Wahrscheinlichkeit nach schon mit El[33] und vermutlich auch mit Baal[34] identifiziert. Wie wir aus den mythologischen Texten von Ras Schamra klar ersehen, kam El der Titel eines „Königs" zu. Baal, der Kämpfer- und Fruchtbarkeitsgott, erwarb sich in seinen Kämpfen mit Chaosmeer und Tod immer neu ein „ewiges Königtum"[35].

---

[32] Klassisch: *Eißfeldt,* Jahwe als König (s. Anm. 28). Seitdem hat sich das religionsgeschichtliche Material, das für die These spricht, immens vermehrt. Der Aufsatz Eißfeldts ist vor allem eine Auseinandersetzung mit *A. Freiherr von Gall,* Über die Herkunft der Bezeichnung Jahwes als König, in: K. Marti (Hg.), Studien zur semitischen Philologie und Religionsgeschichte. FS J. Wellhausen (BZAW 27; Gießen 1914), 145–160. Die dort vorgelegte Ableitung des Königtums Jahwes allein von vorjahwistischen Jerusalemer Lokaltraditionen tritt auch heute noch in verschiedenen Formen auf. Sie deckt sich nicht mit den in diesem Beitrag vertretenen Annahmen. *A. von Gall* hat später eine persische Ableitung des Königtums Jahwes bevorzugt.

[33] Die auch schon zu Beginn des Jahrhunderts vertretene These ist vor allem von *O. Eißfeldt* wieder mit Nachdruck erneuert worden, vgl. vor allem: El und Jahwe, jetzt in: Kleine Schriften III (Tübingen 1966), 386–397. Für Jahwes Königtum schließt er sich dabei *Alt* an und hält die Königs-Prädikation schon für vorstaatlich. Er betont, „daß es sich bei dieser Prädizierung Jahwes als König der Götter um die Übertragung eines von Haus aus El zustehenden Prädikates auf Jahwe handelt" (397). Inzwischen haben vor allem *Cross* und seine Schüler das Material breit aufgearbeitet. Vgl. *F. M. Cross,* Canaanite Myth and Hebrew Epic. Essays in the History of the Religion of Israel (Cambridge, MA, 1973), 3–75; *ders.,* ʾēl, in: ThWAT (1973) 259–279.

[34] Lange vor den Kämpfen zwischen Jahwe und Baal im 9. Jahrhundert scheint ein Verschmelzungsprozeß gelegen zu haben. Vgl. das Material bei *W. W. Graf Baudissin,* Kyrios als Gottesname im Judentum und seine Stelle in der Religionsgeschichte III (Gießen 1929), 90–94; *M. Noth,* Die israelitischen Personennamen im Rahmen der gemeinsemitischen Namengebung (BWANT 3, 10; Stuttgart 1928), 119–122. Als neuere Darstellungen: *E. Zenger,* Jahwe und die Götter. Die Frühgeschichte der Religion Israels als eine theologische Wertung nichtisraelitischer Religionen, in: ThPh 43 (1968) 338–359, 346–349 und 355f; *Cross,* Canaanite Myth (s. Anm. 33), 147–194. Ferner vgl. *R. Rendtorff,* El, Baʿal und Jahwe. Erwägungen zum Verhältnis von kanaanäischer Religion und israelitischer Religion, jetzt in: *ders.,* Gesammelte Studien zum Alten Testament (ThB 57; München 1975), 172–187, 186.

[35] Beste Gesamtdarstellung immer noch: *W. Schmidt,* Königtum (s. Anm. 22). Man kann die Dinge allerdings religionsgeschichtlich vielleicht auch ganz anders erklären als durch frühe Aneignung von Baalszügen durch Jahwe. Eine solche alternative Möglichkeit hat *P. D. Miller* entworfen. Nachdem er in seiner Dissertation das Material über Baal als „Kämpfer" aufgearbeitet hatte

3. ⌐50⌐ Einer der sichersten Züge Jahwes aus dieser Frühzeit ist sein Kämpfertum. Sein kämpfender Einsatz für Israel wird mit Baalsfarben gemalt. Auch der mit dem Kriegspalladium der Jahwelade verbundene Jahwetitel „Jahwe der Heerscharen, thronend auf den Keruben" ist kanaanäischen Kämpfergottvorstellungen unmittelbar benachbart. Doch ein kämpfender Gott müßte vor dem Kampf das Königtum zugesprochen bekommen und es nach dem Sieg antreten[36]. Viele Gründe also, auch in dieser Periode Jahwe schon als König zu erwarten. Umso frappanter, daß er offenbar nicht als solcher proklamiert wurde[37].

Der Grund dafür kann nur darin liegen, daß üblicherweise die Preisung von Göttern als Könige eine Legitimationsfunktion für die irdischen Könige hatte, daß also Jahwe als König automatisch ein Israel als Königtum, konkret: als Staat, gefordert hätte.

(Holy War and Cosmic War in Early Israel, Diss. Harvard, 1963, 114–149), entwickelte er nachträglich die Theorie, daß es eine ältere, aber für die Jahwereligion wahrscheinlich wichtigere El-Gestalt gebe als die aus Ugarit bekannte. In ihr kämen El noch die Kämpfer-Eigenschaften zu, die sich in Ugarit fast nur mit Baal verbinden: El the Warrior, in: HTR 60 (1967) 411–431. Später: The Divine Warrior in Early Israel (HSM, 5; Cambridge, MA, 1973). Für unsere Fragestellung wäre dann alles noch einfacher. Allerdings bleiben in diesem Fall die Personennamen mit Baal vor allem in den Familien von Saul und David ein Problem. Doch diese Diskussion muß hier nicht entschieden werden.

[36] Vgl. vor allem *Miller, Divine Warrior* (vorige Anm.). Die klassischen altorientalischen Beispiele sind *Enuma Elisch* und die ugaritischen Baalsmythen.

[37] Man beachte vor allem das Fehlen der Jahwe-Königs-Aussage in dem Jahwe ganz als Kämpfer zeichnenden Deboralied. Dabei ist dieser Text hochsensibel für soziale Charakterisierungen, und auf der menschlichen Ebene fehlt das Wort „König" keineswegs. Besungen werden die charismatisch erstehenden Anführer und das Freiwilligenheer in Israel (Ri 5,1, vgl. den ähnlichen Parallelismus in 5,9 und auch 5,11) auf einer ersten, Jahwe auf einer zweiten Ebene. Angesungen und als Adressaten betrachtet wird die kanaanäische Herrscherkaste: „Könige" und „Fürsten" (5,3). Da, wo die charakterisierenden Schilderungen der gegeneinander stehenden Gruppen textlich aneinanderstoßen, folgen auf die ständig variierenden Bezeichnungen der zum Kampf herbeieilenden Stämme (5,13–15.18, vgl. 23) hart und unterstreichend wiederholt die „Könige, die Könige Kanaans" (5,19). Auf der einen Seite stehen die „Bewohner des offenen Landes" (5,7.11), die „Frauen im Zelt" (5,24), auf der anderen die „Mutter Siseras" (5,28), die Königinmutter also, in einem Stadtpalast (Fenster und Gitter als Kennzeichnung: 5,28). Sie ist die „Mutter" des Königs. Debora, die Gegenfigur, ist „Mutter in Israel" (5,7). Es gibt wenig antike Texte, wo gesellschaftliche Gegensätze so genau eingefangen sind.

Wir sollten uns vielleicht deutlich machen, wie man sich den Legitimationszusammenhang zwischen göttlichem Königtum und irdischem Königtum normalerweise vorstellte. [51] Es gab zwar Fälle, wo ein Gott als König einer Stadt bezeichnet wurde[38]. Doch verbreiteter war es, daß ein Gott als König der anderen Götter galt. Dann huldigte die Götterversammlung ihrem göttlichen König, erwies ihm Ehre, reichte ihm Gaben. Die Götter umstanden seinen Thron im himmlischen Palast[39]. Indem es so im göttlichen Bereich eine genaue Entsprechung zur hierarchischen Selbstpräsentation der Macht im menschlichen Bereich gab, war diese menschliche Struktur, also etwa das Königtum im Stadtstaat, göttlich gerechtfertigt.

Die Legitimierung geschah auf die Weise der Entsprechung. Weil die himmlischen Verhältnisse heilig waren, waren es auch die ihnen entsprechenden irdischen. Weil El im Glanz lebte und unabsetzbar ewiger König war, kam gleicher Glanz und gleiche Dauer der irdischen Spitze des Staates zu. Weil Baal der immer wieder siegreiche Königsgott war, waren alle Kriege und Siege des irdischen Königs legitimiert, wenn es auch noch so viele Tote gegeben hatte. Vermutlich sogar: Weil die Götter am himmlischen Hof in Saus und Braus lebten und hemmungslos ihre Amouren betrieben, war nichts gegen einen ähnlichen Lebensstil der irdischen Oberschicht einzuwenden[40].

---

[38] So ist Marduk König von Babylon. Nicht hierhin gehört Melkart, der Baal von Tyrus. Der Name heißt zwar „König der Stadt", doch die gemeinte Stadt ist allem Anschein nach nicht Tyrus, sondern die Unterwelt. Gegen *J. Morgenstern,* The King-God among the Western Semites and the Meaning of Epiphanes, in: VT 10 (1960) 138–197. Für den Bezug zur Stadt scheint man im kanaanäisch-phönizischen Raum die Wörter Baal und Adon bevorzugt zu haben.

[39] In Mesopotamien tragen Anu, Enlil, Assur und Marduk den Titel šar ilāni. Die Analogie des Götterstaates zum irdischen Staat ist dort bis in Details durchgeführt. Für El in Ugarit ist ein äquivalenter Titel nicht belegt, doch sachlich ist alles analog. Denn El, der „ewige König", der „König, Vater der Jahre", ist umgeben von den Göttern, sie huldigen und dienen ihm. In den alttestamentlichen Texten aus späterer Zeit, in denen Jahwe als König bezeichnet wird, steht dieses Muster ebenfalls meist im Hintergrund. Selbst wenn Jahwe als der König der Völker erscheint, liegt das gleiche Muster vor. Nur sind an die Stelle der im monotheistischen Denkmuster nicht mehr brauchbaren Gottessöhne und Götter die von diesen vorher regierten einzelnen Völker getreten.

[40] Knappe Formulierungen dieses Sachverhalts finden sich z.B. bei *V. Maag, malkût JHWH,* in: Congress Volume Oxford 1959 (VT. S 7; Leiden 1960), 129–153, 146; *J.J. Collins,* The Mythology of Holy War in Daniel and the

52 Indem jene neue Gesellschaft, die sich Israel nannte, solche irdischen Strukturen der Macht hinter sich ließ, konnte sie auch keine göttliche Analogie dazu mehr weiterkultivieren. Ihr Gott Jahwe, so sehr er zugleich alles, was in den Gestalten Els und Baals an göttlicher Wahrheit enthalten war, in sich aufgenommen hatte, konnte einfach nicht als König einer derartigen himmlischen Feudalgesellschaft betrachtet werden. Ihn umgaben zwar noch die anderen Götter. Er hatte seine Ratsversammlung und sein Gefolge, das ihn umstand[41]. Aber die pralle Individualität dieser Thronassistenten verblaßte. Von den einzelnen Gestalten konnte man keine „Geschichten" mehr erzählen. Sie waren nur noch dienende Geister, Mitkämpfer in Jahwes Schlachten, getreue Boten, glänzende Strahlen der Sonne. Es war nicht sehr sinnvoll, Jahwe als ihren „König" herauszustellen. Fast alle Epitheta Baals und Els konnte man für Jahwe übernehmen, aber wenn der Königstitel kam, versagte die Sprache[42].

Und das, obwohl nun auf eine neue Weise, nicht mehr auf die der Entsprechung, der Königstitel in anderer Form sich sogar nahegelegt hätte. Auch dies müssen wir noch ins Auge fassen, denn nur von dorther kann verständlich werden, was sich dann in der folgenden Periode der Geschichte Israels abspielte.

Qumran War Scroll. A Point of Transition in Jewish Apocalyptic, in: VT 25 (1975) 596–612, 598. Voll reflex ist das Prinzip schon in der hellenistischen Staatstheorie erfaßt. *E. R. Goodenough,* Die politische Philosophie des hellenistischen Königtums, deutsch in: H. Kloft (Hg.), Ideologie und Herrschaft in der Antike (WdF 528; Darmstadt 1979), 27–89, 43, zitiert folgenden Text aus der Schrift „Über das Königtum" des Pythagoreers Diotogenes: „Wie Gott das beste unter jenen Dingen ist, die von Natur aus am würdigsten sind, so ist der König im irdischen und menschlichen Bereich. Nun steht der König zum Staat in derselben Beziehung wie Gott zum Kosmos; und der Staat steht in demselben Verhältnis zum Kosmos wie der König zu Gott. Denn da der Staat durch eine Harmonie vieler verschiedener Elemente gebildet wird, ist er eine Nachahmung der Ordnung und Harmonie des Kosmos; der König aber, der die absolute Herrschaft innehat und selbst das lebendige Gesetz ist, erscheint als ein unter Menschen weilender Gott."

[41] Zur himmlischen Ratsversammlung vgl. zuletzt: *E. T. Mullen,* The Divine Council in Canaanite and Early Hebrew Literatur (HSM, 24; Chico, CA; 1980), dort ältere Literatur. Sie lebt in der Spätzeit des Alten Testaments, in der zwischentestamentlichen Literatur und in der christlichen Theologie wieder auf als die Welt der Engel.

[42] Diese Ausführungen müßten noch erweitert werden. So wird auch ein Sachzusammenhang dazu da sein, daß Jahwe keine weibliche Gefährtin hat.

6. Die unausgenützte Möglichkeit einer neuartigen Rede vom Königtum Jahwes

[53] Auch wenn Jahwe die Kriege Israels führte, geschah dies nicht mehr auf die Weise der Entsprechung. Nicht mehr kämpften auf Erden die menschlichen Schlachthaufen miteinander und parallel dazu in den Himmelsräumen die Kampfreihen der Götter. Vielmehr kämpfte Jahwe mit seinen Heerscharen unmittelbar gegen die Feinde Israels. Und Jahwes Heerscharen, das waren 1. der gewaltige Regen, 2. das Erdbeben, 3. die Sterne am Himmel (hinter ihnen sind die alten Götter zu sehen[43]), zugleich aber auch 4. die Helden Israels, die in die Schlacht gezogen waren[44].

Die Ebenenunterscheidung des Entsprechungsdenkens war aufgehoben. Jahwe stand zusammen mit seinen himmlischen Schlachtreihen an der Spitze seines irdischen Volkes, das selbst gar keine effiziente irdische Spitze hatte, wie etwa im Deboralied die herumtastende Bezeichnungsvielfalt für die Führung der Stämme deutlich verrät[45]. War Jahwe damit nicht auf andere Weise doch wieder genau in die Position eines Königs eingerückt, nicht eines Königs der Götter, sondern unmittelbar Israels?

Dies läßt sich von einer ganz anderen Seite her beleuchten, wenn man damit rechnet, daß trotz aller heute üblichen Bestreitung[46] die

---

[43] Zu den Sternen als Pantheon in Ugarit vgl. *P. D. Miller*, Divine Warrior (s. Anm. 35), 21–23.

[44] Der Satz ist formuliert in Anlehnung an das Deboralied. Vgl. Ri 5,4.5.13. 20.23. Unter den gezeichneten Voraussetzungen wird man den alten Streit, ob die (im Deboralied selbst nicht vorkommende) Bezeichnung *JHWH ṣᵉbā'ôt* die Götter, die Sterne oder die Schlachtreihen Israels meine, auf keinen Fall alternativ entscheiden dürfen. Diese Größen greifen im frühen Israel ineinander. Deshalb allein ist die kühne Formulierung möglich, daß die Israeliten Jahwe zu Hilfe kommen (Ri 5,23).

[45] Noch deutlicher würde das Bild, wenn die Hypothese von *P. C. Craigie*, Debora and Anat. A Study of Poetic Imagery (Judges 5), in: ZAW 90 (1978) 374–381, zutreffen sollte. Dann wäre die israelitische Leitgestalt Debora geradezu in die ehemals göttlichen Gewänder Anats, der Mitstreiterin Baals geschlüpft. Vgl. (nochmals erweiternd) auch *J. G. Taylor*, The Song of Deborah and Two Canaanite Godesses, in: JSOT 23 (1982) 99–108.

[46] Vgl. *G. Fohrer*, Altes Testament – „Amphiktyonie" und „Bund"? (1956), jetzt in: Studien zur alttestamentlichen Theologie und Geschichte (1949–1966) (BZAW 115; Berlin 1969), 84–119; *L. Perlitt*, Bundestheologie im Alten Testament (WMANT 36; Neukirchen-Vluyn 1969); neuerdings, alles ins 6. Jh. und später schiebend, mit Jer 7,22–23 als ältestem Beleg: *C. Levin*, Die Verheißung des neuen Bundes in ihrem theologiegeschichtlichen Zusammenhang ausgelegt (FRLANT 137; Göttingen 1985).

Ursprünge des Bundesdenkens schon in dieser frühen Periode zu suchen sind.

[54] Zweifellos ist die an Sprache, Begrifflichkeit und literarischer Formenwelt internationaler Staatsverträge geschulte Bundestheologie des deuteronomistischen Schrifttums erst eine Verarbeitung des assyrischen Kulturschocks in der auslaufenden Königszeit[47]. Aber dem scheint doch ein älteres privilegrechtliches Denken vorauszuliegen, das wir vor allem in der Grundschicht des Bundestextes von Ex 34,10–26 studieren können[48].

Privilegrechtlich – das heißt aber: Israel konzipiert sein Verhältnis zu Jahwe bei manchen Gelegenheiten so, wie damals ein Lehnsträger das seine zu seinem Lehnsherrn konzipierte, normalerweise zu einem König. So wäre Jahwe wiederum gegenüber Israel in unmittelbarer königlicher Position. Und wiederum fehlt in den Texten, die wir dafür heranziehen können, das Wort „König" vollständig. Es wäre falsch, es hier als zufällig nicht erhalten zu betrachten und im Geiste einzutragen.

Da es nämlich geradezu auf der Zunge gelegen haben mußte, muß die Aversion der egalitären Israeliten der Frühzeit gegen alles, was typisch für die gehaßte kanaanäische Gesellschaft war, so groß gewesen sein, daß man ein dafür so kennzeichnendes Wort wie das Wort „König" selbst in verändertem Zusammenhang für den eigenen Gott nicht in den Mund nehmen konnte. Jahwe war einziger Herr in Israel. Sonst gab es nur Egalität und freies Charisma – wenn die Männer versagten, dann bei Frauen. Jahwe stand an der Spitze. Aber er war kein König. Hätte man ihn „König" genannt, dann wäre die Gefahr zu groß gewesen, daß auch ein Stamm, eine Sippe oder ein einzelner die Egalität verließ und menschliche Herrschaft einführte.

7. Jahwes Königtum als Legitimierung des neuerrichteten Staates

[55] Das erste gesellschaftliche Experiment Israels ist an den Verhältnissen gescheitert. Aus geschichtlichen Ursachen, die hier nicht zu erörtern sind, kam es unter heftigen Konvulsionen um das Jahr 1000 zum Umbau der akephalen Stammesgesellschaft in eine staat-

---

[47] Vgl. vorläufig *N. Lohfink,* Unsere großen Wörter. Das Alte Testament zu Themen dieser Jahre (Freiburg 1977), 24–43.
[48] Vgl. *J. Halbe,* Das Privilegrecht Jahwes Ex 34,10–26 (FRLANT 114; Göttingen 1975).

lich organisierte Gesellschaft mit königlicher Zentralinstanz, militärischem Erzwingungsstab und verwaltendem Beamtentum, das dann bald auch den Ansatz zu einer weitergreifenden ökonomischen und sozialen Schichtung abgab[49]. Die Kontinuität zum frühen Israel zeigte sich darin, daß Jahwe zum Gott des staatlichen Zentraltempels wurde, der bald in Jerusalem aufragte.

Mehr muß über die historischen Fakten hier wohl nicht gesagt werden. Nun zur „Ideologie".

Sofort mit dem gesellschaftlichen Umbruch veränderte sich Jahwes Titulatur. Von nun an war er „König". Und zwar sowohl bei den Protagonisten des Neuen, des Staates, als auch bei den Verteidigern des Alten, denen, die dem Neuen zunächst mit Gewalt widerstanden, dann sich grollend in den Untergrund zurückzogen.

Die einen brachten mit dem Staat auch dessen in Kanaan traditionelle Legitimation in Israel ein: wie die Spitze des Staats ein König ist, so ist der entscheidende Gott ein König. Himmlische und irdische Wirklichkeit entsprechen einander. Der irdische König ist vom himmlischen eingesetzt und unterwirft ihm auf Erden die Völker, über die er als Schöpfergott *de iure* immer schon gebietet.

Ebenso wie damals das Königsritual und Psalmen vom Typ der Psalmen 2, 45 und 110 geformt worden sind[50], sind zweifellos auch die ersten Jahwe-Königs-Lieder gesungen worden. Manche der so von uns bezeichneten Psalmen, vor allem im Bereich zwischen Psalm 93 und Psalm 99, dürften in ihrem uns vorliegenden Text $\boxed{56}$ jünger sein[51]. Doch scheinen sie alten Modellen zu folgen, hinter denen selbst wieder vorisraelitische Texte ansichtig werden, und es

---

[49] Vgl. *Crüsemann*, Widerstand (s. Anm. 16).

[50] *J. H. E. Eaton*, Kingship and the Psalms (SBT 2,32; London 1976), der die „Königspsalmen" extrem umfangreich ansetzt, macht doch zugleich darauf aufmerksam, daß die Idee von Jahwes Königsherrschaft schon deren innersten Kern bestimmt, die Psalmen 2 und 110 aus dem Einsetzungsritual des Königs (135).

[51] Die Hauptgründe für die Spätdatierung liegen in nachweisbaren literarischen Abhängigkeiten von datierbaren anderen biblischen Komplexen, etwa Deuterojesaja oder Pentateuch. Weniger brauchbar scheint mir die Berufung auf „eschatologischen" Charakter eines Psalms zu sein. Denn zum einen ist niemals wirklich bewiesen worden, daß es vorexilisch keine Zukunftshoffnung gegeben haben könne. Zum andern könnten Aussagen über eine Erschütterung des Kosmos als ganzen auch Verbalisierungen einer kultischen Bewußtseinsform sein, die sich immer wieder ergeben konnte und sich auf das Jetzt und nicht auf ein gleichsam „historisch" anvisiertes Weltende bezog.

gibt einige gute Gründe, den wichtigen Jahwe-Königs-Psalm 47 sogar auf die Feier der Ladeeinholung unter David nach Jerusalem oder unter Salomo in den neuerbauten Tempel zurückzuführen [52]. Wenn es einmal eine regelmäßig (vielleicht am Neujahrsfest) abgehaltene Ladeprozession zum Tempel mit abschließender Königsakklamation für Jahwe gegeben hat (und es sprechen mancherlei Gründe dafür) [53], dann zweifellos nicht als Schöpfung einer königs- und ladelosen Spätzeit, sondern als notwendiges Legitimationsritual für den gerade erst zustande gekommenen und noch keineswegs ┌ 57 ┐ allgemein akzeptierten Staat als neue Form der Gesellschaft Jahwes [54].

Jahwe nun also als göttlicher König genau wie die Götter der kanaanäischen Stadtstaaten? Ja und nein. Denn irgendwie kann

---

[52] Vgl. *E. Beaucamp,* Psaume 47 verset 10a, in: Bib. 38 (1957) 457–460; teilweise aufgenommen von *A. Caquot,* Le psaume 47 et la royaute de Yahvé, in: RHPhR 39 (1959) 311–337. *Beaucamp* sieht in den „Völkern" von 10a die im Davidsreich unterworfenen (v. 4!) und eingegliederten Bevölkerungsgruppen, speziell auch die jebusitischen Jerusalemer, die sich nun in einer neuen Kultgemeinschaft *als* das Volk des Gottes Abrahams versammeln. *Caquot* betont mit Recht, daß *geʼôn jaʻᵃqōb* (5) Jerusalem sein muß. Für diese Deutung des Psalms spricht auch eine Analyse der Gottesbezeichnungen. Der stilistisch in den Vordergrund geschobene Name ist *ʻeljôn* (3 – vgl. den Nachklang im *ʻal* des gleichen Verses, dann das *ʼlh* in 6 und 9, ein sonst in den Jahwe-Königs-Hymnen vermißtes Wort, jeweils am Strophenende, und auch das doppelte *ʻal* in 9). 3a wird ursprünglich doch eine Götteridentifizierung gewesen sein: „Jahwe (und keiner sonst) ist Eljon, der Furchtgebietende." Eljon war der Gott Jerusalems, er war auch „König", so daß 3b von Jahwe, der bisher nicht als „König" gepriesen worden war, aussagbar wird. Im übrigen wird, wohl auch um Komplikationen im Bewußtsein der neuvereinten Gläubigerscharen zu vermeiden, hauptsächlich (7 mal, mit „Gott Abrahams" 8 mal) die Gottesbezeichnung Elohim gebraucht. *kol hāʼāreṣ* (3 und 8, vgl. 10b) wäre zunächst einmal konkret das Reichsgebiet – was aber nicht ausschließt, daß perspektivisch zugleich der ganze Erdkreis gemeint ist. Die erste Strophe (2–6, speziell 3–5) hätte vor allem die siegreiche Bevölkerungsgruppe der Israeliten im Blick, die zweite (7–10) vor allem die unterworfenen Gruppen. Ein solches Verständnis scheint mir dem sehr eigengeprägten Psalm viel eher gerecht zu werden, als wenn man ihn mit den anderen Jahwe-Königs-Psalmen zu einem Eintopf verkocht. – Zu Eljon als speziell Jerusalemer Gott vgl. vor allem *H. Schmid,* Jahwe und die Kulttraditionen von Jerusalem, in: ZAW 67 (1955) 168–197.

[53] Neben Ps 47 wird hierfür mit Recht vor allem Ps 24 herangezogen.

[54] Überblick über die Jahwe-Königs-Vorstellung im Tempel zu Jerusalem: *T. N. D. Mettinger,* The Dethronement of Sabaoth. Studies in the Shem and Kabod Theologies (CB.OT 18; Lund 1982), 19–28.

zumindest in den Texten, die sich uns erhalten haben, die Jahwe umgebende Götterwelt doch nie mehr jenes lebensvolle Spiegelbild der irdischen Oberschicht werden, das sie etwa in den ugaritischen Mythen darstellt. Und ferner tritt in einem Ausmaß, das uns *so* im außerisraelitischen Raum nicht begegnet, die Rede von der Gerechtigkeit in den Vordergrund. Der neue Staat will keineswegs vergessen, aus welchen Wurzeln er gewachsen ist. Trotzdem: Der Jubel, der jährlich beim Neujahrsfest dem König Jahwe entgegengeschlagen sein mag, war zugleich Jubel, aus dem der irdische König aus der Davidsdynastie und der von ihm verwaltete Staat ihre Lebenskraft sogen[55].

Dieser Jubel mag allerdings nie ohne einen heimlichen Mißton gewesen sein. Denn diejenigen, die im Namen der alten egalitären Jahwegesellschaft den neuen Staat ablehnten und bekämpften (es werden weder wenige noch unbedeutende Leute gewesen sein), sprachen jetzt auch von Jahwe als König, zielten aber damit gerade auf die Ablehnung des Staates.

8. *Jahwes Königtum als Motto der Kritik am Staat*

Um der Gegner des Staates willen mußte ich das irgendwie paradoxe Vermeiden der Königsbezeichnung für Jahwe in der Frühzeit analysieren. Denn genau da, wo der Königstitel auch damals schon gut in einem ganz anderen Sinn als bei der Legitimierung eines staatlichen Systems hätte stehen können, wegen der Verpöntheit 58 des Wortes aber offenbar vermieden worden war, wird er jetzt, nachdem die Gegenseite ihn zugunsten des neuerrichteten Staates eingeführt hat, endlich auch eingesetzt und als Argument gegen den Staat gebraucht.

Frank Crüsemann hat gute Argumente dafür beigebracht, daß die Kernstücke der drei klassischen antiköniglichen Texte der Richter- und Samuelbücher (nämlich die Jotamfabel, der Gideonspruch und alte Elemente der königskritischen Saulerzählung) weder aus der frühen Zeit stammen, von der sie jetzt erzählt werden, noch aus

---

[55] Alles ist wie in einer knappen Formel zusammengefaßt, falls man die erste Strophe des Jahwe-Königs-Lieds Ps 99 noch aus der vorexilischen Zeit ableiten und Vers 4 – mit etwas anderer Satztrennung als bei den Masoreten – folgendermaßen vom Jerusalemer König verstehen darf: „Die Stärke eines Königs, der die Gerechtigkeit liebt – *du* hast sie begründet; die Ordnung, das Recht und die Gerechtigkeit – in Jakob hast *du* sie geschaffen."

spät- oder gar nachexilischer Zeit, sondern aus den Jahren und Kreisen, die sich noch gegen David und Salomo gewehrt haben[56]. Die Jotamfabel macht das Königtum einfach lächerlich. Sie bezieht sich nicht weiter auf Jahwe[57]. Anders der Gideonspruch[58]. Als man Gideon und seiner Familie das Königtum antrug, soll er gesagt haben: „Nicht ich will über euch herrschen; auch mein Sohn soll nicht über euch herrschen; Jahwe soll über euch herrschen!" Hier begegnet uns zum erstenmal die klar formulierte Alternative zwischen irdischem und göttlichem Herrscher, zwischen Jahwegesellschaft und Staat.

Noch steht für „herrschen" nicht das hebräische Wort für „Königsein"[59]. Dieses Wort findet sich dann aber in den Verhandlungen um die Einsetzung des Benjaminiten Saul zum König über Israel. Dort ist zweimal in einer von den Deuteronomisten wohl aufgenommenen Tradition gesagt, daß Israel, indem es einen menschlichen König, wie alle anderen Völker ihn haben, für sich fordert, seinen Gott Jahwe, der eigentlich sein König ist, das Königsein abspricht[60].

---

[56] *Crüsemann,* Widerstand (s. Anm. 16), 19–84.
[57] Ri 9,8–15.
[58] Ri 8,23.
[59] Nicht *mlk,* sondern *mšl.*
[60] 1 Sam 8,7 und 12,12, stets mit *mlk.* Die Frage nach den dtr Händen, die in 1 Sam 8 und 12 am Werk waren, ist heute wieder sehr in Bewegung, vgl. zuletzt *A.D.H. Mayes,* The Story of Israel between Settlement and Exile. A Redactional Study of the Deuteronomistic History (London 1983), 85–105. Ich selbst rechne im Komplex von 1 Sam 8–12 mit einem schon dtr redigierten Text aus der Zeit Joschijas, der „königsfreundlich" ist (8,1–5.20b–22; 9; 10,1–17.20–27; 11; 12,1–5: Dtr I) und einer „königskritischen" erweiterten Fassung aus exilischer Zeit (hinzugefügt sind 8,6–20a; 10,18f; 12,6–25: Dtr II). *Crüsemanns* Annahme impliziert unter anderen Voraussetzungen, aber auch schon unter der seinen, daß ein deuteronomistischer Autor nicht nur vorgegebene Erzählungen erweitert, sondern dabei auch auf andere, mit diesen nicht verbundene ältere Texte oder Traditionen zurückgegriffen habe. Das erhöht den hypothetischen Charakter. Doch ist so etwas nicht a priori auszuschließen (für 1 Sam 8,11–17 ist z.B. sicher mit einer Vorlage zu rechnen). Vor allem sein Hinweis darauf, daß das Königtum Jahwes sich sonst keineswegs als typisch deuteronomistisches Theologumenon nachweisen läßt, ist frappierend. Selbst innerhalb von 1 Sam 8–12 wird an den drei relevanten Stellen nur in zweien für Jahwe der Königtitel gebraucht, während die mittlere, 1 Sam 10,19, den Terminus *môšîaʿ* „Retter" eingesetzt, der den Deuteronomisten aufgrund ihrer Quellen und aufgrund der von ihnen selbst sonst entwickelten Sprache viel näher

[59] Auch für zwei weitere Texte, die Jahwe als König über Israel preisen, läßt sich die Herkunft aus dem staatskritischen Untergrund vermuten: für den Rahmenpsalm des Mosesegens in Dtn 33 und für die Bileamsprüche von Num 23[61]. Hier haben wir Zeugnisse einer Widerstands- und Untergrundtheologie. Der Natur der Sache entsprechend sind sie nur spärlich auf uns gekommen. Aber wir müssen sie um so ernster nehmen. Denn von der Spannung zwischen der offiziellen Staatstheologie, die den Staat durch Jahwe, den König, legitimierte und das in pompösem Kult zum Ausdruck brachte, und dieser restaurativen, aber intellektuell durchaus wendigen Treue zu Israels Anfängen, die den Staat deshalb ablehnte, weil Jahwe allein Israels König sein sollte, hat das Israel der staatlichen Epoche in Wahrheit gelebt.

Nur sie machte auch im siebten Jahrhundert die deuteronomische Rettungsaktion für die schon sterbensschwache Monarchie möglich. Nur von ihr her ist es erklärbar, daß der jämmerliche Untergang des Staates unter Nebukadnezzar II. nicht das Ende Israels bedeutete.

Eigentümliche Wanderer zwischen den beiden Welten, dem Staat [60] und der Erinnerung an einst, waren die Propheten. Sie sprachen zu den Königen. Aber wenn sie die Könige auf den gesellschaftlichen Willen Jahwes ansprachen, und selbst wenn sie es mit den dort allein noch hoffähigen Begriffen und Argumentationsfiguren der Weisheit taten, sprachen sie letztlich von jenen alten und irgendwo immer noch lebendig gehaltenen Anfängen Israels her[62].

---

gelegen haben muß (vgl. Dtn 20,4; Ri 2,18; 6,37; 7,7; 10,12–14; 1 Sam 7,8; 14,6.23.39; 17,47; 2 Sam 8,6.14; 2 Kön 6,27; 14,27; 19,19.34). Daß es für sie ein Herrschertitel, aber eben ohne die ominöse Wurzel *mlk*, sein konnte, zeigen im Zusammenhang die unverändert aufgenommenen Aussagen mit *jš´* über Saul in 1 Sam 9,16; 10,27; 11,3.

[61] Dtn 33,5 und Num 23,21. Vgl. *Crüsemann*, Widerstand (s. Anm. 16) 78–84. Ferner oben Anm. 20. – *G. Garbini*, „Narrativa della successione" o „Storia dei re"?, Henoch 1 (1979) 19–41, würde noch eine nach hinten bis zu Abimelek und nach vorn bis zu Jehu verlängerte „Erzählung von der Thronnachfolge Davids", die er „Königsgeschichte" nennt, die aus dem Nordreich des 9. Jh. käme und aus der eine theologisch begründete Ablehnung der Institution der Monarchie spräche, zur Liste hinzufügen. Doch man wird seine Rekonstruktion bezweifeln müssen.

[62] Elischa hat Beziehung zu Gilgal, wo ich einen Haftpunkt antistaatlicher Traditionen aus der Frühzeit vermute. Bei anderen Propheten mögen die Beziehungen viel indirekter sein. Keine Chance gebe ich der verbreiteten Neigung, die Antithese Staatstheologie – Frühzeittraditionen mit dem Gegensatz Südreich (Juda) – Nordreich (Israel) in Deckung zu bringen. Mit

9. *Das prophetische Spiel mit der Doppelvalenz der Jahwe-Königs-Aussage am Beispiel der „Denkschrift" Jesajas*

Wie seltsam sich die staatslegitimierende Königstitulatur Jahwes bei den Propheten gegen König und Staat selbst wenden konnte, zeigen einige Texte aus den prophetischen Büchern[63]. Es sei an ⎡61⎤ dem prominentesten Beispiel vorgeführt: an Jes 6,1 – 9,6, der sogenannten „Denkschrift"[64].

Sicherheit hatte auch das Nordreich seine theologischen Staatslegitimationen, wenn uns davon auch viel weniger erhalten ist als aus Jerusalem. Hosea, von dem wir vielleicht den deutlichsten staatskritischen Gesamtentwurf besitzen, hatte das Nordreich, nicht das Südreich im Blick. Ob Gott-Königs-Motive bei Hosea vorkommen, ist kontrovers. Aber es gibt natürlich auch noch andere theologische Möglichkeiten, den Staat zu stützen.

[63] Bei Amos z. B. gibt es zwar keine formelle Jahwe-Königs-Aussage. Aber Am 7,10–17, wo Amazja den Tempel von Bet-El allein für den König von Israel in Dienst nimmt, ist genau hinter 7,9 (Ansage der Zerstörung der Heiligtümer Israels) eingefügt, und die Visionenreihe des Amos endet in 9,5f mit der Preisung eines Jahwe-Sebaot, der sich ein kosmisches Heiligtum erbaut, den irdischen, vom König beanspruchten Tempel also nicht braucht. Wenn man Mi 2,13 dem Propheten Micha selbst zuteilt, läßt dieser Jahwe neu als König in Jerusalem einziehen, und zwar gegen die, die dort das Unrecht ausgebreitet haben. Nimmt man die Grundgestalt des Zefanjabuches als noch von Zefanja geschaffene Einheit, dann wird hier Jahwe als der Kämpfergott gesehen, der, nachdem er seinen „Tag" genauso wie über die anderen Völker auch über sein eigenes Volk hat kommen lassen, und nach einer völlig überraschenden Wende dann in einem neuen Israel der Armen wieder als König gepriesen werden kann (3,15). In Jer 8,19 erklingt die Frage, ob angesichts der Verschleppung des Volks in fernes Land denn wahr sei, was man geglaubt habe: daß Jahwe als König auf dem Zion ist und zu ihm steht. Im Ezechielbuch wird der Königsthron Jahwes im Jerusalemer Tempel zu einem Thronwagen, der aus dem Tempel auszieht. Den Verbannten wird gesagt, daß Jahwe sich an ihnen als König erweisen werde, indem er sie zwar wieder aus den Völkern herausführt, aber in die „Wüste der Völker" hinein, wo er dann hartes Gericht hält (Ez 20,33–38).

[64] In der Literatur zum Königtum Jahwes spielt Jes 6 eine eminente Rolle, weil hier der erste eindeutig datierbare Beleg für die Vorstellung vorliegt. Wer daraus allerdings folgert, daß der Prophet Jesaja die Vorstellung bei dieser Gelegenheit erstmalig geschaffen habe, verkennt nicht nur die Kommunikationssituation dieses Textes (der den Leser ja auf Überzeugungen hin anspricht, die ihm selbstverständlich sind), sondern verwechselt auch das Geschäft des auf allen denkbaren Wegen die historische Realität rekonstruierenden Historikers mit den auf ihrem Feld natürlich legitimen Argumentationsmethoden des Juristen („Quod non est in actis, non est in mundo" – mit leichter Ironie hat *A. Alt* dieses Richterprinzip in unserem Zusammenhang zitiert).

Ich rechne damit, daß sie von Jesaja selbst verfaßt worden ist, wenn auch in Etappen, und zwar mitsamt dem „messianischen" Schlußstück. Doch das ist für die nun folgende Analyse keine notwendige Voraussetzung. Auch ein späterer Ansatz des Textkomplexes oder allein des Schlußstückes wäre mit dem, was ich zeigen will, vereinbar, wenn man nur in der Königszeit verbleibt und mit der Möglichkeit rechnet, daß auch Ergänzer durch ihre Erweiterungen noch literarisch funktionierende Aussagensysteme schaffen konnten[65].

Die Denkschrift wird durch die „Berufungsvision" eröffnet. Jesaja schaut im Zionheiligtum „den König, Jahwe der Heerscharen". ⌐62⌐ Himmlische Wesen bringen ihm „Ehre" dar, indem sie ihn als „heilig" bekennen. Eine Beratung des göttlichen Thronrats ist im Gange. Die Schwellen beben. Der Tempel füllt sich mit Rauch. Hier ist bis in Wortfügungen hinein die kanaanäische Vorstellung vom Götterkönig El zu erkennen[66].

Daß es sich um den Gott handelt, der die davidische Dynastie

---

[65] Klassisch zur (an sich schon älteren) Denkschrift-Hypothese: K. *Budde,* Jesaja's Erleben. Eine gemeinverständliche Auslegung der Denkschrift des Propheten (Kap. 6,1 – 9,6) (Gotha 1928). Die Hypothese sieht, trotz aller Abwandlungen, mit denen sie vorgetragen worden ist, sicher zumindest insofern etwas Richtiges, als sie mit einem redaktionsgeschichtlich sehr früh zusammengehörigen literarischen Komplex rechnet. Eine Spezialfrage ist die ursprüngliche Zugehörigkeit von Jes 9,1–6 (bzw. 8,23b – 9,6) zu dem Komplex. Die häufig für die Abtrennung vorgetragenen Argumente – vgl. etwa H. *Barth,* die Jesaja-Worte in der Josiazeit. Israel und Assur als Thema einer produktiven Neuinterpretation der Jesajaüberlieferung (WMANT 48; Neukirchen-Vluyn 1977), 170–172, wo zugleich gegen die nachexilische Ansetzung argumentiert wird, oder W. *Werner,* Eschatologische Texte in Jesaja 1–39. Messias, Heiliger Rest, Völker (fzb 46; Würzburg 1982), wo, auch gegen Barth, für nachexilische Ansetzung argumentiert wird – scheinen mir nicht zwingend zu sein. Aber mit Barths Voraussetzungen könnten meine Beobachtungen zum Beispiel noch verbunden werden. Auf literar- und redaktionskritische Einzeldiskussionen kann ich in diesem Beitrag nicht eingehen. Die im folgenden vorgelegten Beobachtungen und Überlegungen scheinen mir jedoch zum Teil neu zu sein, und es wäre wünschenswert, daß sie in zukünftigen Erörterungen der literar- und redaktionskritischen Probleme mitbeachtet würden. Sie dürften eher den Argumenten für die Zusammengehörigkeit und vorexilische Ansetzung des Textkomplexes zugute kommen als denen für seine Zerlegung und nachexilische Entstehung.

[66] Vgl. die neueste Analyse der Gottesaussagen in Jes 6: H.-W. *Jüngling,* Der Heilige Israels, in: E. Haag (Hg.). Gott, der Einzige (QD 104; Freiburg 1985), 91–114.

legitimiert, ist aus der bedeutungsschweren Datumsangabe ersicht-
lich: „Im Todesjahr des Königs Usija." Nach dem Tod des irdischen
Königs findet die himmlische Ratsversammlung statt, in der die
Lose für eine neue irdische Regierungszeit geworfen werden[67].
Doch das Erstaunliche ist: Im ganzen 6. Kapitel läuft die Vision
des Propheten ab, als gebe es in Jerusalem keinen König. Da geht es
um ein „Volk", ein „Volk mit unreinen Lippen"[68]. Der Prophet wird
als Anfang eines heiligen Rests ausgesondert. Dann erhält er den
Auftrag, „dieses Volk" zu verstocken[69]. In höchster Souveränität
handelt hier also jener göttliche König, auf den der Jerusalemer
König sich beruft, als sei er immer noch in der alten Unmittelbarkeit
zu seinem Volk Israel, und zwar gerade als der „König Jahwe der
Heerscharen"[70].
Natürlich gibt es den menschlichen König und seinen Staat trotzdem. So ist die Leitperson des folgenden Kapitels 7 der Davidsproß
Ahas. Er bangt darum, ob ihm der Thron erhalten bleibt oder von
anderen Königen und Thronprätendenten genommen wird[71].

---

[67] Hierzu vgl. *R. Knierim*, The Vocation of Isaiah, in: VT 18 (1968) 47–68, 49 f.
[68] 6,5.
[69] 6,9 f.
[70] Der Sachverhalt ist noch deutlicher da, falls *H. Cazelles*, La vocation d'Isaïe
(ch. 6) et les rites royaux, in: L. Avarez Verdes – E. J. Alonso Hernandez (Hg.),
Homenaje a Juan Prado. Miscelanea de estudios biblicos y hebraicos (Madrid
1975), 89–108, damit im Recht ist, daß das Geschehen der Vision das
königliche Inthronisationsritual im Palast von Jerusalem transponiert. Nach
99–101 stünde dann zum Beispiel hinter der „Reinigung" des Propheten ein
eigentlich dem König gebührendes Purifikationsritual.
[71] 7,2.6. Hier gibt es chronologische Probleme. Nach *A. Jepsen – R. Hanhart*,
Untersuchungen zur israelitisch-jüdischen Chronologie (BZAW 88; Berlin
1964), 38, handelt es sich um das Jahr 736, wo beim Tod Usijas Ahas aus
einem Mitregenten zum eigentlichen König wurde. Nach anderen Datierungs-
systemen wäre die Regierung Jotams übersprungen. Das mag auf sich beruhen.
Wichtiger ist der literarische Sachverhalt. Beim Übergang zu Kapitel 7 wird
aus dem Ich-Bericht ein Er-Bericht. Nach dem Prinzip der „lectio difficilior",
das auch literarkritisch gilt, kann nicht angenommen werden, am Anfang sei
glatter Ich-Text weitergelaufen. Es liegt also wohl eine sekundäre Kombination ursprünglich verschiedener Texte vor. Aber diese ist interessanterweise so
angelegt, daß nun nicht ein prophetischer Auftritt erzählt wird. Es bleibt
beim Jahweauftrag zu einem Auftritt. Dadurch wird 7,3–9 literarisch zu einer
Konkretisierung des allgemeinen (und damit unbefriedigt lassenden und auf
Späteres verweisenden) Auftrags von 6,9 ff stilisiert. Zum engen Zusammenhang von Jes 6 und Jes 7 vgl. auch *O. H. Steck*, Bemerkungen zu Jesaja 6, in:
BZ 16 (1972) 186–207.

[63] Die Botschaft, die Jesaja ihm zu überbringen hat („Glaubt ihr nicht, so bleibt ihr nicht") ist, wenn man sie auf ihre Grundaussage hin analysiert, die Aufforderung, sich nicht auf die Logik des Staats und der Macht zu verlassen, sondern gewissermaßen in die vorstaatliche Existenz Israels zurückzukehren und sich wie damals zu verhalten, als man an Zahl unterlegen und stille abwartend in den Krieg zog. Damals ließ man Jahwe allein das Werk der Rettung wirken[72]. Dies will der König nicht. Er hört und hört doch nicht, er und die Masse des Volks.

Der Textbereich, 7,10 – 8,18, kreist um das Thema „Zeichen". Zumindest am Ende ist deutlich, daß Jesaja selbst, der vom Serafen Gereinigte, zusammen mit seiner Familie und seinem Jüngerkreis, das Zeichen darstellt, das Gott seinem verstockten Volk gewährt[73]. Auch das Motiv des „Zeichens" gehört in die Jahwekriege der Frühzeit[74]. In diesem kleinen Rest Israels bleibt Jahwe als der König anerkannt. Nur hier wird ihm in Wirklichkeit aus Menschenmund jenes „Heilig" zugerufen, das ihm in der unsichtbaren Welt von den himmlischen Wesen her zutönt[75].

Auch die dunklen Verse 8,19–21 scheinen mir vom Thema „Königtum Jahwes" geleitet zu sein. Denn warum wird nun auf einmal vom Totengeister- und Wahrsagekult gesprochen? Wenn Jahwe nicht mehr als König anerkannt ist, dann muß man sich einen anderen Gott als König suchen, und er stand ja in Jerusalem zur Verfügung: Schalim-Schachar, der König der Unterwelt und der Morgenstern-Gott, dem man unten im Hinnomtal die Kinder [64] opferte[76] und dem auch Ahas nach biblischen Angaben[77] einen Sohn, vermutlich seinen Erstgeborenen, in der Tat geopfert hat[78].

---

[72] Es sei nur auf Ex 14 und Ri 7 hingewiesen. Auch 'mn ist – wenn auch nicht ganz klar ist, wann – in diesen Zusammenhang eingerückt, vgl. Ex 14,31; Num 14,11; Dtn 1,32; 9,23.

[73] 8,18.

[74] Vgl. Ri 6,17; 1 Sam 14,10; ohne das Wort 'ôt auch Ri 7,9–15; dann den Gebrauch von 'ôt für den Exodus in der dtn Sprache.

[75] 8,13.

[76] Ich folge hier *F. Stolz,* Strukturen und Figuren im Kult von Jerusalem. Studien zur altorientalischen, vor- und frühisraelitischen Religion (BZAW 118; Berlin 1970), 181–218.

[77] 1 Kön 16,3.

[78] Bei diesem Verständnis des Textes erhält *šaḥar* in 8,20 einen prägnanten Doppelsinn.

Doch das Ende dieses Weges: Man verfluchte sowohl seinen König als auch seinen Gott[79].

Weil aber aus dem von Gott geschaffenen Rest Israels weiter das „Heilig" ertönt, ist nach all der Dunkelheit am Ende ein Gegenbild zukünftigen Lichts denkbar: Jes 9,1–6[80]. Auch hier wird wieder die Erinnerung an die vorstaatliche Frühzeit beschworen. Das Stichwort heißt: „Tag von Midian"[81]. Der Krieg, die Waffe des Staats, wird nicht mehr sein[82]

Dann allerdings wird die Geburt und Inthronisation eines zukünftigen menschlichen Herrschers besungen. Das Wort „König" ist zwar ausgespart. Doch sonst fehlt es an ihn erhebenden Namen nicht. Er wird auf dem Thron Davids und in dessen Königsmacht eintretend aus der Kraft Jahwes der Heerscharen einem nie endenden Reich des Friedens und der Gerechtigkeit präsidieren.

An diesem Schlußstück der Denkschrift wird das ganze Sprachproblem deutlich, das Jesaja (oder ebenso, wenn man das lieber will, sein Epigone) bezüglich der Königsaussage bewältigen mußte. Am Ende einer derart starken Absetzung vom konkret existierenden Staat im Namen des antistaatlichen Israel der Frühzeit steht eine Zukunftsschau, die doch wieder aus dem Bildmaterial der davidischen Staatlichkeit gebaut ist. Die drei Jahrhunderte Staat und vor allem dessen aus der Vergangenheit strahlender Anfang lassen sich offenbar nicht mehr ungeschehen machen – zumindest nicht, wenn man sich da Gehör verschaffen will, wo Jesaja es sucht.

Man kann dann nicht mehr so reden wie vor dem Jahre 1000. Daß Jahwe König ist, steht jetzt fest und ist Ausgangspunkt des 65 Ganzen. Genau mit dieser Aussage kann der Versuch einer staatlichen Jahwegesellschaft im Namen der älteren Jahwegesellschaft in den Abgrund gestoßen werden. Aber die gleiche Aussage zwingt offenbar dann, wenn von der richtigen Jahwegesellschaft der Zukunft geredet werden soll, ein Königskind, Thronbesteigung, Herrschaftsvokabeln zur Explikation heranzuziehen.

Der reale Staat ist verurteilt. Aber er und seine königliche Spitze

---

[79] 8,21.
[80] Hierzu wird in 8,22 – 9,1 hinüberassoziiert.
[81] 9,3.
[82] 9,4.

können zum Bild werden für das, was Jahwe in Zukunft einmal aus Israel machen will, an allem Gericht vorbei[83]. Wenn Jesaja den Staat von Juda in seiner prallen Anpassung an das, was überall den Staat ausmachte, gerade von Jahwes Königtum her in Frage stellte, war das nicht die einzige Möglichkeit. Die deuteronomische Reform strebte eher eine praktikable Synthese von innen her an. Sie ging einen anderen Weg. Sie scheint von Jahwes Königtum bewußt geschwiegen zu haben, so als lebe man noch vor der Staatsgründung. Man mag sich darüber streiten, welche Technik die radikalere war: die Jesajas oder die der Deuteronomiker. Die Stoßrichtung beider war die gleiche[84].

---

[83] Wenn man nachliest, warum Jes 9,1–6 Zusatz, und womöglich ein nachexilischer, sein soll, dann erscheint als das eigentlich grundlegende Argument immer die Spannung zwischen den strahlenden und angeblich bedingungslosen Königshoffnungen dieses Textes und dem, was Jesaja in seinen „mit Sicherheit authentischen Texten" und speziell auch in der vorangehenden „Denkschrift" so radikal über das Gericht Gottes sage. Man könnte diesem Argument vielleicht leichter zustimmen, wenn deutlich würde, daß seine Vertreter vor ihrer Analyse das gedankliche und sprachliche Funktionieren des uns vorliegenden Textes in einer Untersuchung erfaßt und bedacht hätten, die an Umfang, Sorgfalt und methodologischer Kompetenz der späteren Analyse entspräche. Doch meist bleibt der Eindruck, daß sie die Texte zu früh auseinandergeschnitten und dann nur noch jeweils als in sich stehende Aussageeinheiten gesehen haben. Das keineswegs als simple davidische Urständ zu verstehende Zukunftsbild von 9,1–6 verleiht aber, solange man es nicht isoliert, sondern mit dem vorauslaufenden Text zusammen liest, dem Gericht über Staat, König und Volk von Juda eher noch größere Härte. Es gibt nämlich zu erkennen, daß Jahwe mit seinem Geschichtswalten noch lange nicht am Ende sein wird, wenn das Ende dessen eintritt, was jetzt allein beansprucht, sein Königtum auf Erden zu repräsentieren. Daß die „mit Sicherheit authentischen" Texte Jesajas über ihre Gerichtsansage hinaus implizierten, wenn das jetzige System im Gericht zugrunde gehe, sei auch Jahwe am Ende seiner Kraft und seiner Wege, dürfte kaum zu erheben sein. Dies ist kein Beweis der literarischen Einheit, wohl aber eine methodologisch orientierte Überlegung, die ein wichtiges Argument für die Uneinheitlichkeit fragwürdig erscheinen läßt.

[84] Nur in dem aus älterem Gut aufgenommenen Rahmenpsalm des Mosesegens findet sich die Jahwe-Königs-Aussage im Buch Dtn selbst (Dtn 33,5). Hierzu s. Anm. 20. Die Stellen 1 Sam 8,7; 10,18 f; 12,12 gehören zu Ausführungen der exilischen Redaktion des Deuteronomistischen Geschichtswerks. Sie greifen ebenfalls auf ältere Tradition zurück, s. Anm. 60. Ohne das Wort „König" kommt der Sachaussage, Jahwe sei König, im Buch Dtn noch am nächsten die Passage 10,17–19. Doch ist gerade das Fehlen des Wortes signifikativ. Ferner könnte auch dieser Text relativ spät ins Buch gekommen sein. Vgl. *N. Lohfink*, Gott im Buch Deuteronomium, in: J. Coppens (Hg.), La notion biblique de

10. *Die Sicht Deuterojesajas als Vorspiel der dritten Phase von Israels Gesellschaftsgeschichte*

66 Als Jerusalem dem Erdboden gleichgemacht war und Nebukadnezar II. dessen letztem König die Augen ausgestochen hatte[85], war der Staat als mögliche Form einer Jahwegesellschaft geschichtlich widerlegt, auch wenn es noch eine Zeit lang Denkversuche gab, die mit der Idee spielten, ihn vielleicht besser konstruieren zu können[86].

Aber schon hatte sich am prophetischen Horizont eine dritte mögliche Form der Jahwegesellschaft abgezeichnet. Die ersten Entwürfe waren schon gedacht. Jeremia hatte schon sein Leben dafür riskiert, daß es für Israel gar nicht darauf ankam, ob man über einen eigenen Staat verfügt oder unter dem Dach des babylonischen 67 Reiches lebte. Es komme einzig darauf an, daß nach Jahwes Willen gelebt werde[87].

Dieu. Le Dieu de la Bible et le Dieu des philosophes (BETL 41; Gembloux – Löwen 1976), 101–126, 112 Anm. 45. Die Rückkehr zu einem vorstaatlichen Sprachspiel im Dtn war keineswegs reine Repristination. Man beachte z. B., wie die zur Jerusalemer Königsideologie gehörende Aussage von der Erwählung der Davididen und des Zion transponiert wurde zur Erwählung Israels und Jerusalems. Vgl. *N. Lohfink*, Zur deuteronomischen Zentralisationsformel, in: Bib. 65 (1984) 297–329. Zur Ersetzung der Jahwe-Königs-Aussage durch eine Theologie des Jahwenamens vgl. *Mettinger*, Dethronement (s. Anm. 54), 38–79. Die priesterliche Theologie brachte nach *Mettinger* die Jahwe-Königs-Vorstellung später wieder zurück, jedoch unter anderen Begriffen, vor allem dem der „Herrlichkeit", und ebenfalls nicht mit dem Stichwort „König". In den später für den Pentateuch tragenden theologischen Entwürfen geschah also schon Absetzung von dem, was Israel jetzt mehrere Jahrhunderte geprägt hatte, doch zum Teil sehr indirekt und verdeckt, und dazu gehörte es auch, daß so gut wie nicht mehr von Jahwe als dem König gesprochen wurde.

[85] 2 Kön 25,7.

[86] Vgl. etwa die Vorstellungen der exilischen Ausgabe des Deuteronomistischen Geschichtswerks. Hierzu: *N. Lohfink*, Die Sicherung der Wirksamkeit des Gotteswortes durch das Prinzip der Schriftlichkeit der Tora und durch das Prinzip der Gewaltenteilung nach den Ämtergesetzen des Buches Deuteronomium (Dt 16,18 – 18,22), in: H.Wolter (Hg.), Testimonium Veritati. FS W. Kempf (FTS 7; Frankfurt a.M. 1971), 143–155. Beim Versuch einer Wiedererrichtung des Staates zur Zeit von Haggai und Sacharja scheint die Idee einer „Gewaltenteilung" zumindest als Nebeneinander von König und Hohempriester aufgegriffen worden zu sein, vgl. Sach 4.

[87] Jer 21,9; 27,1–22; 29,1–14; 34,1–7; 38,2.17–20; 42,10–12; vgl. auch das Programm Gedaljas: Jer 40,9f.

Stellen wir an den Anfang dieses dritten gesellschaftlichen Experiments Israels die Vision des Deuterojesaja. Als er sein Oratorium der Heimkehr schuf, waren noch viele Möglichkeiten offen. Es gab auch Träume von der Erneuerung des Staats[88]. Was Deuterojesaja entwarf, hat sich so, wie es bei ihm zu lesen ist, sicher nicht in der Gemeinde um den wiedererbauten Tempel verwirklicht. Aber es gibt auch deutliche Zusammenhänge. Er hat zweifellos dazu beigetragen, daß man nicht nur ständig nostalgisch auf die Zeiten Davids zurückschauen mußte[89].

Deuterojesaja arbeitet poetisch oft mit vorgegebenem Sprach-, Vorstellungs- und Formmaterial aus dem Jerusalemer Kult. So ist [68] es nicht überraschend, daß sich auch das Theologumenon

---

[88] Einen raschen Überblick über die „restaurative Königserwartung" in exilischer und nachexilischer Zeit gibt *J. Becker,* Messiaserwartung im Alten Testament (SBS 83; Stuttgart 1977), 42–62. Es ist aber nicht nötig, „messianische" Erwartungen so, wie *Becker* es tut, radikal davon abzuheben. *Becker* muß selber in manchen der zitierten Texte große Abwandlungen der Königsvorstellungen konstatieren. Das hängt ja wohl mit der Analogisierung des Staatsbegriffs im Rahmen von Heilserwartung zusammen. Daß später die „antihasmonäischen, antirömischen und antiherodianischen Tendenzen" einen neuen und natürlich auch neuartigen Schub der staatlich-königlichen Stilisierung der Zukunftserwartung produziert haben (82), bleibt unbestritten. Zur Kritik an der Position von *J. Becker* vgl. auch *W. Th. In der Smitten,* Gottesherrschaft und Gemeinde. Beobachtungen an Frühformen eines jüdischen Nationalismus in der Spätzeit des Alten Testaments (EHS.T 42; Bern – Frankfurt 1974), 24 f. – Nach dem Beitrag von *W. Groß* in diesem Bande ist noch die Priesterliche Grundschrift des Pentateuch als weiteres Zeugnis der Staats- und Königserwartung aus spätexilischer Zeit hinzuzufügen. Ihr eigentliches Interesse konzentriert sich allerdings auf die kultische Gegenwart Gottes in Israel, was der Realität der Tempelgemeinde nach dem Exil entsprechen wird, und vielleicht hängt es auch damit zusammen, daß Jahwe nicht (einen vielleicht wiederkehrenden menschlichen König im voraus legitimierend) „König" genannt wird, obwohl die Gott-Königs-Vorstellung mit Hilfe anderer ihr eigener Elemente wieder eingeführt wird. Vgl. Anm. 84.

[89] Solche Nostalgie gab es natürlich auch. Aus ihr konnte immer wieder neu „Naherwartung" geboren werden. Das ist die Grundeinsicht, die der Annahme von zwei gegenläufigen Tendenzen als Prägekräften dieser Periode zugrunde liegt, vgl. etwa *O. Plöger,* Theokratie und Eschatologie (WMANT 2; Neukirchen 1960), und – wissenssoziologisch zugreifender und alles in die Periode vor Esra und Nehemia konzentrierend – *P. D. Hanson,* The Dawn of Apocalyptic (Philadelphia 1975). Im folgenden geht es um jene Konzeption, welche die faktisch vorhandene Gesellschaft trug. Sie läuft in solchen Rekonstruktionen unter dem Stichwort „Theokratie". Zum zeitweiligen Aufblitzen von Eschatologie und den hinterlassenen Spuren an Jahwe-Königs-Aussagen in Prophetenbüchern vgl. unten Anm. 111.

von Jahwe als König in seinen Texten findet. Es ist dort in der Tat wichtiger, als die drei Belege des Titels und der eine Beleg des Verbs vermuten lassen[90]. Oft zeigt sich die Präsenz der Vorstellung nur durch andere Elemente des Wort- und Vorstellungsfeldes an[91]. Geht man davon aus, daß die ersten Sätze („Tröstet, tröstet mein Volk") nur dann voll verständlich werden, wenn man sie aus der Situation einer göttlichen Thronratssitzung gesprochen vernimmt[92], dann ist Jahwe, der König, eine Vorstellung, die das ganze Werk von Anfang an prägt[93].

Obwohl Deuterojesaja so sehr vom offiziellen Kult herkommt, stehen seine Aussagen über Jahwes Königtum sachlich denen des ehemaligen antistaatlichen Widerstands näher als denen der ehemaligen Staatslegitimation. Bei ihm ist Jahwe nämlich weder König der Götter noch (im Zusammenhang damit) König aller Völker der Erde, sondern er ist allein der König Israels. Ferner hat Israel in der Zukunft keinen menschlichen König mehr. Die davidischen Bundeszusagen werden auf das ganze Volk übertragen und kennzeichnen dessen Bezug zu anderen Völkern der Erde[94].

---

[90] *melek:* Jes 41,21; 43,15; 44,6; *mlk:* 52,7.
[91] Beispiele: 40,10 f: der heimkehrende Kämpfergott, als Hirte, *mšl,* vorher Straßenbau und Freudenboten; 40,22–26: El-Motivik; 42,13–16: Kämpfer-Gott; 43,16 f: Kämpfer-Gott; 49,24–26: Kämpfer-Gott; 51,9–16: Jahwe als Kämpfer und (vorauslaufend) als Schöpfer Israels und der Welt; 52,1–12: die Heimkehr des siegreichen Gottes.
[92] *F. M. Cross,* The Council of Yahweh in Second Isaiah, in: JNES 12 (1953) 274–277.
[93] Man achte auch auf die verwendeten Gottestitel: der „Heilige Israels" (Basis in Jes 6; vgl. auch Ps 89,19; Stellen: 41,14.16.20; 43,3.14.15; 45,11; 47,4; 48,17; 49,7; 54,5; 55,5); *JHWH ṣᵉbā'ôt* (44,6; 45,13; 47,4; 48,2; 51,15; 54,5); Israels *gô'ēl* (Bindung an die Exodustradition, die selbst wiederum mehrfach als Chaoskampf des Kämpfer-Gottes gezeichnet wird; Stellen: 41,14; 43,14; 44,6.24; 47,4; 48,17; 49,7.26; 54,5).
[94] Dies ist die übliche Auslegung von Jes 55,3–5. Die Übertragung königlicher Züge auf das ganze Volk beginnt aber schon viel früher in den Texten, die von Jahwes „Knecht" handeln. Damit ist – gleichgültig, ob in einem textlichen Vorstadium einmal eine Einzelgestalt angezielt gewesen sein sollte oder nicht – im definitiven Gefüge von Jes 40–55 auf jeden Fall Israel gemeint. *W. A. M. Beuken,* Isa. 55,3–5: The Reinterpretation of David, in: Bijdr. 35 (1974) 49–64, hat, im Anschluß an die These von *A. Caquot,* Les ‚grâces de David'. A propos d'Isaïe 55/3b, in: Sem. 15 (1965) 45–59 (*ḥasdê dāwid* könne nicht „Gottes Gnadenzusage an David", sondern müsse „Davids Loyalität gegenüber Gott" heißen), dieses Verständnis von Jes 55,3–5 zu widerlegen versucht. Sein Aufsatz scheint mir eine ganze Reihe ausgezeichneter Beobachtungen zu enthalten.

[69] Ich glaube aber nicht, daß Deuterojesaja in einem direkten Traditionszusammenhang zum ehemaligen königskritischen Untergrund stand. Eher ist er zu seiner Sicht im Zusammenhang seiner eigenen Logik gekommen. Er mußte ja dartun, daß Jahwe trotz des Untergangs Israels der mächtigere Gott ist. Dies tat er letztlich, indem er nachwies, daß es die anderen Götter gar nicht gibt. Da das Völkerkönigtum Jahwes stets nur eine Erweiterung seines Götterkönigtums war, entfiel auch dieses[95]. So blieb nur sein Königtum über Israel. Über Jakob-Israel ist Jahwe König durch dessen Er-

---

Aber der von *Caquot* übernommene Ausgangspunkt ist unsicher. Auch scheint die für die These wichtige Auslegung von 55,4a (hier liege der Akzent auf Davids „Aufgabe") falsch zu sein (das entscheidende Wort ist $n^e tattîw$, es geht also um Gottes gnädige Setzung hinsichtlich Davids). Ja, selbst wenn hier die Zeugenaufgabe Israels gegenüber den Völkern nur mit der Davids übersteigernd verglichen werden würde, würde dabei das, was einst nur von der einen Person des Königs David galt, doch auf das ganze Volk Israel übertragen. Und es geht dabei um das Gottesverhältnis Davids (also den Davids„bund") einerseits, um etwas, was ausdrücklich „Bund" genannt wird, hinsichtlich Israels andererseits. Natürlich wäre für eine rein juristisch prozedierende Argumentation nicht ausschließbar, daß innerhalb dieses zum Israel-Königs-Bund ausgeweiteten Davidsbundes dennoch die Davididen weiterhin die Führungsrolle hätten und daß dies dann als Fortsetzung des Davidsbundes in einem engeren Sinn zu betrachten wäre. Aber legt irgend etwas in Deuterojesaja eine solche Interpretation nahe? Die übliche Denkbewegung Deuterojesajas ist die Gegenüberstellung von Alt und Neu. Stets schwingt der Gedanke mit, daß man über dem Neuen das Alte vergessen und hinter sich lassen kann – es ja sowieso schon von der Geschichte überrollt und kann nur als typologische Vorabschattung des Größeren, das nun kommt, gelten. Die Annahme, Deuterojesaja lasse bewußt noch ein Hintertürchen für ein neues davidisches Königtum offen, fordert auch noch einen anderen Einwand heraus: Der davidische Titel „Messias" wird Kyros verliehen. Vgl. zur Diskussion mit *Beuken* auch *H. Williamson*, „The Sure Mercies of David": Subjective or Objective Genitive?, in: JSS 23 (1978) 31–49. *W. Beuken* hat mir vor kurzem bei einem Gespräch mitgeteilt, daß er inzwischen von seiner damaligen These abgerückt ist.

[95] Hier ist insofern eine Unsicherheit in der Interpretation der Gesamtsicht von Deuterojesaja, als ja Kyros, ein König aus der Völkerwelt, Jahwes „Gesalbter" ist (Jes 45,1). Er tritt also, ebenso wie in einem anderen Sinn das Volk Israel, an die Stelle Davids. Daher müßte man sich fragen, ob Jahwe nicht über Kyros, den er den Völkern als König zuspricht, auch direkt König der Völker bleibt. So werden das später die Daniellegenden und das Danielbuch sehen. Doch wird ein solcher Gedanke bei Deuterojesaja in keiner Weise explizit. Mag die Konsequenz im Denkansatz stecken, sie ist hier offenbar noch nicht ausformuliert.

wählung bzw. die Herausführung aus Ägypten[96], doch er wird es auch neu werden bei der Heimkehr des Volkes nach Jerusalem[97]. Wie sieht das kommende Königtum Jahwes über Israel aus? Es 70 wird mit einer ganz eigentümlichen Welt-Gesamtkonstellation zusammenhängen. Während es in der übrigen Welt weiterhin Völker mit Königen an der Spitze – also Staaten – geben wird, wird Israel keinen König haben – also kein Staat sein. Es wird unmittelbar unter dem König Jahwe stehen. Da es aber neben Jahwe keine anderen Götter mehr gibt, auch keine ihm untergeordneten Völkergötter, fehlt den Staaten der Welt der sie legitimierende göttliche Glanz. Diesen können sie aber finden, indem sie erkennen, daß Jahwe seinen von den Völkern selbst getöteten Knecht Israel aus dem Tod gerettet hat und der Zion nun der Ort seiner Herrlichkeit geworden ist.

Das königlose, aber allein noch einen Gott besitzende Israel kann durch seinen Glanz den mit Königen, aber nicht mit eigener göttlicher Legitimation versehenen Völkern den ihnen fehlenden Glanz vermitteln. Die Funktion des „Zeugen", die einst David als der in Gottes Treueverhältnis aufgenommene Nagid und Gebieter über die seinem Reich einverleibten Völker diesen gegenüber hatte, wird nun von dem wehrlosen und von Jahwe allein geretteten, aber mit „Herrlichkeit" beschenkten Israel eingenommen. Es hat keinen Auftrag zu besonderem Handeln. Allein durch seine Existenz tritt diese Situation ein. Es ist eine Weltsituation. Sie spielt zwischen Völkern, von denen Israel vorher nicht einmal gewußt hatte, und einem Israel, von dem diese Völker nichts gewußt hatten. Israel „ruft", und sie „eilen herbei": die Völkerwallfahrt setzt ein, weil nur noch Jahwe als göttlicher König zur Legitimation der Staaten der Welt zur Verfügung steht[98].

Jahwe als der König Israels ist direkt also das Lebensprinzip einer völlig neuen, einmaligen und vom Propheten nur in Bildern beschreibbaren Gesellschaft, durch ihre Vermittlung dann allerdings, wenn dies auch begrifflich nicht expliziert wird, zugleich das Legitimationsprinzip der restlichen Menschheit, die weiterhin in staatlichen Gesellschaften mit eigenen menschlichen Königen existiert.

---

[96] Es ist an die Texte über die Einsetzung des Gottesknechtes (= Israel) zu denken. Zum Exodus vgl. 43,15–17; 44,6 zusammen mit 51,10 *(g'l)*.
[97] 43,18–21 (als Fortsetzung von 15–17); 52,7.
[98] Die letzten Sätze entfalten vor allem die Gedanken von Jes 55,3–5.

Das ganze wird dialektischerweise herbeigeführt durch einen herr-
scherlichen Akt des Perserkönigs Kyros, unter dessen politische
Oberheit diese neue Jahwegesellschaft zugleich zu stehen kommt.
[71] Vergleicht man diese Vision vom Israel der Zukunft mit
Israels Frühzeit, so fällt einerseits die Nähe auf: Israel ist kein Staat,
Jahwe ist unmittelbar sein Herr. Andererseits ist Israels nichtstaatliche Existenz nicht als antistaatlich-abgrenzend, sondern als positiv
zur staatlichen Restmenschheit vermittelnd gesehen.
   Zumindest für Deuterojesaja und die, die ihm glaubten, trifft nicht
zu, was Rudolf Smend noch kürzlich geschrieben hat: Es lasse sich
keineswegs sagen, Israel habe seine staatliche Gestalt „gern hinter
sich gelassen. Ihr Ende war unfreiwillig, ganz und gar von außen
aufgezwungen, und in der Erinnerung lebte es nicht als eine Befreiung, sondern als ein Unglück fort, das man nicht verwand und auch
nicht verwinden durfte."[99]
   Vielmehr ist aus der Not des Zusammenbruchs der Staatlichkeit
eine Zukunft entworfen worden, in der Israel, indem es im Licht des
Königtums Jahwes ohne menschlichen König lebt, als ganzes den
Staaten der Welt gegenüber in die Rolle des Königs eintritt – dies
jedoch nicht als eine Art Superstaat, sondern nur als die durch die
eigene, aus dem Wunder der Gottesnähe mögliche Nichtstaatlichkeit
den Staaten ihren unentbehrlichen göttlichen Glanz vermittelnde
Legitimationsquelle.

11. Die Jerusalemer Tempelgemeinde als substaatliche Theokratie

Sehr viel dumpfer, ohne jedes Staunen der Völkerwelt ob Israels
Rettung und ohne das Einsetzen einer Wallfahrt der Völker nach
Jerusalem, aber durchaus in einigen Zügen der Vision Deutoroje-
sajas entsprechend, war dann die Wirklichkeit, die sich nach dem
Exil in Jerusalem herausbildete. Es war nach einiger Inkubationszeit
eine Art Priester- oder Tempelgemeinde mit bedeutend eingegrenzter
Souveränität unter dem Dach des jeweiligen Großreiches: ein „sub-
staatliches" System, so schwer das Phänomen im einzelnen auch zu
fassen ist[100].

---

[99] R. *Smend*, Der Ort des Staates im Alten Testament, in: ZThK 80 (1983)
     245–261, 260.
[100] In welchem Maß alle Beteiligten das sich durchsetzende System bejahten, ist
     eine andere Frage. Doch tappen wir weithin im Dunkeln. Falls zum Beispiel
     die Analysen von *Hanson*, Dawn (s. Anm. 89), einen Weg weisen können, gab

72 Der Grundstock unseres alttestamentlichen Kanons ist entstanden, um diese Wirklichkeit plausibel zu machen und zu legitimieren. Er muß deshalb nun auf das Thema des Königtums Jahwes befragt werden.

Der Pentateuch entwirft aus den Traditionen der Frühzeit (Bundesbuch), Zeugnisse der deuteronomischen Reform (Deuteronomium) und legislativen Früchten priesterlicher Weiterarbeit (Heiligkeitsgesetz usw.) insgesamt eine Gesellschaftsordnung, die unter Übergehung des Staats und genuin staatlicher Legislation eher bei den Anfängen Israels ansetzt[101]. Aus der Königszeit kann jedoch die

es vor allem bis zu Esra und Nehemia starke Spannungen zwischen eher theokratisch und eher prä-apokalyptisch eingestellten Gruppen. Die offizielle Bildung des Prophetenkanons, die Psalterredaktion und das Chronistische Geschichtswerk könnten dann eine Art Kompromiß der Gruppen anzeigen. Letzter Interpretationskanon für all diese Schriften blieb jedoch die auf eine substaatliche Tempelgemeinde hin angelegte Tora, wie etwa die Rahmung der „Propheten" in Jos 1 und Mal 3 zeigt. Nur konnte die Situation in ihrem für viele unbefriedigenden Charakter zugleich als noch lastende Strafe Gottes für die Sünden der Väter betrachtet werden, vgl. etwa Neh 9. So konnten auch in griechischer Zeit stets wieder neu sowohl restaurativer Wille zum Staat als auch apokalyptische Hoffnung auf ein alles veränderndes Eingreifen Gottes aufflammen. Wie einfach macht es sich allerdings wohl eine neuere Tendenz in der Historiographie Israels, die sich zum Beispiel bei *S. Safrai*, Das jüdische Volk im Zeitalter des Zweiten Tempels (Information Judentum 1; Neukirchen-Vluyn ² 1980), ausspricht. Sie reduziert die Wirklichkeit des „Zweiten Tempels" auf ein Ringen um so viel Staatlichkeit wie möglich. Eine solche Interpretation ist aus der ideologischen Auseinandersetzung des heutigen Staates Israel mit seinen vor allem arabischen Bestreitern verständlich. Doch sie dürfte kaum dem historischen Befund gerecht werden. Der aus dieser Epoche stammende Kanon des Alten Testaments repräsentiert ein anderes gesellschaftliches Zielbild. Die wieder auf „Staat" hinführenden Makkabäer werden da, wo sie im jüdischen Kanon überhaupt erwähnt werden, nur als eine „kleine Hilfe" betrachtet (Dan 11,34).

[101] In der bibelwissenschaftlichen Literatur wird nach meinem Empfinden zu wenig zur Kenntnis genommen, daß sich unter den im Pentateuch zusammengearbeiteten Gesetzessammlungen keine aus der staatlichen Zeit befindet – vom Deuteronomium abgesehen, das aber gerade vorstaatliches Gut zur Rettung des Staates bereitstellen wollte. Sollte es – bei aller Kompliziertheit der Zuständigkeit für die Rechtspflege – zwischen Salomo und Joschija in Jerusalem wirklich keine Verschriftlichungen von Recht gegeben haben? Viel wahrscheinlicher ist, daß die im Pentateuch vertretene Auswahl selektiv ist. Ausgesondert und nicht integriert wurde gerade die staatsgebundene Rechtstradition. Der König und der Staat sind im Endeffekt fast nur durch die kritischen Ämtergesetze des Deuteronomiums vertreten. Sie stammen außerdem zumindest in der jetzigen Gestalt erst aus der exilischen Zeit, vgl. Anm. 86.

Rede vom Königtum Jahwes an einigen Stellen einsickern[102]. ⎡73⎤
Da es keinen irdischen König mehr gibt, macht sich auch nirgends
Entsprechungsdenken bemerkbar. Jahwe herrscht unmittelbar über
seine Gemeinde. Er übt die Herrschaft aus durch seine Tora[103].
Sichtbar wird sie im Kult[104]. In seiner Tora hat Jerusalem etwas,
woran den Heidenvölkern aufscheinen kann, wie anders die Gesellschaft des wahren Gottes ist als das, was sich unter dem Patronat
ihrer gar nicht existierenden Götzen abspielt[105].

---

[102] Es sind im Pentateuch bezeichnenderweise eher Texte aus dem antistaatlichen
       Untergrund als aus staatstragenden Zusammenhängen (diese finden nur im
       Psalter einen vermutlich ebenfalls begrenzten Zufluchtsort): die bekannten
       Gedichte in Ex 15, Num 23 und Dtn 33. Nur bei Ex 15 besteht die
       Möglichkeit, daß das Lied aus dem Jerusalemer Kult stammt. Doch enthielte
       es dann sehr untypische Motive, und die Tatsache, daß vor allem die
       joschijanische Redaktion des deuteronomistischen Geschichtswerks in Dtn
       1–3 darauf zurückgegriffen hat, gibt zu denken. Ex 19,3b–8 spricht mit dem
       Ausdruck *mamleket kōhᵃnîm* nicht vom Königtum Jahwes. Entweder wird
       hier Israels priesterlich-königlich-heilige Position gegenüber den anderen
       Völkern (*mamleket kōhᵃnîm* und *gôj quādôš* in synonymem Parallelismus, der
       Gesamtheit der Völker von *kol hā'āreṣ* gegenübergestellt) oder die Struktur
       der nachexilischen Gesellschaft definiert (sie besteht aus einer priesterlichen
       Führungselite und einem Volk heiliger Untertanen, ist also erstens struk-
       turiert, zweitens dennoch königlos, drittens den anderen Völkern gegenüber
       insgesamt in sakraler Position). Zur zweiten Möglichkeit, die mir wahrschein-
       licher erscheint, vgl. *W. L. Moran,* A Kingdom of Priests, in: J. L. McKenzie
       (Hg.), The Bible in Current Catholic Thought. Gruenthaner Memorial
       Volume (Saint Mary's Theology Studies, 1; New York 1962), 7–20; dann
       weiterführend *G. Fohrer,* Priesterliches Königtum (Ex 19,6), jetzt in: *ders.,*
       Studien zur alttestamentlichen Theologie und Geschichte (BZAW 115; Berlin
       1969), 149–153. Vgl. Auch *R. Mosis,* Exodus 19,5b.6a. Syntaktischer Aufbau
       und lexikalische Semantik, in: BZ 22 (1978) 1–25.
[103] Als der Pentateuch im Sinne einer „Tora" geschaffen wurde, entsprach das
       der Grundidee des deuteronomistischen Verfassungsentwurfs, nur daß das
       dort vorgesehene Korrektiv, der jeweils den Willen Gottes aktualisierende
       „Prophet", nun auch Buchgestalt annimmt: die Bücher der vorderen und
       hinteren Propheten. Bei deren redaktioneller Gestaltung, vor allem in den
       prophetischen Wortsammlungen, mag noch manche im Moment ihres Entste-
       hens höchst brisante Aktualisierung mit hineingekommen sein. Doch ist die
       Tora wohl immer als der hermeneutisch maßgebende Teil des Kanons
       betrachtet worden.
[104] Hier sei auf die königliche Stilisierung des Hohenpriesters, vor allem in seiner
       Amtstracht, aufmerksam gemacht.
[105] Vgl. Dtn 4,5–8, wo – vom Konzept Deterojesajas her gesehen – auch die letzte
       Büchergruppe des Kanons, die Weisheitsliteratur, gewissermaßen noch eine
       sinnstiftende Funktion für die konkrete Gestalt der Gottesherrschaft be-
       kommt.

Der Psalter wird zum Hofliederbuch des Königs Jahwe. Jahwe wird als der jetzt regierende, nicht nur als endzeitlicher König besungen[106].

[74] Gebete wie die deuterokanonischen Zusätze im Esterbuch, der Hymnus in Tob 13 oder die Erweiterung von Sir 51,12 zeigen, wie die Königsanrufung in der Diaspora immer bedeutsamer und prägender in die Sprache des Synagogen- und Privatgebets ein-

---

[106] Der Psalter hat in der Zeit des zweiten Tempels erst stufenweise seine jetzige Gestalt erreicht. Vgl. vor allem die Ausführungen von *H. Gese,* Zur Geschichte der Kultsänger am zweiten Tempel, und: Die Entstehung der Büchereinteilung des Psalters, beide jetzt in: ders.; Vom Sinai zum Zion. Alttestamentliche Beiträge zur biblischen Theologie (BEvTh 64; München 1974), 147–158 und 159–167. Ferner *C. Westermann,* Zur Sammlung des Psalters, in: *ders.,* Forschung am Alten Testament (ThB 24; München 1964), 336–343. Die aus dem vorexilischen Königsritual stammenden Königspsalmen sind nicht als eigene Sammlung erhalten, sondern begegnen nur als einzelne Zufügungen (*Westermann,* 342). Die Psalmen 2 und 110 müssen in einer bestimmten Phase die Gesamtsammlung gerahmt haben. Dabei wurde nicht an einen (im Augenblick zufällig nicht vorhandenen) König gedacht, sondern sie wurden entweder messianisch verstanden (*Westermann,* ebd.) oder – was mir wahrscheinlicher zu sein scheint – in der Tradition des Deuterojesaja auf Israel gedeutet. Vgl. *J. Becker,* Die kollektive Deutung der Königspsalmen, in: ThPh 52 (1977) 561–578. In eine mittlere Wachstumsphase des Psalters gehört die Einführung einer Gruppe von Jahwe-Königs-Hymnen zwischen Ps 93 und 99. Sie lehnen sich einerseits an vorexilische Form- und Motivtraditionen an, andererseits hängen sie zumindest zum Teil von Deuterojesaja ab. Als die Gesamtzahl der Psalmen auf 150 gebracht, also der jetzige Psalter geformt wurde, wurden gerade am Ende noch mehrere Lieder mit Jahwe-Königs-Motiven eingesetzt, ja vielleicht sogar ad hoc neu gedichtet: Ps 145; 146; 149. Das weist auf die hohe Bedeutung, die dem Thema im definitiven Psalter zukommt. Die Psalmen 145 und 146 handeln dabei nicht von einem zukünftigen, eschatologischen Königtum. Genau besehen tut das nicht einmal Ps 149 (vgl. Vers 2!), obwohl dort in der zweiten Hälfte auf die endgültige Durchsetzung Gottes in der Welt erst noch vorausgeblickt wird. Im Sinne des definitiven Psalters herrscht Jahwe jetzt als König von Zion aus. Auch das, was uns in anderen Psalmen, vor allem im Bereich von Ps 93–99, als eschatologisch erscheinen will, sollte zumindest im Sinne der Schlußredaktion eher als das im Kult immer schon präsentisch Andrängende verstanden werden. Dazu vgl. *G. von Rad,* in: ThWNT I, 567. Das Königtum Jahwes im Psalter legitimiert also die um den Tempel von Jerusalem lebende jüdische und königslose Gesellschaft und schreibt ihr eine weltweite Bedeutung zu.

dringt[107]. Ein Psalm wie Ps 99 zeigt, wie leicht die vom Jahwe-
Königs-Gedanken doch noch weithin freien Bücher von Gen bis 2
Kön in einer großen Geschichtsschau jetzt mit dem Interpreta-
tionsschlüssel der Theokratie neu erschlossen werden können[108].
⌐75⌐ In den Chronikbüchern geschieht noch ein weiterer Schritt.
Hier wird es fast gleichgültig, ob Jahwes Königtum über einer
königlosen Gemeinde oder über einem Staat schwebt. Jedenfalls hat
man diesen Eindruck, wenn dort David und Salomo ganz selbstverständlich auf dem „Königsthron Jahwes" sitzen[109]. Man merkt:
Hier verliert die Sprache ihre ehemalige Genauigkeit. Doch vielleicht
ist das auch ein Signal dafür, daß man schon wieder dabei ist, auch
in der Realität das Unterscheidende Israels zu verwischen. Bei aller
theokratischen Begründung: möchte man im Grunde nicht doch
wieder einen normalen Staat mit einem normalen König?

Hat vielleicht nur die wiederaufkommende Ambivalenz der Einstellung es möglich gemacht, daß in den damals Gestalt annehmen-
den biblischen Büchersammlungen die verschiedensten Aussagen

---

[107] Bei Zählungen von Belegen für das Königtum Jahwes sollte man derartige
textliche Weiterentwicklungen nicht, wie weithin üblich, einfach übergehen.
Sie geben ein besonders sprechendes Zeugnis für die erste Zeit der biblischen
Texttradierung und deren Textverständnis. Vorbildlich im Notieren der
Belege ist *O. Camponovo*, Königtum, Königsherrschaft und Reich Gottes in
den frühjüdischen Schriften (OBO 58; Freiburg/Schweiz – Göttingen 1984).

[108] Der Psalm scheint mir eine bewußte und dichte Zusammenfassung der
gesamten Theologie der Tempelgemeinde zu sein (Mose als Priester!). Dabei
wird in den Gestalten von Mose, Aaron und Samuel gewissermaßen die
gesamte Geschichtsdarstellung der erzählenden Bücher des Kanons zusam-
mengeholt und von Jahwes Königtum her im Sinne der jetzt existierenden
Theokratie interpretiert.

[109] 1 Chr 17,14; 28,5; 29,23; 2 Chr 9,8. Für die Nachkommen Davids vgl. 2 Chr
13,8. Allerdings wird die Königslinie dann völlig unproblematisch von den
judäischen Königen zu Kyros hingeführt, so daß die königlose Gemeinde von
Jerusalem überhaupt denkbar wird. Sitzt jetzt etwa der persische König auf
dem Thron Jahwes? Doch erscheint im Bußgebet von Neh 9 die Zeit der
substaatlichen Existenz als Strafe Gottes (Neh 9,36f – vgl. oben Anm. 100).
Soll es also nicht dabei bleiben? Es wird viel gestritten, ob das Chronistische
Werk „messianische" Hoffnungen habe. Dabei denkt man oft nur an Hoffnungen auf eine Wiedererlangung der Staatlichkeit. Eine eindeutige Gegen-
position hat *Becker*, Messiaserwartung (s. Anm. 88) 74–77, entwickelt: Chro-
nistisches Geschichtswerk als Testfall eines „messianologischen Vakuums".
Dort Literaturangaben zu den verschiedenen Meinungen. Ich gehe im Text
von der für meinen Zusammenhang schwierigeren Annahme aus, daß die
Chronik die Wiederkehr eines davidischen Staates für möglich gehalten hat.

über Jahwes Königtum so nebeneinander stehen können, wie es der Fall ist? Jahwe kann hier König der Welt, da König Israels sein. Er kann hier seit Ewigkeit herrschen, und sein Königtum kann dort erst für die Zukunft erhofft werden. Er kann König sein mit einem irdischen König zusammen, und er kann gerade einen solchen ausschließen.

Oder haben zumindest die einzelnen Bücher oder Bücherkomplexe doch Schlüsseltexte, die jeweils fürs Ganze angeben, wo die Akzente zu setzen sind und was nur uminterpretiert zu lesen ist? Bei solchen Fragen wird einem bewußt, daß wir viel zu wenig über das nachdenken, was Brevard S. Childs „canonical shape" nennt[110].

⎣76⎦ Gerade der theokratische Gedanke macht die Einrichtung der nachexilischen Tempelgemeinde plausibel und trägt sie. Da die Einrichtungen sich aber faktisch immer mehr den staatlichen Strukturen der hellenistischen Welt anpassen und trotz aller guten Gesetze der Tora wieder ein starkes soziales Gefälle entsteht, wird die Aussage von Jahwe als König immer mehr zur „Ideologie" – diesmal also nicht zur Ideologie einer staatlichen, sondern einer „religiösen" Gesellschaft, wenn man so will. Wie ein reinigendes Gewitter wird hier der Makkabäeraufstand hineinfegen. Doch bringt er für unsere Fragestellung geschichtlich auf die Dauer nichts Neues.

Wichtiger ist der massive theoretische Gegenschlag, der sich, eine schon lange untergründig lebende „apokalyptische" Hoffnungstradition aufnehmend[111], dann im Danielbuch findet, dem literarischen Grunddokument der Apokalyptik[112].

---

[110] Vgl. vor allem: *B.S. Childs,* Introduction to the Old Testament as Scripture (London 1979).

[111] Aus den Textbereichen, die heute allgemein oder doch von manchen Forschern eschatologischen oder frühapokalyptischen Gruppen der Zeit des zweiten Tempels zugeteilt und damit als Vorläufer des Danielbuchs klassifiziert werden, sind folgende mehr oder weniger explizite und mehr oder weniger sichere, stets auf Zukunft gehende Jahwe-Königs-Aussagen zu nennen: Jes 24,23; 33,(17).22; 66,23; Jer 3,17; 10,7.10; 23,3; Obd 21; Mi 2,12; 4,7; Zef 3,15; Sach 14,9.16.17. Das Jahwe-Königs-Motiv spielte also nicht nur da, wo man die bestehende Struktur besang, sondern ebenso da, wo man von ihr weg in eine andere Zukunft blickte, eine wichtige Rolle. Die Situation der staatlichen Periode wiederholt sich. Das Danielbuch schafft keinesfalls einen neuen Begriff.

[112] Das Danielbuch verarbeitet vermutlich eine ältere Sammlung von Daniellegenden, die eher von der Frage nach der Möglichkeit jüdischer Diaspora-Existenz in einer dominanten Weltkultur geprägt sind. Von ihren ursprünglichen Intentionen und den Intentionen eventueller Zwischenstufen handle ich

12. Die doppelte Gestalt der Gottesherrschaft im Danielbuch

[77] Das Danielbuch streicht zwar nicht den Tempel, wohl aber die dritte Form gesellschaftlicher Verwirklichung Israels, die Tempelgemeinde, aus der Reihe der erwähnenswerten Größen der Weltgeschichte aus. Die Tempelgemeinde kommt im Buche nicht vor. Die Zeit vom 6. Jahrhundert bis zur Makkabäerzeit ist die Zeit, wo das Volk aus Babylon zurückkehrt und man die Stadt Jerusalem mit ihren Plätzen und Mauern wieder aufbaut[113]. Mehr passiert in diesen Jahrhunderten an gesellschaftlicher Realisierung in Israel nicht.

Zwar ist Jahwe nach dem Danielbuch auch in dieser Periode immer König – sein Königtum ist jetzt undiskutable Selbstverständlichkeit. Als der „Höchste" ist er König einer differenzierten Welt himmlischer Wesen und zugleich – auch das Entsprechungsdenken ist inzwischen unschädlich und wieder zugelassen – König der menschlichen Welt, die er als ganze von der Zeit der Babylonier an jeweils einem mächtigen menschlichen Königtum übergibt[114]. So kommt es zu den Weltreichen, die einander ablösen und die immer tierischer und böser werden[115].

Sie, nicht Jerusalem und Umgebung, beschäftigen das Danielbuch. Hier ist die Gesellschaft, hier ist jetzt der Staat. In der ins Übermaß gewachsenen Bosheit des Weltsystems drückt sich die Erfahrung der gesellschaftlichen Wirklichkeit der Abfassungszeit aus[116].

---

im folgenden nicht. Es geht mir nur um die ja zweifellos einheitlich gemeinte Endaussage des jetzt vorliegenden hebräischen Danielbuchs aus der Zeit der Makkabäerkämpfe. Zu dessen Problemen und ihrer Erforschung vgl. *K. Koch* (unter Mitarbeit von *T. Niewitsch* u. *J. Tubach*), Das Buch Daniel (Erträge der Forschung 114; Darmstadt 1980); ferner in diesem Band den Beitrag von *Theodor Seidl*. Zu der von mir eingenommenen Betrachtungsweise bemerkt *Koch,* 215: „Die Forschung versucht selten, die Aussagen von Kap. 7; 9 und 12 über das künftige Heil zu synchronisieren. Statt dessen werden die drei Stellen isoliert verhandelt und auf eine je eigene motiv- und religionsgeschichtliche Herkunft untersucht. Die Heilserwartung in 9,24 wird so wenig gewürdigt, daß sie hier (d.h. in *Kochs* Forschungsbericht) außer Betracht bleiben kann."

[113] Dan 9,25. Zur Auslegung des für die Endaussage des Danielbuches wichtigen 9. Kapitels vgl. den Beitrag von *Theodor Seidl* in diesem Buch.

[114] Dan 3,33 (EÜ: 3,100); 4,22 zusammen mit 31f; 4,34.

[115] Dan 7,2–8.17 vgl. 2,27–45.

[116] *K. Müller,* Jüdische Apokalyptik, in: TRE (1978) III 202–251, rechnet mit einer sehr breiten, die iranische, ägyptische und jüdische Apokalyptik zugleich auslösenden, schockartigen Widerstandsreaktion gegen die griechische kulturelle und politische Dominanz, zu der auch das Danielbuch gehört.

Diese hellenistische Weltgesellschaft muß aber trotz des in ihr herrschenden Schreckens als eine Art Gottesreich betrachtet werden, zumindest im Sinne von eigenem und originärem Herrschaftsrecht, das Gott menschlichen Staatsgebilden übergeben hat (und das dann noch einmal vermittelt durch noch nicht in böse und gute differenzierte Engelmächte).

[78] Angesichts der weltpolitischen Bedeutungslosigkeit der Jerusalemer Tempelgemeinde und ihrer fast vollständigen Einpassung in die Systeme der restlichen Welt nimmt das Danielbuch also zunächst einmal die universale Weltgesellschaft zum Bezugspunkt seiner Rede von Gottes Königsherrschaft. Man sieht hier, wie sehr dieser analoge Begriff weiterhin an der konkreten geschichtlichen Gestalt der Ausgangserfahrung hängt: dem jeweiligen menschlichen Königtum, dem jeweiligen Staat. Hat dieser Weltdimensionen angenommen, dann folgt ihm der Begriff des Königtums Gottes. Es entsteht die Konzeption einer weltweiten, aber absolut verfinsterten Gottesherrschaft.

Um mit ihr zurechtzukommen, wird jetzt – die Zukunftsdimension hinzunehmend – so etwas wie der Gedanke einer doppelten Gottesherrschaft gewagt. Gegen die ins Böse abgeglittene Gottesherrschaft wird als Antithese eine wirkliche Gottesherrschaft gestellt, die in Kürze nach einem großen Feuergericht von Gott her in die Schöpfung kommen wird.

Waren die Weltreiche in der Vision des 7. Kapitels immer bestialischer gewordene Tiergestalten, die aus dem Meer, dem Symbol des gesellschaftlichen Chaos, aufstiegen, so wird das Gottesreich der Zukunft[117] mit einem Menschen verglichen, der auf den Wolken des Himmels kommt, der berühmten Gestalt des „Men-

---

[117] Dan 7,13f.18.27. Hier fällt der Ausdruck „Gottesherrschaft" nicht, doch ist er in 7,18 und 27 impliziert, da es ja gerade um den vom Höchsten jemandem der Schöpfung anvertraute Gottesherrschaft geht. In der Statuenvision ist die Formulierung expliziter: vgl. 2,44. Der „Menschensohn" ist in der Vision als individuelle Gestalt gezeichnet. Doch der visionäre Kontext ordnet diese den Tiergestalten zu. Es ist also ebenso wie bei diesen eine Form der menschlichen Gesellschaft gemeint. Dies ist auch dadurch nicht in Frage gestellt, daß der darstellungsmäßige Übergang von der im Symbol gemeinten Gesamtgesellschaft zu dem einen, der an ihrer Spitze steht, im Fall des Menschensohns im Gegensatz zu den vier Tieren nicht erst bei der Deutung, sondern schon bei der Vision selbst im Augenblick der Schilderung des zukünftigen Geschehens vor sich geht: 7,14. Ja, selbst der in dieser Weise auf den zukünftigen „König" reduzierte Menschensohn wird in der Deutung noch einmal nicht als Einzelperson, sondern als „Volk" definiert: vgl. Anm. 118.

schensohns". Wenn dieses Königreich kommt, dann wird die Ge-
sellschaft also wieder menschlich. Ihr Herrschaftsträger ist nicht ein einzelner. Es sind die „Heiligen
des Höchsten". Hier kommt Israel als „Volk" plötzlich genau an der
Stelle wieder in den Zusammenhang hinein, die es bei Deuterojesaja
[79] eingenommen hatte. Die „Heiligen des Höchsten" übernehmen
gegenüber der Gesamtmenschheit die Funktion, die in einem Staat
der König gegenüber seiner Bevölkerung hat, obwohl zugleich im
ganzen nicht mehr das vorliegt, was man einen „Staat" nennen
würde, zumindest gerade nicht etwas wie die bestialischen Weltreiche
der jetzigen Epoche[118].

Im 2. Kapitel des Danielbuches ist die künftige Gottesherrschaft
ein „nicht von Menschenhand" gelöster, herabrollender Stein, der
die menschlichen Machtgebilde zerschmettert und zu Staub werden
läßt. Dann wächst er selbst zu einer Art Weltenberg an[119]. Das
Gottesreich also als die Wiedergewinnung der ursprünglichen Größe
und Schönheit der Schöpfung.

Die Mitte dieser neuen Welt wird das Heiligtum in Jerusalem sein,

---

[118] Während bei der Deutung der in Tiergestalten versinnbildeten Reiche die sie
regierenden Könige als Einzelgestalten in den Blick kommen, ist dies beim
„Menschensohn" nicht der Fall. Die Konzentration des Blicks auf den
Regierenden hat sich schon im Endteil der Vision vollzogen (7,14, vgl. vorige
Anmerkung), und 7,18.(21.)22.27 reden nur im Blick auf den „Menschen-
sohn" = „König" der eschatologischen Gottesherrschaft pluralisch von den
„Heiligen", den „Heiligen des Höchsten", dem „Volk der Heiligen des
Höchsten". So schwierige philologische und interpretatorische Probleme diese
Termini bergen – auf jeden Fall sind die Israeliten bzw. die wahren,
verständigen Israeliten gemeint (selbst wenn sie zusammen mit ihren Engeln
oder ihrem Engel Michael zu sehen sind oder wenn in einer Vorstufe einmal
nur diese Engelmächte gemeint gewesen sein sollten). Wichtig ist aber, daß die
„Heiligen" nicht die gemeinte Gesellschaft insgesamt darstellen, sondern
gewissermaßen da eingesetzt werden, wo bei den Deutungen der früheren
Weltreiche deren „König" auftrat. Nach 7,27 wird dem Volk der Heiligen des
Höchsten die Herrschaft „der Reiche unter dem ganzen Himmel" (doch wohl
identisch mit „alle Völker, Nationen und Sprachen" von Dan 3,31; 6,25; 7,14)
anvertraut. Diese Struktur der Aussage wird in der Auslegung oft nicht
genügend beachtet. Die Parallelen zu den Vorstellungen vom Königtum der
„Heiligen" über die ganze Menschheit in der zwischentestamentlichen Literatur sind bei *C.H.W. Brekelmans,* The Saints of the most High and their
Kingdom, in: P.A.H. de Boer (Hg.), *kh* 1940–1965 (OTS 14; Leiden 1965),
305–329, 327f, zusammengestellt.

[119] Dan 2,35. Die Deutung auf den „Weltenberg" ist um so naheliegender, als die
Statue vermutlich schon eine mythische „Weltenstatue" („Makroanthropos")
war.

wo der Allerhöchste als Strahlungszentrum von Gerechtigkeit präsent ist. So wird man nämlich doch wohl die verschlüsselte Aussage von Dan 9,24 deuten müssen: daß „ewige Gerechtigkeit gebracht wird" und „ein Hochheiliges gesalbt wird"[120].

[80] Das Gottesreich ist so unglaublich anders als alles, was die geschichtliche Erfahrung zeigt, daß sein Kommen nur als Leben aus Tod beschrieben werden kann. Nach dem 12. Kapitel wird es eine Totenauferstehung geben. Durch sie wird es möglich, daß auch die Heiligen der früheren Generationen Anteil an diesem Reich erhalten[121].

Wie ist die kosmische Dimension von Zusammensturz und Wiedererstehung gemeint? Im physikalischen Wortsinn? Oder bedarf es einer Hermeneutik, welche die kosmischen Vorgänge nur als Bild nimmt und sie wieder in Realitäten unserer Geschichtswelt zurückübersetzt?

Auf jeden Fall ist das eschatologische Königtum Gottes, das sich in einer „Königherrschaft" des Volkes Israel über die Menschheit verwirklicht, ein menschheitsumfassendes König*reich.* Um diesen Aspekt kreist alles. Es geht nicht nur um Jahwes König*sein,* sondern gerade um das gesellschaftliche Gebilde, dessen König er ist. Denn nur als gesellschaftliche Größe ist Gottes Königtum das, als was es eingeführt wird: eine Gegenwirklichkeit gegen alle bisher in der Geschichte auffindbaren gesellschaftlichen Konstruktionen, insbesondere den furchterregenden griechischen Weltstaat.

Dagegen spricht keineswegs die andere Aussage, daß es sich um ein nur von Gott her mögliches Wunder handelt und daß das Neue in keiner Weise aus den existierenden Gesellschaften heraus erwachsen kann. Dieser unbezweifelbar zentrale Aspekt berechtigt auch keineswegs dazu, das „Gottesreich" als eine „rein religiöse Größe" zu bezeichnen – falls der Ausdrück „rein religiös" noch die Bedeutung haben soll, die er in unserer heutigen Sprache hat.

---

[120] Es geht im Zusammenhang um die Erhörung der Bitten Daniels in 9,16–18, die sich stets auf Jerusalem und insbesondere auf das Heiligtum beziehen. Dies wird in ihrer Zusammenfassung 9,20 noch einmal unterstrichen.

[121] Dan 12,2f.13. Der angegebene Sinn der Auferstehung ist eindeutig. Andere Fragen (Wer wird auferweckt? Was heißt es, daß die Verständigen und die, die andere zu rechtem Tun geführt haben, wie der Himmel strahlen und wie die Sterne leuchten werden?) müssen hier nicht geklärt werden.

13. *Das Danielbuch als entscheidende Vorgabe der Rede vom Reich Gottes bei Jesus*

[81] Mit Daniel sind· wir – im Falle unseres Themas selbst unter Voraussetzung des größeren Kanons – an der Grenze des Alten Testaments angelangt. Natürlich wäre jetzt gesellschafts- wie traditionsgeschichtlich noch ein weiteres Stück Weg bis zur Verkündung Jesu hin abzuschreiten: die übrige apokalyptische Literatur dieser Jahrhunderte, Qumran, die ältesten rabbinischen Vorstellungen, soweit sie sich erschließen lassen. Das ist jetzt hier nicht möglich.

Es gibt eine neue Monographie von Odo Camponovo über *Königtum, Königsherrschaft und Reich Gottes in den frühjüdischen Schriften*[122]. Vielleicht kann sie den Weg abkürzen helfen[123].

Ihr Ergebnis ist nämlich, daß man in mehrfacher Hinsicht unmittelbar von Daniel auf Jesus springen kann. „Königsherrschaft Gottes ist kein Hauptthema der frühjüdischen Literatur." Das Thema ist zum letzten Mal bei Daniel „so zentral, daß es das Werk als ganzes bestimmt". In späteren Schriften taucht der Vorstellungskomplex unvermittelt auf und verklingt ebenso unvermittelt, ohne weiter entfaltet zu werden. Es handelt sich um ein „Symbol", das Assoziationen weckt „an Erfahrungen mit irdischen Herrschern, an Idealvorstellungen von Herrschaft und ... an biblischen Traditionen". Auch für Jesus gilt: Seine „Adressaten kennen das Symbol." Jesus geht zu seiner Verdeutlichung nur „in den Gleichnissen auf unterschwellige Fragen ein und präzisiert seine eigenen Vorstellungen."[124]

Trifft das zu, dann hat man in der Tat die entscheidende Vorgabe [82] der Rede Jesu von der *basileia tou theou* erreicht, wenn man bei Daniel angekommen ist.

---

[122] *Camponovo*, Königtum (s. Anm. 107).

[123] Gleichzeitig mit dem Buch von *Camponovo* erschien: *Werner Grimm*, Jesus und das Danielbuch. Band 1: Jesu Einspruch gegen das Offenbarungssystem Daniels (Mt 11,25–27; Lk 17,20–21) (Arbeiten zu Neuem Testament und Judentum 6,1; Frankfurt 1984). Seine These: „Daniel gibt offensichtlich das Thema an, und Jesus führt es souverän durch: mit, ohne und gegen Daniel" (51). Von der „Daniel-Kritik in der Basileia-Verkündigung Jesu" handelt ein ganzer Abschnitt (51–56; vgl. auch, mehr generell, 91–97). Für unsere Frage ist auch nach diesem Buch klar: Um so offensichtlich Daniel zu kritisieren, wie *Grimm* es Jesus zuschreibt, mußte Jesus sich bei seiner Rede vom Gottesreich unmißverständlich auf Daniel beziehen. Zu den Thesen *Grimms* selbst s. Anm. 126 f.

[124] Zitate: *Camponovo*, Königtum (s. Anm. 107) 437 f und 444.

Natürlich sahen Jesus und seine Zeitgenossen nicht, wie wir, auf das Alte Testament als auf einen geschichtlichen Prozeß zurück. Insofern ist es theoretisch denkbar, daß Jesus den Begriff von einem anderen Bereich des Alten Testaments und nicht von Daniel her verstanden hätte. Doch zeigt sich bei genauerem Hinsehen sehr schnell, daß seine eigentlichen Anknüpfungspunkte Deuterojesaja und Daniel heißen. Die Ankündigung des Gottesreiches als „Evangelium für die Armen" hält sich ans Jesajabuch. Die Rede von den „Tagen des Menschensohnes" verweist auf Daniel. Wenn bald darauf die frühen Christen sich als die „Heiligen" bezeichnen, haben auch sie wohl vor allem die Vision von Daniel 7 vor Augen[125].

So muß Jesu Rede vom Kommen der Gottesherrschaft doch wohl mehr, als die augenblicklichen Vertreter der neutestamentlichen Wissenschaft es meist zum Ausdruck bringen, unmittelbar an Daniel angeschlossen werden.

Das bedeutet nicht, daß Jesus nicht noch einmal alles ganz neu gefaßt hätte. Nur geht er von dem Begriff aus, der bei Daniel erreicht war.

Die Rede vom Königtum der Gottheit, die in den Staaten des alten Orients zur Legitimierung der bestehenden monarchischen Systeme diente, war in Israel zu einer möglichen Formel der Delegitimierung des Staates geworden. Im Umschlag des Gebrauchs 83 konnte sie zu einer Chiffre gerade für eine nichtstaatliche, ja nichtherrschaftliche Gestalt der Gesellschaft werden. Diese andere Gesellschaft war jetzt in der Welt nicht vorhanden. Sie war nur als

---

[125] Die Bezeichnung von Menschen als „Heilige" war zur Zeit Jesu ohne weiteres möglich, wie das bei *Brekelmans, Saints* (s. Anm. 118), zusammengestellte Material zeigt. Doch hat sie sich erst in den letzten Jahrhunderten vor Christus entwickelt. Wenn man nach der Basis für die Bezeichnung im hebräischen Kanon fragt, dann sieht das Bild anders aus. Die „Heiligen" sind dort die Jahwe umgebenden Götter bzw. Engel. Die einzige klare Ausnahme ist neben Dan 7 in Ps 34,10 zu finden, vgl. *Brekelmans,* 308. Vermutlich verstand man auch noch Dtn 33,3 und Ps 16,3 entgegen ihrem ursprünglichen Sinn so. Im ganzen legt sich Dan 7 als der wichtigste Bezugstext nahe. Es gibt allerdings eine viel breitere sachliche Basis für die Bezeichnung: die deuteronomische Bezeichnung Israels als „heiliges Volk" und das Leitmotiv des „Heiligkeitsgesetzes". Hierzu vgl. den Beitrag von *Hans F. Fuhs* in diesem Bande. Als Einzelstellen wären noch Ex 19,6; Jes 4,3 und – nach der LXX – Jes 41,16 zu nennen. Von diesen mächtigen Ansätzen her ist die in Dan 7 sich zeigende Sprachentwicklung voll verständlich. Trotzdem bleibt es dabei, daß dieses Kapitel dann für die Selbstbezeichnung der Christen den eigentlichen biblischen Haftpunkt darstellte.

zukünftig denkbar, und darüber hinaus konnte nicht menschliches Wollen sie heraufführen, sondern nur Gottes Wunder. So war „Gottesreich" eine Chiffre gesellschaftlicher Hoffnung geworden. Die Frage war: Wann führt Gott es herauf?

Jesus sah seine Aufgabe nicht darin, eine neue Variante dieser Hoffnungsfigur auszudenken und traditionsgeschichtlich durchzusetzen. Er sah sich als „Evangelist". Er hatte zu melden: Das, was alle in Israel erhoffen, ist jetzt am Kommen. Das schließt nicht aus, daß dabei auf die Gestalt der Erwartung selbst noch einmal ganz neues Licht fallen mußte. Doch im ganzen geht Jesu Aussage nicht auf das Was des Gottesreiches. Sie geht auf das Daß der Nähe des Gottesreiches.

Das Was ist eine Vorgabe dieser Rede. Die letzte ausführliche Definition dieser Vorgabe befindet sich im Danielbuch.

14. Jesu Rede vom „Gottesreich" und die „Kirche"

Die „Kirche" ging aus Jesu Auftreten, Tod und Auferstehung hervor. Sie war auf jeden Fall eine gesellschaftliche Wirklichkeit. Als solche schon, und nicht etwa nur, weil sie dem Meister nicht genügend folgte und sich der Welt wieder angepaßt hat, scheint sie für ein verbreitetes Empfinden von heute weit weg zu sein von dem, wovon Jesus sprach, wenn er das „Gottesreich" ansagte. Dies war der Ausgangspunkt unserer Darlegungen.

Nun müßte der Begriff des Gottesreiches von seinen Bestandteilen her ja etwas wie ein „politisch-theologischer" Begriff sein, nicht denkbar ohne Bezug auf die menschliche Erfahrung des Staates. Das spräche gegen unser Empfinden. Deshalb die übliche Flucht in die Begriffsgeschichte. War der Begriff nicht aus einer schon langen und alten Geschichte zu verstehen, und zeigt uns diese nicht, daß mit ihm eigentlich nur eine Aussage über Gott selbst gemacht werden sollte, über sein König*sein,* nicht aber über irgend etwas wie ein „Reich"?

Wir haben diese Auskunft zumindest als Anweisung für eine ⌞84⌟ Überprüfung der alttestamentlichen Vorgeschichte des Begriffs akzeptiert. Die Auskunft hat insofern recht behalten, als in der Tat Jesus von dem gesprochen hat, was bei Daniel zu lesen war, und daß bei Daniel selbst sich schon eine über tausendjährige alttestamentliche Geschichte der Rede von Gottes Königtum zusammenknotet.

Inhaltlich hat uns die Rückfrage nach dieser Vorgeschichte jedoch dazu gebracht, das verbreitete Vorverständnis in Frage zu stellen.

Natürlich haben wir die Untersuchung nur bis zum Danielbuch geführt, nicht bis zu den neutestamentlichen Texten selbst. Aber schon von hier her lassen sich zumindest methodische Postulate für die neutestamentliche Untersuchung aufstellen.

Die neutestamentliche Forschung könnte auch angesichts unserer Ausführungen theoretisch immer noch zu dem Ergebnis kommen, Jesus habe, als er das Reich Gottes ankündete, den Betriff so abgewandelt, daß nichts „Räumliches", nichts Gesellschaftliches und vielleicht überhaupt nichts Diesseitiges mehr darin impliziert war und die später entstehende Kirche im Grunde ein Mißverständnis darstellt. Nur eines könnte man nicht mehr: behaupten, das sei vom Alten Testament her schon so, es sei auch dort schon immer nur um Gottes Königsein und gar nicht um ein „Reich" gegangen.

Aber wenn man das nicht mehr sagen kann, und wenn andererseits die Sprache Jesu auf jeden Fall an das Alte Testament und speziell an das Danielbuch anknüpft, dann wird man für jeden Umbau des Begriffs durch Jesus, den man behauptet, den wissenschaftlich geschuldeten Nachweis aus den Evangelientexten selbst führen müssen. Es muß der Nachweis eines reflex durchgeführten begrifflichen Umbaus sein – denn was in den Köpfen und Herzen Jesu und seiner Umgebung vorgegeben war, das war etwas anderes. Ob das wohl gelingen kann?

Wie schon angedeutet: Wenn Jesu auch nicht einen Neuentwurf des Was des von Israel erwarteten Gottesreiches als seine Aufgabe sah, sondern das Evangelium vom Daß seines Kommens, so schließt das doch nicht aus, daß dabei auf die Gestalt der Erwartung selbst noch einmal ganz neues Licht fallen konnte. Das dürfte auch der Fall gewesen sein. Die eintreffende Wirklichkeit hat ⌐85⌐ Daniels apokalyptische Visionen keineswegs uninterpretiert gelassen. Sie hat die Konturen der alten Hoffnung noch einmal verändert. Wie?

Das Wichtigste ist sicher, daß bei Jesus die *basileia tou theou* nicht nur den „Verständigen" offensteht. Hier trennt er sich nicht nur von Daniel, sondern noch genau so von seinem Lehrer Johannes dem Täufer und Gruppen seiner Zeit wie etwa den Leuten von Qumran. Das Gottesreich verlangt keine moralische Eintrittskarte. Es wird jedem, gerade auch denen, die als Sünder gelten, geöffnet.

Ferner wird die apokalyptische Kosmosszenerie relativiert. Die alte Gesellschaft der Welt wird nicht in einem einzigen Augenblick in Staub verwandelt und vom Winde verweht. An die Stelle der Katastrophenbilder setzt Jesus die Gleichnisse vom Wachstum und vom Nebeneinander der beiden Welten. Ob er damit in der Sache wirklich gegen das Danielbuch steht, ist eine andere Frage. Die Antwort hängt davon ab, mit welcher Hermeneutik dessen Bilder eigentlich gelesen werden sollten[126]. Schließlich verwandelt sich zutiefst das Bild vom Feuer des Gerichtes. Im Gang zum Kreuz übernimmt gerade derjenige die Last des Zornes Gottes, in dem das Reich Gottes am Kommen ist. In der apokalyptischen Sprache des Danielbuches drückt sich das dann in der Johannesapokalypse so aus, daß da, wo man den Menschensohn erwartet, das geschlachtete Lamm steht.

Wahrlich tiefgreifende Neubestimmungen – wenn sie auch alle schon längst in anderen Linien der alttestamentlichen Eschatologie vorbereitet waren. Trotzdem wird keinen Augenblick lang das in Frage gestellt, was im Danielbuch die selbstverständliche Dimension der Rede von Gottes Königtum ist: daß es sich um die $\boxed{86}$ Zukunft der Gesellschaft, der Welt-Gesellschaft der Menschen handelt[127].

So scheint es zumindest dem Alttestamentler zu sein, der versucht, vom Rand seines eigenen Feldes her einen Blick auf die neutestamentlichen Texte zu werfen[128]. Daher sieht er auch nicht jene Diskontinuität zwischen Jesu Ankündigung, das Reich Gottes sei nahe, seinem Bemühen, Israel wieder zu sammeln, und der nach seinem Tod und seiner Auferstehung aus der Entscheidung für oder wider ihn erwachsenden „Kirche".

---

[126] Hier ist ein Wort zu *Grimm, Jesus* (s. Anm. 123), am Platze. *Grimm* betrachtet es als seine Aufgabe, aus den Texten eine Art Polemik Jesu gegen Daniel zu erheben. Die von ihm aufgelisteten Unterschiede zwischen Jesus und Daniel sind sicher weithin feststellbar, solange man auf der Ebene des reinen Wort- und Bildvergleichs bleibt. Vielleicht bemüht *Grimm* sich aber etwas zu wenig um die Hermeneutik der danielischen Aussagen. Es scheint mir ein massives Mißverständnis des Danielbuches zu sein, wenn *Grimm* behauptet, Daniel sehe „das Heil als Machtstruktur mit neu verteilten Rollen" (99) – ein Vorwurf, den man sicher einigen heutigen Weltverbesserungsideologien machen kann, nicht aber Daniel, der aus der Tiefe des alttestamentlichen Traditionsraums heraus formuliert (vgl. Dan 9!) und das Bild des vom Himmel kommenden „Menschen" an die Stelle der Bestien unserer Machtsysteme setzt (vgl. Dan 7).

[127] Nochmals zu *Grimm,* ebd.: Beweist er wirklich, daß Jesu Botschaft sich auf das Schlagwort „Gottesherrschaft punktuell" reduzieren läßt, wie uns der letzte Satz des Buches nahelegt? Das Buch leidet wohl doch zu sehr unter einer Frontstellung gegen moderne Sekten.

[128] Als entsprechende Ausführungen eines Neutestamentlers vgl. jedoch z. B. *G. Lohfink,* Korrelation (s. Anm. 2) 179–183.

Wir haben von Alfred Loisy her den Satz im Ohr, Jesus habe das Reich angesagt, gekommen sei die Kirche. Wir empfinden das spontan als die Anzeige einer Differenz von „Reich Gottes" und „Kirche". Loisy hatte, wie jeder, der sein Büchlein liest, leicht sehen kann, den Satz anders gemeint. Ihm ging es, bei aller Evolution, mit der er rechnete, um die Kontinuität zwischen beiden, gerade auch bezüglich der Dimension des Gesellschaftlichen. Nähert man sich der Frage vom Alten Testament her, dann neigt sich die Waage also auf die Seite von Loisy, nicht auf die unseres „spontanen" Empfindens.

Kennt das Alte Testament einen Unterschied von »Gebot« und »Gesetz«?

Zur bibeltheologischen Einstufung des Dekalogs

I 63 Im Buch Exodus verkündet der auf dem Sinai erschienene Gott »vom Himmel her« (Ex 20,22) dem ganzen Volk Israel (Ex 20,18f.22), unter dem sich nach seiner Rückkehr vom Berg (Ex 19,25) auch Mose wieder befindet, den in Ex 20,2–17 zitierten *Dekalog*[1]. Das Volk fürchtet sich und bittet, von Gottes Unmittelbarkeit befreit zu werden (Ex 20,19). Da geht Mose allein zur Wolke (Ex 20,21). Jetzt redet Gott nur noch zu ihm. Nachher vermittelt Mose das Gehörte, nämlich das »Bundesbuch« (Ex 20,22–23,33), weiter (Ex 24,3). Auch alle späteren Gesetze in den Büchern Ex-Num werden so durch Mose vermittelt.

Nach 40 Jahren wird Israel in Dtn 5 wieder an die sinaitische Grundszenerie erinnert. Nur weniges klingt dabei anders. Mose stand bei der Dekalogverkündung schon zwischen dem im Feuer redenden Gott und dem sich fürchtenden Volk, um das Wort weiterzurufen (Dtn 5,5). Dennoch sprach Gott zum Volk פָּנִים בְּפָנִים »unmittelbar« (Dtn 5,4). Sie vernahmen die Stimme aus dem Feuer (Dtn 5,24). Daß es so *nur* beim Dekalog geschah, wird ausdrücklich betont (Dtn 5,22 וְלֹא יָסָף). Seinen gesamten weiteren Rechtswillen hat Gott auf dem Berg Mose allein mitgeteilt, während das Volk in den Zelten weilte (5,31). Mose gibt ihn jetzt, unmittelbar vor seinem Tod, dem Volk weiter (Dtn 6,1). Wüßte man es aus den vorangehenden Büchern nicht besser, man müßte meinen, Israel habe während der 40 Jahre nur vom Dekalog gelebt. Den Dekalog hatte Gott selbst auf dem Berg auf zwei Steintafeln geschrieben (Dtn 5,22). Die erst in Moab verkündete »Tora« schreibt Mose nach ihrer Proklamation auf einen סֵפֶר, worunter man wohl eine Schriftrolle verstehen muß

---

[1] Die entstehungsgeschichtlich komplizierte Einleitung in 19,25; 20,1 ist im Sinne des Endtextes folgendermaßen zu lesen: »Mose stieg hinab zum Volk. Und (ein)er sprach zu ihnen, und zwar redete *Gott* alle diese Worte, er sprach: ...« So unter Verweis auf den strukturanalogen Anfang des Buches Leviticus F.-L. *Hossfeld,* Der Dekalog. Seine späten Fassungen, die originale Komposition und seine Vorstufen (OBO 45), Fribourg/Göttingen 1982, 166.

(Dtn 31,9.14; vgl. 17,18f). Während die Dekalogstafeln vom Horeb in der Bundeslade deponiert sind (Dtn 10,5), wird die Tora-Rolle neben der Bundeslade aufbewahrt werden (Dtn 31,26 מִצַּד).

[64] Die in Dtn 4,10–14 von spätdeuteronomistischer Hand dieser Schilderung noch einmal nuancierend vorangestellte Kurzdarstellung der gleichen Urszenerie vergrößert die Differenz von Dekalog und restlichen Gesetzen. Sie sagt in V. 14 nicht mehr, Gott habe Mose auf dem Berg die weiteren Gesetze mitgeteilt, sondern nur noch, er habe in jenem Augenblick Mose befohlen, die Israeliten חֻקִּים וּמִשְׁפָּטִים (ohne Artikel; Einheitsübersetzung: »Gesetze und Rechtsvorschriften«) zu »lehren« (לַמֵּד)[2].

Das Alte Testament hat den dem gesamten Israel gegebenen Gotteswillen im Pentateuch vereinigt. Wenn es die vorderen und hinteren Propheten anschließt, so teilt es doch im Pentateuch selbst mit, daß auch die Forderungen der Propheten nur diesen Gotteswillen vom Horeb weiterentfalten: Dtn 18,15–18[3]. Wenn es schließlich weisheitliche Schriften mit vielerart Wegweisung in den Kanon hineinholt, dann erklärt es zugleich schon im Pentateuch selbst, daß genau כָּל־הַחֻקִּים הָאֵלֶּה (Einheitsübersetzung: »dieses ganze Gesetzeswerk«) die wahre »Weisheit und Bildung« Israels angesichts der Weltvölker sind: Dtn 4,6[4]. Die Weisheitsschriften stimmen dem zu und interpretieren sich selbst als Inkarnation und Spiegelung des im Pentateuch niedergelegten Gotteswillens, indem sie in ihren grundlegenden Reflexionen zunehmend die Frau Weisheit mit Israels Tora identifizieren. Das im Pentateuch entworfene Verhältnis zwischen dem Dekalog einerseits und allen anderen Formulierungen

---

[2] Genaueres zu dieser Nuance: *N. Lohfink*, Die *ḥuqqîm ûmišpāṭîm* im Buch Deuteronomium und ihre Neubegrenzung durch Dtn 12,1, Bib. 70 (1989) 1–30, hier 13f.

[3] Zum Prophetengesetz zuletzt *U. Rüterswörden*, Von der politischen Gemeinschaft zur Gemeinde. Studien zu Dt 16,18–18,22 (BBB 65), Frankfurt a. M. 1987; vgl. meine Besprechung, die allerdings den Zeitansatz kritisiert: ThLZ 113 (1988) 425–430. Daß im alttestamentlichen Kanon die als die »vorderen« und »hinteren« Propheten bezeichneten Werke nach dem Erlöschen der Prophetie in der nachexilischen Zeit als Bücher in die Funktion der Propheten Israels eintreten sollen, zeigt die Rahmung dieses ganzen Komplexes durch Tora-Motive. Vgl. Jos 1,6–9; Mal 3,22.

[4] Vgl. *G. Braulik*, Weisheit, Gottesnähe und Gesetz – Zum Kerygma von Deuteronomium 4,5–8, in: *Ders.* (Hg.), Studien zum Pentateuch (FS W. Kornfeld), Wien 1977, 165–195, jetzt auch in: *Ders.*, Studien zur Theologie des Deuteronomiums (SBAB 2), Stuttgart 1988, 53–93.

des Gotteswillens andererseits gilt infolgedessen im Sinngefüge des Kanons für das gesamte Alte Testament.

II Wenn das alles so ist, dann kann man die in den sinaitischen Schlüsselszenen des Pentateuch herausgearbeitete *Unterscheidung zwischen Dekalog und restlichen Formulierungen des Gotteswillens* gar nicht ernst genug nehmen. Zumindest, wenn man die Schrift als Kanon liest – und das sollte man, wenn man biblische Theologie treibt, ja tun. Mag es in der Vorgeschichte des Kanons nur die Theorie einer Gruppe und einer Periode in Israel gewesen sein, jetzt steht genau diese Theorie in strategischer Schlüsselposition, von der aus sie alles andere beherrscht.

Daher ist es auch nicht verwunderlich, wenn die Christenheit schon sehr bald die auf der Hand liegende Sonderposition des Dekalogs benutzte, ⊏65⊐ um für die notwendige Wegweisung an die Christen trotz Jesu Relativierung pharisäisch herausgestellter Observanzen und trotz paulinischer Gesetzestheologie auch auf das Alte Testament zurückgreifen zu können. Zumindest den Dekalog benutzte man offenbar ohne Bedenken weiter, während man die restlichen Gesetze, vor allem das Zeremonialgesetz, freizügig behandelte. Geschah das zu Recht?

Die Frage soll hier weder vom Neuen Testament noch von der daran anschließenden christlichen Auslegung und ihren inneren Prinzipien her diskutiert werden, sondern nur im Horizont des Alten Testaments selbst. Auch hier möchte ich mich, um nicht in uferlose Gewässer zu geraten, an einen einzigen, allerdings bedeutenden und sicher für viele repräsentativen Gewährsmann aus neuerer Zeit halten und mit ihm allein das Gespräch führen: *Claus Westermann*. Er hat die Frage in seiner »Theologie des Alten Testaments« mit dem ihm eigenen, durchaus auch systematischen Zugriff ausführlich behandelt, und zwar entschieden im Sinne der bleibenden Geltung des Dekalogs[5].

III Allerdings geht Westermann nicht einfach von dem soeben nachgezeichneten Befund im Kanon des Alten Testaments aus. Er

---

[5] *C. Westermann*, Theologie des Alte Testaments in Grundzügen (GAT 6), Göttingen 1978, 154–162. Ich betrachte die folgenden Seiten als Stück des Gespräches, das in diesem Jahrbuch geführt werden soll. Westermann hat im Eröffnungsaufsatz von JBTh 1 die Punkte, auf die es hier vor allem ankommt, nochmals genannt und dezidiert vertreten. Vgl. *ders.*, Zur Frage einer biblischen Theologie, JBTh 1, Neukirchen-Vluyn ²1988, 13–30, hier 15.27f.

hebt vielmehr das Problem schon in einem frühen Kapitel (»Wort Gottes im Alten Testament«) von der narrativen auf die begriffliche Ebene. Sein begriffliches Gegensatzpaar lautet: *»Gebot (Verbot) und Gesetz«.* Diese beiden Größen unterscheidet er sofort, wo er sie einführt, aufgrund von syntaktischer Form, Sitz im Leben und vorliterarischer Traditionstechnik voneinander. Dann sagt er: »Erst nachträglich sind sie zusammengekommen in den Gesetzessammlungen des Pentateuch, und damit erst entstand das Gebote und Gesetze zusammenfassende 'Gesetz'. So zusammengefaßt sind sie der Theophanie am Sinai zugeordnet und insgesamt das von Gott seinem Volk vorgegebene Gesetz geworden.«[6]

Daß Westermann mit den beiden Begriffen aber konkret doch den Gegensatz von Dekalog und restlichen pentateuchischen Gesetzen im Auge hat, zeigt seine Formulierung an der Stelle, wo er die Fragen thematisch zu erörtern beginnt: Das aus der Sinaitheophanie »ergehende Wort Gottes an sein Volk Israel wurde das *Gebot* Gottes (Ex. 20, *der Dekalog*) und das *Gesetz* Gottes *(Ex. 21–23* und die dann folgenden *Gesetzeskorpora).*«[7]

Nach Westermann entsteht durch die je unabhängige Geschichte von Gebot und Gesetz vor ihrer Vereinigung in der Sinaidarstellung eine »für die Theologie des Alten Testaments schwerwiegende Frage«. Die »gesamte jüdische und christliche Tradition« hat die Gebote ⌐66⌐ und die Gesetze »unter dem Begriff des Gesetzes zusammengefaßt«. Die Texte des Alten Testaments zeigen dagegen einen dreifachen Unterschied von Gebot und Gesetz:

a) in der *Form:* Das »Gebot oder Verbot ist eingliedrig und hat die Form der direkten Anrede; das Gesetz ist zweigliedrig und verbindet den Tatbestand mit der Tatfolge.« Hier steht zweifellos die von Albrecht Alt herausgearbeitete Unterscheidung von apodiktischem und kasuistischem Recht im Hintergrund. Im Zusammenhang damit betrachtet Westermann Gebote als »direktes Gotteswort«, Gesetze dagegen nicht;

b) in der *Traditionsweise:* Westermann rechnet mit kultischer Verkündigung von Gebotsreihen, während die Rechtskorpora im »Zusammenhang der Rechtsinstitutionen« heranwuchsen und tradiert wurden;

c) in der *Möglichkeit von Wandlungen:* Zwar hätten auch die Gebote »Wandlungen durchgemacht«, aber die Gesetze seien »viel stärker der Wandlung unterworfen«[8].

Daraus folgert Westermann, »daß Gebot und Gesetz im Alten Testament *nicht die gleiche theologische Bedeutung* haben, daß die Unterordnung der Gebote unter den Begriff Gesetz vom *Alten Testament als ganzem* nicht zu begründen ist. Nur das Gebot ist direktes und unmittelbares Gotteswort. Die Gesetze sind erst nachträglich, in einem späteren Stadium zum Gotteswort erklärt worden.«[9]

---

[6] Ebd. 15.
[7] *Ders.,* Theologie 155. Unterstreichungen, auch im folgenden bei Zitaten aus Westermann, von mir.
[8] Alle Zitate ebd. 156.
[9] Ebd. 157.

Dieses »spätere Stadium« liegt, wie Westermann dann andeutet, allerdings noch innerhalb der biblischen Textentwicklung (ist also nicht erst von der »jüdischen und christlichen Tradition« hineingetragen worden). Er meint, »Gesetz« sei im Pentateuch »zum Oberbegriff geworden«, weil die am Ende bestimmende Gesetzessammlung der Priesterschrift vor allem gottesdienstliches Gesetz enthielt, das wegen seines Bezugs »auf das Heiligtum, den Opferdienst, den Dienst des Priesters« als »Gotteswort« verstanden worden sei[10]. Vermutlich denkt Westermann hier daran, daß man in der antiken Welt kultische Institutionen stets in göttlichen Setzungen begründet hielt, und dieses kulturell bedingte Mißverständnis habe dann zur Meinung geführt, alles Gesetzliche im Pentateuch sei ebenso Gotteswort wie der Dekalog.

Auf jeden Fall wurde die theologisch wichtige Unterscheidung von Gebot und Gesetz also nur durch ein in »später Zeit« geschehenes Mißverständnis verdeckt. Das »Alte Testament als ganzes« rückt dies zurecht. Dieser Begriff des »Alten Testaments als ganzen« meint bei Westermann offensichtlich nicht das jetzt vorliegende Alte Testament als Gesamtheit von Büchern, sondern fügt zu ihnen als eigentlich maßgebende Größe noch die in der Geschichte Israels und in der Werdegeschichte der biblischen Bücher ursprünglich lebendigen und deshalb den Endaussagen der Bücher hermeneutisch vorzuordnenden Kräfte, Vorgänge und Unterschiede hinzu.

Westermann sieht sich damit imstande, neu zu der neutestamentlichen »Entgegensetzung zweier Heilswege, des durch das Gesetz erlangten und des in Christus geschenkten Heils«, Stellung zu nehmen. Die übliche und durchaus sachgemäße, auch von Westermann vertretene Eingrenzung der Tragweite dieser Entgegensetzung hinsichtlich des Verständnisses des Alten Testaments pflegt mit Hilfe der Feststellung zu geschehen, daß das Gesetz im Alten Testament »niemals als Heilsweg verstanden« wird. Das Leben nach den Geboten und Gesetzen ist im Alten Testament stets [67] schon »Antwort auf Gottes Rettungstat«[11]. Doch »darüber hinaus« glaubt Westermann nun gewissermaßen eine zweite Verteidigungslinie aufbauen zu können. Selbst wenn die Aussagen des Neuen Testaments über das »Gesetz« für die Gesetze im Pentateuch gelten sollten, kann

---

[10] Ebd. 157.
[11] Ebd. 157. Dies dürfte nicht ganz zutreffen. Innerhalb der dtr Lehrentwicklung scheint es eine »nomistische« Phase gegeben zu haben (vgl. etwa Dtn 6,18f), die allerdings später ausdrücklich revidiert und damit gesamtalttestamentlich folgenlos gemacht wurde (vgl. vor allem Dtn 9,1–6). Es handelt sich um die von R. Smend in Jos und Ri unter dem Siglum DtrN identifizierte Schicht (ohne das, was später in den Samuels- und Königsbüchern von Schülern

er die »Gebote« aufgrund der eingeführten Unterscheidung aus der ganzen Diskussion gewissermaßen herausziehen. Sie haben eine andere Funktion als die Gesetze. Sie sind »Weisung«. »Weisung« aber ist neben der »Verheißung« unentbehrlich. Das Evangelium »kann nicht an die Stelle der Weisung Gottes treten, diese hat vielmehr neben der Heilsbotschaft ihren notwendigen Ort.« Auch im Neuen Testament geht aus dem Evangelium die Weisung hervor. »Daraus ergibt sich, daß auch im Neuen Testament streng zwischen Gebot und Gesetz zu unterscheiden ist, und die Gebote von dem nicht betroffen sind, was vom Gesetz als dem überwundenen Heilsweg gesagt wird.«[12] Bei solchen Formulierungen muß man immer mithören, daß beim Wort »Gebote« für das Alte Testament konkret an den Dekalog gedacht wird.

Dies sind die *grundsätzlichen* Ausführungen Westermanns. Da die ganze Argumentation letztlich auf *historischen* Auffassungen beruht, die er als Bibelwissenschaftler vertritt, ist es erfreulich, daß er diese Auffassungen dann noch ein wenig entfaltet. Er äußert sich (a) zur Terminologie bezüglich Gebot und Gesetz und (b) zur Traditionsgeschichte dieser Größen, dann (c) zieht er Folgerungen für das »Verständnis von Gebot und Gesetz im Alten Testament«[13].

Zu a: Bei den Ausführungen zur *Terminologie* fällt auf, daß Westermann מִצְוָה offenbar als exklusiven Terminus für Befehl oder Gebot betrachtet, חֹק und מִשְׁפָּט als »apodiktischen« und »kasuistischen« Rechtssatz voneinander unterscheidet und תּוֹרָה zumindest am Ende der Entwicklung, allerspätestens bei der Übersetzung durch das griechische Wort νόμος, als schließlich die Gebote und die Gesetze im Sinne von »Gesetz« zusammenfassende Wort bestimmt[14]. Warum gerade dieses von seiner spezifischen Bedeutung her ja auf ganz anderes weisende Wort dafür genommen wurde, erklärt er mutmaßend daraus, daß vielleicht

---

Smends mit dem gleichen Siglum versehen wurde). Vgl. *R. Smend*, Das Gesetz und die Völker, in: *H. W. Wolff* (Hg.), Probleme biblischer Theologie (FS G. von Rad), München 1971, 494–509; *N. Lohfink*, Kerygmata des Deuteronomistischen Geschichtswerks, in: *J. Jeremias – L. Perlitt* (Hg.), Die Botschaft und die Boten (FS H. W. Wolff), Neukirchen-Vluyn 1981, 87–100; *G. Braulik*, Gesetz als Evangelium. Rechtfertigung und Begnadigung nach der deuteronomischen Tora, ZThK 79 (1982) 127–160, jetzt auch in: *Ders.*, Studien zur Theologie des Deuteronomiums (SBAB 2), Stuttgart 1988, 123–160.

[12] Alle Zitate ebd. 157f. Auf S. 157, 2. Zeile von unten ist »aus ihm hervor« statt »aus ihr hervor« zu lesen.

[13] Ebd. 158–162. Der auf S. 158 unter »c« angekündigte dritte Teil ist im Text – im Gegensatz zu den beiden ersten – nicht gekennzeichnet. Er dürfte wohl auf S. 162 oben beginnen.

[14] Ebd. 158f.

68 »die allen Geboten und Gesetzen vorangehende Weisung Gottes für die wandernde Gruppe (Gen 12,1) als ihnen allen zugrundeliegend angesehen wurde.«[15]

Zu b: Bei der *traditionsgeschichtlichen* Ausführung scheint er das im Pentateuch entworfene Geschichtsbild – etwas modernisiert durch Kategorien wie Nomadismus und Seßhaftigkeit – als realen Geschichtsablauf vorauszusetzen. Denn die erste »Vorstufe« für »das *Gebot, wie es uns im Dekalog begegnet*«, seien Weisungen Gottes gewesen, die in der Patriarchenzeit direkt an die Väter oder Mütter für das Verhalten in bestimmten Situationen ergingen (Beispiele: Gen 12 und 16). Eine zweite Vorstufe gehöre in die »Zeit der Wüstenwanderung«. Da erging die immer noch situationsbezogene Weisung »durch einen Mittler, der sie für die ganze wandernde Gruppe empfängt und an sie weitergibt«. Erst »mit dem Übergang zur Seßhaftigkeit werden für die Dauer gültige Gebote und für das ganze Gemeinwesen gültige Gesetze notwendig«. Die nun entstehenden Gebote waren zunächst negativ formuliert. Das ist darin begründet, daß in der Lebensform der Frühzeit alles noch ganz im Gemeinschaftsgefüge eingebettet war, so daß die Gebote nur auf die »Grenzen des Verhaltens« hinweisen mußten. Der Sitz im Leben war der Gottesdienst. Der Dekalog ist erst »Schritt für Schritt« aus kleineren Reihen entstanden. Kernzelle waren dabei die ersten Gebote des Dekalogs, die sich auch in andere Reihen hinein ausgliedern konnten (vgl. Ex 23; 34; Lev 19)[16].

Gesetze entstehen nach Westermann zunächst einzeln, und zwar entweder durch einen Herrschenden oder aus Gerichtsverhandlungen heraus. Dann werden Sammlungen angefertigt, und zwar zunächst für einzelne Rechtsbereiche. »Bei diesem ersten Schritt bleiben Zivil- und Strafrecht noch getrennt.« Dann entstehen durch weitere Zusammenfassung eigentliche Korpora, und zwar entsprechend den »Wandlungen der Gemeinschaftsformen« je neue. Das älteste Korpus, das Bundesbuch, »im Anschluß an das Seßhaftwerden der Stämme in Kanaan entstanden«, zeige noch »das nahe und feste Zusammengehören aller Lebensbereiche in der Frühzeit«. Das deuteronomistische Gesetz spiegele die Bedrohung der Identität Israels in der Königszeit und die sozialen Anklagen der Propheten. Im Heiligkeitsgesetz beginne der kultische Bereich vorzuherrschen, es zeige »den allmählichen Übergang von einem Staatsvolk zu einer gottesdienstlichen Gemeinde.« Dieser Übergang sei im »Priestergesetz« dann vollzogen. Es enthalte nur noch »gottesdienstliches Gesetz«[17].

Für unsere Frage nach dem Charakter des Dekalogs scheint mir die These bezüglich der Verteilung von »Gebot« und »Gesetz« im *Bundesbuch* interessant – denn entgegen dem Gesamtduktus der Darstellung wird hier faktisch zugegeben, daß man die Frage nach dem »Gebot« aus der Deskription der Gesetzeskorpora nicht einfach heraushalten kann. Westermann muß nämlich erklären, was es damit auf sich hat, daß auch in diesem Gesetzeskorpus »Gebote« vorkommen (man erinnere sich: »Gebot« ist von der Syntax her als eingliedrige direkte Anrede definiert). Er meint: »Gebote begegnen nur im zweiten Teil des Bundesbuches (Ex 22,20–23,19).« Daraus sei »deutlich erkennbar, daß den Tradenten der Unter-

---

[15] Ebd. 158.
[16] Alle Zitate ebd. 159f.
[17] Alle Zitate ebd. 160–162.

schied von Gebot und Gesetz bewußt war.« Nun ist dem Leser des Bundesbuches, wenn er sich an die Syntax der Sätze hält, sicher nicht ohne weiteres
deutlich, warum einerseits der Satz »Einen Fremden sollst du nicht ausnutzen
oder ausbeuten« in Ex 22,20 ein »Gebot« ist und andererseits der nur wenige
Zeilen davor stehende Satz »Eine Hexe sollst du nicht am Leben lassen« in Ex
22,17 dies nicht sein sollte. Wohl aus diesem Grunde bestimmt Westermann (in
einer kritischen Bemerkung gegenüber Albrecht Alt), daß solche Sätze in der
ersten Hälfte des Bundesbuches »apodiktische Rechtssätze«, in der zweiten
dagegen »Gebote« seien. Wie er zu dieser Unterscheidung kommt, erklärt er nicht
weiter. Er sagt nur, Gebote seien »keine Rechtssätze«. Auch warum sie dann die
zweite Hälfte eines »Gesetzeskorpus« bilden, erklärt er nicht. Zu vergleichbarem
Nebeneinander von ⬚ 69 ⬚ »Geboten« und »Gesetzen« (im Sinne seiner Definition) in späteren Gesetzeskorpora äußert er sich ebensowenig[18].

Zu c: Die *Folgerung* aus allen geschichtlichen Ausführungen läuft darauf
hinaus, daß sich die Gebote (= der Dekalog), zumindest im Kern (dem »ersten
und zweiten Gebot«), aber auch im Grundgehalt dessen, was über die Beziehungen zum Nächsten gefordert wird, niemals ändern, während die Gesetze sich mit
den Wandlungen der Geschichte auch selber wandeln müssen[19]. Warum die
Unwandelbarkeit des Dekalogs doch nur mit mehrfachen Einschränkungen
ausgesagt werden kann, wird nicht weiter begründet. Ebensowenig kommt
Westermann darauf zu sprechen, daß das, was die ersten beiden Gebote besagen,
sowie der Grundgehalt dessen, was über die Beziehungen zum Nächsten gefordert
wird, ja eigentlich auch in den Gesetzen sich wandelt.

IV Das Referat über die Ausführungen Westermanns zum Sonder-
charakter des Dekalogs hat, vor allem gegen Ende, schon einige
Leerstellen, Inkonsistenzen und Aporien der Westermannschen Argumentation andeuten müssen. Andere kämen hinzu.

So ist es mir nicht deutlich, wodurch sich die beiden von Westermann genannten
Vorstufen des »Gebots« eigentlich voneinander unterscheiden. Wenn in der
Patriarchenzeit die Weisung Gottes an Väter oder Mütter erging, dann doch nicht
für sie persönlich, sondern für ihre ganze Gruppe. Dann waren sie aber ebenso
»*Mittler*« wie der »Mittler« der Wüstenzeit, der die Weisung für seine wandernde
Gruppe empfing.

Das Stichwort »Mittler« führt zu einer weiteren Frage. Nach Westermanns
Überzeugung wurden später auch die eigentlichen »Gebote« an die »zum
Gottesdienst zusammengekommene Gemeinde« *durch den* »*Mund des Priesters*«
vermittelt[20]. Nach seinem ursprünglichen Ansatz sind Gebote aber ihrem Wesen
nach »ein direkter Vorgang zwischen Gott und Mensch«, etwa so wie es zwischen
Gott und Abraham in Gen 12,1 vorging[21]. Oder gilt die Direktheit des Gebots
nur auf der Ebene der sprachlichen Gestalt, unter Absehung von den tatsächli-

---

[18] Alle Zitate ebd. 160.
[19] Ebd. 162.
[20] Ebd. 159.
[21] Ebd. 156.

chen historisch vorhandenen Vermittlungsmechanismen? Dann wäre aber wieder nicht einsichtig, warum Sätze gleicher sprachlicher Gestalt in bestimmten Fällen nicht als »Gebote« gelten sollen – vgl. die oben gemachte Bemerkung zu Ex 22,17, das nach Westermann zwar »apodiktisches Recht« ist, aber kein »Gebot«.

Doch sei im folgenden die Frage nach der inneren Konsistenz von Westermanns Ausführungen beiseitegelassen. Da er seine theologischen Aussagen letztlich auf exegetische und historische Ansichten gründet, ja unsere historische Einsicht nach ihm anscheinend überhaupt erst »das Alte Testament als ganzes« konstituiert, ist als nächster Schritt des Gesprächs wohl die Frage angemessen, was man von den von Westermann eingebrachten exegetischen und historischen Ansichten zu halten hat. Ich kann hier natürlich keine wirkliche Sachdiskussion beginnen. Es muß im allgemeinen genügen, darauf hinzuweisen, in welchem Maß sich Westermanns Auffassungen mit denen anderer Fachvertreter decken oder nicht.

V [70] In der grundlegenden und durchaus theologisch gemeinten Unterscheidung zwischen Gebot und Gesetz scheint Westermann sich in der Gefolgschaft von *Gerhard von Rad* zu sehen, der im ersten Band seiner »Theologie des Alten Testaments« bei der Behandlung der »Gottesoffenbarung am Sinai« höchst tastend und differenzierend die Frage bespricht, ob Dekalog und Gesetze im Pentateuch im Sinne von an Paulus orientierter Theologie als »Gesetz« zu betrachten seien oder nicht. Er gibt diesem Abschnitt die Überschrift: »Die Bedeutung der Gebote«[22]. Doch wird man höchstens sagen können, daß Westermann hier dem Begriff »Gebot« als Gegenbegriff zu »Gesetz« begegnet ist. Im übrigen geht es von Rad gerade darum, auch die Gesetze des Pentateuch so weit wie möglich zum »Gebot« zu schlagen. Eine sprachlich-gattungshafte Begriffsbestimmung des bei ihm mit »Gebot« theologisch Gemeinten liegt ihm fern[23].

---

[22] Ich verzichte auf Seitenzahlen, da diese je nach Auflage variieren. Die Angaben bei *Westermann,* ebd. 160, Anm. 18, beziehen sich auf die 1. Auflage (München 1957). Westermann sieht bei G. von Rad »eine überzeugende Darstellung der Gebote (im Unterschied zu den Gesetzen)«.

[23] Die großen »Theologien« des Alten Testaments aus der ersten Jahrhunderthälfte scheinen eine solche Unterscheidung von »Gebot« und »Gesetz« nicht zu kennen. Bei *W.* *Eichrodt* (Theologie des Alten Testaments, 2 Bde, Stuttgart/Göttingen ⁶1959) spielt weder der Dekalog noch das Stichwort »Gebot« eine selbständige Rolle. Er behandelt die einschlägigen Fragen aller unter dem Stichwort »Gesetz«. *O. Procksch* (Theologie des Alten Testaments, Gütersloh

Was diese *sprachlich-gattungshafte Bestimmung* von »Gebot« im Gegensatz zu »Gesetz« angeht, so spiegeln Westermanns Ausführungen einen recht frühen Stand der Diskussion, ja fast nicht mehr als den Initialschub, den Albrecht Alt im Jahre 1934 der Forschung gegeben hatte: die Unterscheidung zwischen »apodiktisch« und »kasuistisch« formulierten Sätzen in den Rechtstexten Israels. Hier ist aber in der Zwischenzeit vieles entschieden differenzierter beschrieben worden. Die gemeinte, je nach sprachlichem und außersprachlichem Kontext gebietende, verbietende, heischende, warnende, ermahnende, jedenfalls Handeln herausfordernde Satzgestalt verweist – um sofort auf den hier entscheidenden Punkt zu kommen – von ihrer reinen Form her keineswegs notwendig auf kultischen Sitz im Leben und auf Gott als letztgemeinten Sprecher. Auch fest geprägte und offenbar schon mündlich tradierte Reihenbildungen aus Sätzen dieser Art mußten nicht kultisch tradiert werden. Sie konnten ebenfalls im Sippenethos einer vorstaatlichen Nomaden- oder Bauerngeschaft, ⌐71⌐ in der familiären und schulischen (Rechts-)Erziehung und bei der Rechtspflege am Stadttor formuliert, rezitiert und von der jungen Generation übernommen werden[24]. Um kultische Herkunft und Weitergabe einer bestimmten Reihe und ihre Interpretation als Gotteswort anzunehmen, müssen entsprechende inhaltliche Aussagen des Textes selbst oder – sei es

---

1950, 678f) unterscheidet »Gebot« und »Gesetz« unter völlig anderem (auch nicht gerade überzeugendem) Gesichtspunkt: Das Gesetz regelt das »Verhältnis zwischen Gott und Volk«, das Gebot das zwischen Gott und den »einzelnen Menschen«. Er kann sagen, das »Gottesgebot« sei »nicht nur im Dekalog enthalten, sondern im ganzen Gesetz, ja auch in den Propheten und den übrigen heiligen Schriften.« Vielleicht ist G. von Rad zu seiner Art der Unterscheidung von »Gebot« und »Gesetz« angeregt worden durch *P. Althaus*, Gebot und Gesetz. Zum Thema »Gesetz und Evangelium« (BFChTh 46,2), Gütersloh 1952. Althaus geht explizit davon aus: »Gebot und Gesetz zu unterscheiden läßt sich natürlich nicht durch die beiden Begriffe als solche begründen. Die Unterscheidung hat nicht analytischen, sondern synthetischen Charakter« (8). Er will durch den Begriff »Gebot« die frühere Rede vom »tertius usus legis« ersetzen.

[24] Wichtige Arbeiten in dieser Hinsicht waren *E. Gerstenberger*, Wesen und Herkunft des »apodiktischen Rechts« (WMANT 20), Neukirchen-Vluyn 1965; *G. Fohrer*, Das sogenannte apodiktisch formulierte Recht und der Dekalog (1965), jetzt in: *Ders.*, Studien zur alttestamentlichen Theologie und Geschichte (BZAW 115), Berlin 1969, 120–148; *W. Richter*, Recht und Ethos. Versuch einer Ortung des weisheitlichen Mahnspruchs (StANT 15), München 1966. Doch gibt es zu dieser Frage bis in die letzten Jahre sehr viele Einzelarbeiten, die hier nicht aufgelistet werden können.

direkte, sei es indirekte, auf jeden Fall überdies historisch glaubhafte – Hinweise im literarischen Kontext, in dem die Reihe uns jetzt gegeben ist, hinzutreten. Das könnte beim Dekalog der Fall sein. Doch dann ist für die ganze Frage der Rekurs auf die sprachliche Form eigentlich überflüssig.

Diese Form konnte natürlich auch *direkt literarisch geschaffen* werden. Das Auftreten der Form in Gesetzbüchern zwingt keineswegs immer dazu, mit vorgegebenem mündlichem Traditionsgut zu rechnen, das erst sekundär in den Rechtsbuchzusammenhang geholt worden wäre. Das Gegenteil ist oft wahrscheinlich, da in Israel das Recht dann, wenn es an seine Grenze geriet, durchaus ins Ethos übergehen konnte, und dann lagen »Du-sollst-Formulierungen«, seien sie nun aus traditionellem Gut aufgenommen, seien sie neu formuliert, nahe[25].

Wenn daher schon der ganze »formgeschichtliche« Ansatz Westermanns heute recht fragwürdig geworden ist, so werden seine meisten Kollegen noch ratloser vor der von ihm dabei zugrunde gelegten *Rekonstruktion des Geschichtsablaufs* stehen. Seit Martin Noths »Überlieferungsgeschichte des Pentateuch« und seiner »Geschichte Israels«, ja eigentlich schon seit Gerhard von Rads Studie »Das formgeschichtliche Problem des Hexateuch« müßte man sich doch etwas schwer damit tun, die in der biblischen Darstellung auf die Zeitlinie hintereinander gesetzten Traditionsblöcke als reales historisches Nacheinander verschiedener Perioden (einer Väterzeit, einer Wüstenzeit, einer Zeit der beginnenden Seßhaftigkeit) zu übernehmen. Genügt es zur Umsetzung in Geschichte im heutigen Sinn, einige Wörter wie »nomadisch«, »Gruppe« und »seßhaft« einzuflechten? Die Entstehung und die Frühzeit Israels sind in der wissenschaftlichen Diskussion wieder umstritten. Vieles ist wahrhaft dunkel. Aber kann man hinter die Problematisierung des biblischen Zeitschemas zurück? Selbst wer heute vertritt, alle Vorfahren der späteren Israeliten seien einmal Nomaden gewesen, weiß, daß dies eine schwierige Hypothese ist, und muß sich mit Gegenhypothesen auseinandersetzen bis hin zu ⟨72⟩ solchen, die in der Masse der späteren Israeliten die autochthone unterschichtige Land- und Stadtbevölkerung Kanaans sehen. Kenner von Nomadenkulturen

---

[25] Vgl. *E. Otto*, Sozial- und rechtshistorische Aspekte in der Ausdifferenzierung eines altisraelitischen Ethos aus dem Recht, in: Osnabrücker Hochschulschr. (FB 3) 9 (1987), 135–161.

würden sich außerdem hüten, einer nomadischen Gesellschaft »feststehende, für die Dauer gültige« Verhaltensnormen und deren sprachliche Fixierung abzusprechen, wie Westermann es tut[26].

Zu den wenigen heute klaren Sachverhalten der begriffsgeschichtlichen Forschung hinsichtlich der *Gesetzesterminologie* im Alten Testament gehört, daß das Wort תּוֹרָה erst durch deuteronomistische Theologen der Exilszeit zur »umfassenden Bezeichnung für die Gebote und Gesetze« geworden ist. Wenn Westermann vermutet, daß dieser Vorgang darin begründet sein könnte, »daß die allen Geboten und Gesetzen vorangehende Weisung Gottes für die wandernde Gruppe (Gen 12,1) als ihnen allen zugrundeliegend angesehen wurde«[27], so fragt man sich wieder, welcher Entwurf der Geschichte Israels diese Aussage hintergründig leitet[28].

Man wird natürlich bei den Ausführungen Westermanns zur Gesetzesterminologie nicht fordern dürfen, daß seine Kurzdarstellung zu sehr ins Detail geht. Doch ist sie auch hinsichtlich anderer Termini als תּוֹרָה recht einseitig. Für הֹק = apodiktischer, מִשְׁפָּט = kasuistischer Rechtssatz kann man sich zwar auf eine Vermutung von Gerhard Liedke[29] berufen, wie Westermann es tut, doch steht Liedke ziemlich allein. Die Annahme ist nicht wirlich bewiesen und verwickelt sich in Widersprüche zum Textbefund[30]. Am wenigsten

---

[26] *Westermann,* Theologie (s. o. Anm. 5) 159.

[27] Ebd. 158.

[28] In Gen 26,5 ist תּוֹרָה (in der Pluralform תּוֹרֹת) in der Tat in den Vätererzählungen belegt. Das Wort ist allerdings kombiniert mit den ausgesprochenen Gesetzestermini מִשְׁמֶרֶת, מִצְוֹת und חֻקּוֹת, und es handelt sich auch nach Westermanns Genesiskommentar um eine »sekundäre Erweiterung« aus »nachdeuteronomischer Zeit«. Vgl. *C. Westermann,* Genesis II (BK I/2), Neukirchen Vluyn 1981, 516–518. Die Verfasser dieses Zusatzes in Gen 26,5 haben תּוֹרָה zweifellos nicht im Sinne einer »allen Geboten und Gesetzen vorangehenden Weisung Gottes für die wandernde Gruppe« verstanden. Theoretisch böte sich noch von Gen 12,6 her eine Chance, das Wort תּוֹרָה mit Abraham zu verbinden. Denn dort ist die Rede vom »Orakelbaum« (אֵלוֹן מוֹרֶה). Doch in seinem Kommentar nutzt Westermann den Text nicht in diesem Sinne aus. Er sieht hier einen Baum, der »selbst wahrsagt«. Ihn gab es schon, als die Väter ins Land kamen. Sie haben ihn auf ihren Wanderungen aufgesucht (vgl. ebd. 178f). Im Kontext von Gen 12,6 ist allerdings auch nicht von einer Weisung, die Abraham dort beim Orakelbaum erhalten habe, die Rede, sondern von einer Verheißung (Gen 12,7).

[29] *G. Liedke,* Gestalt und Bezeichnung alttestamentlicher Rechtssätze. Eine formgeschichtlich-terminologische Studie (WMANT 39), Neukirchen-Vluyn 1971.

[30] Als neueste Diskussion der Frage vgl. *Lohfink, ḥuqqîm ûmišpāṭîm* (s. o. Anm. 2) 3–6.

zur Gesamthypothese Westermanns paßt jedoch der Befund beim Wort מִצְוָה, das er als »Befehl oder Gebot, in direkter Anrede ergehend« definiert[31]. Westermann scheint sich überhaupt nicht dessen bewußt zu sein, daß מִצְוָה und מִצְוֹת im späteren Judentum zur eigentlichen Gebrauchsterminologie geworden ist für das, was im christlichen Sprachgebrauch »Gesetz« und »Gesetze« heißt. Hätte er mit seiner Begriffsbestimmung recht, dann hätte das Judentum keineswegs den Begriff 73 »Gesetz« auf die »Gebote« ausgedehnt, sondern umgekehrt den Begriff »Gebote« auf das »Gesetz«. Die Frage ist allerdings, ob die Dinge begriffsgeschichtlich so einfach liegen, wie sie bei Westermann klingen. Im Deuteronomium auf jeden Fall kann הַמִּצְוֹת zwar den Dekalog bezeichnen (literargeschichtlich erstmalig in Dtn 5,29), aber ebenso alle Gesetze, und הַמִּצְוָה kann, genau wie הַתּוֹרָה oder הַחֻקִּים וְהַמִּשְׁפָּטִים, die Gesamtheit der Gesetze bezeichnen, wobei nach einzelnen Stellen und Wörtern nochmals zu differenzieren wäre[32]. In verbalen Aussagen werden im Deuteronomium die »Gesetze« genau so befohlen (צוה) wie der Dekalog, und nicht nur von Mose, sondern auch von Jahwe[33].

Daher ist auch die These schwer haltbar, die »Gesetze« seien erst im Zusammenhang mit dem Einbau priesterlicher Kultgesetze zum Gotteswort erklärt worden. Dies hat zumindest schon die deuteronomistische Gesetzestheorie gemacht, und falls man annimmt, daß das Bundesbuch schon in einer Quelle E oder in einer Pentateuchredaktion JE in den Zusammenhang der Sinaiperikope gesetzt wurde, haben schon diese es getan. Denn ob unmittelbar dem Volk gesagt oder durch Mose vermittelt: Diese Textbereiche erklären die Gesetze in jedem Fall zum Gotteswort. Ich wüßte auch niemanden, der in diesem Punkt Westermans Auffassung teilte.

---

[31] *Westermann*, Theologie (s.o. Anm. 5) 158.

[32] Für diese Fragen vgl. vor allem G. *Braulik*, Die Ausdrücke für »Gesetz« im Buch Deuteronomium, Bibl. 51 (1970) 39–66, jetzt auch in: *Ders.*, Studien zur Theologie des Deuteronomiums (SBAB 2), Stuttgart 1988, 11–38.

[33] Jahwe ist Subjekt von צוה beim Dekalog (Dtn 4,13.23; 5,12.15.16.32.33; 9,12.16; 13,6) ebenso wie bei den Gesetzen (Dtn 6,17.20.24.25; 20,17; 26,13. 14.16; 28,45), Mose natürlich nur bei den Gesetzen (Dtn 4,2.2.40; 6,2.6; 7,11; 8,1.11; 10,13; 11,8.13.22.27.28; 12,11.14.21.28; 13,1.19; 15,5.11.15; 19,7.9; 24,8.18.20; 27,10; 28,1.13.14.15; 30,2.8.11.16; 31,5.29; 33,4). In Dtn 17,3, wo es sich um den Dekalog handelt, kann man streiten, ob Jahwe oder Mose das Subjekt ist. Sogar ganz Israel kann Subjekt von צוה sein, nämlich bei der Weitergabe der Tora mit allen ihren Bestimmungen an die nächste Generation (Dtn 32,46).

Was die *Altersbestimmung* einzelner Textbestände angeht, so werden Westermanns Frühansetzungen des Dekalogs und des Bundesbuches zwar auch heute sporadisch vertreten. Doch muß man wissen, daß es davon massiv divergierende Auffassungen ebenfalls gibt, so daß zumindest der hypothetische Charakter all unserer Aussagen über solche Dinge stets bewußt bleiben müßten. Beim Bundesbuch vermuten die neuesten, rechtsanalytisch höchst kompetenten Untersuchungen von Eckart Otto einen Ursprung in der staatlichen Zeit[34], beim Dekalog reicht die Skala über Lothar Perlitts Bestimmung des Dekalogs als eines aus levitischer »Predigttätigkeit« stammenden »Konzentrats« deuteronomischer Theologie beim Übergang zur deuteronomistischen Theologie[35] bis zu den mit subtilsten Textanalysen ausgearbeiteten Theorien von Frank-Lothar Hossfeld ⸤74⸥ und Christoph Levin, die im Dekalog eine rein literarische Kreation von frühestens exilischen deuteronomistischen Autoren und Redaktoren vermuten[36].

Die außerordentlich linearen Entwicklungsgesetze, die nach Westermann über mehrere Stufen (Einzelgesetze, Sammlungen getrennt nach Zivil- und Strafrecht, umfassende Sammlungen mit Einheit aller Lebensbereiche, Vordringen des Kultischen) die Entwicklung zu Gesetzeskorpora des biblischen Typs geleitet haben, dürften kaum der viel komplizierteren geschichtlichen Wirklichkeit entsprechen. Die Frage nach den Funktionen von altorientalischen »Gesetzeskorpora« (Gesetzbücher, Rechtssammlungen, Schultexte?), die vor allem die Keilschriftrechtler in den letzten Jahren sehr bewegt[37], kommt bei Westermann gar nicht auf. Manche Autoren stellen die von ihm vertretene These, das Bundesbuch spiegele das »Zusammengehören aller Lebensbereiche in der Frühzeit«[38], auf den Kopf und sehen in ihm schon das Zeugnis sekundärer Ethisierung und Theologisierung zwecks Wiedergewinnung einer gesellschaftlichen Einheit, die nach dem Zerbrechen

---

[34] Vgl. *E. Otto*, Wandel der Rechtsbegründungen in der Gesellschaftsgeschichte des antiken Israel. Eine Rechtsgeschichte des »Bundesbuches« Ex XX 22–XXIII 13 (StB 3), Leiden 1988.

[35] *L. Perlitt*, Bundestheologie im Alten Testament (WMANT 36), Neukirchen-Vluyn 1969, 101.

[36] *Hossfeld*, Dekalog (s. o. Anm. 1); *C. Levin*, Der Dekalog am Sinai, VT 35 (1985) 161–191.

[37] Knappe Literaturübersicht bei *Otto*, Aspekte (s. o. Anm. 25) 136–138.

[38] *Westermann*, Theologie (s. o. Anm. 5) 161.

der. frühen Solidarität nicht mehr einfach aus gesellschaftlicher Nähe gegeben war[39].

Es wird deutlich geworden sein, daß selbst da, wo Westermann keine nur ihm eigenen (und in seinem Zusammenhang natürlich nicht näher begründbaren) Auffassungen vertritt, doch meist inzwischen andere Sichten aufgekommen sind oder sogar schon zur Abfassungszeit seiner »Theologie« existierten. Gerade einige der Annahmen, die dann die theologische Last zu tragen haben, sind außerordentlich hypothetisch, und man kann selbst im Namen der historischen Forschung niemanden auf sie verpflichten. Das, was in Vorordnung zu dem als Text vorliegenden biblischen Kanon nach Westermann das »Alte Testament als ganzes« konstituiert, nämlich die traditionsgeschichtlichen Sachverhalte, sind konkret besehen Vermutungen, und noch nicht einmal allgemein geteilte, ja oft mit Recht bezweifelbare.

VI Ehe ich nun versuche, eine Problemlösung anzudeuten, die die Aussage des »Alten Testaments als ganzen« nicht auf so direkte Weise von form- und traditionsgeschichtlichen Hypothesen abhängig machen muß, glaube ich, es dem Leser schuldig zu sein, auf der Ebene der traditions- und literarhistorischen Betrachtung zumindest für den Dekalog anzudeuten, 75 wie ich selber dessen Geschichte und theologische Rolle innerhalb der Geschichte Israels sehe.

Ich muß leider zunächst einmal die Frage nach dem *konkreten Dekalogstext* von der umfassenderen Frage nach der Traditionsgeschichte des Dekalogs trennen. Aufgrund der verzwickten textkritischen Lage lassen die beiden Fragen sich nicht durchgehend miteinander verbinden. Der Dekalog liegt uns allein schon bei den Zeugen des Bibeltexts in 4 Varianten vor: in der Fassung von Ex 20 und Dtn 5 sowie an beiden Stellen dann noch einmal in der masoretischen und der griechischen Textgestalt[40].

---

[39] So auf durchaus verschiedene Weise J. *Halbe,* »Gemeinschaft, die Welt unterbricht«: Grundfragen und Inhalte deuteronomischer Theologie und Überlieferungsbildung im Lichte der Ursprungsbedingungen alttestamentlichen Rechts, in: *N. Lohfink* (Hg.), Das Deuteronomium. Entstehung, Gestalt und Botschaft (BEThL 68), Löwen 1985, 55–75; *Otto,* Aspekte (s. o. Anm. 25); *ders.,* Wandel (s. o. Anm. 34).

[40] Die textkritisch durchaus beachtenswerten, weithin völlig übergangenen griechischen Varianten betreffen vor allem die Reihenfolge der Kurzgebote der »zweiten Tafel«. Während im MT durchgehend die Folge »Mord –

Beschränkt man sich auf die wichtigeren, von den beiden hebräischen Fassungen aufgeworfenen Probleme, dann scheint mir ein Textvergleich[41] zu zeigen, daß weder die Dtn-Fassung direkt aus der Ex-Fassung[42] noch die Ex-Fassung direkt aus der Dtn-Fassung abgeleitet werden kann[43]. Beide Fassungen sind eher Weiterentwicklungen eines uns nicht mehr erhaltenen Prototyps. Am stärksten weiterentwickelt ist die Fassung von Dtn 5. Doch schließt das, falls beide Textformen sich unabhängig voneinander entwickelt haben, nicht aus, daß die Sabbatbegründung von Ex 20 zeitlich die jüngere ist.

Läßt sich der Prototyp rekonstruieren? Der Versuch ist sehr häufig gemacht worden, es war eine Art Denksportübung für jeden Alttestamentler, der etwas auf sich hielt. Gewöhnlich arbeitete man mit Subtraktionen, manchmal überdies mit einzelnen Ersetzungen. Man dachte sich einen »Urdekalog« aus, der möglichst kurz und formal möglichst gleichmäßig war[44]. Doch ist das wohl der falsche Weg. Eher stand am Anfang der Dekalogsgeschichte schon ein von den jetzigen Texten gar nicht so weit entfernter Text, schon mit dem Prolog von der Herausführung aus dem Sklavenhaus Ägypten versehen, schon mit Geboten neben den Verboten und auch schon mit längeren und kürzeren Gliedern nebeneinander. Eine [76]

---

41 Ehebruch – Diebstahl« bezeugt ist, hat LXX in Ex 20 »Ehebruch – Diebstahl – Mord« und in Dtn 5 »Ehebruch – Mord – Diebstahl«. Für Näheres vgl. *D. Flusser,* »Do not Commit Adultery«, Textus 4 (1964) 220–242. Für die Ursprünglichkeit der Geboteabfolge der LXX von Ex 20 argumentiert *H. Gese,* Der Dekalog als Ganzheit betrachtet, ZThK 64 (1967) 121–138, jetzt auch in: *Ders.,* Vom Sinai zum Zion (BEvTh 64), München 1974, 63–80.

41 Für meine eigene Analyse vgl. *N. Lohfink,* Zur Dekalogfassung von Dt 5, BZ NS 9 (1965) 17–32.

42 Das dürfte der früher meistens begangene Weg sein. Vgl. zuletzt *L. Perlitt,* Art. Dekalog I. Altes Testament, TRE VIII (1981) 408–413. Als repräsentativ kann die Formulierung von *H. J. Boecker* (Recht und Gesetz: Der Dekalog, in: *Ders. u.a.,* Altes Testament [Neukirchener Arbeitsbücher], Neukirchen-Vluyn 1983, 209) betrachtet werden: »Welche der beiden Dekalogfassungen ist die ältere? Aufs ganze gesehen kommt dieses Prädikat der Exodusfassung zu.« Doch wird oft nicht deutlich gesagt, ob man die Ex-Fassung wirklich als die Vorlage der Dtn-Fassung betrachtet oder nur relative Altersangaben machen will.

43 So hat es vor kurzem mit großer Akribie Frank-Lothar Hossfeld versucht; vgl. *ders.,* Dekalog (s. o. Anm. 1). Kritische Reaktionen: *C. Levin,* Der Dekalog am Sinai, VT 35 (1985) 165–191: *J. Vincent,* Neuere Aspekte der Dekalog-forschung, BN 32 (1986) 83–104, hier 88–93; *A. Graupner,* Zum Verhältnis der beiden Dekalogfassungen Ex 20 und Dtn 5. Ein Gespräch mit Frank-Lothar Hossfeld, ZAW 99 (1987) 308–329. Eher auf Seiten von Hossfeld, wenn auch differenzierend, steht *R. Bartelmus,* Mk 2,27 und die ältesten Fassungen des Arbeitsruhegebotes im AT. Biblisch-theologische Betrachtungen zur Sabbat-frage, BN 41 (1988) 41–64.

44 Letzter mir bekannter Versuch: *A. Lemaire,* Le Décalogue. Essai d'histoire de la rédaction, in: *A. Caquot – M. Delcor* (Hg.), Mélanges bibliques et orientaux en l'honneur de M. Henri Cazelles (AOAT 212), Kevelaer/Neukirchen-Vluyn 1981) 259–295.

reine Form des Anfangs gab es dann nie. Von dem Augenblick an, als dieser Text geschaffen wurde, kann man vom »Dekalog« reden.[45]

Diese isoliert vergleichende Textanalyse, die die Zusammenhänge, in denen der Dekalog steht, gar nicht ins Auge faßt, ist deshalb notwendig, weil man nicht ausschließen kann, daß die Textgestalten, die wir jetzt in Ex 20 und Dtn 5 vorfinden, dort ursprünglich nicht genau in dieser Form gestanden haben.

Der Dekalog von Ex 20 wurde früher meist als Teil der allgemein angenommenen Pentateuchquelle E betrachtet. Doch herrschen bezüglich der Existenz von E oder zumindest bezüglich des durchlaufenden Quellencharakters der E-Texte verbreitete Zweifel, und selbst wenn man diese nicht teilt, sprechen die literarischen Verhältnisse in Ex 19–20 eher dafür, daß der Dekalog hier relativ spät und zum Teil schon recht mühsam eingefügt wurde[46]. Ursprüngliches Textstück scheint der Dekalog dagegen in der deuteronomischen Darstellung der Horebtheophanie zu sein. Als Dtn 5 geschaffen wurde, war der Dekalog schon eine »zitable Einheit«[47]. Weil er in Dtn 5 stand, mußte ihn später die Pentateuchredaktion auch in die Sinaiperikope des Exodusbuches einbringen. Es ist aber nicht ausschließbar, daß bei dieser oder einer anderen, noch späteren Gelegenheit auch in Dtn 5 noch etwas passierte. Denn es sieht so aus, als seien einmal zwei auch außerhalb des Textzusammenhangs des Dtn gebräuchliche Fassungen[48] dieses wichtigen Textes im Pentateuch bewußt verteilt worden. Dabei hätte die jetzige Fassung von Dtn 5 die bisher dort stehende verdrängt. Dafür spricht die Tatsache, daß der Dekalog dort zwar als das »Zehnwort« bezeichnet wird, in der jetzigen Textgestalt seiner Struktur nach aber eigentlich ein »Fünfwort« ist. Ferner, daß er jetzt ganz auf den Sabbat zugeschnitten ist, während das sonst durchaus am Dekalog orientierte deuteronomische Gesetz den Sabbat gar nicht erwähnt. Auch daß der Dtn-Dekalog, obwohl er in Dtn 5 als direktes Gotteswort zitiert wird, an zwei Stellen eine Rückverweisformel auf ein Jahwewort enthält, spricht dagegen, daß wir hier noch diejenige Textfassung besitzen, die ursprünglich einmal hier stand[49]. Aus diesen Gründen bin ich skeptisch gegenüber der Analyse von Hossfeld, der zu wenig mit solchen späten Vorgängen in der Textgeschichte rechnet.

Wenn wir über die Traditionsgeschichte des Dekalogs nachdenken, können wir zwar davon ausgehen, daß er bei der Abfassung von

---

[45] So zuletzt *F. Crüsemann*, Bewahrung der Freiheit. Das Thema des Dekalogs in sozialgeschichtlicher Perspektive (Kaiser Traktate 78), München 1983, 18, unter Berufung auf *Fohrer*, Recht (s. o. Anm. 24).

[46] Hierzu vgl. in jüngerer Zeit vor allem *Perlitt*, Bundestheologie (s. o. Anm. 35); *Hossfeld*, Dekalog (s. o. Anm. 1).

[47] So *Perlitt*, Bundestheologie 89.91.

[48] Daß der Dekalog auch außerhalb des narrativen Kontexts des Pentateuch benutzt und tradiert wurde, ist später auf mehrfache Weise bezeugt; vgl. den Aufsatz von *G. Stemberger* in diesem Band.

[49] Vgl. *Lohfink*, Dekalogfassung (s. o. Anm. 41).

Dtn 5 schon zitiert wurde, aber wir haben nicht mehr mit Sicherheit die ursprüngliche Textgestalt dieses Zitats.

VII Immerhin hat man mit Dtn 5 für die Rekonstruktion der *Traditionsgeschichte* einen zeitlichen Fixpunkt, von dem ab man mit der Existenz des Dekalogs fest rechnen kann. Falls, wie ich annehme, dieses Kapitel ⌐77⌐ einer ältesten, joschijanischen Schicht des deuteronomistischen Geschichtswerks angehört, wäre dieser Fixpunkt am Ende des 7. Jh. v. Chr. anzusetzen[50]. Rechnet man erst mit exilischer Entstehung des deuteronomistischen Geschichtswerks, dann müßte man in die Exilszeit hinabgehen.

Kommt man hinter dieses Datum zurück? Nur um ein Geringes, wenn man den Prolog und das Erste Gebot einerseits als wesentlich für den Dekalog betrachtet, diese andererseits von ihrem Sprachmaterial her als deuteronomisch definiert[51]. Ich glaube allerdings dieser Sicht gegenüber gezeigt zu haben, daß nicht der Prolog von deuteronomischen Sprachgewohnheiten abhängt, sondern umgekehrt typische deuteronomische Formulierungen vom Dekalog aus gewonnen wurden, ja daß mehrere Texte im Dtn, die mehr als andere die Sprachstatistik mit »Dekalogsprache« füttern, nichts sind als paraphrasierende Kommentare zu dessen Prolog und Erstem Gebot[52].

Die Deuteronomium-Tradition scheint auch nicht von Anfang an mit dem Dekalog verknüpft gewesen zu sein. Eine älteste Schicht des deuteronomischen Gesetzes, die aber vermutlich noch dem Bundesschluß Joschijas 621 zugrunde lag, hat den sogenannten »kultischen Dekalog« von Ex 34 und das Bundesbuch verarbeitet, den Dekalog aber offenbar noch nicht[53]. Der Dekalog wurde also gegen Ende des

---

[50] Für meine Sicht vgl. *N. Lohfink,* Kerygmata des Deuteronomistischen Geschichtswerks, in: *J. Jeremias – L. Perlitt* (Hg.), Die Botschaft und die Boten (FS H. W. Wolff), Neukirchen-Vluyn 1981, 87–100, hier 92–94.

[51] So geschieht es weithin. In jüngerer Zeit hat vor allem *Perlitt,* Bundestheologie (s. o. Anm. 35), die sprachstatistische Nähe stark unterstrichen.

[52] *N. Lohfink,* Die These vom »deuteronomischen« Dekaloganfang – ein fragwürdiges Ergebnis atomistischer Sprachstatistik, in: *G. Braulik* (Hg.), Studien zum Pentateuch (FS Kornfeld), Wien 1977, 99–109.

[53] Ich sage dies im Vorgriff auf den Deuteronomiumkommentar, an dem ich zusammen mit *Georg Braulik* arbeite. Vgl. inzwischen etwa die Verhältnisse in Dtn 7, wie sie sich mir bei der Analyse in: *N. Lohfink,* Das Hauptgebot. Eine Untersuchung literarischer Einleitungsfragen zu Dtn 5–11 (AnBib 20), Rom 1963, gezeigt haben.

Reiches Juda in jenen »Deuteronomismus«, den er nachher so sehr prägte, erst von woanders her eingebracht, wenn auch offenbar schon als ein Text von Autorität.

Um weiter auf der Zeitlinie zurückzukommen, würde man nun gern diverse Anklänge an den Dekalog, die das Hoseabuch aufzuweisen scheint[54], als ältere Spuren der Dekalogsvorgeschichte in Anspruch nehmen: Hos 12,10 sieht sehr nach einer Anspielung auf den Prolog aus, Hos 4,2 nach einer Anspielung auf die drei Kurzgebote des Dekalogs[55]. Damit käme man in das 8. Jh. v. Chr. zurück[56]. Zwar scheinen mir die Gründe ⌐78⌐ dafür, daß hier tatsächlich schon der Dekalog im Hintergrund steht, ein wenig schwerer zu wiegen als die Gründe für die gegenteilige Auffassung[57], doch im ganzen ist die Lage so, daß man keinerlei wirklich begründete Wahrscheinlichkeit erreichen kann.

Frank Crüsemann, der als letzter die Frage der Entstehungszeit abwägend untersucht hat, meint, das Erste Gebot sei vom Inhaltlichen her vor Elija im 9. Jh. v. Chr. nicht zu denken. Auch die Propheten des 8. Jh. bezögen sich in ihrer Sozialkritik nicht auf den Dekalog, der Dekalog setze eher diese Sozialkritik voraus. So nehme man für die Entstehung des Dekalogs doch am besten die späte vorexilische Zeit an, die Anfänge der deuteronomischen Bewegung[58].

---

[54] In solchem Zusammenhang werden auch Texte aus Jeremia und dem Psalter herangezogen. Doch mit Jeremia kommen wir nicht hinter Joschija zurück, und Psalmen kann man nun einmal nicht sicher datieren. Außerdem stellt sich an all diesen Stellen die gleiche Frage wie bei Hosea: Wer ist von wem abhängig?

[55] Hier ist die Reihenfolge die der LXX von Ex 20, nur rückläufig. Sie ist sonst noch bezeugt durch Papyrus Nash; Philo; Röm 13,9; Lk 18,20.

[56] Hier gibt es nochmals Datierungsprobleme, da Hos 4,1–3 redaktionelle Einleitung eines der Textblöcke sein könnte, aus denen erst später das Hoseabuch zusammengebaut wurde, nämlich von Hos 4–11. Ich hoffe, dazu demnächst eine kleine Untersuchung veröffentlichen zu können. Damit ist aber nicht mehr gesichert, daß man sich überhaupt noch beim historischen Hosea und im 8. Jh. v. Chr. befindet.

[57] In diesem Zusammenhang scheint mir z. B. beachtenswert, daß Hos 12,10a zwar kürzer ist als der Prolog des Dekalogs, aber exklusiv aus Wortmaterial dieses Prologs besteht.

[58] *Crüsemann*, Bewahrung (s. o. Anm. 45) 22–27. An entscheidender Stelle beruft Crüsemann sich auf eine Äußerung von mir (26). Doch hatte ich in der betreffenden Passage nur die späteste denkbare Entstehungszeit bestimmen wollen, nicht etwa die wahrscheinlichste.

Beide Gesichtspunkte scheinen mir nicht sehr überzeugend. Nach zwei Aufarbeitungen archäologischen Materials in der kürzlich erschienenen Cross-Festschrift werden wir wieder etwas zurückhaltender sein müssen mit der Vermutung, die Alleinverehrung Jahwes sei erst im Laufe der Königszeit propagiert worden[59]. Und was die prophetische Sozialkritik angeht, so wurde Jean Vincent gerade durch Crüsemanns sozialgeschichtliche Erhellung des Dekalogs zu der Frage veranlaßt, ob Thematik und Sprache nicht eher in eine Periode vor der Sozialkritik der Propheten des 8. Jh. gehören[60]. In frühere Zeiten wären wir auch dann verwiesen, wenn der Dekalog tatsächlich ursprünglich eine Zusammenstellung jener Handlungsbereiche gewesen wäre, in denen es Todesrecht gab[61]. Denn die typischen Unterschiede zwischen den Bereichen des Todesrechts in Israel und im restlichen Alten Orient dürften kaum erst in der späten Königszeit [79] aufgekommen sein, und für eine lernbare Zusammenstellung dieser Bereiche kann man schon früh ein Bedürfnis gehabt haben.

Doch wirkliche Evidenzen gibt es bei keiner dieser Überlegungen. Man kann höchstens noch fragen, in welchen institutionellen Zusammenhängen der Dekalog damals, als Dtn 5 geschaffen wurde und er also für dessen Verfasser und die ins Auge gefaßten Leser ein fester und zitabler Text von hoher Autorität war, tradiert wurde (was nicht notwendig heißt: wo er entstand und ursprünglich tradiert wurde).

Die Szenerie von Dtn 5 ist die einer Theophanie, doch könnten kultische Abläufe bei der Zeichnung die Hand geführt haben.

---

[59] Vgl. *J.H. Tigay*, Israelite Religion. The Onomastic and Epigraphic Evidence, in: *P.D. Miller u.a.* (Hg.), Ancient Israelite Religion (FS F.M. Cross), Philadelphia 1987, 157–194; *J.S. Holladay*, Religion in Israel and Judah under the Monarchy. An Explicitly Archaeological Approach, in: Ebd. 249–299.

[60] Vgl. *Vincent*, Aspekte (s.o. Anm. 43) 100: »Von Sozialkritik, von einer Krise des freien Bürgers, läßt sich im Dekalog nichts vernehmen. Diese Inkongruenz zwischen Dekalog und Prophetie ist bemerkenswert und darf nicht verschleiert werden. Ist es zwingend, die Herausstellung dieser elementaren Grundforderungen Jahwes an die befreiten und freien Bürger Israels in das 7. Jh. zu datieren? Könnten nicht diese Normen der Solidaritätsethik des Jahwevolkes in eine frühere Zeit verweisen?«

[61] So vor allem *A. Phillips*, Ancient Israel's Criminal Law. A New Approach to the Decalogue, Oxford 1970; *ders.*, The Decalogue – Ancient Israel's Criminal Law, JSSt 34 (1983) 1–20. Ich selbst habe dies vermutet in: *N. Lohfink*, Die Zehn Gebote ohne den Berg Sinai, in: *Ders.*, Bibelauslegung im Wandel. Ein Exeget ortet seine Wissenschaft, Frankfurt a.M. 1967, 129–157.

Steinerne Tafeln, auf denen der Dekalog stand, und deren Aufbewahrung in der Lade könnten einem damals gegebenen Sachverhalt entsprechen – gleichgültig, wie alt er war. Auch das verwiese in kultische Zusammenhänge, wobei man sich fragen muß, ob die Notiz in 1 Kön 8,9 nicht zur Lokalisierung in Jerusalem zwingt. Schließlich scheint die Rede von den Tafeln der בְּרִית auf eine Verwendung des Dekalogs im Rahmen einer Gottesbund-Zeremonie zu weisen[62]. Denn an sich liegen im deuteronomischen Kontext andere textliche Bezugsgrößen für die Rede von einer בְּרִית zwischen Jahwe und Israel näher[63]. Bei dem Bundesschluß Joschijas (2 Kön 23,1–3) war der סֵפֶר הַבְּרִית zweifellos nicht der Dekalog, sondern ein größerer Text, der auch Fluchandrohungen enthielt. In Dtn 28,69; 29,8.11.13.20, wo vom Bundesschluß in Moab die Rede ist, ist das ganze deuteronomische Gesetz mitsamt Segens- und Fluchtexten gemeint. Wenn demgegenüber nun der Dekalog in einer Schicht, die zeitlich nach 621 v. Chr. liegt, als *die* בְּרִית bezeichnet wird[64] und in deutlichem Bezug auf ihn dann auch von der בְּרִית vom *Horeb* geredet wird (5,2f; 28,69), dann spricht doch viel dafür, daß diese Terminologie mit dem Dekalog schon vorgängig zu seiner Einfügung ins Deuteronomium verbunden war, daß er also im Rahmen eines בְּרִית-Zeremoniells rezitiert wurde.

---

[62] Die »Bundestheologie« scheint die Leistung der deuteronomischen Bewegung zu sein, und sie scheint wesentlich von der Auseinandersetzung mit neuassyrischen Denkmustern bestimmt zu sein; vgl. *N. Lohfink,* Pluralismus. Theologie als Antwort auf Plausibilitätskrisen in aufkommenden pluralistischen Situationen, erörtert am Beispiel des deuteronomischen Gesetzes, in: *Ders.,* Unsere großen Wörter. Das Alte Testament zu Themen dieser Jahre, Freiburg i. Br./Neukirchen-Vluyn ³1977, 24–43. Doch das schließt nicht aus, sondern setzt eher voraus, daß es auch in den vorhandenen Traditionen Israels dafür schon einen, wenn auch vielleicht nicht sehr im Vordergrund stehenden Anknüpfungspunkt gab. Zu Hinweisen auf vordeuteronomische Belege für den »Bund« mit Jahwe vgl. *N. Lohfink,* Art. Bund, in: *M. Görg – B. Lang* (Hg.), Neues Bibellexikon, Zürich 1988 ff (erscheint demnächst).

[63] Im folgenden sehe ich ganz vom Gebrauch des Wortes בְּרִית für die Väterverheißung ab, die deuteronomistischen Spätschichten zuzuordnen ist (4,31; 7,9.12; 8,18) und sachliche Nähe zur priesterschriftlichen בְּרִית-Konzeption aufweist.

[64] Hierin gehören nicht nur die direkten Bezeichnungen des Dekalogs als die בְּרִית und die Rede von den Tafeln und der Lade בְּרִית, sondern auch Stellen wie 4,23; 17,2; 29,24; 31,16.20, die sich offenbar auf den Dekalog beziehen. Vgl. *Braulik,* Ausdrücke (s. o. Anm. 32) 43 f.

VIII ⌈ 80 ⌉ Wenn *Dtn* 5 nun narrativ und begrifflich eine Theorie über das gegenseitige Verhältnis von Dekalog und deuteronomischem Gesetz entwarf, dann mag nicht nur ein Wille zur Harmonisierung disparater Traditionen am Werk gewesen sein. Es kann durchaus sein, daß das erst durch Joschija eingeführte deuteronomische Recht einer grundlegenderen Legitimation bedurfte, als sie der auf Befehl des Königs zustandegekommene »Bundesschluß« (= Selbstverpflichtung) bieten konnte. Die deuteronomischen Gesetze werden in 5,31; 6,1; 6,20 definiert als חֻקִּים וּמִשְׁפָּטִים. Das dürfte meinen: »Rechtsbestimmungen, und zwar (aufgrund von) Entscheidungen, (die bisher noch offene oder unklare Situation klärten)«[65]. Dem Dekalog kommt dadurch nicht nur ein höherer Rang zu (Gotteswille aus Theophanie, gegenüber menschlich vermitteltem Gotteswillen), sondern darüber hinaus wird auch ein Verhältnis von der Art »Grundprinzipien und Explikation« postuliert. Von diesem Ansatz aus entfaltet sich nun der uns literarisch sichtbar werdende *Umgang des Deuteronomiums mit dem Dekalog.* Einerseits kann deutlicher herausgearbeitet werden, daß alle anderen Gesetze nur Entfaltung des im Dekalog Angelegten sind. Andererseits wird es durch die Unterscheidung möglich, sie als zeitbedingte und damit nicht geschichtlich unrevidierbare Explikation der grundlegenden Prinzipien zu begreifen.

Das deuteronomische Gesetz ist ja auch, nachdem es im Zusammenhang mit der Schaffung von Dtn 5 in eine Geschichtsdarstellung eingebracht war, weiter bearbeitet und ausgebaut worden. Hierbei wurde der Text selbst immer mehr als eine Explikation des Dekalogs stilisiert.

Am elementarsten geschah das auf der Ebene der Sprache selbst. Erst jetzt entstand voll jenes Phänomen, das wir als die typische deuteronomische Sprache bezeichnen. Zu ihren festen Stereotypen gehören gerade auch Sprachelemente aus dem Dekalog, vor allem aus dessen Anfangssätzen. »Deuteronomische Sprache« ist zum Teil »Dekalogsprache«.

Der Prolog und das Erste Gebot des Dekalogs wurden, vor allem in den »paränetischen« Kapiteln 6–11, mehrfach aufgegriffen und dabei auch mehrfach paraphrasierend kommentiert[66]. Diese Kommentare bieten immer neue Akzentverschiebungen, entsprechend den veränderten religionsgeschichtlichen Situatio-

[65] Vgl. *Lohfink, ḥuqqîm ûmišpāṭîm* (s. o. Anm. 2) 5–9.
[66] Vgl. *N. Lohfink,* Das Hauptgebot. Eine Untersuchung literarischer Einleitungsfragen zu Dtn 5–11 (AnBib 20), Rom 1963; *ders.,* Höre, Israel! Auslegung von Texten aus dem Buch Deuteronomium (WB 18) Düsseldorf 1965; *ders.,* These (s. o. Anm. 52).

nen. Am deutlichsten ist das in Dtn 4,1–40, wo die deuteronomistische Theologie zum Monotheismus auch im theoretischen Sinn durchstieß, sogar die Rede von den »anderen Göttern« ausschied und aus dem Ersten Gebot ein reines Gottesbilderverbot machte[67]. Auf diese Weise wurde das deuteronomische Gesetz als Entfaltung nicht einmal des ganzen Dekalogs, sondern noch genauer von dessen Erstem Gebot verständlich gemacht.

[81] Schließlich wurden die Einzelgesetze in Dtn 12–26 bei ihrem mehrfachen Ausbau in exilischer und nachexilischer Zeit in ihrer Disposition immer deutlicher von der Reihenfolge der Dekalogsgebote her geordnet[68]. Als dieser Prozeß begann, existierten schon die Grundbestandteile von Dtn 12–16. Sie ließen sich immerhin hinterher den Geboten bis zum Sabbatgebot inklusive zuordnen. Die im Exil ausgebauten Ämtergesetze konnten dem Elterngebot beigeordnet werden. In dem mit Dtn 19 beginnenden nachexilischen Ausbaubereich geschieht die Zuordnung der einzelnen Textzonen zu den restlichen Geboten des Dekalogs ganz bewußt. Man durchschaut das allerdings nur, wenn man die Techniken der antiken Gesetzbuchredaktionen und die damaligen Assoziationsfelder einzelner Gesetzesmaterien kennt.

Das andere Anliegen, das die unterscheidende Zuordnung von Dekalog und deuteronomischem Gesetzbuch in Dtn 5 verfolgte, war die Möglichkeit, einer Rechtsordnung die nötige Autorität zu geben, die erst im Laufe der geschichtlichen Veränderung notwendig geworden war. Durch die Unterscheidung der beiden Größen wurde ein solcher Gedanke denkbar. Im Prophetengesetz des Deuteronomiums (Dtn 18,9–22, speziell 16–18) wird dieser Gedanke dahingehend entfaltet, daß durch »den Propheten« auch später noch ähnliche Explikationen des Dekalogs möglich sind, wie sie in der Gestalt des deuteronomischen Gesetzes durch Mose im Land Moab gegeben wurden. Wir müssen diese Aussage durchaus als ein Stück Reflexion über die Sonderrolle des Dekalogs und die historische Relativität aller sonstigen Rechtstradition in Israel betrachten.

---

[67] Vgl. *G. Braulik*, Die Mittel deuteronomischer Rhetorik erhoben aus Deuteronomium 4,1–40 (AnBib 68), Rom 1978; *ders.*, Das Deuteronomium und die Geburt des Monotheismus, in: *E. Haag* (Hg.), Gott, der einzige. Zur Entstehung des Monotheismus in Israel (QD 104), Freiburg i. Br. 1985, 115–159, jetzt auch in: *Ders.*, Studien zur Theologie des Deuteronomiums (SBAB 2), Stuttgart 1988, 257–300; *ders.*, Literarkritik und die Einrahmung von Gemälden, RB 96 (1989) 266–288.

[68] Vgl. zuletzt *G. Braulik*, Die Abfolge der Gesetze in Deuteronomium 12–26 und der Dekalog, in: *N. Lohfink* (Hg.), Das Deuteronomium. Entstehung, Gestalt und Botschaft (BETHL 68), Löwen 1985, 252–272, jetzt auch in: *G. Braulik*, Studien zur Theologie des Deuteronomiums (SBAB 2), Stuttgart 1988, 231–255; *ders.*, Zur Abfolge der Gesetze in Dtn 16,18–21,23. Weitere Beobachtungen, Bibl. 69 (1988) 63–92; ein weiterer Beitrag von G. Braulik zu Dtn 22–25 ist in Vorbereitung.

Im übrigen konnte die Praxis dies nicht mehr immer nur durch reine Addition neuer Materialien bewältigen. Im Deuteronomium selbst lassen sich noch zwei andere Prozeduren beobachten, konkrete Rechtsbestimmungen historisch zu relativieren. Zum einen wurde, vermutlich in der Zeit des babylonischen Exils, die in Dtn 5 im Blick auf den Dekalog als חֻקִּים וּמִשְׁפָּטִים gekennzeichnete und mit Dtn 6,1 beginnende Gesamtgesetzgebung durch die Schaffung einer Überschrift in Dtn 12,1 noch einmal differenziert. Nach ihr beginnen dort die חֻקִּים וּמִשְׁפָּטִים, die (räumlich) nur im verheißenden Land und (zeitlich) nur dann, wenn Israel in diesem Land ist, verpflichtend sind. Damit sind sie praktisch für die Deportierten oder in der Diaspora Lebenden als nicht verpflichtend erklärt[69]. Dem tritt in Dtn 4 noch eine weitere Verdeutlichung zur Seite: Nach 4,14 hat Mose die חֻקִּים וּמִשְׁפָּטִים gar nicht mehr von Gott selbst mitgeteilt bekommen, sondern nur den Befehl erhalten, solche zu erlassen[70]. Die Formulierung ist natürlich äußerst vorsichtig. Sie nimmt nichts von dem zurück, was in Dtn 5 gesagt ist. Doch zugleich sagt sie nicht mehr alles, was dort gesagt ist. Im ganzen hilft sie, die חֻקִּים וּמִשְׁפָּטִים gegenüber dem Dekalog, speziell dessen Erstem Gebot, als etwas Relativeres und stärker durch konkrete Umstände Bedingtes aufzufassen.

[82] Vermutlich ist die hier im Deuteronomium erarbeitete Differenzierung zwischen dem Dekalog und allen übrigen Formulierungen des Gotteswillens überhaupt erst die Möglichkeitsbedingung gewesen einerseits für die Ausarbeitung des Heiligkeitsgesetzes (falls dieses eine Art Ergänzung, ja Revision des deuteronomischen Gesetzes sein wollte[71]), andererseits für die Komposition des Pentateuch als eines Miteinander verschiedener Gesetzeskorpora. Dies dürfte auch der Grund dafür gewesen sein, daß die in Dtn 5 entwickelte narrative Grundfigur spätestens im Zusammenhang mit der Pentateuchredaktion nun am Kopf der Sinaiperikope imitiert wurde, indem dort zunächst der Dekalog dem ganzen Volk verkündet wird und dann erst die älteste in den Pentateuch eingebrachte Rechtssammlung, das »Bundesbuch«, folgt.

IX Allerdings war, nachdem dieser Dienst geleistet war, der Dekalog offenbar keineswegs sakrosankt geworden. Wir erleben vielmehr, daß er bald *außerhalb des eigentlich deuteronomischen Bereichs* als

---

[69] Vgl. *Lohfink, ḥuqqîm ûmišpāṭîm (s.o. Anm.2); ders.*, Dtn 12,1 und Gen 15,18: Das dem Samen Abrahams geschenkte Land als der Geltungsbereich der deuteronomischen Gesetze, in: M. Görg (Hg.), FS J. Scharbert (in Vorbereitung).

[70] Vgl. oben S. 64.

[71] So die These von *A. Cholewiński*, Heiligkeitsgesetz und Deuteronomium. Eine vergleichende Studie (AnBib 66), Rom 1976.

festliegender Text eher verdrängt wird[72]. Das geschieht auf dreifache Weise: 1. durch Veränderungen am Dekalogtext selbst, 2. durch auffällige Nichtzitation, 3. durch Auflösung in ein völlig neues Textgefüge hinein.

1. Wie oben ausgeführt, kann die jetzt *in Dtn 5,6–21 stehende Dekalogfassung* nicht die dort ursprünglich zitierte sein. Es ist eine weiterentwickelte Form, frühestens aus der Exilszeit, in der durch stilistischen Umbau aus einem kopfbetonten in einen zentrumsorientierten Text das Sabbatgebot zum heimlichen Hauptgebot gemacht worden ist[73]. Für welchen außerliterarischen Zusammenhang sie geschaffen wurde, können wir nicht feststellen.

2. Die *priesterliche Geschichtserzählung*[74] scheint den Dekalog zu kennen, ihn einzuführen und doch zugleich wieder zu verbergen. Vielleicht hängt das mit ihrer Verlagerung des »Bundes« vom Sinai zu Abraham[75] ⸤83⸥ und mit ihrer inneren Verbindung der Stiftung am Sinai mit dem Schöpfungswerk Gottes[76] zusammen. Wenn die Priesterschrift von Ex 25 ab häufig von הָעֵדֻת,

---

[72] Zu einfach meint allerdings wohl *Perlitt*, Art. Dekalog (s. o. Anm. 42) 412, »daß sich in der nach-deuteronomistischen Literatur des Alten Testaments keine Spuren des Dekalogs finden.«

[73] Vgl. *Lohfink*, Dekalogfassung (s. o. Anm. 41).

[74] Zur im folgenden vorausgesetzten Auffassung vgl. vor allem *N. Lohfink*, Priesterschrift und die Geschichte, in: Congress Volume Göttingen 1977 (VT.S 29), Leiden 1978, 189–225, jetzt auch in: *Ders., Studien zum Pentateuch* (SBAB 4), Stuttgart 1989, 213–253.

[75] Grundlegend *W. Zimmerli*, Sinaibund und Abrahambund. Ein Beitrag zum Verständnis der Priesterschrift, ThZ 16 (1960) 268–280, jetzt auch in: *Ders., Gottes Offenbarung. Gesammelte Aufsätze zum Alten Testament* (TB 19), München 1963, 205–216; vgl. ferner *N. Lohfink*, Die priesterschriftliche Abwertung der Tradition von der Offenbarung des Jahwenamens an Mose, Bib. 49 (1968) 1–8, jetzt auch in: *Ders., Studien zum Pentateuch* (SBAB 4), Stuttgart 1989, 71–78.

[76] Vgl. *M. Oliva*, Interpretación teológica del culto en la pericopa del Sinai de la Historia Sacerdotal, Bib. 49 (1968) 348–351; *N. Negretti*, Il settimo giorno. Indagine critico-teologico delle tradizioni presacerdotali e sacerdotali circa il sabato biblico (AnBib 55), Rom 1973; *N. Lohfink*, Der Schöpfergott und der Bestand von Himmel und Erde. Das Alte Testament zum Zusammenhang von Schöpfung und Heil, in: *G. Altner u. a.*, Sind wir noch zu retten? Schöpfungsglaube und Verantwortung für unsere Erde, Regensburg 1978, 15–39, jetzt auch in: *Lohfink, Studien zum Pentateuch* (SBAB 4), Stuttgart 1989, 191–211. Weitere Literaturhinweise bei *H. Utzschneider*, Das Heiligtum und das Gesetz. Studien zur Bedeutung der sinaitischen Heiligtumstexte (Ex 25–40; Lev 8–9) (OBO 77), Fribourg/Göttingen 1988, 52–54.

מִשְׁכַּן הָעֵדָת und אֹהֶל הָעֵדָת, הָעֵדָת, לְחֹת אָרוֹן, הָעֵדָת handelt[77], dann ist עֵדָת von der Wortverbindung und auch vom narrativen Zusammenhang her ein genaues Äquivalent des für den Dekalog stehenden Wortes בְּרִית in der deuteronomistischen Literatur[78]. Das Wort בְּרִית ist in P[g] offenbar für die Noah- und Abrahamverheißungen reserviert. So scheint im Sinaizusammenhang עֵדָת dafür einzutreten. Das Wort dürfte ursprünglich so etwas wie »Bundesbestimmungen« bedeuten[79], doch hier in P wird es in etymologischem Spiel, ebenso wie das wichtigste Wort מוֹעֵד, mit יעד ni. »(jemandem sich offenbarend) begegnen« verbunden[80]. Die עֵדָת ist innerstes Konstitutiv des Weltpunktes, in dem Gott seinem Volk begegnet, sich ihm offenbart, es heiligt, in ihm einwohnt. Der Dekalog ist also für die Priesterschrift ganz zentral. Dennoch wird er in derselben nicht zitiert. Er wird nur in einer Gottesnähe schaffenden, fast dinglichen Funktion eingeordnet.

Vermutlich hat auch die Priesterschrift den Sabbat als das eigentliche Zentrum des Dekalogs betrachtet. Sobald man dies voraussetzt,

---

[77] Die Mehrzahl der Belege ist P[s], doch bleiben selbst bei engster Abgrenzung von P[g] die beiden wichtigen Belege in Ex 31,18 und Num 10,11 für die Geschichtserzählung selbst übrig.

[78] *H. Simian-Yofre*, Art. עוד, ThWAT V (1986), 1126: »In allen diesen Texten, die im allgemeinen P zugeschrieben werden, scheint es ein systematisches Anliegen zu sein, עֵדָת zu verwenden, wo die dtn-dtr Tradition בְּרִית gebraucht hätte.« *Utzschneider*, Heiligtum (s. o. Anm. 76) 109–117, »hält dafür«, daß im Ausdruck לְחֹת הָעֵדָת zwar der Dekalog gemeint ist, in 25,16.21 dagegen mit der עֵדָת, die Mose in die Lade legen soll, die »gesamte Gesetzestradition des Sinai, soweit sie den sinaitischen Heiligtumstexten vorlag« (vgl. 24,12; 34,27f). Zweifellos hat er recht, daß Mose in der jetzigen Sinaiperikope mehrere Texte vom Berg herabbringt. Doch daß sie in die Lade hineinkamen, wird nirgends gesagt. Und müßte man unter Utzschneiders Voraussetzungen nicht auch Dtn 31,26 zum »Kotext« (sic) rechnen? Die gerade im priesterschriftlichen Bereich beachtliche sprachliche Konsistenz spricht dafür, daß mit הָעֵדָת dann, wenn es allein steht, und dann, wenn es im Ausdruck לְחֹת הָעֵדָת steht, die gleiche Größe gemeint ist.

[79] Vgl. *B. Volkwein*, Masoretisches – ʿēdūt, ʿēdwōt, ʿēdōt – »Zeugnis« oder »Bundesbestimmungen«?, BZ NS 13 (1969) 18–40. Aus 2Kön 23,3; Dtn 4,45; 6,17.20 (in der masoretischen Vokalisation steht hier הָעֵדָת bzw. עֵדֹתָיו) scheint hervorzugehen, daß das Wort (im Plural?) eine, wenn nicht sogar *die* vordeuteronomistische Bezeichnung des deuteronomischen Gesetzes war, die später aber von anderen Vokabeln verdrängt wurde. Hierzu bereite ich zur Zeit eine kleine Untersuchung vor. Eine Bezeichnung für den Dekalog war הָעֵדָת im dtn-dtr Bereich nicht.

[80] Dies geschieht erstmalig in Ex 25,22 und 29,42f.

zeigt sich, daß der Dekalog mit seinem Hauptinhalt die priesterschriftliche ⟨ 84 ⟩ Theologie zutiefst prägt. Denn die Sabbatrealität
wird im Ruhen Gottes am siebten Schöpfungstag grundgelegt. Der
Sabbat wird von dem aus der Sklavenarbeit Ägyptens befreiten Israel im Zusammenhang mit dem Mannawunder entdeckt (Ex 16).
Die Stiftung des Kults am Sinai ist ganz in Sabbatrhythmen aufgebaut. Zumindest in P^s wird der Sabbat als Abschluß der Offenbarung, die Mose auf dem Berg erhielt, feierlich geboten (Ex 31,12–17).

Hier allerdings sind wir wohl schon auf der Ebene der Pentateuchredaktion. Es
gibt eine Ringkomposition. Um die Texte vom Bundesbruch und von der
Bundeserneuerung (32,1–34,28) herum liegen die beiden Notizen vom ersten und
zweiten Abstieg Moses mit den Tafeln in der Hand (31,18 und 34,29). Nochmals
davor und dahinter wird das Sabbatgebot gegeben: In 31,12–17 gibt Jahwe es
Mose, unmittelbar bevor er ihm die beiden Tafeln überreicht; in 35,1–3 (nach der
Zwischennotiz über Moses strahlendes Antlitz) verkündet Moses es der zusam-
mengerufenen Gemeinde der Israeliten, vermutlich speziell auch für die Zeit des
Heiligtumsbaus, bevor er noch von diesem zu reden beginnt[81]. Zweifellos steht
das Sabbatgebot für den ganzen Dekalog, der auf den Tafeln von 31,18
geschrieben ist. Und das sogar, obwohl doch der in Ex 32 geschehene Bundesbruch sich gegen das Erste Gebot des Dekalogs richtet. So stark empfindet diese
priesterliche Redaktion jetzt den Sabbat als die Essenz des Dekalogs. Andererseits erlaubt sie sich gegen die ältere priesterschriftliche Sprachregelung, das in
der umschlossenen Perikope mehrfach vorkommende Wort בְּרִית nun auch im
eigenen Text zu verwenden (31,16). Auf jeden Fall hat sich für die Priesterschrift
der Dekalog ganz in das Sabbatgebot hinein verdichtet.

Liegt er als solcher irgendwie allem anderen Gotteswillen voraus,
so wird in einem anderen Bereich priesterlicher Literatur, im *Heiligkeitsgesetz,* die Distanz zum restlichen Gotteswillen aufgehoben
und der Dekalog einfach in einen Rechtstext größeren Umfangs
umgearbeitet. Es handelt sich um Lev 19, dessen Nähe zum Dekalog
bekannt ist[82].

Crüsemann hat, um herauszustellen, daß der Dekalog keineswegs ursprünglich
schon als eine alle Lebensgebiete kurz ansprechende Summe der Moralität
konzipiert war, auf die großen weißen Flecken desselben hingewiesen. Der
Dekalog schweigt über folgende »zentrale Themen alttestamentlicher Ethik«: die
»für das alte Israel so wichtigen Taburegeln«, den »gesamten Bereich des Kultes«,
die »Bereiche der Ökonomie und des Staates« das »so zentrale und typische
Thema des Verhaltens gegenüber Personen minderen Rechts, Randgruppen und

---

[81] Vgl. *G. Robinson,* The Origin and Development of the Old Testament Sabbath.
A Comprehensive Exegetical Approach (BET 21), Frankfurt a. M. 1988, 233f.

[82] Für Literaturangaben sei auf *Cholewiński,* Heiligkeitsgesetz (s. o. Anm. 71)
44–49, verwiesen, der selbst an verschiedenen Stellen des Buches die Einzel-
bezüge zum Dekalog ebenfalls gründlich diskutiert.

Unterprivilegierten«[83]. Offenbar ist dieses in der christlichen Verwendung des Dekalogs zu großem Schaden weithin übersehene Faktum den Autoren des Heiligkeitsgesetzes bewußt gewesen. Sie haben Abhilfe geschaffen, indem sie mit Lev 19 einen neuen Text formten, der alles zur Abfassungszeit offenbar Wichtige des Dekalogs enthielt, zugleich aber auch Leitbestimmungen aus dem Bereich des Kultes, des Verhaltens gegenüber Armen und Randgruppen, des wirtschaftlichen Verhaltens, der Taburegeln. Bei der Schaffung dieses Textes wurde kein Versuch gemacht, bei der Reihenfolge der Dekalogsgebote zu bleiben. Vielmehr wurde eine neue, höchst kunstvolle Gesamtkomposition entwickelt, 85 und zwar nicht nur unter inhaltlicher Rücksicht, sondern zugleich im Spiel mit den verschiedensten traditionellen Formen von Rechtssätzen. Im einzelnen kann das hier nicht entfaltet werden[84].

Überblickt man die nach- und außerdeuteronomische Geschichte des Dekalogs, soweit sie sich in den kanonischen Büchern spiegelt, als ganze, so kann man sagen, daß der Dekalog außerhalb der Literatur zwar wohl auch als heiliger Text weiterlebte und nur kleine Änderungen erfuhr, daß aber innerhalb der Literatur, bei aller Bedeutung, mit ihm recht frei umgegangen wurde. Entweder er wurde langsam auf das reduziert, was man als seine innerste Essenz empfand, vor allem auf das Sabbatgebot, oder er wurde in einen umfassenderen, aber nicht mehr so prominent allem anderen gegenüberstehenden Text hineingeschmolzen. Das erklärt auch, warum er sich in der prophetischen Literatur offenbar kaum, in der weisheitlichen überhaupt nicht in den Rang eines zitablen Textes hineinschwingen konnte. Er hatte, traditionsgeschichtlich gesehen, in einer bestimmten Phase der deuteronomischen Literaturgeschichte seine große Stunde. Nachher war das rechtliche und ethische Formulieren viel freier und dekalogunabhängiger, als wir gewöhnlich anzunehmen pflegen und als zum Beispiel auch der traditionsgeschichtliche Entwurf von Westermann vorauszusetzen scheint. Unsere eigene Perspektive jedoch, die den Dekalog für viel bedeutender und maßgebender hält als faktisch der Fall war, ist wesentlich von jenem durch die Pentateuchredaktion geschaffenen Sachverhalt beeinflußt, der am Anfang dieses Artikels dargestellt wurde und der uns in unserer Bibel mit dem Gewicht der Kanonizität entgegentritt.

---

[83] *Crüsemann*, Bewahrung (s. o. Anm. 45) 8–11.

[84] Ich verweise auf eine hoffentlich bald im Druck erscheinende Dissertation von *G. Barbiero*, L'asino del nemico. Non violenza e amore del nemico nella legislazione dell'Antico Testamento (Ex 23,4–5; Dt 22,1–4; Lv 19,18) (Diss. Hochschule Sankt Georgen, Frankfurt a. M., 1988). Dort findet sich auf S. 369–440 eine über die bisherigen Untersuchungen in mehreren Punkten wesentlich hinausführende Analyse von Lev 19.

X Soweit meine eigene Sicht dessen, was sich über die Geschichte des Dekalogs in alttestamentlicher Zeit heute sagen läßt. Wie können wir nun nach allem *den Dekalog theologisch einstufen?* Zunächst: Die entworfene Sicht der Geschichte des Dekalogs enthält nicht nur viele offene Fragen, sondern repräsentiert auch da, wo sie Thesen formuliert, oft keineswegs die Meinung aller heutigen Alttestamentler. Darauf sei ausdrücklich aufmerksam gemacht, da ich in den Anmerkungen im allgemeinen nur meine eigene Sicht begründet habe.

Es geht nicht an, daß wir in Bereichen, in denen man notwendig mit Hypothesen arbeiten muß oder sogar nur Möglichkeiten auflisten kann, mit der Pose des allwissenden Erzählers auftreten. Dies ist aber für die Fundierung einer biblischen Theologie auch nicht nötig.

Denn es scheint mir grundsätzlich verfehlt zu sein, in den Begriff des »Alten Testaments als ganzen«, der für biblische Theologie zweifellos wichtig ⌐86⌐ ist, dem biblischen Text vorausliegende traditionsgeschichtliche Sachverhalte, die überdies, je weiter man zurückgreift, desto mehr an Zuverlässigkeit verlieren, als Konstitutiva aufzunehmen. Das »Alte Testament als ganzes« ist ein Textgefüge. Als solches ist es ein Sinngefüge. Kenntnisse über seine Vorgeschichte und Hintergründe sind wichtig für die interpretierende Bestimmung dieses Sinngefüges. Doch sie konstituieren dieses nicht, geschweige daß sie die entscheidenden Auslegungsschlüssel liefern. Was ein Text sagt, sagt er als Text, nicht als Platzhalter eines traditionsgeschichtlichen Urahns.

Im Gesamtgefüge des Alten Testaments werden wir, wenn wir nach dem Gotteswillen fragen, auf den Pentateuch verwiesen. Hier ist nun die traditionsgeschichtlich irgendwo in der Mitte liegende frühdeuteronomistische Konzeption einer Wechselbeziehung von Dekalog und restlichen Gesetzen in eine Schlüsselstellung gerückt. Sie findet sich nicht nur in Dtn 5, wo der Dekalog nur zu den deuteronomistischen Gesetzen in Beziehung gesetzt wird, sondern vorgängig und übergreifend in der Sinaiperikope des Buches Exodus, wo er in analoger Weise auf alle dann folgenden Willensäußerungen Gottes bezogen wird. Die literarischen Fakten sind im Eröffnungsteil dieses Beitrags dargestellt.

Die Differenz zwischen Dekalog und jeglichem restlichen Gotteswillen ist offensichtlich eine tragende Aussage des Alten Testaments als ganzen. Hinter sie können wir bei kanonischer Auslegung nicht zurück. Traditionsgeschichtlich und rechtsgeschichtlich spätere Texte, die sie zurücktreten lassen, ja aufheben, sind im pentateuchischen Sinngefüge von ihr doch noch einmal umfangen und ihr dadurch untergeordnet. Die Frage kann nur noch die sein, was diese Differenz denn meint.

1. Negativ gilt, daß sie nichts mit Unterschieden der sprachlichen Form oder des ehemaligen, vorliterarischen »Sitzes im Leben« zu tun hat.

2. Ebenfalls noch negativ: Durch sie wird nicht behauptet, der Dekalog sei Gotteswort, alles andere nicht. Ob direkt vernommen, ob nur durch einen Mittler kundgetan – in jedem Fall teilen alle »Gesetze« im Pentateuch Gotteswillen mit.

3. Insofern ist auch nicht zu ersehen, wieso der Dekalog wegen seiner Abhebung von den restlichen Formulierungen des Gotteswillens aus der im Neuen Testament erörterten Problematik des »Gesetzes« ausgeklammert werden könnte. Unter der Rücksicht, unter der dort vom »Gesetz« geredet wird, sind der Dekalog und alles Restliche im Pentateuch zugleich betroffen oder zugleich nicht betroffen. »Theologisch gehört der Dekalog zum alttestamentlichen 'Gesetz', das Gehorsam fordert.«[85] Hier wird man Westermanns These von den »Geboten«, die nicht unter das fallen sollen, was paulinisch zum »Gesetz« zu sagen ist, eindeutig widersprechen müssen.

4. ☐87☐ Positiv muß man wohl dem Anliegen nachspüren, das bei der Abfassung von Dtn 5 die Unterscheidung von Dekalog und חֻקִּים וּמִשְׁפָּטִים heraufgeführt hat. Es war die Einführung neuer, erst zu einem bestimmten Zeitpunkt durch die historischen Umstände notwendig gewordener Konkretisierung des Gotteswillens. Dieses Anliegen wurde narrativ durch die Differenzierung zwischen unmittelbar gehörtem und durch einen Mittler mitgeteiltem Gotteswillen, von direkt sinaitischem und später erst mitgeteiltem Gotteswillen zum Ausdruck gebracht. Es ist später dadurch verdeutlicht worden, daß die deuteronomischen Gesetze immer mehr als Einzelauslegung des Dekalogs stilisiert wurden. Es muß auch noch in Ex 20 beim Vorbau des Dekalogs vor die gesamte sonstige Gesetzgebung wirksam gewesen sein. Denn jetzt galt es, eine Sammlung verschiedenster, aus verschiedenen Perioden und Herkunftsbereichen stammender Gesamtentwürfe des konkreten Gotteswillens Israels in ihrem Nebeneinander und Miteinander verständlich zu machen.

---

[85] *Perlitt*, Art. Dekalog (s. o. Anm. 42) 412.

Daher würde ich als die Aussage, die mit der Unterscheidung von Dekalog und anderen Gesetzen eigentlich gemacht werden sollte, die Unterscheidung zwischen prinzipiellem und unwandelbarem Gotteswillen einerseits und dessen wandelbarer und jeweils zeitbedingter Konkretion andererseits bezeichnen.

5. Dabei ist jedoch zu beachten, daß im Pentateuch selbst das Gegenüber von Dekalog und anderen Gesetzen diesen Sachverhalt zwar zum Ausdruck bringt, der Dekalog aber deshalb nicht selbst notwendig als unüberholbare Formulierung der gewissermaßen überzeitlichen Prinzipien verstanden werden muß. Sonst könnte er nicht in zwei verschiedenen Fassungen auftreten und darüber hinaus an verschiedensten Stellen des Pentateuch massiv und immer wieder verschieden akzentuiert und interpretiert werden. Natürlich ist er durch seine Kürze und seine die verschiedensten Bereiche offen erfassende Gestalt dem prinzipiellen Bereich des Gotteswillens näher als viele sich im konkreten und historisch bedingten Detail verlierende Einzelgesetze. Aber er ist trotzdem nicht damit zu identifizieren. Er steht nur dafür.

6. Mit der Unterscheidung von Dekalog und restlichen Formulierungen des Gotteswillens ist im alttestamentlichen Kanon die Möglichkeit eröffnet, ja die Pflicht gesetzt, daß auch kommende Generationen vom gleichbleibenden Grundwillen Gottes her neu nach der konkreten Formulierung des Gotteswillens für das Gottesvolk der eigenen Zeit fragen.

Das spätere Judentum hat, eigentlich in sehr engem Anschluß an die narrative Darstellung in Dtn 5, diesen Auftrag durch die Theorie einer neben der schriftlichen zugleich noch tradierten mündlichen Tora legitimiert und in der rabbinischen Auslegung neue Konkretionen des Gotteswillens erarbeitet. Das spätere Christentum hat sich eher an die Unterscheidung der Textgrößen »Dekalog« und »Ritualgesetze« gehalten und den gegebenen Auftrag durch die Idee der Abrogation der Ritualgesetze durchführbar gemacht. Doch die spätere historische Ausführung des in der Existenz des Dekalogs gegebenen kanonischen Auftrags zu analysieren ist nicht mehr Sache des Alttestamentlers.

| 88 | Dennoch sei am Römerbrief, der für die neutestamentliche Problematik des »Gesetzes« ja repräsentativ ist, wenigstens kurz deutlich gemacht, daß eigentlich nur die oben entwickelte Sicht des Dekalogs dem paulinischen Umgang mit demselben gerecht werden kann. Paulus expliziert in Röm 7,7–13 mitten in seiner Darlegung über den νόμος die These, die Sünde werde nur durch den νόμος erkannt (7,7), am Beispiel Adams. Zu ihm hat nämlich der νόμος in Gen 2,26 gesprochen, indem Gott ihm eine ἐντολή (7,8) gab, deren Wortlaut Paulus nicht mit dem Gebot aus der Paradiesesgeschichte selbst, sondern vom abschließenden Gebot des Dekalogs her formuliert: »Du sollst nicht begehren!« (7,7). Adam erhielt also eine vom Dekalog her verstehbare ἐντολή, die für ihn die

konkrete Gestalt des νόμος war. In der nun folgenden Analyse wechselt Paulus immer wieder zwischen νόμος und ἐντολή: ἐντολή – νόμος (V.8), νόμος – ἐντολή (V.9), ἐντολή (V.10), ἐντολή (V.11), νόμος – ἐντολή (V.12)[86], ἐντολή (V.13). Von 7,14 an wird wieder nur noch von νόμος geredet. Es ist deutlich, daß in unserer Passage das Wort νόμος den die Gesamtdiskussion bestimmenden Leitbegriff darstellt, während ἐντολή immer dann eintritt, wenn die Konkretion in Adam bzw. im letzten Dekaloggebot ins Blickfeld rückt. Auf keine Weise ist also der Dekalog hier aus dem »Gesetz« herausgenommen oder ihm gegenübergestellt. Er liefert ein Beispiel des »Gesetzes« und seiner Funktion. Er ist »Gesetz«. Daß allerdings dann, wenn ein Beispiel gesucht wird, kunstvoll Adam und der Dekalog verbunden werden, zeigt an, daß auch Paulus es so empfand, daß der Dekalog gewissermaßen für das bleibende und ursprüngliche Zentrum des Gotteswillens steht.

Der wahre Gotteswille ist nach Röm 8,2ff in Christus durch den Geist neu in Kraft gesetzt. Die dadurch freigesetzte Paränese von Röm 12–15 gehört ja ebenso zur paulinischen Theologie des »Gesetzes« wie alles, was vorausgeht. In ihrem Rahmen kommt Paulus nun in Röm 13,8–10 auf die im Alten Testament im Zusammenhang mit dem Dekalog zur Sprache kommende Frage nach dem bleibenden, durch zeitlichen Wandel der Einzelheiten niemals affizierbaren Kern des Gotteswillens zu sprechen. Hier wird rahmend das Wort νόμος verwendet (V.8 und V.10). Um dessen Zusammenfassung (V.9: ἀνακεφαλαιοῦται) und Erfüllung (V.10: πλήρωμα) geht es. Dabei ist durchaus an die konkrete Vielfalt aller in der Tora Israels stehenden Gesetze und Gebote gedacht (vgl. V.8: »das übrige Gesetz«, V.9: »was da sonst an Geboten ist«). In unserem Zusammenhang ist es nun hochrelevant, daß Paulus für seine Formulierung des Allerzentralsten im Gotteswillen nicht auf den Dekalog, sondern auf Lev 19,18 zurückgreift, auf den λόγος (V.9) von der Nächstenliebe. Dagegen illustriert er die in der Nächstenliebe zusammengefaßte Vielfalt des Gotteswillens gerade am Beispiel mehrerer Dekaloggebote, die er wörtlich zitiert (V.9). Das Motiv, das im Alten Testament zur Gegenüberstellung von Dekalog und allen anderen Gesetzen getrieben hat, treibt Paulus also auch. Doch bei ihm rückt der Dekalog auf die andere Seite der Gegenüberstellung, in die Vielfalt und Gesamtheit des »Gesetzes« hinein, während die ursprüngliche Funktion des Dekalogs durch eine Formulierung aus den übrigen Gesetzen übernommen wird. Daß diese Formulierung allerdings schon von ihrer ursprünglichen Aufgabe her dazu geradezu prädestiniert war, ist weiter oben bei der Besprechung von Lev 19 wohl sichtbar geworden.

Die Selbstverständlichkeit, mit der Paulus, wenn es um das Gesetz geht, nicht irgendetwas zitiert, sondern auf den Dekalog zurückgreift, zeigt, daß dieser sehr Zentrales zur Sprache bringt, und rechtfertigt, daß auch in der späteren christlichen Ethik immer wieder auf ihn zurückgegriffen wird. Die Leichtigkeit, mit der er ihn dann doch gegenüber der Liebe als der Sinnmitte von allem Gotteswillen auf die Seite der Entfaltung des Gesetzes in Vielfalt hinübertut, zeigt zugleich, daß er ihn nicht als Sondertext betrachtet, der allem anderen unveränderlich vorgeordnet wäre.

---

[86] Hier werden νόμος und ἐντολή in einer Art Parallelismus auf gut alttestamentliche Weise identifiziert: Von beiden Begriffen wird nacheinander die gleiche Aussage gemacht.

Aus der von Paulus herkommenden theologischen Diskussion um das »Gesetz« sollte man die alttestamentliche Unterscheidung von Dekalog ⌐ 89 ⌐ und anderen Gesetzen also eher heraushalten. Der Dekalog ist nicht geeignet, eine ihrer Hauptpositionen zu besetzen. Der Dekalog gehört, wie wir gesehen haben, dazu – insofern er zum gesamten Gesetz gehört und es auch zusammenfassen kann. Es kann aber auch anders zusammengefaßt werden, und dann kann er gar zum Exempel der Vielfalt des Gesetzes werden. Die im Alten Testament entwickelte Unterscheidung zwischen Bleibendem und sich Wandelndem im Gotteswillen, die mit Hilfe des Dekalogs ausgedrückt wurde, bleibt als solche wichtig. Sie gehört zum Fragenkreis der inhaltlichen Geschichtlichkeit und damit der konkreten je aktuellen Aussagbarkeit von »Gesetz«. Weil konkret, ist das »Gesetz« stets wandelbar, ja es muß stets neu formuliert werden.

Insofern es Westermann in seinen Ausführungen um dieses Anliegen ging, ist ihm daher voll zuzustimmen – auch wenn die gegebene exegetische Begründung hier etwas anders aussieht als bei ihm[87].

---

[87] Ich danke G. Braulik und H.-W. Jüngling für kritische Lektüre des Manuskripts, G. Stemberger für frühe Überlassung seines Manuskrips »Der Dekalog im frühen Judentum« (in diesem Band, S. 91–103), P. Stuhlmacher für Anregungen zur Formulierung des Schlußabschnitts.

Armut in den Gesetzen des Alten Orients und der Bibel

»Befreiungstheologie« und »Option für die Armen« machen nicht mehr so viel Schlagzeilen wie vor einigen Jahren. Niemand wird deshalb meinen, die Armut sei zurückgegangen. Auch die Bibelwissenschaft hat noch lange nicht ausgeschöpft, was die Bibel über Arm und Reich zu sagen hat.

In dieser Untersuchung möchte ich mich dem Gegenstand von einer nicht gerade üblichen Seite nähern: vom Alten Orient und von den biblischen Gesetzen aus. Das klingt sehr einschränkend. Aber das Fundament der Bibel ist der Pentateuch, die Knochen des Pentateuchs sind seine Gesetze. In jeder Gesellschaft definiert das Recht die Welt. Es legt fest, was man erwarten kann. Es wählt zwischen tausend Alternativen möglicher Welten und schafft die eine Welt dieser bestimmten Gesellschaft. Wie nun, wenn ein bestimmtes System von Gesetzen niemals von den Armen spricht? Zwingen solche Gesetze die Armen in den Untergrund ihrer Welt? Oder gelingt es ihnen, eine Welt zu entwerfen, in der es keine Armen mehr gibt?

1. Die mesopotamischen Gesetzbücher

Ich kann das hohe Ethos der Sorge für die Armen, das es im ganzen antiken Orient gab, nur gerade andeuten. Die Realität wird oft bitter gewesen sein. Trotzdem war im Blick auf die Armen das ethische Bewußtsein in Ägypten, Mesopotamien, Hatti und Kanaan wahrscheinlich höher entwickelt als in unserer modernen Weltgesellschaft. Das Wortpaar »Witwe und Waise« ist uralt. Israel hat es von den Kulturen der Umwelt als ein Symbolwort für die, die Hilfe brauchen, nur geerbt.

Die Oberschicht all dieser Gesellschaften wird in ihren Weisheitsschriften aufgefordert, die Tränen der Armen zu trocknen. Drei Jahrtausende lang findet sich in den autobiographischen Grabinschriften Ägyptens immer wieder der Text:

Brot gab ich dem Hungrigen,
Wasser dem Durstigen,
Kleidung dem Nackten,
eine Überfahrt dem Schifflosen[1].

Die Hauptaufgabe eines kanaanäischen Stadtkönigs scheint es gewesen zu sein, am frühen Morgen zum Stadttor zu gehen, wo die Bürger ihre Rechtshändel austrugen. Hier

verhalf er der Witwe zu ihrem Recht,
sprach er rechtes Urteil zugunsten der Waise[2].

Die Götter hörten den Schrei des Armen, vor allem der Sonnengott. Was man den Armen tat, das konnte man von den Göttern für sich selbst erwarten: Segen oder Fluch.

Dieses Thema hat eine so mächtige Melodie, daß es mir, nachdem ich mich eine Zeitlang mit solchen Texten beschäftigt hatte und dann wieder zur Bibel zurückkam, sehr schwer wurde, irgendetwas zu erblicken, was ich von dort her nicht schon gekannt hätte. Fast alle Motive, selbst die Formulierungen, schienen einem gemeinsamen Erbe anzugehören.

Ich beschränke mich jetzt auf Mesopotamien. Dort ist das Recht und die Praxis des Rechts am besten bezeugt. Darüber hinaus wissen wir aus der altbabylonischen Epoche von königlichen Schulderlassen und anderen Rechtsreformen. Die Königsinschriften sprechen von ihnen. Die Reformtexte selbst sind als *mišarum*-Edikte bekannt. Solche allgemeinen Schulderlasse fanden nicht, wie später in Israel, in fester Periodizität statt. Sie waren jeweils freier Beschluß des Königs. Am König hing das Wohlergehen des Landes. Er hatte für den Teil der Bevölkerung, dem es schlechter ging, Sorge zu tragen. Neben den gewonnenen Kriegen gegen Feinde von außen und den für die Götter gebauten Tempeln waren die sozialen und ökonomischen Ausgleichsmaßnahmen ein Hauptthema der königlichen Propaganda.

Als Topos der Königsinschriften wurden sie auch zum Topos der Prologe und Epiloge der Gesetzbücher. Das älteste uns bekannte Gesetzbuch ist der Kodex von Urnammu (Gründer der 3. Dynastie von Ur). Dort lesen wir:

Die Waise wurde nicht dem Reichen überantwortet,
die Witwe wurde nicht dem Mächtigen überantwortet,
der Mann eines Schequels wurde nicht dem Manne einer Mine überantwortet[3].

---

[1] Zahlreiche Inschriften; vgl. auch das Totenbuch, Kapitel 125.
[2] Ugarit: Aqht A 5:7—8.
[3] §§162—168 (ANET.S [88]; übers. v. J.J. Finkelstein).

Ein Jahrhundert später stellte Lipit-Eschtar, König von Isin, sich im Prolog seines Gesetzbuches vor als

> der umsichtige Hirte, dessen Name von Nunamnir [= Enlil] ausgesprochen worden war,
> (berufen) zur Herrschaft im Land, um Gerechtigkeit im Lande aufzurichten,
> um Wehklage verschwinden zu lassen,
> um Feindseligkeit und Aufruhr mit Waffengewalt abzuwenden
> (und) um es den Sumerern und Akkadern wohlergehen zu lassen.

Dann berichtet er zum Beispiel:

> Wahrlich, in diesen [Tagen] sorgte ich für die [Fre]iheit der [S]öhne und Töchter von [Nippur], der [S]öhne und Töchter von Ur, der Söhne und Töchter von [I]sin, der [S]öhne und Töchter von [Sum]er (und) Akkad, denen … Sklavenstand … auferlegt worden war[4].

Im Anschluß an solche Berichte stellt er zu Beginn des Epilogs fest:

> Ich, Lipit-Eschtar, der Sohn des Enlil, habe Feindseligkeit und Aufruhr beseitigt;
> Wehgeschrei, Weinen, Klage … zum Tabu;
> Gerechtigkeit und Wahrheit ließ ich ins Dasein treten;
> den Sumerern und Akkadern ließ ich es wohlergehen…[5]

Ähnlich verteilt auch Hammurabi (der Gründer der 1. Dynastie von Babylon) seine Selbstrühmung zwischen Prolog und Epilog seines Kodex. Nach dem Prolog haben die Götter ihn als König eingesetzt,

> um für das Wohlergehen des Volkes Sorge zu tragen, …
> um Gerechtigkeit im Lande herrschen zu lassen,
> den Bösen und den Schlimmen zu vernichten,
> *den Schwachen vom Starken nicht unterdrücken zu lassen,*
> dem Sonnengott gleich den »Schwarzköpfigen« aufzugehen und das Land zu erleuchten[6].

Im Epilog greift er die einzelnen Punkte dieses Textes auf und berichtet, wie er den Willen der Götter ausgeführt hat. In bezug auf die Formulierung, er habe »den Schwachen vom Starken nicht unterdrücken lassen«, bringt er etwas Neues im Vergleich zu seinen Vorgängern[7]. Es scheint ihm nicht zu genügen, einfach seine sozialen

---

4 ANET 159 (übers. v. S. N. Kramer).
5 ANET 161 (übers. v. S. N. Kramer).
6 ANET 164 (übers. v. T. J. Meek).
7 Ich kann natürlich nicht ausschließen, daß diese besondere Logik im Kodex Hammurabi gar nicht neu ist. Die Schwierigkeit liegt darin, daß die Texte nur noch fragmentarisch erhalten sind. In den anderen Gesetzen scheint Hammurabis Logik zumindest implizit vorhanden zu sein. Denn was wir Prolog und Epilog nennen, muß als eine Art hermeneutischer Schlüssel zu den dazwischen stehenden Gesetzen gemeint gewesen sein.

Reformen zu erwähnen. Er erklärt das Gesetzbuch selbst als das eigentliche Mittel, dem Unterdrückten zu helfen:

> Damit *der Starke den Schwachen nicht unterdrückt,*
> um *der Waise und der Witwe zu ihrem Recht zu verhelfen,*
> habe ich in Babel, der Stadt, deren Haupt Anu und Enlil erhoben haben,
> in Esagila, dem Tempel, dessen Fundamente wie Himmel und Erde fest sind,
> meine überaus wertvollen Worte auf meine Stele geschrieben und (sie) vor der Statue von mir, dem »König der Gerechtigkeit«, aufgestellt,
> um das Recht des Landes zu ordnen,
> um die Entscheidungen für das Land zu fällen,
> um *dem Unterdrückten Recht zu verschaffen*[8].

Um alles noch eindrucksvoller zu machen, entwirft er die rührende Szene von dem »*unterdrückten Menschen*«[9], der später jederzeit zum Tempel Esagila kommen und »sorgsam meine beschriftete Stele« lesen kann. Die Stele wird »ihm seinen Fall erklären«, und »sein Herz kann aufatmen«[10].

Man verzeihe, daß ich so ausführlich zitiert habe. Aber es ging darum, eine Überraschung vorzubereiten. Angenommen, ein »unterdrückter Mensch« oder eine Waise oder eine Witwe wären nach Hammurabis Ratschlag zum Tempel Esagila gegangen und hätten die 282 Paragraphen des Kodex gelesen — ihnen wäre das Wort »Armer« oder das Wort »Unterdrückter« kein einziges Mal begegnet. Hätte ihr Herz wirklich aufatmen können? Im Kodex Hammurabi gibt es keinerlei Sozialgesetzgebung. Auch in den Gesetzen von Urnammu oder in den Gesetzen von Lipit-Eschtar oder in irgendeiner anderen Gesetzessammlung aus Mesopotamien ist keine zu finden.

Selbstverständlich nähern sich einige Gesetze dieser Kodizes von ferne dem Bereich, wo die Armen ihre Nöte haben[11]. Aber sie

---

[8] ANET 178 (übers. v. T. J. Meek).
[9] Durch die oben kursiv gesetzten Wiederholungen und Parallelismen verkörpert der »unterdrückte Mensch« im Textgefüge von Prolog und Epilog alle Unterdrückten, auch die Waisen und Witwen.
[10] Alles Angeführte: ANET 178 (übers. v. T. J. Meek).
[11] Kodex Eschnunna § 39 A III (Rückkaufsrecht für ein in finanzieller Notlage verkauftes Haus); Kodex Hammurabi §§ 27—29 (Handhabung eines Lehens, wenn dessen Inhaber in Kriegsgefangenschaft ist oder daraus zurückkehrt — eher Lehnsrecht), §§ 115—116 (Tod einer verpfändeten Person), §§ 117—119 (Schuldsklaven), §§ 148—149 (Fall einer Frau mit der *la'bu*-Krankheit), § 177 (Witwen und Waise — eher Ehe- und Erbrecht); Mittelassyrische Gesetze

handeln niemals direkt von den Armen oder ihren Rechten in der Gesellschaft. In der Sprache der Gesetze fehlt das Wortfeld von Armut und Unterdrückung. Es ist bekannt, daß sich Prologe und Epiloge von den eigentlichen Gesetzen in der Sprache unterscheiden. Sie benutzen einen anderen Dialekt und haben einen anderen Stil. Doch wir müssen den Unterschied der Welten hinzufügen, die durch die verschiedenen Teile der Gesetzbücher geschaffen werden. Prologe und Epiloge entwerfen eine Welt, in der alles darauf angelegt ist, daß für die Armen Sorge getragen wird. Die Gesetze dagegen erwähnen die Armen nicht einmal. Ich glaube nicht, das liege daran, daß die Gesetze eine Welt entwerfen wollen, in der Armut nicht mehr vorkommt. Sie verschweigen die Armut. Und das, obwohl genau diese Gesetze in Prolog und Epilog — zumindest bei Hammurabi — als das Mittel angepriesen werden, das den Armen zum Aufatmen hilft.

Für diesen Sachverhalt mag es gute Erklärungen geben. Nach meiner Auffassung besteht die beste in der Annahme, daß die eigentlichen Gesetzessammlungen im Diskussions- und Lehrbetrieb der E.DUBB.A, des »Tafelhauses«, entstanden sind und tradiert wurden. Erst in einer zweiten Phase sind diese reinen Gesetzessammlungen, nun erst durch Prologe und Epiloge erweitert, in öffentlichen Inschriften bekanntgemacht worden. In einer dritten Phase wären diese nun veröffentlichten Gesetzbücher in die E.DUBB.A zurückgekehrt, wo sie kopiert und aufbewahrt wurden und von dort aus wiederum die Entwicklung der Rechtsprechung beeinflußten.

Aber diese Theorie ist auf die Entstehungsgeschichte fixiert. So auch andere, die entworfen wurden[12]. Keine von ihnen kann auf der

---

§§ 33—36, 46 (Witwenkasuistik — eher Ehe- und Erbrecht); Neubabylonisches Gesetzesfragment §§ 12—15 (dasselbe). Für den Kodex Hammurabi halte ich mich an die Liste bei G. Ries, *Prolog und Epilog in Gesetzen des Altertums* (Münchener Beiträge zur Papyrusforschung und antiken Rechtsgeschichte, 76) München: Beck, 1983, 71 Anm. 361. Aber ich versuche eher, weiteres hinzuzufügen. Trotzdem nähern sich allerhöchstens CH §§ 148—149 den wirklichen Nöten der Armen.

[12] Immer noch konkurrieren mehrere Hypothesen miteinander. Das ist so, weil die Diskussion über Ursprung und juridische Funktion der mesopotamischen Gesetzbücher, die B. Landsberger, »Die babylonischen Termini für Gesetz und Recht,« in: *Symbola ad iura orientis antiqui pertinentes Paulo Koschaker dedicatae* (Hg. v. J. Friedrich, J.G. Leutner, J. Miles; SDIO 2; Leiden: Brill, 1939) 219—234, ausgelöst hat, noch an kein Ende gekommen ist.

244 Armut in den Gesetzen des alten Orients und der Bibel

Ebene der synchron erfaßten Aussage die Tatsache beseitigen, daß
die offiziell veröffentlichten mesopotamischen Gesetzessammlungen
zwei einander entgegengesetzte Welten entwerfen, die eine im Rahmen, die andere im Innenteil. Hätten wir es mit einer Erzählung zu
tun, dann müßte man die Szene, in der ein »unterdrückter Mensch«
die Stele liest und »aufatmet«, ironisch verstehen. Aber Ironie muß
man in einem Dokument königlicher Selbstdarstellung ausschließen.
Wir müssen annehmen, daß Hammurabi wirklich sagen wollte, seine
Gesetze könnten den unterdrückten Menschen zum Aufatmen bringen. Wenn sich das an den Gesetzen selbst als falsch erweist, dann
zeigt es nur, daß im Text ein Widerspruch steckt, der letztlich den
Lügencharakter jeglicher Ideologie bezeugt.

Und jetzt zur Bibel. Wir werden erwarten, daß in der Bibel im
Gegensatz zu den altorientalischen Gesetzen eine solche Diskrepanz
zwischen Rahmung und eigentlichen Gesetzen fehlt. Aber die Dinge
sind komplizierter. Die erkannte Spannung wird uns in wechselnder
Gestalt weiterbegleiten bis zum Schluß. Immerhin, selbst im ältesten
biblischen Gesetzbuch fehlen die Armen nicht mehr in den Gesetzen
selbst.

2. Das Bundesbuch

Die Bibelwissenschaft hat den Text von Ex 20,22—23,33 das »Bundesbuch« genannt. Ferner gibt es seit Wellhausen die Vermutung,
daß Teile dieses Textes späte Erweiterungen sind, und zwar durch
deuteronomistische Hände[13]. Dummerweise gehört ein Teil der
Armengesetze in diese »deuteronomistische Redaktion« des Bundesbuches. Da ich die Armengesetze des Bundesbuches mit den
Armengesetzen des Deuteronomiums vergleichen will, kann ich es
nicht umgehen, mich zur zeitlichen Abfolge der Texte zu äußern. Ich
hatte angenommen, die ganze Frage sei 1965 in der Festschrift
Hertzberg durch einen Beitrag von Walter Beyerlin endgültig geklärt
worden[14]. Nach meiner Meinung hat er dort überzeugend nachgewiesen, daß von einer deuteronomistischen Überarbeitung im Bundesbuch keine Rede sein kann. Aber vermutlich waren seine Argu-

---

[13] J. Wellhausen, *Die Composition des Hexateuchs und der historischen Bücher des Alten Testaments* (Berlin: de Gruyter, 1964 = Nachdruck von ³1878) 89 f.
[14] W. Beyerlin, »Die Paränese im Bundesbuch und ihre Herkunft,« in: *Gottes Wort und Gottes Land* (FS H.-W. Hertzberg; Göttingen: Vandenhoeck, 1965) 9—29.

mente zu sehr mit den Vorstellungen von Arthur Weiser über einen
Bundeskult im frühen Israel verquickt, die heute niemand mehr
glaubt. So feiert die alte Sicht in den neuesten deutschen Publikationen zum Bundesbuch (von Eckart Otto[15] und Ludger Schwienhorst-
Schönberger[16]) fröhliche Urständ. In Amerika ist sogar schon 1977
durch Gary Alan Chamberlain eine Dissertation über den nach-
deuteronomischen Charakter der ganzen zweiten Hälfte des Bundesbuches geschrieben worden[17]. Aus diesem Grunde habe ich die
Frage 1989 auf dem Löwener Kongreß der I.O.S.O.T. neu aufgerollt. Um es kurz zu machen: Ich bin wieder bei Beyerlin angelangt.
Es gibt keinen Beweis einer späten, schon das Deuteronomium
voraussetzenden Bearbeitung des Bundesbuches. Es gibt eher gute
Gegengründe[18].

Natürlich hatte das Bundesbuch Vorstufen. Die Armengesetze
gehören nicht zur ältesten Schicht. Sie scheinen auch in sich nochmals geschichtet zu sein. Aber der jetzige Text ist immer noch älter
als das deuteronomische Gesetzbuch, und um Vorstufen brauchen
wir uns bei unserer Fragestellung nicht zu kümmern.

Kommt man von den anderen altorientalischen Gesetzessammlungen her, dann ist sicher der auffallendste Unterschied im Bundesbuch das Vorhandensein von Armenrecht. Seine Einführung muß
ein bewußter Akt gewesen sein. Denn vom Beginn der Armengesetz-
gebung in Ex 22,20 an ändert sich auch die Sprache: An die Stelle des
traditionellen, meist kasuistischen Gesetzesstils tritt die Du-Anrede,
und sie wird streckenweise sehr paränetisch.

Inhaltlich mögen manche der Dispositionen dieses Armenrechts
aus dem alten Gewohnheitsrecht Israels stammen: etwa das Verbot,
von Armen Zins zu fordern (22,24)[19], die Vorschrift, einen verpfän-

---

[15] *Wandel der Rechtsbegründungen in der Gesellschaftsgeschichte des antiken
Israel: Eine Rechtsgeschichte des »Bundesbuches« Ex XX 22—XXIII 13* (Studia
Biblica, 3; Leiden: Brill, 1988) 4—6.
[16] *Das Bundesbuch (Ex 20,22—23,33): Studien zu seiner Entstehung und Theolo-
gie* (BZAW 188; Berlin: de Gruyter, 1990) 284—414.
[17] *Exodus 21—23 and Deuteronomy 12—26: A Form-Critical Study* (Ph.D.
Dissertation; Boston University, 1977).
[18] N. Lohfink, »Gibt es eine deuteronomistische Bearbeitung im Bundesbuch?,«
*Pentateuchal and Deuteronomistic Studies: Papers Read at the XIIIth IOSOT
Congress Leuven 1989* (Hg. v. C. Brekelmans/J. Lust; BEThL 94; Leuven:
Peeters Press/University Press, 1990) 91—113.
[19] Hierfür scheint es keine altorientalischen Parallelen zu geben. Vgl. R.P.
Maloney, »Ursury and Restrictions in Interest-Taking in the Ancient Near
East«, *CBQ* 36 (1974) 1–20.

deten Mantel dem Besitzer jeden Abend wieder zur Verfügung zu stellen (22,25), oder das Recht der Armen, im Brachjahr auf den Feldern, in den Weinbergen und in den Olivenhainen zu ernten (23,11). Bei anderen Bestimmungen erkennt man wohlbekannte Anliegen der altorientalischen Erziehungstradition oder der Königsideologie: im Alltag, im Geschäftsleben und bei Gericht dem Armen gegenüber gerecht und hilfreich zu sein. Das gilt besonders von den beiden Bestimmungen über gerechtes Verhalten zu den Armen bei Gericht in Ex 23,3 und 6[20]. Der ganze Ton dieser Gesetzesreihe erinnert stark etwa an ägyptische Weisheitstexte und Gebete. Das Bundesbuch scheint für den Rechtsbetrieb auf dem Lande abgefaßt zu sein, wo weder größere Städte noch der König eine Rolle spielten. Gleichzeitig müssen aber seine Verfasser hochgebildet gewesen sein, und vertraut mit den juristischen und literarischen Techniken, die an den altorientalischen Schulen gepflegt wurden. Selbst der Gedanke literarischer Anleihen kann nicht ausgeschlossen werden.

Aber ein wichtiges Thema kann nicht von außen kommen: der »Fremde«. Die Armengesetze beginnen in Ex 22,20 mit dem »Fremden«, und sie enden mit ihm in Ex 23,12. Eigentlich rahmt der »Fremde« die Gesetze über die Armen.

Allerdings muß ich dem sofort zwei weitere Beobachtungen anfügen. Einmal, daß es noch einen zweiten, inneren Rahmen gibt. In ihm treten die traditionellen *personae miserae* auf, die Witwe und die Waise. Nach dem Fremdengesetz folgt in Ex 22,21 ein Gesetz über Witwe und Waise. Sie erscheinen auch wieder in 23,11, im Gesetz über das Brachjahr, dem dann das Gesetz über den Sabbat folgt, wo der »Fremde« zum letzten Mal vorkommt. Hier liegt nach meiner Meinung der Ursprung der für den Rest des Alten Testaments typischen Dreizahl von *personae miserae*[21]. Wir haben noch nicht die feste Formel »Fremder, Waise, Witwe«. Sie wird erst durch das Deuteronomium geschaffen. Aber hier, im Rahmenwerk der

---

[20] Vgl. den oben zitierten ugaritischen Text aus AQHT. Zur Erziehungstradition vgl. die Selbstrühmung des Wesirs Rekh-mi-Re in seiner Grabinschrift: N. de G. Davies, *The Tomb of Rekh-mi Rē at Thebes I* (Publications of the Metropolitan Museum of Art, 11; New York: 1943; Neudruck: 1973) 81. Leider hat J. A. Wilson in ANET 213, linke Spalte, die Passagen über die Armen ausgelassen.

[21] Vgl. T. Krapf, »Traditionsgeschichtliches zum deuteronomischen Fremdling-Waise-Witwe-Gebot«, *VT* 34 (1984) 87—90. Krapf betont, daß die Dreiergruppe in der Sozialkritik der klassischen Prophetie nicht vorkommt.

Armengesetze des Bundesbuchs, wird der Grund für sie gelegt. Eine
der Fragen, auf die ich keine Antwort weiß, ist die: Welche histori-
schen und gesellschaftlichen Hintergründe hat die überraschende
Einführung des »Fremden« in die formelhafte Sprache über die
Armen? Unter den Fachleuten ist es im Augenblick üblich, daß die
Einführung des »Fremden« in die Reihe der *personae miserae* mit
einer Masseneinwanderung vom Norden nach dem Süden nach dem
Fall Samarias zusammenhängt. Aber einen Beweis gibt es nicht.

I. Das Bundesbuch in der Endgestalt			
1.	A	20,22–26	Kult: Götzen und Altar
2.	B	21,1–11	6 + 1: Sklavenemanzipation
3.	C	21,12—22,19	Zivilrecht, meist im Er-Stil
4.	C'	22,20 – 23,9	Sammlung „gēr", meist im Ich-Du-Stil
5.	B'	23,10–12	6 + 1: Brachjahr und Sabbat
6.	A'	23,13–19	Kult: Feste und Opfer
7.		23,20–33	„Epilog"

Ich komme zu einer zweiten Beobachtung[22]. Der durch das Motiv
»Fremder« geschaffene Rahmen ist noch etwas komplizierter als
bisher angedeutet. Es gibt einen ersten, sehr deutlichen Rahmen
durch 22,20 und 23,9. Das ist der einzige Fall im Bundesbuch, wo
ein Gesetz wiederholt wird. Dann bilden 23,9 und 23,12 einen
zweiten Rahmen. Seine Signale sind das Wort *gēr* und die Wurzel
npš. Aufgrund dieser beiden Rahmen besteht die zweite Hälfte des
Bundesbuchs aus drei Teilen (vgl. Tafel I). Da ist zunächst der Teil,
um den das wiederholte *gēr*-Gesetz gelegt ist. Dann folgen zwei
Gesetze, in denen die Siebenzahl eine Rolle spielt: Brachjahr und
Sabbat. Was dann folgt, hat im wesentlichen den Kult zum Gegenstand. Diese Abfolge entspricht nun aber wiederum spiegelbildlich
der Themenabfolge in der ersten Hälfte des Bundesbuchs. Es wird
durch einige Kultbestimmungen eröffnet, das Gesetz über die Skla-
venemanzipation hängt am siebten Jahr, die dann folgende Rechtssammlung reicht bis zum *gēr*-Gesetz in 22,20. Fügt man nun noch
den Epilog 23,20—33 hinzu, dann hat das Bundesbuch als ganzes

[22] Zum folgenden vgl. J. Halbe, *Das Privilegrecht Jahwes Ex 34,10—26: Gestalt
und Wesen, Herkunft und Wirken in vordeuteronomischer Zeit* (FRLANT 114;
Göttingen: Vandenhoeck, 1975) 418—423; Schwienhorst-Schönberger, *Bundesbuch, 22—37.*

eine Art Wochenstruktur (6 + 1). In unserem Zusammenhang ist nur wichtig, daß diese Struktur vor allem durch die *gēr*-Rahmungen in 22,20; 23,9.12 produziert wird. Innerhalb dieser Rahmungen gibt es auch Gesetze, die nicht von den Armen handeln. Aber durch die Rahmung erhalten auch diese Gesetze eine neue Tönung. Wenn wir die kultischen Gesetze als Rahmen des ganzen Bundesbuches betrachten, dann beansprucht die ganze zweite Hälfte des Bundesbuches, Armenrecht zu sein.

Die Armen sind also im Bundesbuch nicht ein Thema unter anderen. Das Armenthema ist durch die Struktur herausgestellt. Das paßt damit zusammen, daß der göttliche Gesetzgeber in den Armengesetzen mehr als vorher in den Vordergrund tritt. Ich erspare mir hier Einzelheiten. Doch auf einen Sachverhalt will ich hinweisen. Der Gott, der die Gesetze gibt, ist der Gott des Exodus. Das rahmende und wiederholte Verbot, den Fremden zu unterdrücken, benutzt das Wort *lāḥaṣ*. Dieses Wort gehört nicht zur Gesetzessprache oder zur Sprache der weisheitlichen Ermahnung. Es wird jedoch in Ex 3,9 und im historischen Credo Dtn 26,7 für die Unterdrückung der Israeliten in Ägypten gebraucht. Darüber hinaus wird beiden Fassungen des Unterdrückungsverbots der Motivsatz hinzugefügt: »denn ihr seid Fremde im Land Ägypten gewesen«.

Dadurch ist das Bundesbuch nicht nur mit Gott verbunden, sondern auch in Geschichte eingebettet. Die mesopotamischen Gesetzessammlungen waren nur durch ihre Prologe und Epiloge in die Geschichte gefügt. Hier ist die Einfügung den Gesetzen selbst inhärent, und das durch eines der Armengesetze.

Im definitiven Pentateuchtext ist das Bundesbuch noch viel deutlicher in den Exoduszusammenhang eingebettet. Es ist von der pentateuchischen Geschichtserzählung umgeben. Irgendwie übernimmt diese Geschichtserzählung für alle Gesetzessammlungen des Pentateuch die Funktion der mesopotamischen Prologe und Epiloge. Wir müssen uns jetzt kurz dieser Erzählung zuwenden. Denn sie erzeugt ein neues Problem.

3. Die Exodus-Erzählung

Ich brauche die Exodusbotschaft hier nicht darzustellen[23]. Ich nehme sie so, wie der fertige Pentateuch sie zeigt. Das Handeln Gottes, durch das Israel zustandekam, war entscheidend die Befreiung des unterdrückten und armen Teils einer inhumanen staatlichen Gesellschaft. Verheißen wurde den Befreiten ein »Land, wo Milch und Honig strömen« (Ex 3,8). Das ist mythisch gesprochen. Was gemeint ist, zeigt sich daran, daß diese Menschen unterwegs ein neues Recht erhalten. Gottes Plan mit ihnen ist es, eine gerechte und dadurch gesegnete Gesellschaft zu schaffen — ein Gegenbild zu all den korrupten Gesellschaften der Welt.

Es ist eines der Verdienste der Befreiungstheologen, die sozialen und ökonomischen Dimensionen der Exodusbotschaft erkannt zu haben. Vielleicht haben sie allerdings die Radikalität des Gedankens, daß Gott die Armen nicht in Ägypten beläßt, sondern sie in ein anderes Land versetzt und dort mit ihnen etwas ganz Neues beginnt, noch nicht einmal deutlich genug herausgestellt.

Für unsere Überlegungen kommt es auf eine neue Aporie an, die sich zeigt. Der Dynamik des Exodus auf eine Gesellschaft ohne Unterdrückung und Armut hin steht die Tatsache gegenüber, daß das Bundesbuch, das am Sinai als eine Art Vorausentwurf der angezielten Gesellschaft gegeben wird, eindeutig die Weiterexistenz der Armut in Israel voraussetzt.

Im Kodex Hammurabi versprach der Rahmen den Armen Hilfe durch die Gesetze, die Gesetze jedoch sprachen nicht von den Armen. Im Bundesbuch sprechen die Gesetze ausführlich von den Armen, aber der Rahmen hatte versprochen, daß es keinen Armen mehr geben werde.

Über die Hintergründe des Deuteronomiums gibt es die verschiedensten wissenschaftlichen Vermutungen. Ich halte das hier formulierte denkerische Problem, das so tief mit den menschlichen Hoffnungen und den Urverheißungen an Israel verbunden ist, für eine der wichtigsten Wurzeln des Deuteronomiums.

4. Das Deuteronomium

Das Deuteronomium baut das Wortfeld der Armut um. Die vielen Wörter, mit denen man vorher über die Armen gesprochen hatte und

---

[23] Als breitere Entfaltung vgl. N. F. Lohfink, *Option for the Poor: The Basic Principle of Liberation Theology in the Light of the Bible* (Berkeley, CA: BIBAL Press, 1987) 33—52.

die man auch weithin ununterschieden untereinander vermischte, werden hier erstens an Zahl reduziert und zweitens in zwei Gruppen aufgeteilt. Die Gruppe 1 umfaßt nur zwei Nomina: *'æbjôn* und *ānî*. Diese beiden Wörter werden weiterhin für die Armen gebraucht. Die Gruppe 2 umfaßt die Wörter für den Fremden, die Waise und die Witwe. Sie bilden jetzt eine feste Wortreihe. Die Reihe wird niemals in Verbindung mit der ersten Wortgruppe benutzt, also mit Wörtern, die auf Armut weisen.

II. Deuteronomium: Die Gesetze über die Versorgung bestimmter Gruppen

		Sklave	Levit	Fremde	Waise	Witwe
5,14	Sabbat	×		×		
12,7	Opfer	(Haus)				
12	Opfer	×	×			
18	Zehnter...	×	×			
14,26f	Zehnter	(Haus)	×			
29	Zehnter	×	×	×	×	
15,20	Erstlinge	(Haus)				
16,11	Wochenfest	×	×	×	×	×
11	Herbstfest	×	×	×	×	×
24,19	Ernte			×	×	×
20	Ernte			×	×	×
21	Ernte			×	×	×
26,11	Zehnter	(Haus)	×	×		
12f	Zehnter		×	×	×	×

Fragen wir nach den Zusammenhängen, in denen die Gruppe 2 vorkommt, dann zeigt sich eine Reihe von 7 Gesetzen, die selbst wieder zu einem System von 14 (= 2 × 7) Gesetzen gehören (vgl. Tafel II). Das System verteilt sich über Dtn 12—26, und auch das Sabbat-Gebot des Dekalogs gehört noch hinein. Das System überschneidet sich teilweise mit dem System der Gesetze über die Kultzentralisation. Aber es kann von ihm her nicht abgeleitet werden. Denn teilweise steht es außerhalb.

Allen Gesetzen des Systems gemeinsam ist, daß sie für bestimmte Bevölkerungsgruppen disponieren, wie sie wirtschaftlich Bestand und am vollen Leben Israels Anteil haben können. Es handelt sich immer um Gruppen, die von ihrer Definition her nicht über Grundbesitz verfügen. Die Gruppen sind: Sklaven, Leviten, Fremde, Waise und Witwen. Entsprechend der Verschiedenheit der behandelten Situationen und der Bedürfnisse der Gruppen kommen nicht alle

Gruppen in allen 14 Gesetzen vor. Bei den Opfern und Tempel-
zehnten stehen die Leviten im Zentrum der Aufmerksamkeit, Waise
und Witwen werden nicht erwähnt. Bei der Ernte werden die Leviten
nicht erwähnt, wohl aber Fremde, Waise und Witwen. Doch zwei
Gesetze nennen alle Gruppen: die Gesetze über die beiden jährlichen
Ernte-Wallfahrtsfeste.

Nach der traditionellen Auslegung in den Kommentaren beweisen
alle diese Gesetze das tiefe Gefühl des Deuteronomiums für die
Armen. Die eklatanteste Konsequenz dieser Auslegung ist die Notwendigkeit, historische Theorien über die Verarmung der Gruppe
der Landleviten zur Zeit Josias von Juda auszuarbeiten. Müssen die
Leviten damals nicht in tiefster Armut gesteckt haben, wenn man
auch auf sie die karitativen Techniken anwenden mußte, mit denen
den armen Fremden, Waisen und Witwen geholfen werden sollte?
Mir scheint jedoch, es gibt für eine solche historische Annahme
keinerlei weiteren Beweis. Ich habe allerdings auch selbst die Texte
immer auf die übliche Weise verstanden, bis mir auffiel, daß in
keinem einzigen dieser Gesetze ein Wort für »arm« vorkommt. Da
begann ich mich zu fragen, ob es unter den gesellschaftlichen und
wirtschaftlichen Verhältnissen der damaligen Zeit eigentlich sinnvoll
sei, die Sklaven als »Arme« zu betrachten. Ihnen gebrach es normalerweise weder an Speise und Trank noch an Kleidung. An Freiheit
und Ehre gebrach es ihnen. Sie waren nicht arm, sie waren Sklaven.
Ich zauderte zwar, aber dann stellte ich alles auf den Kopf. Das
Deuteronomium fügt in seinen Gesetzen nicht neue Gruppen zu den
bisherigen Armengruppen hinzu, sondern verändert das Gefüge der
Gesellschaft so, daß die Gruppen, die aus diesem oder jenem Grunde
nicht von eigenem Grundbesitz leben konnten, voll versorgt waren.
Wenn das System funktionierte, konnte man dann keine dieser
Gruppen mehr als »Arme« bezeichnen. Fremde, Waise und Witwen
wird es immer geben. Niemand kann das verhindern. Aber nach dem
Deuteronomium ist es möglich, eine Welt zu schaffen, in der man
Fremder, Waise und Witwe sein kann, ohne deshalb arm zu sein.
Darauf war das Deuteronomium aus. Eine Witwe hat dann den gleichen Status wie zum Beispiel ein Levit — und der ist für das Deuteronomium hochgeehrt in Israel. Auch die Sklaven, die damals weniger Hunger und Durst litten als vielmehr einen zu niedrigen Status in
der Gesellschaft hatten, kommen zu jener Ehre, die den Leviten ge-
bührt. Sie haben vollen Anteil an der Freude der Feste, so wie
jedermann in Israel. Darum geht es in diesem System von Gesetzen.

III. Deuteronomium: Die Armengesetze		'æbyôn	'ānî
15,1–6	Brachjahr: Keine Zinsen	1 ×	
7–11	Zinsloses Darlehen	5 ×	1 ×
12–18	Brachjahr: Sklavenbefreiung	–	–
24,10–13	Pfandnahme bei Armen		1 ×
14–15	Taglöhner: Tägliche Bezahlung	1 ×	2 ×

Ein Effekt dieser juristischen Strategie des Deuteronomiums ist, daß die beiden Wörter für »arm« nur in einer einzigen Gesetzesgruppe vorkommen. Deren Gesetze handeln von einer Situation, in der selbst in den besten Gesellschaften der Welt Armut immer wieder von neuem entstehen kann. Ich möchte es den Prozeß zunehmender Verschuldung eines Mannes oder einer Frau nennen (vgl. Tafel III). Diese Gesetze stehen teils in Kapitel 15 (3 Gesetze), teils in Kapitel 24 (2 Gesetze). Nur hier kommen im Deuteronomium die beiden Wörter 'æbjôn und 'ānî vor ('æbjôn siebenmal und 'ānî viermal, in kunstvoll verschränkter Anordnung). Ich will versuchen, diese Gesetze dem Prozeß zunehmender Verschuldung zuzuordnen, der den Kleinbauern Palästinas jederzeit drohte. Der Bauer oder die Bäuerin bekommt, sagen wir: durch eine Mißernte, finanzielle Probleme und braucht ein Darlehen. Dtn 15,7—11 drängt darauf, daß ein Nachbar dann das Geld leiht[24]. Um das Darlehen zurückzuerstatten, ist es vielleicht nötig, Taglöhnerarbeiten zu übernehmen. Dtn 24,14f verpflichtet zu täglicher Lohnauszahlung. Nimmt der Gläubiger ein Pfand, verpflichtet Dtn 24,12f dazu, dies nicht in entehrender Form zu tun. Sollte es dennoch dazu kommen, daß nur der Eintritt in ein Schuldsklavenverhältnis als Ausweg bleibt, darf der Gläubiger, falls zufällig ein Brachjahr ist, dies nach Dtn 15,1—6 nicht einfordern, und nach der verbreiteten Textauslegung wird die Schuld erlassen[25]. Fiel die Versklavung in ein anderes Jahr, dann muß das Sklavenverhältnis nach Dtn 15,12—18 im Brachjahr beendet wer-

---

[24] Das Zinsverbot von Ex 22,24 wird hier nicht erwähnt, doch vgl. das generell (und nicht nur im Fall der Verarmung) geltende Gesetz von Dtn 23,20f. Vielleicht wird schlicht vorausgesetzt, daß die Frage von Zinszahlung sich gar nicht stellt. Ich vermute, das Deuteronomium stellt sich den Zeitraum, in dem der verschuldete Israelit arm bleibt, als so kurz vor, daß die Zinsfrage gar nicht aufgerollt werden muß.

[25] Ich halte mich für das Gesetz als ganzes an F. Horst, *Das Privatrecht Jahwes: Rechtsgeschichtliche Studien zum Deuteronomium* (FRLANT 45; Göttingen: Vandenhoeck, 1930); nachgedruckt in: *Gottes Recht* (ThB 12; München:

werden, und der bisherige Herr muß den Sklaven oder die Sklavin so ausstatten, daß es ihnen möglich ist, eine neue Existenz aufzubauen[26]. Nebenbei bemerkt: Im Gegensatz zu anderen Gesetzessammlungen hat das Deuteronomium geschlechtlich inklusive Formulierungen eingeführt.

Auf eine gewisse Weise ist das, was die königlichen Schulderlasse in Mesopotamien eigentlich wollten, hier in die Hand des konkreten Nachbarn eines verarmten Bauern gegeben, und es wird mit dem alten heiligen Siebenjahresrhythmus Israels verbunden.

Es gibt wenige Gesetze im ganzen Gesetzbuch, die so paränetisch sind wie die hier besprochenen. Sie richten sich immer an die, die unmittelbar verwickelt sind. Sie fordern Hilfe für den Armen selbst bei beträchtlichem eigenen finanziellen Risiko — vgl. besonders Dtn 15,9. In Dtn 15,2 wird zum ersten Mal in den deuteronomischen Gesetzen für den anderen Israeliten das Wort »Bruder« eingeführt. Innerhalb von Dtn 12—26 erscheint das Wort in diesem Sinn 29 mal. Die ersten 7 Belege finden sich in unseren drei Gesetzen in Dtn 15,1—18.

Dazu tritt die Sanktion, die mit diesen Gesetzen verbunden ist. In beiden Gesetzesgruppen wird das altorientalische Motiv des »Schreis des Armen« zur Gottheit eingeführt: in 15,9 und 24,15. Wer einen Armen dazu bringt, zu Gott zu schreien, gerät in den Stand von ḥēṭ. Nicht jede Sündenschuld ist ḥēṭ. Wie Klaus Koch nachgewiesen hat[27], ist ḥēṭ diejenige Sünde, die nur durch den Tod des Sünders gesühnt werden kann. Offenbar haben die Deuteronomisten den Unterschied zwischen ihrer Gesellschaft und den anderen Gesellschaften der Welt nicht nur in der Gerechtigkeit ihrer Gesetzgebung gesehen, sondern noch mehr in dieser harten und göttlich sanktionierten Abwehr der allerersten Anzeichen entstehender Armut. Denn das Wort, das in unseren beiden Texten für den Schrei des

---

Kaiser, 1961) 17—154, hier: 56—65. Für eine andere Auslegung vgl. H. M. Weil, »Gage et cautionnement dans la Bible«, *AHDO* 2 (1938) 171—241. Zur verbreiteteren Meinung, daß die Schuld im siebten Jahr erlassen wurde, vgl. G. Braulik, *Deuteronomium 1—16,17* (NEB; Würzburg: Echter, 1986) 111. Gegen Schuldenerlaß ist in jüngerer Zeit z. B. P. C. Craigie, *The Book of Deuteronomy* (NIC; Grand Rapids: Eerdmans, 1976) 236.

[26] In diesem Gesetz kommt keines der Wörter für »arm« vor. Denn hier ist schon ein neuer Status vorausgesetzt, der des »Sklaven«. Jedoch vermeidet das Deuteronomium auch im Gegensatz zum Parallelgesetz im Bundesbuch das Wort »Sklave«.

[27] K. Koch, Art. »ḥāṭā'«, in: *ThWAT* II, 857—870, hier: 864—865.

Armen zu Gott gebraucht wird, ist *qārā'*. Es gibt keine anderen
Stellen in den Gesetzen, die vom Schreien zu Gott sprechen. Deshalb
kann allein der Schrei des Armen und die furchtbare Sanktion, die er
auslöst, im Blick sein, wenn Mose in 4,7 die Gesellschaft Israels mit
den anderen Gesellschaften der Welt vergleicht und, noch bevor er
auf die Gerechtigkeit der Tora hinweist, die rhetorische Frage stellt:
»Welche große Nation hätte einen Gott, der ihr so nah ist wie der
Herr, unser Gott, uns nah ist *b^ekål-qår'ēnû 'ēlâw,* wann immer wir zu
ihm schreien?"

Zur Ausgangsfrage zurück: Im Gegensatz zu den mesopotamischen Gesetzen schweigt das Deuteronomium nicht von den Armen;
doch zugleich entwirft es im Sinn der Exoduserzählung eine Welt, in
der es keine Armen mehr gibt.

Alles verdichtet sich uns im Nebeneinander von zwei anscheinend
konktradiktorischen Aussagen. In Dtn 15,11 wird gesagt: »Der
Arme wird niemals ganz aus deinem Land verschwinden.« Nicht:
aus Israel. Sondern: aus dem Land. Das ist die Armut, die immer
wieder von neuem aufkommt und ein Aufruf an alle Brüder und
Schwestern ist, unmittelbar zu reagieren und sie wieder auszurotten.
Wegen dieser Reaktion, die stets Gottes Segen hervorruft, und
wegen des funktionierenden Systems der Versorgung der verschiedenen grundbesitzlosen Gruppen in Israel bleibt zugleich wahr, was in
15,4 steht: »Bei dir wird es keinen Armen geben.«[28]

Das Problem mit diesem deuteronomischen Weltentwurf scheint
darin bestanden zu haben, daß keiner daran glaubte, oder daß
man nicht einmal merkte, was eigentlich gemeint war. Denn das
Heiligkeitsgesetz, dem wir uns jetzt zuwenden, fällt dahinter zurück.

5. Das Heiligkeitsgesetz

Ich möchte das Heiligkeitsgesetz (Lev 17—26) nicht herabsetzen. Es
ist ein beeindruckender Neuentwurf einer befreiten Welt. Es unterstreicht die Besonderheit von Israels Weltentwurf zumindest in
mancher Hinsicht sogar mehr als das Deuteronomium. Trotzdem:
Offenbar haben seine Autoren die Sicht des Deuteronomiums für

---

[28] Mehr zu Armut im Deuteronomium bei: N. Lohfink, »Das deuteronomische
Gesetz in der Endgestalt — Entwurf einer Gesellschaft ohne marginale
Gruppen«, *BN* 51 (1990) 25—40.

eine Utopie gehalten, und sie haben versucht, alles wieder auf den Boden zu stellen.
Ich möchte jetzt nur einiges andeuten. Man erwarte keine positive Entfaltung der Leitprinzipien des Heiligkeitsgesetzes.

Zunächst einmal wird das deuteronomische System der Versorgung grundbesitzloser Bevölkerungsgruppen nicht aufrechterhalten, und das bewußt. Ein Vergleich der beiden Gesetzbücher zeigtdas. Es gibt keine Entsprechung zu den oben diskutierten 14 deuteronomischen Versorgungsgesetzen.

Doch mag ein solcher Vergleich ungenügend sein. Ich möchte deshalb jetzt, zumindest argumentativ, die These von Alfred Cholewiński voraussetzen. Nach ihr setzt das Heiligkeitsgesetz das Deuteronomium voraus. Wo es nicht ergänzt oder ändert, gelten die deuteronomischen Bestimmungen weiter[29]. Bei dieser Annahme wäre es nicht nötig gewesen, die 14 Gesetze zu wiederholen. Ihre Nichtexistenz im Heiligkeitsgesetz bewiese noch nicht, daß sie nicht mehr gelten sollen.

Aber diese 14 Gesetze bilden ein System. Wenn eines herausgebrochen wird, bricht das Ganze zusammen. Nun aboliert das Heiligkeitsgesetz aber zumindest eines, wenn nicht mehrere.

Man nehme zum Beispiel Lev 19,10 und 23,22, die Dtn 24,21 und 19 entsprechen. Es geht darum, daß man bei der Ernte auf den Feldern und in den Weingärten etwas zurücklassen soll. Das Zurückgelassene war im Deuteronomium für »den Fremden, die Waise und die Witwe« bestimmt. Das war ein Teil des Versorgungssystems für die grundbesitzlosen Gruppen. Wegen dieser Versorgung können diese Gruppen nicht mehr als »Arme« betrachtet werden. Im Heiligkeitsgesetz dagegen ist das Zurückgelassene für »den Armen ('ānî) und den Fremden«. Das ist eine Umformulierung. Es setzt nicht nur voraus, daß es in Israel normalerweise Arme gibt, sondern faßt darüber hinaus die »Waise und Witwe« als »Arme« zusammen, degradiert sie also wieder zu einer marginalen Gesellschaftsschicht.

Oder nehmen wir die hohen Anlässe, bei denen nach dem Deuteronomium in Israel alle in voller Egalität vereinigt waren, das Pfingstfest und das Laubhüttenfest, die beiden freudigen Wallfahrtsfeste. Wenn Leviten, Fremde, Waise und Witwen das Laub-

---

[29] A. Cholewiński, *Heiligkeitsgesetz und Deuteronomium:Eine vergleichende Studie* (AnBib 66; Rom: Biblical Institute Press, 1976).

hüttenfest in der Familiengemeinschaft eines Nachbarn mitfeierten, dann ging es nicht nur um Essen und Trinken, sondern vor allem um volle Teilhabe an der Freude Israels. Das Heiligkeitsgesetz spricht in einem ganzen Kapitel, Lev 23, über Israels Feste. Aber da ist von einer allen Gruppen in Israel gemeinsamen Freude keine Rede. Nach Lev 23,42 ist zu den Freudentagen in den Laubhütten nur *kål-hā'æzrāḥ beʲiśrā'ēl,* »jeder israelitische Bürger« zugelassen[30]. Nun ist der *'æzrāḥ* im Heiligkeitsgesetz definiert in Opposition zum *gēr*[31]. Daher sind die »Fremden« im Gegensatz zum Deuteronomium von der Freude des Laubhüttenfestes ausgeschlossen.

Es ist auch sprechend, daß im Heiligkeitsgesetz die Reihe der zu versorgenden Gruppen nicht nur da fehlt, wo wir sie erwarten, sondern in einem völlig anderen Zusammenhang eingeführt wird. Lev 25,6f benutzt die bekannte Reihe, wenn gesagt werden soll, daß mit Gottes Hilfe im Sabbatjahr genügend Nahrung für alle vorhanden sein wird.

So dürfte das deuteronomische Versorgungssystem abgeschafft sein. Wie steht es mit dem deuteronomischen Kampf gegen die allerersten Zeichen neuentstehender Armut? Er wird in Lev 25 umgebaut in ein 50-Jahre-Wartezimmer-System. So lange dauert es, bis jeweils wieder ähnlich wie durch die mesopotamischen Reformedikte eine wirtschaftliche und gesellschaftliche Nullsituation hergestellt wird[32]. Sklaven sollen zum Beispiel nicht alle 7 Jahre, sondern in jedem 50. Jahr freigelassen werden. Bei der damaligen geringen Lebenserwartung hätten die meisten Opfer der Armut in Israel niemals ein Jobeljahr erlebt. Sie hätten nicht mit einem Ende ihrer Schuldsklaverei rechnen können, nicht mit der Möglichkeit eines neuen Anfangs. Die Dringlichkeit des Deuteronomiums ist verlorengegangen.

---

[30] Zur Freude am Laubhüttenfest vgl. Lev 23,40.

[31] Vgl. K. Elliger, *Leviticus* (HAT 1,4; Tübingen: Mohr, 1966) 323 Anm. 40. Im Haupttext sagt er:»Der *gēr* fehlt schwerlich zufällig.« Man könnte einwenden, daß nach Lev 19,34 der Fremde den Israeliten wie der *'æzrāḥ* gelten soll. Aber normalerweise werden beide genannt, wenn es um beide geht. 19,33f, diese eigentümliche Synthese von Ex 22,20, Dtn 10,19 und Lev 19,18, setzt eher eine große Distanz zum »Fremden« voraus und versucht nur, sie zu überbrücken. Zu den Gründen, die zum Ausschluß des *gēr* von der Festfeier geführt haben könnten, vgl. M. Weinfeld, *Deuteronomy and the Deuteronomic School* (Oxford: Clarendon Press, 1972) 231f.

[32] Vgl. das Wort *derôr,* das mit dem akk. *anduraru* zusammenhängt. Der große Unterschied liegt im festliegenden Turnus.

Ich möchte nicht verschweigen, daß im gleichen Kapitel 25 einiges zugunsten der Armen steht, das deutlicher und stärker ist als die deuteronomischen Entsprechungen. So gelangen im Jobeljahr nicht nur die Menschen, sondern auch die veräußerten Grundstücke wieder an die ursprünglichen Besitzerfamilien zurück. Oder wenn in Dtn 15 die Vermeidung des Wortes »Sklave« es nahegelegt haben mag, daß ein israelitischer Schuldsklave nicht wie ein wirklicher Sklave behandelt werden durfte, so wird das in Lev 25,40 explizit gesagt.

Ich leugne das nicht. Aber wenn ich in Lev 25,35—38 die Ermahnung lese, man solle dem verarmten Bruder[33] finanziell helfen, kann ich nicht den Eindruck gewinnen, die Armut dieses Bruders sei als eine schnell vorübergehende Situation zu betrachten. In der Welt des Heiligkeitsgesetzes scheint es normal zu sein, daß in der langen Zeit zwischen zwei Jobeljahren eine bestimmte Zahl von armen Israeliten mit ins Bild gehört.

Die Verfasser des Heiligkeitsgesetzes haben vermutlich gar nicht wahrgenommen, daß sie einen zentralen Punkt der Exodusbotschaft preisgaben. Sie versuchten nur einfach, ein wenig realistischer zu sein als die Verfasser des Deuteronomiums, die nach ihrer Meinung vermutlich etwas zu utopisch dachten. Seltsamerweise wird heute immer wieder von Exegeten und Historikern betont, daß das Jobeljahr des Heiligkeitsgesetzes absolut utopisch sei und niemals historisch verwirklicht wurde. Ahnten sie, was das Deuteronomium will, dann würden sie das sicher als eine noch größere Utopie betrachten.

$$* \quad * \quad *$$

Doch ich möchte mich jetzt, am Schluß, nicht in Fragen historischer Durchführbarkeit verlieren. Was Gott seinen Erwählten verheißt, hat immer Wundercharakter. Darüber läßt die Bibel nicht mit sich handeln. Was einen Exegeten umtreiben müßte, ist die theologische Frage. Welche Sicht ist die endgültige? Welche ist Wort Gottes?

Unsere wissenschaftlichen Vorfahren waren überzeugt: Je älter, desto besser. Aber das Bundesbuch ist reiner Übergang, noch älter

---

[33] Das Heiligkeitsgesetz hat ein spezielles Wort für »verarmen«: *mwk* (25,25.35. 39.47).

ist der Kodex Hammurabi. Die Redaktionskritik unserer Tage heftet sich an die jüngsten Schichten. Aber wer beweist uns, daß die Rückkehr des Heiligkeitsgesetzes zum Realismus Gottes Wille ist? Mit Sicherheit wird Gott keinen Zusammenhang sehen zwischen seiner biblischen Option für die Armen und dem, was die Kirche treibt, wenn sie in Erinnerung an die biblischen Jobeljahre ein »heiliges Jahr« feiert. Ich komme zur »Kanonkritik«. Alle diese verschiedenen Weltentwürfe finden sich im Kanon. Nimmt man den Kanon des Pentateuch — welcher von ihnen ist die semantische Determinante? Das Heiligkeitsgesetz steht vor dem Deuteronomium. Ist es deshalb der hermeneutische Schlüssel dessen, was folgt? Das Deuteronomium ist Moses letztes Wort. Ist es deshalb auch Gottes letztes Wort? Der Dekalog ist Gottes entscheidendes Wort, und die Gesetze des Deuteronomiums verstehen sich als Explikation des Dekalogs. Kann uns das helfen? Alle Gesetzessammlungen sind in die Pentateucherzählung eingebettet. Für mich zumindest entspricht die Tendenz dieser Erzählung mehr dem Deuteronomium als dem Heiligkeitsgesetz. Wäre das ein Schlüssel? In den »Propheten« und »Schriften« — um nun den ganzen alttestamentlichen Kanon ins Auge zu fassen — ist die Existenz von Armen in Israel weithin selbstverständlich. Allerdings verkündet das Jesajabuch ein messianisches Evangelium an die Armen. Sollen wir folgern, daß der Gesellschaftsentwurf des Deuteronomiums vielleicht als messianische Hoffnung zu verstehen ist? Wir Christen glauben, daß Jesus der Messias ist. Wie stellt sich also das Neue Testament zu allem? Jesus hat das jesajanische Evangelium an die Armen ausgerufen. Seine wunderumhüllten Mahle mit den Jüngern und mit dem ganzen Volk, das ihm folgte, versteht sich selbst als die eschatologische Erfüllung der Vision von Israels Festfeiern, die das Deuteronomium enthält. Die Apostelgeschichte ist der Meinung, daß die Urgemeinde in Jerusalem das realisierte, was das Deuteronomium verlangt: Es gab keinen Armen unter ihnen (Apg 4,34), und es gab ein System täglicher Vorsorge für die Witwen (Apg 6).

So ist eigentlich das Problem: Glauben wir daran? Die unglaubliche Armut in unserer Welt beunruhigt uns, aber irgendwie sehen wir darin Schicksal. Gibt es Christen, die der Meinung sind, zumindest innerhalb christlicher Gemeinden sei es keineswegs notwendig, die Gegenwart von Armut als unabwendbar zu betrachten, und die Existenz christlicher Gemeinden, in denen es keine Armen mehr gibt, könnte ein Zeichen sein, das schließlich bewirkt, daß die Armut in der ganzen Welt beseitigt wird? Warum denkt der durchschnittliche Christ wie das Heiligkeitsgesetz, oder gar wie das Bundesbuch, oder am Ende sogar wie der Kodex Hammurabi? Tragen wir Bibelwissenschaftler nicht mindestens teilweise die Verantwortung für diese Lage? Wir erforschen gar vieles. Warum ist es uns noch nicht gelungen, klar auszusprechen, was die Bibel zu·Reichtum und Armut zu sagen hat?

III. Ausblicke ins Neue Testament

Was wird anders bei kanonischer Schriftauslegung?

Beobachtungen am Beispiel von Ps 6

[29] Textauslegende Wissenschaft kann im Prinzip jeden gegebenen Text auslegen. Die Wissenschaftlichkeit hängt nicht an Auswahl, Abgrenzung und historisch-gesellschaftlicher Kontextzuordnung des Textes, sondern daran, daß der ins Auge gefaßte Text methodisch sachgemäß und von anderen kontrollierbar ausgelegt wird. Es ist also keine Beeinträchtigung der Wissenschaftlichkeit, wenn ein Ausleger sich gesellschaftlich vorgeben läßt, welchen Text er auslegen soll. Jede Spezialisierung an der Universität, etwa auf »klassische Altertumswissenschaft«, ist schon Annahme einer solchen Vorgabe. Legt man biblische Texte im Hinblick auf ihren Gebrauch im Raum von Kirche aus, dann geschieht nichts anderes. Man hat als Text-Vorgabe den »Kanon«. Das ist allerdings mehr als nur ein bestimmter Literaturbereich: Die »kanonischen« Schriften werden in den Kirchen in einem bestimmten Sinn als *ein einziger* Text definiert[1].

Die Bibelwissenschaft der Neuzeit hat stets die biblischen Bücher als die von ihr auszulegenden Texte betrachtet. Je nach Kirche und Denomination war der Kanon vielleicht etwas kleiner oder etwas umfangreicher. Allerdings untersuchte man die biblischen Bücher – im Plural. Man betrachtete die Bibel nicht als »einen einzigen« Text. Man ging jedes Buch als einzelnes an. Wo es sich als sinnvoll erwies, fragte man auch nach hinter dem gegebenen Text liegenden textlichen Vorstufen und versuchte vor allem, deren »ursprünglichen« Sinn zu erheben.

Die Bibelwissenschaft leistete bei all dem Bedeutendes. Ein Bewußtsein, daß der Ausleger mit diesem Ansatz vielleicht seiner gesellschaftlichen Funktion nicht ganz gerecht werde und daß er zu so etwas wie »kanonischer« Auslegung kommen müsse, war nicht

---

[1] Vgl. – im Zusammenhang der Frage nach der inneren Einheit von Bibelübersetzungen – N. *Lohfink*, Das Jüdische am Christentum, Freiburg 1987, 217–234 (»Bücherei und Buch zugleich«).

oder kaum vorhanden. Es ist im Bereich der Bibelwissenschaft relativ neu[2].

$\boxed{30}$ Hält man »kanonische« Auslegung für ein heute sinnvolles oder gar notwendiges Unternehmen, dann stellt sich die Frage, ob dafür neue Methoden entwickelt werden müssen. Ich sehe nicht, daß bei »kanonischer Auslegung« prinzipiell andere Methoden gebraucht werden als die, die für die Auslegung jedes Textes gelten. Im Vollzug könnten die bisher benutzten Methoden höchstens aufgrund anderer Text- und Kontextdefinitionen manchmal ein neues Gesicht erhalten, und insofern mag dann die konkrete Auslegung des gleichen Textstücks anders aussehen. Wie – das muß am Einzeltext experimentell erarbeitet werden. Diese methodologische Überlegung bezieht sich auf den nachprüfbar vorgelegten reflexen Auslegungsprozeß. Eine andere Frage ist dagegen die hermeneutische: in welchem Maß der Sinn des biblischen Textes als »Einheit« in den Blick kommen kann, wenn sich der Ausleger nicht lebensmäßig (das hieße hier: glaubensmäßig) in einem gesellschaftlichen Erfahrungsraum befindet, der jenem strukturkongruent ist, in dem der »Kanon« entstand.

Im folgenden wird eine Serie von Beobachtungen zu Ps 6 vorgelegt. Sie sind bei probierendem Tasten nach dem, was »kanonische« Auslegung von Psalmtexten bringen könnte, gemacht worden[3]. Sie gehören auf die reflex-methodologische Ebene. Es wird keine Systematik kanonischer Auslegung vorgeführt. Ich notiere nur einiges, das sich ergab, als ich nicht nach Vorstufen des Psalms fragte, sondern nach dem, was jetzt im Psalter zu finden ist, und überdies die Voraussetzung machte, Ps 6 sei nur ein Textstück in einem Gesamttext, der sich in anderen Teilen, konkret: den Evangelien des Neuen Testaments, mehrfach auf ihn zurückbezieht.

Manches, das ich ausführe, ergäbe sich schon bei synchroner Auslegung des Psalters allein. Doch auch sie ist keineswegs allgemein üblich. So steckt auch sie noch voller Überraschungen. Zumindest im Augenblick scheint sie eine notwendige Zwischenstation zu

---

[2] Vgl. aber schon *N. Lohfink,* Über die Irrtumslosigkeit und die Einheit der Schrift, StZ 174 (1964) 161–182. Hauptexponent dieser Forderung ist heute Brevard S. Childs, in Deutschland Rolf Rendtorff. Doch ist bei der Diskussion noch zu unterscheiden, ob sich die Rede vom »Kanon« dabei auf den des Alten Testaments bezieht (und wenn ja, auf welchen) oder auf den das Neue Testament mitumfassenden christlichen Kanon.

[3] Dieser Beitrag geht auf meine Psalmenvorlesung im SS 1986 an der Hochschule Sankt Georgen in Frankfurt a. M. zurück. Eine knappere Vorfassung ohne wissenschaftlichen Apparat liegt vor in: *N. Lohfink,* Psalm 6 – Beobachtungen beim Versuch, ihn »kanonisch« auszulegen, ThQ 167 (1987) 277–288. Ich danke meinem Bruder Gerhard, ferner den Kollegen Johannes Beutler, Georg Braulik, Walter Groß und Erich Zenger herzlich für Beratung und Kritik.

sein, will man von der normalerweise noch leitenden Interessen-
zuspitzung auf das historisch Ursprünglichste zu einer »kanonischen« Fragestellung gelangen.

Psalm 6 reizt besonders zu solchen Versuchen. Er ist der erste aus den sieben
»Bußpsalmen«[4] und wurde deshalb in der Christenheit durch viele Jahrhunderte
mehr als andere Psalmen gebetet. Für Martin Luthers geistliche Erfahrung war er
zentral[5]. Bernhard Duhm bringt in seinem Kommentar eine geradezu klassische
Aufzählung von Dingen, die für das »christliche Empfinden« an diesem Psalm
»bedenklich« sind: die Rolle der »Feinde«, die »Stellung des Menschen zu Gott«,
die »trostlose Vorstellung vom Jenseits«. Er folgert: »Zur Vorlesung an einem
christlichen Krankenbette eignet sich der Ps nicht.«[6]

1. Arbeitsübersetzung

[31] Zunächst, durch Übersetzung und einige in der Hauptsache
philologische Bemerkungen, eine Hinführung zum Text[7]. Für den
Aufbau wichtige Wortwiederholungen stehen in Kapitälchen.

2[a] JAHWE! Nicht, indem du deinen Zorn schickst, ermahne mich!
      Mich[b] rüge nicht, indem du deine Glut atmest!
3   Sei mir gnädig, JAHWE, DENN ich bin welk,
      heile mich, JAHWE, DENN schreckensstarr ist mein Leib[c],
4   meine Seele aber ist zutiefst verschreckt,
      während du, JAHWE – bis wann?
5   Dreh dich um[d], JAHWE, befreie meine Seele,
      rette mich, um deiner Treue willen;
6   DENN nicht gibt es Gedenken[e] an dich im Tode,
      in der Unterwelt – wer lobsingt dir dort?
7   Am Ende meiner Kraft bin ich vom Seufzen.
      In jeder Nacht benetze ich mein Lager,
      mit meinen Tränen begieße ich mein Bett.
8[f] Geschwollen ist mein Auge vor Kummer,
      gequollen angesichts[g] all meiner Bedränger.

---

[4] Ps 6; 32; 38; 51; 102; 130; 143.
[5] *H. C. Knuth*, Zur Auslegungsgeschichte von Psalm 6 (BGBE 11), Tübingen
     1971, 134–274, vor allem 207–209; 262 f; 271.
[6] *B. Duhm*, Die Psalmen (KHC), Freiburg 1899, 22.
[7] Ich definiere das auszulegende Textsegment ohne 6,1. Die Psalmentitel können
     bei »kanonischer« Auslegung nicht übergangen werden. Doch liefern sie eher
     Maßstäbe für die Auslegung, als daß sie selbst auszulegender Text wären.
     Weiteres u. in Teil 7.

9   Weicht von mir, alle Übeltäter!
     DENN JAHWE hat gehört mein lautes Weinen.
10   Gehört hat JAHWE mein Flehen –
     JAHWE wird (die Bitten) mein(es) Gebet(es) annehmen[h].
11   Schamrot[i] und zutiefst verschreckt seien alle meine Feinde;
     sie sollen sich umdrehn[d], schamrot im Nu[j].

a   Zur Sinnspitze von 6,2 vgl. u. unter 4.

b   Durch die ungewöhnliche Stellung von בְּאַפְּךָ und von בַּחֲמָתְךָ zwischen אַל
und Verb liegt auf diesen Aussagen sicher der eigentliche Ton. Doch gibt es,
durch das viermalige enklitische Suffix der 1. Person in V.2 und 3 sowie אֲנִי und
עַצְמַי, fast alles in Schlußstellung, eine zweite Betonung in diesen Anfangsversen.
Sie liegt auf dem Ich des Beters. Die Inversion »mich rüge nicht« möchte das,
soweit es eine deutsche Übersetzung vermag, wenigstens an einer Stelle ins
Bewußtsein heben.

c   עַצְמַי »meine Knochen« = »mein Leib«, weil in Opposition zu נֶפֶשׁ. נֶפֶשׁ
könnte auch »Atem« bedeuten: Der Atem würde vor Schrecken stocken. – Zum
Erschrecken, Erstarren als Wirkung des Zornes Gottes vgl. Ps 2,5; 90,7.

d   Volles Verb im Sinne von »wende den Sinn (weg vom Zorn, mir zu)«,
vielleicht auch »wende das Antlitz« (weil der zornige Gott sein Gesicht abwendet
oder verbirgt). Der Gebrauch als Hilfsverb zu einem dann folgenden Verb
(»wiederum«, vgl. Ps 71,20; 85,7) ist bei der Abfolge »Imperativ von שׁוּב +
Anrede« (15 Stellen) nicht belegt. Wegen des gegenseitigen Bezugs der beiden
Stellen ist שׁוּב auch in 6,11 als Vollverb zu fassen. Gegen N. Airoldi, Note critiche
al Salmo 6, RivBib 16 (1968) 285–289, hier 289 Anm. 6.

e   Kultisches »Gedenken«, vgl. den Parallelismus. Es ist nicht an Gedächtnis-
schwund ⎣ 32 ⎦ (»Lethe«) gedacht. Der Sinn des Daseins ist als die in dieser Welt
zu wirkende Verherrlichung Gottes gesehen. Diese These ist zwar nur die
sachliche Voraussetzung eines formal zweitrangigen Satzes, der eine Bitte begründet. Doch ist sie für die in dem Psalm vorausgesetzte Sinnwelt entscheidend.
Es geht um diese Welt, und in ihr vor allem anderen um den Preis Gottes.

f   Zur Übersetzung von 6,8 vgl. L. Delekat, Zum hebräischen Wörterbuch,
VT 14 (1964) 7–66, hier 52–55; R.S. Sirat, Une interpretation nouvelle de II
KERET, 1–5, Sem. 15 (1965) 23–28, hier 23–25; W. Seybold, Das Gebet des
Kranken im Alten Testament (BWANT 99), Stuttgart 1973, 154 Anm. 3.

g   Die Präposition ist hier offen für zwei Deutungen: Angabe der Ursache für
das Weinen oder (unter Ellipse einer Aussage wie »wobei es schaut«) Angabe des
Objekts des Sehens. Dabei ist zu beachten, daß ראה ב die Nuance siegreichen
Herabblickens annehmen kann (vgl. Ps 22,18; 37,34; 54,9; 112,8), wenn auch
nicht muß (vgl. Ps 64,9; 106,44). Doch allein diese Möglichkeit trägt dazu bei, den
Umschwung im folgenden Vers vorzubereiten.

h   Wichtig die Gegensätze zwischen 9b, 10a und 10b: Vergangenheit –
Zukunft (er hat gehört – er wird annehmen); Gebet in seiner äußeren Erscheinung
– Gebet in seinem Inhalt (Weinen, Flehen – die Bitten des Gebets ihrem Inhalt
nach).

i   Zum Zusammenhang von Zorn Gottes, Schreckensstarre und Tod mit der
»Beschämung« vgl. Ps 83,16–18.

j Die verbalen Entsprechungen erinnern an den »Talionstil«. Dazu vgl.
N. Lohfink, Zu Text und Form von Os 4,4–6, Bib. 42 (1961) 303–332; *P.D.
Miller,* Sin and Judgment in the Prophets (SBLMS 27), Chico, CA, 1982. Doch
bleibt der Text hier offen: Wünscht der Beter den Tod, der ihm drohte, seinen
Feinden, damit sie nun untergehen oder damit es von Gott her auch ihnen ergeht
wie ihm? Vgl. noch Ps 83,14–19, speziell 83,17b.19

2. *Zur Struktur*

Das Leitinteresse der neueren Psalmenexegese an der Urgestalt und
dem Urgebrauch der Psalmen hat offenbar verhindert, daß hinrei-
chend nach der einmaligen Baustruktur der Einzelpsalmen gefragt
wurde[8]. Vor allem wurde seit Gunkel die Frage nach der Text-
struktur fast aufgesogen von der nach typischen Gattungselementen
und ihrer Abfolge. Es ist bezeichnend, daß die meisten neueren
Analysen in Ps 6,7 einen neuen Teil beginnen lassen, meist »Klage«
genannt[9]. Wer »kanonisch« liest, fragt nach dem jetzigen, also nach
einem individuellen Text. Dann stellt sich die Strukturfrage neben
anderen, viel mehr Textebenen berücksichtigenden Gesichtspunkten.
So stellt sie sich im übrigen schon auf der Ebene synchroner Lektüre
des Psalters allein.

Poetische Gestaltung gewinnt ihre Kraft durch Spannung – auch
zwischen konkurrierenden Strukturen. In Ps 6 besteht der Raster,
über dem dann ⟨33⟩ eine Gegen-Struktur aufgebaut wird, aus 2 mal
10 zu je 5 Parallelismen gereihten Stichen, zwischen denen sich als
eine Art Scharnier ein sehr kurzer einzelner Stichus, 6,7a, befindet[10].

---

[8] Eine von Hermann Gunkels Ansatz unabhängige Frage nach dem Individual-
aufbau von Ps 6 findet sich erst bei *N.H. Ridderbos,* Die Psalmen (BZAW 117),
Berlin 1972, 129–131; *H.W.M. van Grol,* Literair-stilistische Analyse van
Psalm 6, Bijdr. 40 (1979) 245–264; *P. Auffret,* La sagesse a bati sa maison
(OBO 49), Fribourg/Göttingen 1982, 183–194; *J. Trublet – J.N. Aletti,*
Approche poetique et theologique des Psaumes, Paris 1983, 62f.

[9] *K. Koch,* Was ist Formgeschichte?, Neukirchen-Vluyn ⁴1982, der Ps 6 als eines
seiner drei Musterbeispiele für das »Klagelied des Einzelnen« gewählt hat, sagt
am Ende, daß »die Abgrenzung der Abschnitte in der Regel folgerichtig« in
Entsprechung zu den »Baugliedern des Klageliedes« »durchgehalten wird«
(215).

[10] Hypothesen über einen Textverlust oder einen Zusatz am Anfang von 6,7 – wie
etwa bei *A.B. Ehrlich,* Randglossen zur hebräischen Bibel, VI, Leipzig 1918; *A.
Bertholet,* Das Buch der Psalmen, in: *E. Kautzsch,* Die Heilige Schrift des Alten
Testaments, II, Tübingen ⁴1923, 113–276; *H. Gunkel,* Die Psalmen (HK),
Göttingen 1926; selbst noch bei *H.-J. Kraus,* Psalmen (BK), Neukirchen-Vluyn

Die traditionelle Verszählung erfaßt dieses statische Grundmuster recht genau.

Die diesem gegenüber eher dynamische Hauptstruktur hat ihre Umbruchstelle zwischen 6,8 und 6,9[11]. Bis da läuft die Bitte, von da ab herrscht Sicherheit der Erhörung. Bis da liegt der Blick auf der Not des Beters, von da ab auf seinen Gegnern. Bis da wird Gott, von da ab werden die Gegner angeredet[12]. Das neue Thema »Feinde« kommt völlig überraschend – obwohl zugleich subtil zu ihm hingeführt wird und das letzte Wort von 6,8 gewissermaßen das Stichwort für den zweiten Teil ist[13].

Die vorwärtsdrängende Dynamik von 2–8 erhält zunächst in einer chiastischen Anordnung ihren festen Startblock: Anrede – Bitte / Bitte – Anrede (6,2.3a). Die Erziehungs- und Zornmotive von 6,2 werden nicht mehr wiederkehren, während die Motive von 3a sich dann repetitiv-parallelistisch entfalten (3mal: Bitte – Anrede – Denn-Aussage). Die Entfaltung geschieht in exponentieller Textlängung:

Bitte Nr. 1	3a	1 Stichus
Bitte Nr. 2	3b–4	1 mal 3 = 3 Stichen
Bitte Nr. 3	5–8	1 mal 3 = 9 Stichen

Bei der Bitte Nr. 2 verdreifacht sich die Denn-Aussage, vor allem durch den Parallelismus Leib // Seele (bei gleichem Verb). Bei der Bitte Nr. 3 verdreifacht sich die Bitte selbst, und die Denn-Aussage erreicht eine fast uferlose Länge, indem sie zur Klage wird. Wie zufällig kommt sie zum Ausdruck בְּכָל־צוֹרְרָי und löst dadurch den zweiten Teil des Psalms aus, der die entfesselte Bitt-Dynamik nun in seiner Erhörungssicherheit einfängt. Den Bitten entspricht hier die Aufforderung an die Gegner 6,9a. Ihr folgt eine dreifach entfaltete Denn-Aussage, in der dreimal Jahwe explizit genanntes Subjekt ist. Inhaltlich werden Elemente des Bittextes retrogressiv (also chiastisch) repetiert:

---

[5] 1978 – sind überflüssig. Gegen sie schon: *E. König,* Die Psalmen, Gütersloh 1927, 622. Auf die Bedeutung der Zehnzahl der Parallelismen hat schon *E. W. Hengstenberg,* Commentar über die Psalmen I, Berlin ²1849, 117, hingewiesen.
[11] Vgl. wiederum Hengstenberg, a.a.O. 116f.
[12] Genau genommen wird die Rede jeweils am Ende der beiden Teile (6,7f und 6,11) objektiv-anredefrei.
[13] Hierzu vgl. u. Abschnitt 6.

9a	Übeltäter	vgl. 8b	Bedränger
9b.10a	Weinen	vgl. 7–8	Klageschilderung
10–11	תְּחִנָּתִי	vgl. 3–5	חָנֵּנִי
	zutiefst verschreckt		zutiefst verschreckt
	sich umdrehen		dreh dich um

34 Es gibt keine exponentielle Textentfaltung. Vielmehr ist alles recht kunstvoll in 3 Parallelismen gegliedert. Der letzte ist in sich noch einmal besonders gerundet (יָשֻׁבוּ יֵבֹשׁוּ – יֵבֹשׁוּ). Durch ihn wird auch das Ende des anfangs beschriebenen statischen Grundrasters erreicht. Die entfesselte Dynamik ist nicht nur inhaltlich, sondern auch ästhetisch aufgefangen[14].

Von der Struktur her legt sich als eigentlicher »Vorgang« des Psalms die Verwandlung des Verhältnisses zu den Gegnern nah. Darin erfüllt sich das vorauslaufende Gebet, obwohl in diesem – ein noch zu bedenkendes Moment – die Gegner sprachlich nicht vorkamen.

3. Kein Krankenpsalm

Die »kanonische« Frageperspektive kann auch den alten Streit hinter sich lassen, ob Ps 6 ursprünglich ein »Krankenpsalm« oder ein »Feindpsalm« gewesen sei. Auch das klärt sich bereits bei synchroner Analyse auf Psalterebene.

Schon Calvin hat bezweifelt, daß Ps 6 ein Krankenpsalm sei. Zuletzt und am ausführlichsten hat *Seybold, Gebet,* Ps 6 vom Vokabular her (66f) und durch Textanalyse (153–155) mit häuslicher Krankenliturgie verbinden wollen[15]. Sein Ergebnis klingt allerdings zögernd: Man wird Ps 6 »nicht zu den Psalmen rechnen können, für die eine Krankheit mit der nötigen Sicherheit ausgemacht werden kann, obwohl diese Möglichkeit immer noch am wahrscheinlichsten ist« (67). So nach der Sprachuntersuchung. Die später folgende Textanalyse scheint mir die Sicherheit der These nicht entscheidend zu erhöhen.

Vielleicht ist das Wortfeld für Krankheit sogar nicht einmal nur durch das רְפָאֵנִי in 6,3 vertreten, wie Seybold annimmt. Mehr kann er nicht zugeben, da er

---

[14] Zu vergleichbaren Strukturverhältnissen in Koh 1,4–11: N. *Lohfink,* Die Wiederkehr des immer Gleichen, AF 53 (1985) 125–149, hier 128–132.

[15] Joannis Calvini opera exegetica et homiletica IX, ed. E. *Cunitz* – E. *Reuss* – P. *Lobstein,* (CR 59), Braunschweig 1887, 73: »Quale vero fuerit castigationis genus, incertum est. Nam qui restringunt ad morbum, rationem cur ita sentiant, satis firmam non adducunt« (erwähnt bei H. *Hupfeld,* Die Psalmen I, hg. v. E. *Riehm,* Gotha ²1867, 166). K. *Seybold,* Das Gebet des Kranken im Alten Testament (BWANT 99), Stuttgart 1973.

die in 6,7–8 annehmbaren Selbstminderungsriten (nächtliches Klagen und Weinen) auch schon in אֲנִי אֻמְלַל und נִבְהֲלוּ עֲצָמָי von 6,3 finden möchte: als rituelles
Erstarren und Gelähmtsein. Das ist jedoch kaum begründbar[16]. Dagegen ist hier
Deutung auf Krankheit möglich. Wenn בהל »den Schrecken bezeichnet, der mit
dem plötzlichen Tod verbunden, ja identisch ist«[17], kommen auch körperliche
Phänomene in Frage, die wir der Krankheit zuordnen würden. Das (masore-
tische) Hapaxlegomenon אֻמְלַל »verwelkt, dahingeschwunden«[18] könnte ebenso
wie auf ganzmenschliches Am-Ende-Sein auch auf leibliche Erschöpfung durch
Krankheit weisen.

Wenn Seybold bei רפא zur Vorsicht rät, weil das Wort auch metaphorisch
gebraucht werden ⌐ 35 ⌐ kann, gilt das allerdings auch bei den beiden anderen
Aussagen. Doch wird man bei der uns leitenden Fragestellung alles von vornherein anders anlegen müssen.

Nur wer nach dem ursprünglichen Gebrauch und Textsinn fragt,
muß zwischen einem Gebet für Krankheitsfall und einem Gebet für
Auseinandersetzungen mit Gegnern (etwa bei einem Gottesgerichts-
verfahren) alternativ entscheiden. Kann er das infolge fehlender
Kriterien nicht, dann bedeutet das Unsicherheit des heutigen Ausle-
gers.

Fragt man jedoch nicht nach einer ursprünglichen Ritualsituation,
sondern nach dem Sinn des gegebenen Textes, dann könnte es sich
ergeben, daß dieser Text semantisch gar nicht bis ins letzte determiniert ist. Und dieser Tatsache könnte der Ausleger durchaus sicher
sein.

Die Formulierungen der ersten Psalmhälfte wären dann unter
Umständen offen für jede Not, die einen Menschen an den Rand des
Todes bringt. Je nach Gebrauchssituation müßten einzelne Formu-
lierungen wörtlich oder metaphorisch gelesen werden, die Rede vom
»Heilen« ebenso wie die vom »Todesschrecken«.

Auch der Zusammenhang zwischen der im ersten Psalmteil zur
Sprache kommenden Not und der im zweiten zutage tretenden
Feindbedrängnis könnte auf verschiedene Möglichkeiten hin offen

---

[16] *Seybold,* a.a.O. 155, sieht hier »eine Teilphase des Buß- und Trauerrituals«, die
»Erstarrung und Lähmung«. Seine einzige Referenz dafür ist *N. Lohfink,*
Enthielten die im Alten Testament bezeugten Klageriten eine Phase des
Schweigens?, VT 12 (1962) 260–277. Doch habe ich dort für diese Phase des
Rituals keine Belege mit אמל oder בהל herangezogen. Ich zweifle, ob dies
möglich wäre.

[17] *B. Otzen,* Art. בהל, in: ThWAT I (1973) 520–523, hier 522. Für den
Zusammenhang mit dem Tod vgl. im Psalter: 30,8; 83,16.18; 90,7; 104,29; auch
78,33.

[18] Vgl. *Franz Delitzsch,* Biblischer Kommentar über die Psalmen (BC), Leipzig
⁵1894: Es liegt keine Partizip-Form vor.

sein. Ein Feind könnte, auftretend, Terror eingejagt haben[19]. Oder andersartige Nöte, die nur im letzten auf zwischenmenschliche Rivalität zurückgehen (vielleicht auch Krankheit), könnten zunächst im Vordergrund stehen, und erst am Ende könnte die Rivalität als tiefste Ursache der Not zur Sprache kommen. Die Feindschaft könnte schließlich erst während einer Krankheit erwachsen sein, so, wie Ps 41,5–11 es beschreibt und auch Ps 38 es voraussetzt. Der Text wäre am Anfang semantisch so offen, daß er in allen diesen Fällen benutzt werden konnte. Nur zwei Dinge wären fest: daß die Not den Beter wahrlich mit seinem Tode konfrontiert und daß die Not sprachlich erst im zweiten Teil, also da, wo sie überwunden ist, explizit als Feindesnot zur Sprache kommt. Gerade angesichts der Beweisnot, in die Seybold in einer wirklich gründlichen Analyse geraten ist, scheint mir eine solche Annahme für den jetzt vorliegenden Text am plausibelsten.

Man könnte, nachdem man für 6,2–8 die semantische Offenheit der Notbeschreibung festgestellt hat, natürlich fragen, ob nicht auch die »Feinde« in 6,9–12 semantisch offen für jede denkbare Not stehen können – vor allem, weil ja auch verschiedene Termini für »Feind« gebraucht werden. Doch bei einer solchen Annahme würde man dem Duktus des Ganzen nicht gerecht. Das Fehlen der Feinde bis zum Ende von 6,8 und ihre überraschende Alleinpräsenz in 6,9–10 hat Aussagerelevanz. Der Psalm mag von seinem Schlußteil her noch für verschiedenste Gestalten von Feindschaft [36] und »Feind« offen sein, und insofern nochmals in verschiedensten Zusammenhängen angewendet werden können. Aber alles muß sich im Sinnbereich »Feindschaft« bewegen.

Bei »kanonischer« Auslegung wird man Ps 6 also nicht mehr als »Krankenpsalm« bezeichnen dürfen, selbst wenn man das (mit allen nötigen Fragezeichen) für seinen Ursprung vertritt.

Nebenbemerkung: Vielleicht wird man bei synchroner Lektüre im Psalter überhaupt keine »Krankenpsalmen« mehr aussondern dürfen. Nach Seybold gibt es nur 3 Psalmen mit »sicherem Bezug zu Krankheit und Heilung des Beters«: Ps 38, 41 und 88. In ihnen sind jedoch auch die Feinde des Beters zentrales Thema. Dann gibt es 5 Psalmen mit »wahrscheinlichem Bezug zu Krankheit oder Heilung des Beters«: Ps 30, 39, 69, 102 und 103. Auch sie sprechen alle außer Ps 103 von

---

[19] Nach *Seybold,* Gebet 154 (s. o. Anm. 15), fällt diese Möglichkeit aus, da die Feinde in 6,9 zwar als »Übeltäter« bezeichnet seien, aber der Beter ja am Anfang die eigene »Versündigung« als »Anlaß des göttlichen Zorns und Grund für die Anfeindung« eingestehe. Doch ein solches Eingeständnis gibt es nicht. Vgl. u. unter 4.

den Feinden des Beters. Ps 103 ist kein »Klagelied«, und die Rede von der Krankheit könnte sich auf die Vergebung der Sünden Israels beziehen. Es gibt also praktisch keine »Krankenpsalmen« ohne mächtig mitklingendes Feind-Thema. Umgekehrt handeln von den 150 Psalmen etwa 100 ausdrücklich von Feinden[20]. Der Beter und seine Feinde – das ist einfach das dominante Thema des Psalters[21]. Gegenproben zeigen, daß beim Zurücktreten des Krankheitsthemas editoriales Interesse am Werk gewesen sein muß. In Jes 38,9–16 haben wir, in narrativem Kontext, auch das Bittgebet eines Kranken, und zwar durchaus im Psalmenstil[22]: Hier fehlt das Feindthema. Auch die klassische Schilderung der Vorgänge bei Krankheit und Heilung in Hi 33,19–28 spielt nur zwischen Gott und dem Kranken. Es tritt zwar ein Helfer auf, aber menschliche Feinde kommen nicht vor. Ähnliches gilt von den Kranken-Gebetsbeschwörungen in Mesopotamien[23]. Wir können also damit rechnen, daß es in Israel Krankenliturgien und Krankengebete gab, daß in ihnen aber Feinde des Beters keineswegs stets eine Rolle gespielt haben mußten. Daher dürfen wir den Psalter bezüglich des Umgangs mit Krankheit nicht einfach als Spiegelung der in Israel üblichen Gebetstexte nehmen. Er setzt seine eigenen, feststellbaren Schwerpunkte. Krankheit und Heilung werden zwar thematisch, aber nie zentral. Zentral ist die Feindthematik. Diesem Gesamtbild fügt sich der in der Definition der »Not« offene Ps 6 ein.

4. Fehlende Schuldthematik

Bei »kanonischer« Perspektive ist es auch fraglich, ob der Beter von Ps 6 als »Sünder« zu verstehen ist. Auch dies gilt schon auf der Ebene synchroner Auslegung des Psalters allein.

Den Beter von Ps 6 betrachtet sowohl die christliche Auslegungstraditioin als auch die neuere Bibelwissenschaft fast durchgehend als einen »Sünder«. Das zeigt sich sofort bei der Auslegung von 6,2, wo meist ohne Diskussion die beiden Verben im Sinne von »(für eine Schuld) strafen« und der göttliche »Zorn« als »Bestrafung von Sünde« verstanden werden – obwohl die Septuaginta hier und an den ähnlich lautenden Stellen Ps 38,2; Jer 10,24 [37] noch eher pädagogisches Handeln Gottes vermuten ließe[24]. In 6,3 argumentiert man bisweilen,

---

[20] O. *Keel,* Feinde und Gottesleugner (SBM 7), Stuttgart 1969, vgl. die Listen 94–98.

[21] Vgl. auch T. *Collins,* Decoding the Psalms. A Structural Approach to the Psalter, JSOT 37 (1987) 41–60.

[22] Jes 38,17–20 ist das sofort angeschlossene Danklied nach der Genesung. Vgl. 38,10f.14–16 für Parallelen zu Ps 6.

[23] Näheres bei L. *Ruppert,* Klagelieder in Israel und Babylonien – verschiedene Deutungen der Gewalt, in: N. *Lohfink* (Hg.), Gewalt und Gewaltlosigkeit im Alten Testament (QD 96), Freiburg 1983, 111–158.

[24] Sie gebraucht die beiden Verben ἐλέγχω und παιδεύω, von denen zumindest das zweite in keiner Weise forensisch ist. In den lateinischen Übersetzungen (Gallicanum und Hieronymus) sind die Aspekte schon verschoben: *arguere* und *corripere* können beide forensischen Kontext anklingen lassen.

חָנֵּנִי appelliere an die Gnade, nicht an die Gerechtigkeit, setze also Sündenbewußtsein voraus[25]. König sieht in Vers 3 ein »vollkommenes Sündenbekenntnis«[26]. Graetz kennt sogar die Sünde des Psalmbeters: sie »kann nur in Betheiligung am Götzenthum bestanden haben«[27]. Das alles ist nur schlüssig, wenn man ein nicht weiter diskutiertes, aus breiten Teilen des Alten Testaments wohl auch erhebbares theologisch-systematisches Bild von Gottes richterlicher Strafgerechtigkeit voraussetzt. Dessen Geltung für die Gedankenwelt von Ps 6 wird nicht mehr problematisiert. Das wäre jedoch methodisch gefordert.

Falls jemand die ungeprüfte Eintragung eines Systems – und sei es aus anderen Teilen der Bibel gewonnen – als erlaubte Methode »kanonischer« Auslegung betrachtet, scheiden sich die Wege. Ich könnte diese nicht mehr textorientierte Weise des Vorgehens nicht akzeptieren. Auch bei »kanonischer« Auslegung muß jeder Text zunächst von seiner eigenen Sprache und der in ihr implizierten Weltsicht aus interpretiert werden. Erst auf einer höheren Ebene könnten Synthesen zwischen verschiedenen Sprachwelten und Sprachspielen versucht werden.

Nimmt man den Text ohne Rücksicht auf woanders gewonnenes Wissen so, wie er ist, dann bleibt – vor allem auch im Vergleich mit dem fast wörtlich gleich beginnenden Ps 38 – gerade das Fehlen eines Schuldbekenntnisses zu konstatieren. Ein solches findet sich nämlich in 38,5f und 38,18 und gibt dadurch dem einleitenden Vers 38,2 eine andere Explikation, als sie Ps 6,2 im Fortgang von Ps 6 erhält. Da der Psalter in seinen Bittgebeten sowohl schuldige als auch unschuldige Beter kennt, ist die Sünden-Nullaussage in Ps 6 ernstzunehmen. Hier wird nicht aus einer Schuldsituation heraus gebetet[28]. Zumindest ist eine eventuell vorhandene Schuldsituation für den Vorgang, den Ps 6 sprachlich objektiviert, irrelevant.

Man darf übrigens auch die andere Parallelstelle, Jer 10,24f, nicht einfach von Ps 38 aus deuten. Sie greift vermutlich vorgegebene Formulierungen auf, Formulierungen, wie sie uns nur noch in Ps 6,2; 38,2 belegt sind, und aktualisiert sie. Es wird dann überdies zwischen einer göttlichen Erziehung (יסר) durch מִשְׁפָּט und einer solchen durch »Zorn« unterschieden. Der Kontext handelt vom Exil als der

---

[25] *Calvin* (s. o. Anm. 15) 74, zu Ps 6,3: »Ad solam misericordiam se conferre, nihil se aliud optare ostendit, quam ne secum iure agatur.«

[26] *König*, Psalmen (s. o. Anm. 10) 620.

[27] H. *Graetz*, Kritischer Commentar zu den Psalmen neben Text und Uebersetzung I, Breslau 1887, 167.

[28] E. S. *Gerstenberger*, Der bittende Mensch. Bittritual und Klagelied des einzelnen im Alten Testament (WMANT 51), Neukirchen-Vluyn 1980, 130 Anm. 76, hilft sich hier nur weiter, indem er mit (soweit ich sehe, unberechtigter) Berufung auf R. *Knierim*, Die Hauptbegriffe für Sünde im Alten Testament, Gütersloh 1965, 19ff, annimmt, alle »Bitten um Jahwes Erbarmen« oder »um Verschonung vor Jahwes Zorn« setzten »ein Wissen um die eigene Schuld voraus«.

Konsequenz aus Israels Sünde. Dennoch ist der formelle Aspekt von Jer 10,24f durch 10,23 bestimmt: die Geschichtslenkung Jahwes. Dann meint מִשְׁפָּט das der besonderen Beziehung Israels zu Jahwe gemäße Geschichtswalten Jahwes, also Verschonung vor Zornesnot trotz Sünde – und gerade nicht »gerechte« Bestrafung statt »zorniger« (d. h. ungerecht großer) Bestrafung. מִשְׁפָּט statt Zorn meint
⎡ 38 ⎤ Verschonung statt objektiv verdienten Unglücks. Man vergleiche für diese Bedeutung von מִשְׁפָּט etwa bei 1Kön 8,49.

Für Ps 6,2 legt sich auf jeden Fall ein anderes als das übliche Verständnis nahe.

Im allgemeinen weist die Parallelismusverbindung von יכח (hi.) und מוּסָר/יסר eher auf pädagogisches als auf richterliches Handeln. Sie bezeichnet auch in Ps 6,2 »pädagogisches Einwirken«[29]. Obwohl Ps 6 zu den 10 Psalmen gehören dürfte, die am stärksten aus formelhaften Elementen kultischer Sprachtradition geprägt sind[30], ist 6,2 (vgl. 38,2) doch kein traditioneller kultischer Bittruf[31]. Eher herrscht eine »weisheitliche« Sichtweise: Gott als der Lehrer und Erzieher – man denke an die Elihu-Reden in Hi 32–37.

Der Beter des Psalms erfährt also diese Erziehung durch Gott als eine Erziehung »in Zorn«, »in Glut«. Die übliche Auffassung setzt folgende Kausalabfolge voraus: Sünde des Beters – Zorn Gottes – Strafe – Erfahrung der Strafe durch den Beter. Der »Zorn Gottes« wäre Gottes Affekt, der sein richterliches Handeln auslöst, nämlich die Bestrafung. Doch ist eine ganz andere Auffassung möglich. Sie ist dann, wenn von Sünde im Zusammenhang keine Rede ist, näherliegend: daß der »Zorn« das vom Beter erfahrene Handeln

---

[29] *G. Mayer,* Art. יכח, in: ThWAT III (1982) 620–628, hier 625. Zum besseren Verständnis ist vielleicht darauf hinzuweisen, daß in der antiken Erziehung durchaus mit Schlägen gearbeitet wurde. Trotzdem blieb der Erzieher Erzieher und wurde nicht zum Strafrichter. Die Schläge mußten nicht notwendig in schuldhaftem Verhalten der Zöglinge begründet sein.

[30] *B. C. Culley,* Oral Formulaic Language in the Biblical Psalms (NMES 4), Toronto 1967, 103. Insofern sind Versuche, Ps 6 als »anthologischen Text« zu erklären (vor allem auf der Basis von Jeremia) sicher unangebracht. Anthologische Theorien finden sich bei *E. Podechard,* Le Psautier I. Ps 1–75, Lyon 1949; *P. E. Bonnard,* Le Psautier selon Jérémie (LeDiv 26), Paris 1960. Dagegen *J. Coppens,* Les Psaumes 6 et 41 dependent-ils du Livre Jérémie? HUCA 32 (1961) 217–226; *P. C. Craigie,* Psalms 1–50 (WBC), Waco, Texas, 1983, 91 f.

[31] Vgl. *Mayer,* Art. יכח (s. o. Anm. 29) 625. *Culley,* a.a.O. 32, macht selbst darauf aufmerksam, daß in der Liste seiner Formeln nur die Nummern 1–72 mehr als zweimal belegt sind und alle späteren bezüglich ihres Formelcharakters Zweifeln unterliegen. (Ps 6,2 erscheint in der Liste als Nr. 81.)

Gottes ist. Dann wäre die Reihenfolge: Gottes Erziehungshandeln –
»Zorn« als dessen Mittel – Erfahrung des »Zorns« durch den Beter.
Die Frage, warum Gott im konkreten Fall durch »Zorn« erzieht,
wäre nicht gestellt – so sehr wir heute geneigt wären, sie sofort
nachzuschieben.

Wir müssen einfach mit der Möglichkeit eines Begriffs des »Got-
teszornes« rechnen, der diesen noch nicht automatisch als Reaktion
auf menschliche Sünde rationalisiert, sondern ihn einfach als vorkommende menschliche Erfahrung nimmt. Nach 2Sam 24,1 »ent-
brannte der Zorn Jahwes wiederum gegen Israel«. Kein Grund wird
für diesen »Zorn« genannt. Er war einfach da. Der David umwöl-
kende »Zorn« verdichtete sich in dessen Entschluß zu einer Volks-
zählung. Sie erst ist dann Davids ⎡39⎤ Sünde. Sie provoziert nicht
erst den Zorn, sondern sie entstammt dem zuvor David irrational
treffenden »Zorn«, und als Sünde wird sie dann bestraft.

Es gibt also eine nicht weiter hinterfragbare Erfahrung von Gottes
Zorn. Sie wird in Ps 6,2; 38,2 schon in einen rationalen Erklärungs-
zusammenhang gebracht: Sie entstammt an diesen beiden Stellen
Gottes Erziehungshandeln. In Ps 38 wird das Erziehungshandeln
später noch weiter rationalisiert als Reaktion Gottes auf die Sünde
des Beters. Das geschieht in Ps 6 jedoch nicht. Dort bleibt es
zunächst einfach bei der Zornwirklichkeit, und später kommen dann
an der Umschwungstelle des Psalms die Feinde des Beters in Sicht.
Vorher bittet der Beter nur, daß Gott ihn nicht weiter seinen Zorn
erfahren lasse. Er spricht Gott nicht das Recht ab, ihn zu »erziehen«.
Aber er sucht statt des göttlichen »Zorns« Erbarmen, Güte (das
meint חֶסֶד, nicht Sündenvergebung!) als Sphäre des Erzogenwerdens.

Genauso wichtig wie das Fehlen eines Schuldbekenntnisses ist
natürlich das Fehlen jeglicher Unschuldsbeteuerung. Wieder müssen
wir semantische Offenheit konstatieren. Die erste Psalmhälfte ist
ganz von unaufgeschlüsselter und vielleicht in diesem Stadium sogar
unaufschlüsselbarer Zornerfahrung bestimmt, die fast mit Todes-
erfahrung identisch wird.

Ob man Ps 6 bei diesem Verständnis noch einen »Bußpsalm«
nennen will, ist Definitionssache. Ist »Buße« nur nach Sünden-
einsicht möglich, dann ist Ps 6 kein »Bußpsalm«. Anders, wenn man
das Wort »Buße« für jede Art von Selbstminderungsriten zuläßt,
auch wenn ihr Anlaß vielleicht nur eine Not- und nicht eine
Schuldsituation ist. Denn auf Selbstminderungshandeln solcher Art
lassen sich die Aussagen in Ps 6,7–9 deuten.

5. Zum »Umschwung«

Bei der Rückfrage nach dem ursprünglichen Gebrauch der Klagelieder stellt sich regelmäßig die Frage nach der Ursache des »Stimmungsumschwungs« und der plötzlichen »Erhörungsgewißheit« – so auch hier für den Umschwung zwischen Ps 6,8 und 6,9[32]. Schon die synchrone Lektüre auf der Ebene des Gesamtpsalters erlaubt zumindest, es offen zu lassen, ob noch außertextliche Vorgänge postuliert werden müssen. Sie gestattet darüber hinaus die Frage, ob der konkrete Text nicht von weither auf den Umschwung hinsteuert.

Es gibt in Ps 6 zum Beispiel einen Assoziationsablauf »Weinen – Augen – Bedränger«. Die nächtlichen Tränen (6,7) assoziieren die geschwollenen ⬚40⬚ und hervorgetretenen Augen (6,8), und diese blicken auf die »Bedränger« (Ende von 6,8). Dieses Stichwort aber löst den Umschwung aus[33]. Der Anfang von Ps 6 ist ganz vom Gegenüber Beter – Jahwe geprägt. Es erreicht seinen Höhepunkt im ausdrücklichen Gegensatz der Personalpronomina אָנִי – וְאַתָּ von 6,3.4. Je mehr sich in 6,6–8 die Klage ausbreitet, desto mehr entzieht sich Jahwe der Sprache. Diese erfaßt um so mehr die Existenz des Beters als eine Art Gesamtheitsphänomen. Hier tritt zum ersten Mal im Psalm das Wort כֹּל auf: בְּכָל־לַיְלָה (6,7). Diesem כֹּל auf Beterseite entspricht dann das כֹּל auf Gegnerseite in 6,8 am Ende: בְּכָל־צוֹרְרָי. Der hierdurch ausgelöste zweite Teil des Psalms ist gerahmt von כָּל־פֹּעֲלֵי אָוֶן (6,9) und כָּל־אֹיְבָי (6,11). Dem Gesamtheitsphänomen »Feinde« stehen dann in den inneren drei Sätzen Jahwe und Beter vereint gegenüber (6,9b.10). Schon in der dritten Bitte hat sich sprachlich also angebahnt, was ab 6,9 zutage tritt: Jahwe wechselt die Seite. Er steht dem Beter nicht mehr entgegen. Der Beter scheint einen Augenblick lang auf sich ganz allein (am Rande des Nichts) geworfen, seiner allumfassenden Nacht zeigen sich allumfassende Feinde. Sie sind ihm jetzt gegenüber, und Jahwe ist bei ihm.

Dann noch eine eigentümliche Assonanz: Am Höhepunkt des Gegenüber zu Jahwe ruft der Beter: עַד־מָתָי (6,4), und die dritte Bitte

---

[32] Die Theorien sind übersichtlich zusammengestellt bei *Seybold,* Gebet (s.o. Anm. 15) 156f. Er selbst meint, der zu diesem Formular passende Beter habe aufgrund seiner »Bußleistungen« die Gewißheit haben können, »Jahwe könne an einer solchen Haltung nicht vorbeigehen« (158). Das klingt recht merkantil.

[33] Genau dies zerstört *M. Dahood,* Psalm I: 1–50 (AncB), Garden City, NY, 1966, durch Umdeutung von צוֹרְרָי. Zur ugaritologischen Fragwürdigkeit seiner Lösung vgl. *Craigie,* Psalm 1–50 (s.o. Anm. 30) 90f.

setzt dann ein mit שׁוּבָה (6,5). Wie ein Echo dieser Frage und dieses Anrufs klingt der Übergang von 6,8 zu 6,9: ... בְּכָל־צוֹרְרָי / ... סוּרוּ. Die Frage, wie lange Jahwe noch im Zorn abgewendet bleiben wolle, findet also durchaus im Text ihre Antwort: genau bis zu dem Augenblick, wo die »Feinde« in Sicht kommen und der Beter ihnen zuruft, sie sollten weichen.

Dies sind keine Zufälle. Der Text hat keinen Bruch, an dem etwas Außertextliches postuliert werden müßte. Um recht verstanden zu werden: Ich halte es weiterhin für legitim, nach seiner Vorgeschichte in einem alten Ritual zu fragen. Ich halte eine solche Fragestellung weder für aussichtslos noch für nutzlos. Die Sicherheit allerdings, mit der man anzunehmen pflegt, der Text habe in solchen Vorstadien schon genau so gelautet wie jetzt, kann ich kaum noch teilen. Auf jeden Fall ist dieser Text *jetzt* nicht mehr Teilstück oder Teilstücke-Kombination eines Rituals, zu dem vielleicht auch noch andere Texte anderer Rollenträger gehörten. Er steht in sich und ist auch so durchgestaltet, daß er in sich stehen kann. Es ist notwendig, nach dem Vorgang zu fragen, in den er so, wie er jetzt ist, seinen Leser/Beter hineinzieht.

6. Der »Vorgang« in Ps 6

41 Für ihn ist entscheidend, daß die »Feinde« erst im Augenblick des Übergangs zum zweiten Teil genannt werden. Sie treten an die Stelle dessen, was dem Beter zunächst als »Zorn« Gottes ansichtig und von ihm als Situation am Rande des Todes erlebt wird. Auslösend für die Veränderung der Optik ist die im Psalm geschehene Anrufung Gottes. Der Beter mutet dem Gott, den er als durch Zorn erziehenden Gott erfährt, zu, sich als der aus »Treue« (חֶסֶד) sich erbarmende (חָנֵּנִי) Gott zu zeigen, und er wird gehört.

Geht man davon aus, daß sich die Wahrheit erst in 6,9–11 zeigt, dann war die Situation des Beters, solange sie als »Zorn« erlebt wurde, verdunkelt und undurchschaut. Er sah seine Not als Problem des Gotteshandelns, während sie in Wirklichkeit das Problem der Verfolgung von Menschen durch Menschen ist. So war auch das Bild Gottes selbst ungeklärt. Gott wurde als zorniger Gott erlebt, während er sich am Ende als erhörender Gott zeigt. Auslösend für den Durchbruch der Wahrheit über Gott war die Bitte des Opfers: gewissermaßen eine Flucht vor Gott zu Gott.

Wir sind damit trotz der Ausschaltung der Sünden-Thematik sehr
nah an den Erfahrungen des in seinem Zorn verborgenen und des
dann in seiner Offenbarung rechtfertigenden Gottes, die Martin
Luther mit diesem Psalm gemacht hat[34]. Gibt es zu dem Grund-
vorgang, den der Psalm objektiviert, auch Zugänge aus dem Bereich
der modernen Humanwissenschaften?

Ich benenne – lang Auszuführendes abkürzend – einfach den
humanwissenschaftlichen Theoriebereich, der mir für diesen »Vorgang« bisher die meiste Erklärungskraft geboten hat. Gewaltbe-
stimmte gesellschaftliche Konstellationen, Aufrechterhaltung von
»Gesellschaft« durch Verfolgung von »Opfern«, gesellschaftliche
Verschleierung dieser Situation, deren Legitimierung durch Entwicklung eines dunklen und gewaltgeprägten Gottesbildes und
Übernahme dieser Legitimation sogar durch die Opfer selbst – das
sind wesentliche Deutungskategorien bei der Analyse archaischer,
antiker und moderner Gesellschaften durch René Girard[35].

[42] Für Girard werden die von solchem »Sündenbockmecha-
nismus« geprägten Weltkonstellationen durchbrochen im Bereich
der jüdisch-christlichen Schriften, im Alten Testament beginnend[36].
Der Durchbruch geschieht vom Punkt des Opfers aus. Wenn dieses
die ihm zugesonnene Sicht der Verfolger nicht mehr akzeptiert und
an seinen Gott appelliert, reißen die Schleier. Die Wirklichkeit zeigt
sich als Verfolgungsgeschehen[37].

---

[34] Vgl. *Knuth*, Auslegungsgeschichte (s. o. Anm. 5). *Luther* hat in seiner Auslegung von Ps 6, wohl schon heimlich von Mt 7,22f geleitet, bezüglich der
Verfolger den Aspekt von Verschleierung und Aufdeckung klar gesehen. Vgl.
z. B. WA 31/1, 282 (zu Ps 6,9): »... operari iniquitatem pertinet ad sanctos hy-
pocritas, qui coram mundo non videntur ubelteter.« Weit weg von solcher Perspektive steht etwa die in Anwendung recht simpler moderner gruppenpsycho-
logischer Einsichten (für den Urgebrauch des Psalms) gemachte« Annahme bei
Gerstenberger, Mensch (s. o. Anm. 28) 145, die »Übeltäter« von 6,9 seien
»Personen der natürlichen Antigruppe«. Diese Annahme erklärt gerade nicht,
warum diese Leute erst beim »Umschwung« des Psalms zur Sprache kommen.
[35] Als Einführung vgl. *N. Lohfink – R. Pesch*, Weltgestaltung und Gewaltlosigkeit (SKAB 87), Düsseldorf 1978; *R. Schwager*, Brauchen wir einen Sünden-
bock?, München 1978; *N. Lohfink* (Hg.), Gewalt und Gewaltlosigkeit im Alten
Testament (QD 96), Freiburg 1983 (Literatur!). In deutscher Sprache gibt es bisher aus Girards Büchern nur *R. Girard*, Das Ende der Gewalt, Freiburg 1983.
[36] Vgl. zuletzt *R. Girard*, La route antique des hommes pervers, Paris 1985, eine
Interpretation des Buches Hiob.
[37] Vgl. *N. Lohfink*, Der gewalttätige Gott des Alten Testaments und die Suche
nach einer gewaltfreien Gesellschaft, in: Der eine Gott der beiden Testamente,
JBTh 2, Neukirchen-Vluyn 1987, 103–133, hier 126–128.

Genau dieser Vorgang vollzieht sich in Ps 6. Dabei wird nicht nur das enthüllt, daß ein menschliches Opfer von Menschen, nicht von Gott, an den Rand seiner Existenz getrieben wurde, sondern zugleich zeigt sich Gott als »le Dieu des victimes«[38].

Wird in dem Vorgang von Ps 6 die vorauszusetzende Verfolgungs-Opfer-Situation verändert? Zunächst wird sie nur aufgehellt. Der Psalm führt zu so etwas wie »Aufklärung«. Er führt sogar noch ein Stück weiter: in die Hoffnung, ja Zuversicht des Opfers, daß die Verfolgung durch Menschen aufhören werde. Der Beter hofft, daß nun die Verfolger ihrerseits an den Rand ihrer Existenz geraten werden.

Das ist schon unglaublich viel. Dennoch bleibt es zweideutig. Auch Ps 83,14–19, wo Ps 6,11 gewissermaßen entfaltet vorliegt, bleibt ambivalent. Denn wenn nur ein Rollentausch zwischen Opfer und Verfolgern stattfindet, bleibt die Gewalt ja in der Welt. Gott bleibt ein Gott des Zornes, selbst wenn der Zorn nur andere trifft, Gott wegen dieser Wende von den Geretteten gepriesen werden kann und die nunmehr Getroffenen durchschauen und bekennen, was geschah. Anders wäre es, wenn die Wende des Geschicks der Feinde (6,11: שׁוּב) als deren »Umkehr« zu verstehen wäre. Aber kann es durch Aufklärung zu Umkehr kommen?

Hier sieht Girard Grenzen des in den Klageliedern Israels und selbst des im Buch Hiob stattfindenden Ausbruchs aus der alles umstrickenden Welt der Gewalt. Ein Stück weiter führen noch die Gottesknechtslieder bei Deuterojesaja. Doch das lösende Wort findet sich nach Girard erst in den Evangelien.

Girard hat meines Wissens seine Theorien nie an Ps 6 erörtert. Um so wichtiger ist es, daß dieser Psalm in den Evangelien mehrfach aufgegriffen wird, und zwar genau im Zusammenhang der Opfer- und Gewaltthematik.

7. Die »Beter« der Psalmen

Damit die literarische Legitimität dessen, was in den Evangelien mit Ps 6 geschieht, erkennbar wird, ist noch kurz die Frage nach dem »Beter« des [43] Psalms zu berühren. Hier gibt es auf der Ebene des Gesamtpsalters eine semantische Entschränkung.

---

[38] So der Titel des Abschlußkapitels von *Girard,* La route antique.

Auch bei ursprünglichem kultischen Gebrauch waren die Psalmen schon »Formulare«. Verschiedenste Beter konnten sie beten. Die Referenz der Worte änderte sich je nach dem Beter. Im Psalter als ganzem wird offenbar selbst bei im Wortlaut individuellen Psalmen die Individualität des betenden Ich auf Israel hin entschränkt. Der Beter ist David, doch dessen Rolle ist seit Deuterojesaja auf ganz Israel in seinem Verhältnis zu den Völkern übergegangen. Das gilt noch einmal besonders, wo die Überschrift einen Psalm David zuordnet (vgl. 6,1) – doch nicht nur dort.

Das betende Israel kann natürlich in jeder betenden Versammlung und in jedem einzelnen Israeliten verdichtet da sein, erst recht im kommenden »messianischen« David. Betet ganz Israel, dann sind die Feinde die Völker, die Israel bedrängen. Betet eine Größe innerhalb Israels, gewissermaßen das »wahre Israel«, dann kann auch der andere Teil Israels in die Feindposition einrücken – etwa die in Israel herrschenden Gruppen, die die »Anawim« unterdrücken. Da auch das Theologumenon der endzeitlichen Völkerwallfahrt bereitliegt, ist selbst ein völliger Tausch der Positionen zwischen dem offiziellen Israel und den Völkern in Reichweite. Menschen aus den Völkern könnten in die Beterposition mit eintreten, und was Israel war, könnte immer mehr in die Feindposition geraten. Für alle diese Wandlungen steht das Aussagegefüge eines Psalms parat.

Hier ist noch vieles zu klären. Weil es sich nicht um ein für Ps 6 spezifisches Problem handelt, gehe ich darauf nicht ein[39].

8. *Ps 6 in Mt 7,23; Lk 13,27*

Die alttestamentlichen Zitate und Anspielungen in den neutestamentlichen Schriften werden in der Literatur meist nur textkritisch untersucht, seltener im Hinblick auf ihren inhaltlichen Beitrag zur neutestamentlichen Aussage oder gar auf eine eventuelle Neuinterpretation des alttestamentlichen Ursprungs durch die neutestamentliche Verwendung. Der Nachweis eines durch Evokation des alttestamentlichen Zusammenhangs entstehenden inhaltlichen Beitrags alttestamentlicher Zitate und Anspielungen zum neutestamentlichen Textsinn dürfte, soweit er überhaupt versucht wird, häufig

---

[39] Vgl. etwa *J. Becker,* Israel deutet seine Psalmen (SBS 18), Stuttgart ²1967; ebenso *N. Lohfink,* Von der »Anawim-Partei« zur »Kirche der Armen«, Bib. 67 (1986) 153–176, hier 174f.

dadurch erschwert sein, daß als Sinn der alttestamentlichen Texte das übernommen wird, was die nach dem ursprünglichsten Sinn ältester erschließbarer Textstadien suchenden zeitgenössischen Alttestamentler als alttestamentlichen Textsinn angeben. Das Ergebnis ist dann meist Diskrepanz, ist die These rein äußerlicher Sprachanklänge.

44 Wie sieht es bei den beiden synoptischen Zitationen von Ps 6,9 in Mt 7,23 und Lk 13,27 aus?[40] Im größeren Teil der Literatur wird zwar zu den beiden Stellen erwähnt, daß dort Ps 6,9 verglichen werden kann. Doch dabei bleibt es fast immer. Vermutlich hat M.-J. Lagrange das zum Ausdruck gebracht, was fast alle Kommentatoren insgeheim denken: Die letzten Wörter von Mt 7,23 »ressemblent au Ps. vi,9 ..., mais dans un contexte bien différent.«[41] Noch etwas deutlicher wird Joseph A. Fitzmyer: »The suffering psalmist, whose prayer has been heard by Yahweh, charges his adversaries to leave him. The psalmist's words are now used in a minatory dismissal.«[42] Am klarsten dürfte Bonifazius Fischer formulieren: »Das Psalmwort, das in seinem ursprünglichen Zusammenhang nichts mehr ist als eine der im Psalter üblichen und häufigen Distanzierungen des Beters von gottloser Umgebung, wird im Munde Christi zum Wort endgültiger Verwerfung, das er einst als Weltenrichter zu den Gesetzlosen sprechen werde. Es wäre abwegig, hier von ntl. Deutung der Psalmenstelle reden zu wollen; es handelt sich offenbar um eine Schriftreminiszenz, deren Sinn unter

---

[40] Ob im Bereich der Synoptiker auch noch Mt 13,41 und 25,41 eine Anspielung auf Ps 6,9 enthalten, ist fraglich. In 13,41 würde man statt ποιοῦντες sonst ἐργαζόμενοι erwarten, in 25,41 statt πορεύεσθε eher ἀπόστητε (Ps 6,9 LXX) oder ἀποχωρεῖτε (Mt 7,23). In 13,41 könnte außerdem noch auf Zeph 1,3 (vgl. Mt und Symmachus) angespielt sein. Natürlich ist an beiden Stellen auf dem Weg über Mt 7,23 indirekter Bezug zu Ps 6,9 anzunehmen. – Zu Mt 7,21–23 vgl. *H. D. Betz*, Eine Episode im jüngsten Gericht (Mt 7,21–23), ZThK 78 (1981) 1–30; jetzt in: *Ders.*, Studien zur Bergpredigt, Tübingen 1985, 111–140. Dort S. 131–133 auch zu Lk 13,23–30 und zu frühchristlichen Texten, deren Abhängigkeit von Mt 7 und Lk 13 nicht über alle Zweifel erhaben ist, so daß sie auch unabhängige Jesustraditionen spiegeln könnten. Zu den Textformen der beiden Zitate vgl. *K. Stendahl,* The School of St. Matthew and its use of the old Testament (ASNU 20), Lund ²o.J. (1967), 89f; *Joachim Jeremias,* Die Sprache des Lukasevangeliums. Redaktion und Tradition im Nicht-Markusstoff des dritten Evangeliums (KEK Sonderband), Göttingen 1980, 232. – *H. Köster*, Die synoptische Überlieferung bei den apostolischen Vätern, Berlin 1957, 84, schließt aus den divergierenden Abweichungen von der Septuaginta bei Matthäus und Lukas, die beiden Evangelisten hätten das Zitat in Q vorgefunden, ohne es als solches zu erkennen. Dagegen *P. Hoffmann*, Πάντες ἐργάται ἀδικίας, ZNW 58 (1967) 188–214, hier 201 f.

[41] *M.-J. Lagrange,* Evangile selon Saint Matthieu (EtB), Paris (1922) ⁶1941, 156.

[42] *J.-A. Fitzmyer,* The Gospel According to Luke (X–XXIV) (AncB 28A), Garden City, NY, 1985, 1026.

der Hand zugunsten eines neuen Zusammenhangs bewußt gewandelt wird.«[43]
Hiergegen hat Hans Ch. Knuth mit Recht protestiert. Er hält solche Sicht allein
schon deshalb für verfehlt, weil ja »jede Auslegung« den Sinn eines Textes
»wandelt«[44]. Aber ist ein genereller Rückgriff auf das Wesen des hermeneutischen
Geschehens schon eine befriedigende Lösung? Mir scheint, im konkreten Fall
der synoptischen Zitationen von Ps 6,9 bliebe – unbeschadet aller Wandlungen
des Textsinns, die zu jeder Auslegung gehört – die neutestamentliche Verwendung
trotz aller »Auslegung« unglaublich nahe bei der bisher bestimmten Sache des
Textes.

Nach Lk 13,27 wird irgendwann der »Herr des Hauses« die Tür
verschließen, und dann wird niemand mehr eingelassen werden.
Selbst solchen, die seine Mahlgenossen gewesen waren und auf deren
Straßen er gelehrt hatte, werden von ihm hören müssen: »Ich weiß
nicht, woher ihr seid. Weicht von mir, ihr Täter des Unrechts alle!«
Sie werden dann vom Reich Gottes, von Abraham, Isaak, Jakob
und allen Propheten, ausgeschlossen sein, werden heulen und mit den
Zähnen knirschen. Die Fortführung (13,29) spitzt die Aussage darauf zu, daß die Völkerwallfahrt der Heiden ⌜45⌝ einsetzen wird (wäh-
rend die Ausgeschlossenen zu Israel gehören[45]). Die anschließende
Perikope (13,31–35) handelt explizit vom Tod Jesu in Jerusalem.

Nach Mt 7,22f wird Jesus »an jenem Tag« (nämlich dann, wenn
entschieden wird, wer ins Himmelreich eingeht oder nicht – vgl. 7,21)
von Menschen, die als Propheten, Exorzisten und Wundertäter auf-
getreten sind, gegen ihren Ausschluß aus dem Himmelreich angeru-
fen werden. Doch er wird zu ihnen feierlich sprechen: »Ich kenne
euch nicht. Weicht von mir, ihr Täter der Gesetzlosigkeit!« Das Lo-
gion steht im Kontext der Bergpredigt, der Charta des Gewaltverzichts.

Es geht in beiden Logien um das »letzte« Gericht, obwohl eigentümlich offen
bleibt, ob dieses sich nicht mitten in der Geschichte vollzieht. Der Ausdruck »an
jenem Tag« ist in Mt 7,22 ein Rückverweis auf die in 7,21 vorausgesetzte
Situation, und die ist sehr offen definiert[46]. Es muß auch schon unabhängig von

---

[43] B. Fischer, Das Psalmenverständnis der Alten Kirche bis zu Origenes, I. Psalm
1–20, Habil, masch., Bonn 1946 (mir nicht erreichbar, zitiert nach Knuth,
Auslegungsgeschichte [s.o. Anm. 5] 5).

[44] Knuth, a.a.O. 20.

[45] Letzteres hält sich aus dem aufgenommenen Traditionsgut trotz der Tendenz
zur Universalisierung und Aktualisierung auf die lukanische Gemeinde hin, die
die lukanische Redaktion zweifellos hat, aufgrund von 13,26 eindeutig durch.
So selbst Hoffmann, Πάντες 212.

[46] Höchstens vom Feuermotiv in 7,18 her könnte man sagen, der Gedanke an das
Weltgericht liege schon in der Luft. Aber auch dieses Motiv ist hier viel

der Anspielung auf Ps 6,9 offenbleiben, ob Jesus hier im Bild des Richters zu denken ist. Nichts weist positiv darauf hin. In der formulierungsmäßig am nächsten stehenden matthäischen Parallele, der Erklärung des Gleichnisses vom Unkraut (13,36–43), ist zwar die Rede von der »Vollendung der Welt« (39f), der »Menschensohn« sendet »seine Engel« aus, und die »Anstöße und Täter der Gesetzlosigkeit« (41) werden in den Feuerofen geworfen (42); aber es findet keine Umsetzung der Ernteszenerie in ein Gerichtsbild statt. Auf der Deutungsseite wird keine Gerichtsszenerie insinuiert, der Menschensohn bleibt der Bauer, der seine Ernte organisiert. In 7,21–23 ist vom Text her offen, ob Jesus selbst als der gedacht ist, der in 7,21 den Zugang zum Himmelreich verwehrt. Die Formulierung ist so, daß das Subjekt der den Zugang verwehrenden Entscheidung nicht genannt werden muß. Das ließe eher an Gott als Subjekt denken. Die in 7,22f angedeutete Szene besagt jedenfalls nur, daß nach der von wem immer bewirkten Verwehrung des Zutritts die Abgewiesenen sich an Jesus wenden und ihn mit Gegengründen zu einem ihnen günstigen Handeln bewegen wollen. Selbst wenn man hier eine ⎡ 46 ⎤ Gerichtsszene mitdenken will, kann ein solcher Vorgang noch doppelt verstanden werden. Die Ausgeschlossenen können sich direkt an den Richter wenden, der dann sein ergangenes Urteil revidieren müßte. Dann wäre Jesus der Richter. Oder sie können sich an eine andere Person wenden, die als Zeuge oder Anwalt beim Richter für die Revision des Urteils eintreten soll. Dann wäre Jesus beim Gericht anwesend, aber nicht selbst der Richter. Angesichts der vielen Bilder, in denen das, was wir als »Weltgericht« zu bezeichnen pflegen, auch bei Matthäus auftritt, und der verschiedensten Rollen, die Jesus in

---

lockerer und viel mehr auf der Bildebene verwendet als sonst bei Weltgerichtsaussagen. Beim Ausdruck »an jenem Tag« in 7,22 wird in der neueren exegetischen Literatur wohl etwas zu massiv der Eindruck erweckt, daß durch diese Formulierung die gesamte apokalyptische Weltgerichtszenerie, womöglich noch in der von P. Volz, Jüdische Eschatologie von Daniel bis Akiba, Tübingen 1903, synthetisierten Gestalt, evoziert würde. Aber erst wenn man traditionsgeschichtlich hinter Matthäus zurückfragt und eine von Mt 7,21 abgesonderte (und dennoch wörtlich gleiche) Präexistenz von 7,22f annimmt, stellt sich die Frage, ob »an jenem Tage« ein eindeutiger Verweisterminus für »Weltgericht« gewesen sei. Die (gar nicht so häufigen) Belege des Ausdrucks im Alten und Neuen Testament weisen zwar normalerweise in die Zeit des definitiven Handelns Gottes am Ende der Geschichte, doch sind die damit verbundenen Vorstellungen recht verschieden. Muß man in der vorauslaufenden Traditionsgeschichte wirklich mit einem Verweisterminus rechnen, dann könnte das im redaktionell gestalteten Matthäus-Text noch mit aufklingen, mehr jedoch nicht. Im allgemeinen hat Matthäus eher eine Tendenz zur Lockerung apokalyptischer Zeitablaufpläne. E. Schweizer, Matthäus 7,15–23, GPM 27 (1973) 362–366, jetzt in: Ders., Matthäus und seine Gemeinde (SBS 71), Stuttgart 1974, 126–131, hier 127, weist z. B. darauf hin, daß Matthäus auch »die Sätze über die Verfolgung der Gemeinde aus der Endzeit- in die Missionsrede übernimmt, also die Situation der Verfolgung als die gewissermaßen normale darstellt.« Man könnte ebenfalls sagen, daß er die in die definitive Entscheidung hineinführende Endzeit schon mit der Zeit der Mission anheben läßt.

ihnen übernimmt, wäre ein Bild von Jesus als »Paraklet« durchaus denkbar[47]. Auch in Lk 13,27 ist die eigentliche Weltgerichtsvorstellung mit Jesus als Richter nicht zu entdecken. Vielmehr findet sich hier das Bild vom Hausherrn, der sich beim Festmahl von den Polstern erhebt und das Tor schließt.

Muß man also an beiden Stellen nicht am Bild einer Gerichtsverhandlung haften, oder wenn, dann in einer sehr offenen Weise, dann kann man den Anklang an Ps 6,9 nicht schon einfach deshalb zur puren Formulierungsreminiszenz erklären, weil in Ps 6,9 ja nicht Gott, der Richter, spreche, sondern ein menschlicher Beter. In Wahrheit besteht zwischen dem Kontext von Ps 6,9 und dem Kontext der beiden Formulierungsanklänge in Mt 7,23 und Lk 13,27 ein tiefer reichender Zusammenhang.

Bei Matthäus und bei Lukas geht es um die einst geschehende definitive Aufdeckung der bis ins Gegenteil hinein verhüllten wahren Verhältnisse. Dabei zeigen sich bisher nicht als Feinde zu erkennende Menschen als Feinde. Genau eine solche Aufdeckung des bisher Verhüllten geschieht in Ps 6 auch in dem Vers, dessen Formulierung von den beiden Evangelien übernommen wird. Ist das der Fall, dann handelt es sich aber in beiden Evangelien um mehr als um eine »Formulierungsreminiszenz«. Die Sache des Psalms kommt in den Jesusworten zur Sprache. Der im Psalm in Sprache gefaßte Vorgang prägt auch den entscheidenden Punkt der Weltgeschichte, »jenen Tag«, an dem die vorher verdeckte Wahrheit zutage tritt.

Mit dieser Erkenntnis dürfte auch die oben noch offen gehaltene Alternative, ob Jesus in Mt 7,22f als Richter oder als Anwalt zu denken sei, zugunsten der Anwalt-Vorstellung entschieden sein. Die Benutzung des Psalms als solche legt dies nahe. Denn dort stehen der Beter und seine Verfolger einander angesichts Gottes gegenüber, und Gott entscheidet sich für den Beter und gegen die Verfolger. So kann auch bei Matthäus Jesus, wenn er sich beim Weltgericht die Worte

---

[47] Rechnet man an dieser Stelle mit der Vorstellung von Jesus als »Paraklet«, dann mag immer noch offen bleiben, ob man hier mit *Betz,* Episode (s. o. Anm. 40), Überreste einer frühen Paraklet-Christologie annehmen soll. Nicht jedes neutestamentliche Bild muß gleich eine frühe »Christologie« hinter sich haben. Doch sei noch auf etwas anderes aufmerksam gemacht: Man sollte mit der Rede vom »Gericht« auch deshalb vorsichtig umgehen, weil in der alttestamentlichen Sprache, aus der sie kommt, »Gericht« in vielen Fällen gar nicht als Richten eines Richters über einen Angeklagten, sondern eher als Prozeß zwischen zwei Parteien gedacht wird (Gott also als »Partei«, nicht als »Richter«) – weshalb im übrigen das definitive Gericht Gottes sehr leicht im Bild eines Krieges Gottes gegen die Völker konkretisiert werden kann.

des Psalmbeters zu eigen macht, nicht in der Rolle des Richters gedacht werden. Er nimmt vielmehr ⎡47⎤ Stellung zu anderen, die verurteilt worden sind und ihn um Hilfe beim Richter ansuchen, weil sie ihr Urteil revidiert haben wollen. Er sieht, wer sie in Wirklichkeit sind. Er muß sie der Gesetzlosigkeit zeihen. So weigert er sich mit den Worten des Psalms, sich als ihr Anwalt für sie einzusetzen. Im Psalter sind die, zu denen der Beter sagt: »Weicht von mir, alle Übeltäter!«, die Verfolger des Beters selbst. Wenn die Evangelisten Jesus beim »Weltgericht« diese Worte zu den vom Gottesreich Ausgeschlossenen sagen lassen, dann ist der Gedanke mitgesetzt, diese seien Verfolger Jesu gewesen, obwohl ein solcher Gedanke im Kontext nicht ausgesprochen wird; das Zitat als solches bringt ihn ein.

Zumindest für Matthäus läßt sich das noch ein wenig entfalten. »Gesetzlosigkeit« (ἀνομία) ist ein typisch matthäischer Terminus, obwohl auch die Septuaginta-Wiedergabe von Ps 6,9 ihn enthält und er daher in Mt 7,23 bereits aus diesem Grund steht. Dieses Wort weist nun ebenfalls in den Zusammenhang von Feindschaft und Verfolgung. Nach Mt 24,11 f wird beim endzeitlich gehäuften Auftreten von falschen Propheten die Liebe vieler erkalten, weil die ἀνομία sich häuft. Sie muß nach 24,10 mit gegenseitigem Verrat und Haß zusammenhängen. In Mt 7 müssen wir den Begriff zusätzlich von der Bergpredigt her verstehen, zu deren Abschluß 7,23 gehört. So umschließt er auch gerade die Ablehnung des dort verkündeten Gewaltverzichts. Die, denen Jesus in der entscheidenden Stunde Ps 6,9 zitieren muß, schienen Propheten, Exorzisten und Wundertäter zu sein. Doch sie waren Verfolger und Gewalttäter. Der Kreis zum Anfang der Einheit schließt sich, wo von Propheten die Rede war, die wie Schafe kommen, in Wahrheit aber Wölfe sind (7,15)[48].

Daß hier der Ausschluß vom Himmelreich in der Gewalttätigkeit gründet, ist also auf jeden Fall klar. Neu wird durch das Zitat eingebracht, daß die wie Schafe auftretenden Wölfe es letztlich nicht auf die Jünger Jesu abgesehen haben, sondern auf diesen selbst. Die Identität Jesu mit seinen leidenden Jüngern wird hier nicht weiter entfaltet. Sie wird zum Thema werden in Mt 25,31–46.

Auf jeden Fall: Indem Jesus sich in Mt 7,23 und Lk 13,27 Ps 6,9 zu eigen macht, interpretiert er sich selbst vom Gesamtpsalm und

---

[48] Zum Wolfsthema in 7,15 vgl. *J. Gnilka,* Das Matthäusevangelium I (HThK), Freiburg 1986, 273 f.

dessen Duktus her als Opfer der Gewalt. Was sonst aus dem Kontext der beiden Zitate gar nicht deutlich würde: Durch das Zitat von Ps 6 ist an diesen Stellen auch von Jesu Ende am Kreuz die Rede. Was Jesus umgebracht hat, ist Gewaltverbissenheit, die sich dazu noch unter heiligster Tarnung verbarg. Menschen, die mit Jesus aßen und ihm auf den Straßen zuhörten, ja die in seinem Namen prophezeiten, Geister austrieben und Wunder wirkten, haben mit alldem nur verdeckt, daß sie eigentlich seine Feinde und Verfolger waren. Indem sie nicht durch die enge Pforte der Umkehr gingen (Mt 7,13; Lk 13,24, vgl. 13,5), standen sie nicht mehr auf der Seite des ⊡48⊡ Opfers, und allein damit gehörten sie schon zu den Verfolgern. Wie im Psalm deckt das Opfer die wahren Verhältnisse auf.

Die beiden Evangelientexte erhalten also durch das Psalmzitat eine staurologische Tiefendimension[49]. Umgekehrt bekommt, im »Kanon« gelesen, auch der Psalm ein neues Gewicht. Es wird deutlich, daß er nicht irgendwelche menschlichen Situationen zur Sprache bringt, sondern die Struktur des entscheidenden Vorgangs der Weltgeschichte, und daß sein genuinster Sprecher der verfolgte Messias ist.

Im lukanischen Zusammenhang findet dabei durch das sich anschließende Motiv der endzeitlichen Völkerwallfahrt eine vollständige Umkehrung der Rollen statt. Dies gilt auch von der johanneischen Verwendung von Ps 6, die im übrigen an der Stelle, wo der Psalm, auf der Ebene des Psalters allein gelesen, einfach noch offen blieb, nun kritisch weiterdenkt.

9. Ps 6 in Joh 12,20–35

Im Gegensatz zum Zitat von Ps 6,9 in Mt 7,23 und Lk 13,27 wird die insgesamt 5 Wörter umfassende Übereinstimmung von Joh 12,27 mit Ps 6,4f in den meisten neueren Kommentaren und Untersuchungen zu Johannes nicht einmal registriert. Dies ist dort besonders auffällig, wo man andere, weniger in Frage kom-

---

[49] Man wird also zweifeln können, ob *Betz*, Episode (s. o. Anm. 40) 135, im Recht ist, wenn er zur »Christologie« von Mt 7,21–23 sagt, daß hier »die eschatologische Anwaltschaft Jesu weder mit dem Sühnetod noch mit Kreuzestod und Auferstehung motiviert wird.« Offenbar doch zumindest mit seinem gewaltsamen Tod.

mende alttestamentliche Parallelen durchaus benennt, vor allem Ps 42,6 f[50].

Einen Hinweis auf Ps 6,4 f habe ich – von Parallelstellenangaben in einigen Textausgaben und Übersetzungen abgesehen – nur bei ganz wenigen Autoren gefunden. Niemand rechnet mit einer Anspielung, erst recht niemand mit einem Zitat. Nur in der exegesegeschichtlichen [49] Arbeit Knuths wird im Blick auf Ps 6,4 von einem »Anklang«, auf Ps 6,5 von einem »Zitat« gesprochen[51].

Angesichts dieses »Forschungsstands« ist zunächst einmal der Tatbestand genau zu erheben. Am Anfang von Joh 12,27 heißt es:

---

[50] Ohne Ps 6,4 f zu erwähnen verweisen auf Ps 42,6 f: *Th. Zahn,* Das Evangelium des Johannes (KNT), Leipzig ⁶1921, 516 Anm. 36; *C.H. Dodd,* According to the Scriptures. The Sub-Structure of New Testament Theology, London 1952, 100 f; *R. Bultmann,* Das Evangelium Johannes (KEK), Göttingen ¹⁵1957, 327; *C.H. Dodd,* Historical Tradition in the Fourth Gospel, Cambridge 1963, 69; *R.E. Brown,* The Gospel According to John (i–xii) (AncB), Garden City, NY, 1966, 470; *H.-Th. Wrege,* Jesusgeschichte und Jüngergeschick nach Joh 12,20–33 und Hebr 5,7–10, in: *E. Lohse u.a.* (Hg.), Der Ruf Jesu und die Antwort der Gemeinde (FS Joachim Jeremias), Göttingen 1970, 259–288, 273 Anm. 43; *C.K. Barrett,* The Gospel According to St. John, London ²1978, 425 (in der Einleitung, S. 28, nennt er dagegen auch Ps 6,4); *J. Beutler,* Psalm 42/43 im Johannesevangelium, NTS 25 (1979) 33–57, hier 37 f. Der psychologische Grund für diese Fehlleistung dürfte in traditions- und quellenkritischer Aufmerksamkeitsfixierung liegen. Man rechnet mit Abhängigkeit von Mk 14,34 (oder einer ähnlichen Vorlagen). Dort liegt aber eine Anspielung auf Ps 42,6 vor. Daß Joh, wenn auch vielleicht durch die Benutzung von Ps 42,6 in seiner Vorlage angeregt, bewußt zu einem ähnlichen, aber doch für seinen Zwecke geeigneteren Psalm hinübergewechselt sein könnte, kommt einem nicht in den Sinn. So greift man nicht einmal zur Konkordanz, um nachzusehen. Dies hat dann in einer vielleicht etwas zu kritischen Weise *E.D. Freed,* Psalm 42/43 in John's Gospel, NTS 29 (1983) 62–73, in seiner Auseinandersetzung mit *Beutler,* a.a.O., getan.

[51] Hinweise auf Ps 6,4: *J.H. Bernard,* A Critical and Exegetical Commentary on the Gospel According to St. John II (ICC), Edinburgh 1928, 436; *R. Hermann,* Die Prüfungsstunde des Sendungsgehorsams Jesu, ZSTh 7 (1930) 742–771, hier 745 f; *A. Schlatter,* Der Evangelist Johannes. Wie er spricht, denkt und glaubt, Stuttgart ³1960, 269; *R. Schnackenburg,* Das Johannesevangelium II: Kommentar zu Kap. 5–12 (HThK), Freiburg 1971, 485 (»vielleicht beeinflußt«); *B. Lindars,* The Gospel of John (NCeB), London 1972, 430 f (»certainly derived«); *G. Reim,* Studien zum alttestamentlichen Hintergrund des Johannesevangeliums, Cambridge 1974, 160 Anm. 93 (»keine Anspielung«, »nur eine formale Parallele«); *Freed,* a.a.O. 65–67; *J. Beutler,* Habt keine Angst. Die erste johanneische Abschiedsrede (Joh 14) (SBS 116), Stuttgart 1984, 25. – »Anklang« und »Zitat« bei *Knuth,* Auslegungsgeschichte (s.o. Anm. 5) 23.

Νῦν   ἡ ψυχή μου τετάρακται.
Dem entsprechen:
Ps 6,4   καὶ   ἡ ψυχή μου ἐταράχϑη σφόδρα
Ps 42(41),7   πρὸς ἐμαυτὸν ἡ ψυχή μου ἐταράχϑη.

Dieser Befund[52] bliebe offen, schlösse sich ihm nicht im gleichen
Vers das Gebet Jesu an:
            πάτερ σῶσόν με ἐκ τῆς ὥρας ταύτης.
Dem entspricht:
Ps 6,5   πάτερ σῶσόν με ἕνεκεν τοῦ ἐλέους σου.

In Ps 42(41) gibt es dafür keine Entsprechung. Man könnte
höchsten darauf hinweisen, daß im vorangehenden Vers 42(41),6 das
Wort σωτήριον vorkommt. Schaut man auf den Inhalt, so entspricht Ps 6 mit seinem Aufschrei des Beters aus der Todesnähe
heraus mehr dem johanneischen Kontext als Ps 42(41), das Gebet
eines bedrängten Israeliten fern der Heimat. Insgesamt: Als alttestamentlicher Hintergrund für Joh 12,27 kommt eher Ps 6 als Ps 42(41)
in Frage.

Jedoch ist die Nähe zu Ps 42(41), der in den synoptischen Gethsemane-
Texten eine entscheidende Rolle spielt, aufschlußreich. Am treffendsten hat
wohl Barnabas Lindars den vollständigen Sachverhalt definiert:»The refrain
of Pss. 42.6,12, 43.5 lie behind our Lord's words at Gethsemane (Mark
14.34 = Matt. 26.38): ἵνα τί περίλυπος εἶ, ψυχή; Ps. 42.7 seems to lie behind the Johannine version of his inner struggle (John 12.27): ἡ ψυχή μου
ἐταράχϑη. The same words, however, also occur in Ps. 6.4, which is more
likely to be the intended source because of the following σῶσόν με, cf. Ps.
6.5.«[53]

Ist die für uns in den Synoptikern greifbare Ölbergstradition,
ebenso wie mehrere andere »synoptische« Traditionen, in Joh 12,
20–36 aufgegriffen und verarbeitet[54], dann muß man für die Präsenz

---

[52] Weitere Septuaginta-Parallelen sind aufgelistet bei *Freed*, a.a.O. 65.
[53] *B. Lindars*, New Testament Apologetic. The Doctrinal Significance of the Old
      Testament Quotations, London 1961, 99 Anm. 2.
[54] Zum Zusammenhang zwischen den synoptischen Gethsemane-Szenen und Joh
      12,27 vgl. z. B. *Brown*, John (s. o. Anm. 50) 470f; *Schnackenburg*, Johannes-
      evangelium (s. o. Anm. 51) 484f. Ein ausführlicher inhaltlicher Vergleich findet
      sich bei *W. Thüsing*, Die Erhöhung und Verherrlichung Jesu im Johannesevan-
      gelium (NTA 21,1–2), Münster ²1970, 75–88; das breite Bezugsfeld der
      Gethsemane-Tradition an verschiedensten Stellen innerhalb des Johannesevan-
      geliums arbeitet *Beutler*, Ps 42/43 (s. o. Anm. 50); *ders.*, Angst (s. o. Anm. 51),
      heraus.

von Ps 6,4f anstelle von ⟦ 50 ⟧ Ps 42 mit einer bewußten Operation bei der Verarbeitung des Traditionsmaterials rechnen. Der Verfasser oder Redaktor fand es offenbar angebracht, den in seiner Tradition angedeuteten alttestamentlichen Hintergrund hier durch einen geeigneteren zu ersetzen. Ps 42/43 dagegen hat er, wie Johannes Beutler breit gezeigt hat, in anderen Zusammenhängen (die ebenfalls in bezug zur Gethsemane–Tradition stehen) intensiv ausgewertet, vor allem in Joh 14.

Man kann nun weiter fragen: Hat er sich nur selbst von Ps 6 leiten lassen, oder wollte er auch, daß seine Leser diesen Zusammenhang wahrnehmen? Auch wenn nur das erste der Fall sein sollte, müßte die Exegese bei der Auslegung des johanneischen Textes stärker, als das jetzt in der Johannesliteratur geschieht, über den Zusammenhang mit Ps 6 reflektieren. Noch mehr aber bei der zweiten Annahme. Denn dann läge das Phänomen der »Anspielung« vor. Diese könnte sich in Jesu Bitte um Rettung aus der »Stunde« zu einem freien, aber als erkennbar gemeinten »Zitat« des Psalms steigern. Hier gäbe es nochmals zwei Möglichkeiten. Es könnte sich um Anspielung und Zitat des Erzählers handeln, für die Leser bestimmt. Sie müßten von den Lesern als solche erkannt werden, sollen sie den vollen Textsinn erfassen. Es könnte darüber hinaus innerhalb der »erzählten Welt« Anspielung und Zitat durch den johanneischen Jesus sein, für seine Zuhörer innerhalb der Erzählung bestimmt. Dann wäre es für die Deutung des Textes wichtig, daß die Menge, die dabeisteht, Anspielung und Zitat offenbar nicht erkennt oder bewußt nicht darauf eingeht. Welche dieser Möglichkeiten zutrifft, kann nur durch eine hier nicht zu leistende Einzelanalyse der Perikope sowie durch neue Klärung genereller Fragen bestimmt werden. So dürfte zwar klar sein, daß im Johannesevangelium bei den innerhalb der »erzählten Welt« auftretenden jüdischen Personen Kenntnis (nicht notwendig auch Verständnis) des Alten Testaments vorausgesetzt wird. Doch weniger klar ist, in welchem Maß dies der Text auch von seinen angezielten Lesern erwartet. Allerdings vielleicht mehr, als heute bei den Auslegern angenommen wird. Die nun folgenden Ausführungen lassen sich schon bei der Minimalannahme vertreten, daß nämlich der Verfasser oder Redaktor bei seiner Textgestaltung von Ps 6 her beeinflußt war – gleichgültig, ob er diese Beeinflussung auch noch als solche erkennbar machen wollte oder nicht.

Ist der worthafte Bezug von Joh 12,27 zu Ps 6,4f akzeptiert, dann lassen sich im Kontext noch weitere Bezüge zu Ps 6 vermuten. Sie sind nicht mehr verbal festgemacht, sie sind inhaltlicher Art: (1) Die »Stunde« entspricht der den Psalm bestimmenden Todesnähe des Beters; (2) die »Verherrlichung« des Namens Gottes in 12,28 entspricht dem Erinnern und Preisen Gottes in Ps 6,6[55].

---

[55] Die hintergründige Lenkung der Gedankenfolge durch Ps 6 könnte auch erklären, weshalb hier der Aspekt wechselt und nicht mehr, wie zunächst in

Offenbar wird im textlichen Umfeld von Joh 12,27 die Sache des ganzen Ps 6 ins Auge gefaßt, doch sie wird durch die dafür paratliegenden johanneischen Termini ausgedrückt (»Stunde« und »Verherrlichung«). Die verbale Bezugnahme in 12,27 genügt, um inhaltlich noch mehr mitzudeterminieren. [51] Die ganze Einheit scheint eine Art christologischer »Midrasch« zu Ps 6 zu sein. Ich meine nicht, daß sie sich darin erschöpfe. Aber Ps 6 ist zumindest eine ihrer Voraus-Strukturen[56]. Deren Wirkung auf die Sinnkonstitution des Textes sei nun kurz nachgegangen.

Der Einzug nach Jerusalem geht voraus (12,12–18). Die neue Szene wird eröffnet durch Philippus und Andreas, die nach Jerusalem reisende Griechen – also Menschen aus dem Bereich der Völker – zu Jesus führen (12,20–22). In der dadurch ausgelösten Rede Jesu verkündet dieser, daß er auf den Tod zugeht, seine »Stunde« (vgl. Ps 6,3f). Davon wird er zuinnerst erschüttert, und er stellt sich die Frage, ob er an seinen Vater die Bitten des Beters von Ps 6 um Errettung vor dem Tod stellen soll: »Jetzt ist meine Seele erschüttert (vgl. Ps 6,4). Was soll ich sagen? Vater, rette mich aus dieser Stunde (vgl. Ps 6,5)? Aber deshalb bin ich in diese Stunde gekommen. Vater, verherrliche deinen Namen (vgl. Ps 6,6).« Da ertönt die Stimme vom Himmel: »Ich habe verherrlicht und werde wieder verherrlichen.«

Hier wird also abgelehnt, daß der Logos, wenn er in den Bereich des Todes gekommen ist, sich vom Duktus von Ps 6 führen lassen darf. Wir geraten wahrlich in eine am zentralsten Ort des Weltge-

---

12,23, von der Verherrlichung des Menschensohns, sondern von der Verherrlichung des Namens des Vaters die Rede ist – so sehr beides in der johanneischen Theologie zusammengehört.

[56] Andere Voraus-Strukturen sind neben verschiedenen »synoptischen« Traditionen auch noch weitere alttestamentliche Texte. Einer, der bisher anscheinend noch nicht voll gewürdigt wurde, sei kurz erwähnt. *Schlatter, Johannes* (s. o. Anm. 51) 269, nimmt an, daß in Joh 12,28 δόξασόν σου τὸ ὄνομά auf Ps 86 (85), 9 δοξάσουσιν τὸ ὄνομά σου anspielt. Ist das der Fall, dann sollte man beachten, daß dort von der Jahweverehrung durch die Völker, wenn nicht gar von der Völkerwallfahrt gesprochen wird. Es ist ein altes Problem der Johannesauslegung, daß das Auftreten der Griechen in Joh 12,20f dann in der dadurch eingeleiteten Einheit keinerlei Echo mehr zu finden scheint. Nun, hier wäre das (allerdings nur einem seine Texte auswendig kennenden Psalmenbeter verifizierbare) Echo – genau auf dem Höhepunkt der Einheit.

schehens festgemachte Kritik an Ps 6 hinein[57]. Allerdings ist zugleich das tiefste Anliegen von Ps 6 ⌐52⌐ in den Vordergrund geschoben: daß es in dieser Welt »Gedenken« und »Preis« Gottes geben muß. Ps 6 auf Psalterebene kann sich solches nur durch Rettung des Beters aus dem Tod denken. Genau diese Denkeinschränkung wird hier in einem Jesus selbst offenbar tiefste Erregung bereitenden und eine Himmelsstimme provozierenden Schritt gesprengt. Dadurch erfüllt sich dann auf eine neue Weise das, worauf der Psalm hinauslief: daß alle Feinde weichen müssen.

---

[57] Ich bin oben in der Übersetzung der schon von Chrysostomus (der noch griechisch sprach) vertretenen Auffassung von Joh 12,27 gefolgt. Nach ihr betet Jesu den Satz »Vater, rette mich aus dieser Stunde heraus!« nicht im Ernst als sein Gebet, sondern, im Nachschlag zur vorausgehenden Frage »Was soll ich sprechen?«, erwägt er ihn als nach Meinung vieler, auch nach dem Gefühl eines Teils seiner eigenen Seele in Frage kommendes Gebet, verwirft ihn als solches aber dann vom Wort ἀλλά ab. Diese Auffassung ist heute die der Mehrheit der Ausleger. Doch in der Neuzeit ist auch immer wieder die Meinung vertreten worden, Jesus spreche das Gebet ernsthaft. *J. Blank*, Krisis. Untersuchungen zur johanneischen Christologie und Eschatologie, Freiburg 1964, 277, sagt etwa, diese Bitte sei »genau so ernst zu nehmen wie die entsprechende Bitte in den synoptischen Berichten.« Eine ausführliche Begründung dieser Auffassung versucht *X. Léon-Dufour*, »Père, fais-moi passer saint et sauf à travers cette heure!« (Jn 12,27), in: *H. Baltensweiler – B. Reicke* (Hg.), Neues Testament und Geschichte. Historisches Geschehen und Deutung im Neuen Testament (FS O.Cullmann), Zürich/Tübingen 1972, 157–165. Er übersetzt: »Maintenant mon âme est troublée et je ne sais que dire. Père, fais-moi passer sain et sauf à travers cette heure! Mains oui! C'est pour cela que je suis venue jusqu'à cette heure. Père, glorifie ton nom!« Trotz alles Scharfsinns in der Argumentation von Léon-Dufour bleiben so schlichte Einwände wie der von *Thüsing*, Erhöhung (s. o. Anm. 55) 82, bestehen: »Wenn es sich um eine positive Bitte handeln würde, sieht man nicht ein, weshalb das τί εἴπω vorangestellt ist.« Hinzugefügt sei: Auch das ἀλλά wird eigentlich überflüssig. Léon-Dufour ist sich auch des Zitatcharakters des Gebets nicht bewußt. Rechnet man mit diesem, dann ist zu sagen: Gleichgültig, ob ernsthaft gebetet oder fragend erwogen und dann verworfen wird, im Endeffekt wird der ursprüngliche Sinn des Psalms kritisch verwandelt. Der frühere Beter des Psalms wollte vor dem Tod bewahrt werden. Jesus muß sterben und ist hier schon dazu bereit. Er wird nicht ohne Tod erhöht und verherrlicht. Vgl. *Barrett*, John (s. o. Anm. 50) 425, zur ganzen Diskussion: »Little difference is made.« Bei Léon-Dufours Lesung geschieht die Umdeutung des Psalms gewissermaßen insgeheim und im voraus durch johanneische Texte wie Joh 12,23 f (am Anfang der Einheit), wo sich die Verherrlichung, d.h. die Rettung, mit dem Tod des Weizenkorns verbindet. Der Psalm wird zwar von Jesus ernsthaft gebetet, aber in einem johanneisch umgedeuteten Sinn. Bei der üblichen Lesung wird die kritische Auseinandersetzung mit dem Psalm in 12,27f selbst existentiell und reflex vollzogen. Dies scheint mir vom Duktus des Texts her plausibler.

In Joh 12,31f sagt Jesus nämlich auf das Nichtverstehen der Umstehenden hin:»Jetzt wird Gericht gehalten über diese Welt; jetzt wird der Herrscher dieser Welt hinausgeworfen werden. Und ich, wenn ich über die Erde erhöht bin, werde alle zu mir ziehen.« Bleibt Ps 6 hier weiter hintergründig mitstrukturierender Text, dann werden die »Feinde« des Psalms jetzt gewissermaßen auseinandergenommen. Einerseits sind es die Menschen (bis hinein in die Dimension der Israel gegenüberstehenden Völker, vgl. die Griechen aus 12,20–23), andererseits ist es hinter ihnen der »Herrscher dieser Welt«. Was der Psalm sagt (»Weichet von mir, ihr Täter des Übels alle«) gilt für den »Herrscher dieser Welt«: Er muß definitiv weichen. Dagegen gilt es nicht mehr gegenüber den Menschen. Sie werden »alle« (Leitwort des Psalms bei den »Feinden«!) zu dem gezogen, der durch seine Übernahme des ihm in der Feindschaft bereiteten Todes der Feindschaft den Boden entzogen hat.

10. Ps 6 im kirchlichen Kanon

Die im besonders glücklich gelagerten Fall von Ps 6 im Neuen Testament geschehene christologische Neuaufnahme und Kritik des Psalms ist sicher exemplarisch auch für andere Fälle, in denen die Texte im Neuen Testament nicht ausdrücklich aufgenommen werden. Zugleich ist aber die »kanonische Auslegung« damit noch nicht am Ziel.

Der christliche »Kanon« hängt an der gesellschaftlichen Größe »Kirche« und ist in Funktion zur Anwendung in ihrem Raum gewollt. Erst wo Ps 6 für das Gebetetwerden durch an Christus im Raum von Kirche Glaubende aufgeschlossen ist, wird er für Christen voll ausgelegt sein. In der Perikope Joh 12,20–36 fehlt diese Dimension keineswegs, doch ist sie nicht unmittelbar mit Ps 6 in Verbindung gebracht. Jesus legt nämlich den Doppelaspekt der »Stunde« – Tod und Verherrlichung zusammen – in 12,25f [53] auch für die aus, die ihm dienen wollen, und am Ende, in 12,35f, fordert er die nochmals zum Glauben auf, die sich schon in die Finsternis hinein von ihm entfernen. Ähnlich ist es in Mt 7. Durch die Anspielung auf Ps 6,9 wird Jesus selbst sichtbar als der von christlichen Propheten, Exorzisten und Wundertätern letztlich Verfolgte. Im Zusammenhang wird deutlich, daß sie die Wölfe sind, die sich zunächst einmal einfach unter die Schafe gemischt haben. Auch hier werden also Geschick Jesu und Geschick seiner Jünger in eins gesehen.

Will man denen, die im Raum von Kirche an Jesus glauben, den Psalm 6 voll auslegen, dann muß ihnen über das, was bisher entfaltet wurde, hinaus zum Beispiel auch noch gesagt werden können, wie sie Anteil am Entschluß Jesu erlangen, den Vater nicht um »Rettung« aus der »Stunde«, sondern nur einfach um »Verherrlichung seines Namens« zu bitten, wohl wissend, daß sie dabei auch die getöteten Opfer der Verfolgung werden können.

Es könnte zum Beispiel sein, daß man in diesem Zusammenhang von der Taufe, von dem in ihr übernommenen Todesgeschick Jesu und von der bleibenden Taufbestimmtheit der christlichen Existenz handeln muß. Und diese Rede könnte dann im Kontext einer konkreten Gemeinde ein höchst konkretes Reden über Dinge werden, die in diesem Augenblick sich dort ereignen und nach Ausdruck im Gebet verlangen. Es könnte nötig werden, im Blick auf die Gemeinde selbst und das, was in ihr geschieht, zu neuer Unterscheidung der Geister zu kommen.

Der Messiaskönig und seine Armen kommen zum Zion

Beobachtungen zu Mt 21,1–17

Die nachkonziliare Perikopenreform enthält den Katholiken die Erzählung von Jesu „Tempelreinigung" in ihrer vielleicht interessantesten Fassung, der von Mt 21,12–17, vor.[1] Dies ist um so ärgerlicher, als es sich nach einer immer mehr Vertreter gewinnenden Auffassung gar nicht um eine eigenständige Einheit handelt, sondern um die zweite Hälfte des matthäischen „Einzugs in Jerusalem" (21,1–17). Der „Einzug" käme in der „Reinigung des Tempels" erst an seinen Höhepunkt. Was wäre also natürlicher gewesen, als diese Verse in der Palmsonntagsliturgie des Matthäuslesejahrs noch mit in das Evangelium der Palmweihe zu nehmen?

Allerdings machen es die Bibelexperten den Liturgikern nicht gerade leicht, die matthäische Gestaltung der Einzugsgeschichte wahrzunehmen. Zwar hat schon 1956 E. Lohmeyers nachgelassener Kommentar betont, Mt 21,1–17 sei „durch die Spanne eines Tages zusammengehalten" und gehöre auch nach dem „Inhalte" zusammen; die Reinigung des Tempels sei für Matthäus „Ende und Höhe des Einzugs".[2] Schon 1963 hat W. Trilling im einzigen mir bekannten Aufsatz, der von Mt 21,1–17 im ganzen handelt, formuliert, bei Mt sei der „Tempel" zum „Ziel des Einzugs geworden".[3] Ein 1970 an der École Biblique von Jerusalem angenommenes Memoire von R. Jacob hat aus Mt 21,1–17 eine einheitliche Struktur von kaum

---

[1] Sie fehlt nicht nur im Sonn- und Festtagszyklus, sondern auch bei den werktäglichen Bahnlesungen oder anderen Gelegenheiten. Das gleiche gilt übrigens von Mk 11,15–19. Lk 19,45–48 wird wenigstens werktags angeboten (33. Woche, Freitag). Nur Joh 2,13–25 kommt zu Sonntagsehren (Lesejahr B, 3. Fastensonntag).

[2] *E. Lohmeyer* (KEK Sonderband) Göttingen 1956, 294 u. 298. (Ich gebe im folgenden bei Kommentaren zu Mt keinen Titel, bei Kommentaren zu anderen biblischen Büchern nur die Abkürzung des kommentierten Buchs.)

[3] *W. Trilling,* Der Einzug in Jerusalem (Mt 21,1–17), in: *J. Blinzler, O. Kuss, F. Mussner* (Hg.), Neutestamentliche Aufsätze. Festschrift für Prof. Josef Schmid zum 70. Geburtstag, Regensburg 1963, 303–309, hier: 303.

glaubhafter Harmonie herausdestilliert.[4] Und im neuesten Mt-Kommentar schreibt Altmeister R. Schnackenburg: „Einzug in Jerusalem und Reinigung des Tempels sind für Mt eine einzige messianische Aktion."[5]

[182] Nur zieht er aus dieser Einsicht bei der Anlage seiner Erklärung leider keine Konsequenzen. Er behandelt Mt 21,1–11 und 12–17 weiterhin als getrennte Einheiten. Und so wie er tun es mit ganz wenigen Ausnahmen[6] alle wissenschaftlichen Kommentare und Abhandlungen, selbst wenn sie unterwegs oft ihrer Darstellungspraxis zuwiderlaufende Feststellungen machen. Vielleicht sitzt den meisten Neutestamentlern doch noch die historisierende Evangelienharmonie in den Knochen.[7] Oder sie werden unbemerkt von der Synopse gesteuert. Die ist aber zur Zerlegung des Textes in kleinere Einheiten gezwungen, weil bei Mk und Joh die „Tempelreinigung" nicht mit dem „Einzug in Jerusalem" zusammenhängt. Jedenfalls scheint es oft noch schwerzufallen, sich auf den redaktionellen Willen eines Einzelevangelisten einzulassen, wenn dieser zu einer Einheit verschmilzt, was in anderen Evangelien nicht beieinandersteht.[8] Unter den Bibelübersetzungen habe ich keine einzige gefun-

---

[4] R. Jacob, Les péricopes de l'Entrée à Jérusalem et de la Préparation de la Cène (Etudes bibliques 2) Paris o.J. (1974?), Annexe X.

[5] R. Schnackenburg (NEB) Würzburg 1987, 197. Weitere Literaturverweise für Aussagen dieser Art: C.-P. März, „Siehe, dein König kommt zu dir ..." Eine traditionsgeschichtliche Untersuchung zur Einzugsperikope (EThSt 43) Leipzig 1980, 187 Anm. 2.

[6] J. Weiß – W. Bousset (SNT) Göttingen [3]1917, I 348f; Lohmeyer (s.o. Anm. 2) 294–302 (dann allerdings mit 3 Unterteilen: 1–11.12f.14–17); Trilling, Einzug (s.o. Anm. 3); M. Limbeck (SKK) Stuttgart 1986, 241–244.

[7] Offensichtlich ist dies z.B. im Mt-Kommentar von A. Durand (VSal) Paris 1938, 381: „Le témoignage du second évangéliste est formel. Jesus ne chassa les vendeurs du Temple que le lendemain, lundi."

[8] Obwohl offen bleiben muß, ob Mk für Mt die einzige Quelle war oder ob nicht Mt und Lk mit ihrer Verbindung von »Einzug« und »Reinigung« einer von Mk unabhängigen Traditionsgestalt folgen, ja ob Mk um einer eigenen Deutung der „Tempelreinigung" willen nicht vielleicht die Verfluchung des Feigenbaums in eine solche Tradition erst hineingeschoben haben könnte – so etwa Lohmeyer (s.o. Anm. 2) oder, mit vielen Einzelanalysen, Jacob, Péricopes (s.o. Anm. 4). Ich kann im folgenden auf traditions-, quellen- und redaktionskritische Fragen nicht eingehen. Wenn ich Mt mit Mk und Lk vergleiche, dann einfach zur Abhebung des je typischen Profils. Durch zusätzlichen Nachweis bewußter Veränderungen des Mt an seinen Vorlagen ließe sich die argumentative Kraft mancher Beobachtungen zweifellos noch vermehren.

den, die Mt 21,1–17 als Einheit präsentieren würde. Darf man da den Liturgikern etwas vorwerfen?

Die Verschleierung der Einheit von „Einzug in Jerusalem" und „Tempelreinigung" bei Mt durch Exegese und Liturgie hat zur Folge, daß auch die theologische Aussage von Mt 21,1–17 nicht so recht ins Bewußtsein dringt. In Wirklichkeit haben wir hier einen der Höhepunkte der testamenteübergreifenden biblischen Armen-Theologie.

Ich bin darauf gestoßen, als ich nach den biblischen Grundlagen der „Theologie der Befreiung" fragte. Gern benutze ich diese Ehrung für Wilhelm Pesch, um, natürlich mit den begrenzten Möglichkeiten eines [183] Nicht-Neutestamentlers, einmal das, was mir für die Einheit von Mt 21,1–17 zu sprechen scheint, zusammenzustellen und dann noch anzudeuten, inwiefern hier die Thematik „Messias und Arme" in den Vordergrund tritt.[9] Mir steht dabei lebhaft vor Augen, wie Wilhelm Pesch damals, als wir zusammen die „Stuttgarter Bibelstudien" gründeten, darauf drängte, daß in der neuen Reihe auch möglichst früh ein Exempel der zu jener Zeit noch ganz jungen „redaktionsgeschichtlichen" Methode vorgelegt werden solle. Es wurde auch vorgelegt, schon durch Band 2 der Reihe, 1966. Der Verfasser war Wilhelm Pesch selbst. Der Titel war: „Matthäus der Seelsorger. Das neue Verständnis der Evangelien dargestellt am Beispiel von Matthäus 18". Vielleicht macht es Wilhelm Pesch Spaß, wenn ich eine ihm schon lange so wichtig erscheinende Betrachtungsweise zumindest wieder ein wenig anmahne.

1. DIE NARRATIVE VERKOPPELUNG VON „EINZUG" UND „REINIGUNG"

a) Bei Mk sind die beiden Handlungskomplexe „Einzug" und „Reinigung" narrativ deutlich getrennt. Einmal durch den Gang nach Betanien zum Übernachten. Dieser, und damit zeitlich eine ganze Nacht, liegt bei Mk zwischen „Einzug" und „Reinigung". Bei Mk ist der auf die „Reinigung" folgende Gang nach Betanien schon

---

[9] Ich habe mich redlich bemüht, zumindest die in diesem Jahrhundert veröffentlichte Literatur zu Mt 21,1–17 einzusehen. Mehrere neuere ungedruckte Dissertationen waren mir leider nicht zugänglich. Ich zitiere im folgenden nur, wo ich mich wirklich auf eine Arbeit stütze oder ihr bewußt widerspreche. Es gibt darüber hinaus viele zerstreute und oft auch mehrfach gemachte Einzelfeststellungen, die sich mit meinen Beobachtungen decken.

der zweite, den er erzählt.[10] Zum andern (und noch massiver) sind bei Mk „Einzug" und „Reinigung" durch die am nächsten Morgen noch vor der „Reinigung" angesetzte Verfluchung des Feigenbaums in Abstand voneinander gebracht. Bei Mt findet die Verfluchung des Baums zwar zur gleichen Zeit statt, doch die „Reinigung des Tempels" war dort schon am Vortag vorausgegangen. Lk hat weder das System der Übernachtungsnotizen noch die Geschichte ⟨184⟩ vom Feigenbaum. Dadurch folgen bei Lk „Einzug" und „Reinigung" ebenso wie bei Mt direkt aufeinander.

b) In welchem Ausmaß die beiden Handlungskomplexe von sich aus nach Verkoppelung schreien,[11] zeigt sich bei Mk daran, daß, obwohl die „Reinigung des Tempels" erst am folgenden Tag stattfindet, der „Einzug" nach Mk 11,11 nicht in „Jerusalem", sondern „in Jerusalem, im Tempel" endet. Die Bemerkung „es war schon späte Stunde" klingt fast wie eine Begründung des allwissenden Erzählers für seine Leser, warum der Tempel *nicht sofort* „gereinigt" wurde.[12] Mt und Lk haben demgegenüber die gewissermaßen „natürliche" narrative Abfolge.[13]

c) Die Verkoppelung der beiden Erzählungskomplexe wird bei Lk jedoch zugleich wieder narrativ in Frage gestellt, was zu einer starken inneren Spannung des Textes führt, während Mt – dessen innere Textspannung auf anderer Ebene, in den wörtlichen Reden und den Schriftzitaten, erzeugt wird – narrativ eher eine „innere Steigerung"[14] aufbaut. Bei beiden sind Kleinszenen zwischen die Hauptkomplexe geschoben. Bei Lk der Pharisäereinspruch 19,39f und Jesu Weinen über die Stadt 19,41–44, bei Mt die Frage der

---

[10] Mt 21,17 enthält Wortmaterial, das bei Mk teilweise in der ersten Übernachtungsnotiz Mk 11,11 steht *(exēlthen eis Bēthanian)*, teilweise in der zweiten Mk 11,19 *exō tēs poleōs)*.

[11] Mögliche Sacherklärung: Siegreicher Königseinzug und Tempelreinigung bilden schon seit der Makkabäerzeit einen festen Motivzusammenhang. So zumindest *J. S. Kennard*, „Hosanna" and the Purpose of Jesus: JBL 67 (1948) 171–176.

[12] Es ist zumindest möglich, daß Mk eine Erwartungsenttäuschung des Lesers anzielt und diese dann benutzt, um durch die zwischengeschaltete Feigenbaumverfluchung der schließlich doch folgenden, aber nun anders zu deutenden Erwartungserfüllung um so mehr Nachdruck zu verleihen. Die neue Deutung wäre: Verwerfung Israels, Umstiftung seines Tempels für alle Völker.

[13] Es sei betont, daß dieses Urteil in den Bereich narrativer Logik gehört und keinerlei Schluß auf traditionsgeschichtliche Priorität oder gar auf historische Abläufe zuläßt, weder im einen noch im andern Sinn.

[14] So *Trilling*, Einzug (s. o. Anm. 3) 303.

ganzen Stadt „Wer ist das?" 21,10 und die Antwort der Scharen
21,11. Die beiden lukanischen Zwischenszenen spielen noch vor der
Stadt am Ölberghang. Mit ihnen hört der Einzug eigentlich auf,
Triumphzug zu sein. Der Rest ist nur noch Hinzug zu dem Ort, den
Jesus für seine letzten Tage zum Lehren braucht und der zu diesem
Zweck von störenden Elementen befreit wird. Denn alles gipfelt in
19,47 in dem Satz: „Er lehrte täglich im Tempel." Bei Mt dagegen
wird durch die „ganz" Jerusalem erfassende, aber Jerusalems volle
Reaktion noch aussparende Szene von 21,10f – schon in der Stadt,
aber noch nicht im Tempel[15] – eine 185 erzählerische Zwischen-
stufe geschaffen, über die dann die Szenen im Tempel die Handlung
nochmals emportragen. Die Ereignisse im Tempel erzählt Lk dem-
entsprechend möglichst knapp, während Mt sie zu mehreren Szenen
ausbaut.

Narrativ – das hat gerade der Vergleich mit Mk und Lk gezeigt –
läuft also von Mt 21,1 bis 21,17 eine einzige, sich steigernde Linie
durch. 21,17, die Notiz vom Verlassen der Stadt zum Übernachten in
Betanien, bildet einen natürlichen Abschluß. Ist 21,1 der Anfangs-
punkt der Linie?

2. DER ANFANG DER EINHEIT

a) Eigentlich setzt die Handlungslinie, die mit Mt 21,17 ihr Ende
erreicht, schon mit der dritten Leidensankündigung ein. Diese
geschah nämlich, „als Jesus hinaufstieg nach Jerusalem" (20,17).
Daß Jesus und die Seinen sich auf diesem Zug befinden, ist dann wie
selbstverständlich vorausgesetzt, „als sie Jericho verließen" (20,29 =
Beginn der Erzählung von der Heilung der zwei Blinden). Wiederum
nur fortführend, was schon im Gang ist, heißt es dann in 21,1: „als
sie sich Jerusalem näherten und kamen nach Betfage an den
Ölberg." Ähnlich heißt es schließlich innerhalb von 21,1–17 noch
einmal: „als er in Jerusalem einzog" (21,10). Immer noch ist Jesus

---

[15] Bei Lk betritt Jesus vom Ölberghang aus direkt den Tempel (1,945), bei Mk
wohl ebenso (11,11a). Das ist topographisch auch das Nächstliegende: das
Osttor des Tempels führte in Stadt und Tempel zugleich. Betont von R. H.
Hiers, Purification and Temple: Preparation for the Kingdom of God: JBL 90
(1971) 82–90, hier: 84. Will man den Weg nach Mt topographisch verfolgen
(wozu man keineswegs verpflichtet ist), dann muß man eher ein Betreten des
Tempels von Süden her annehmen. Dann führte der Weg zunächst durch die
Stadt.

unterwegs. Dann endlich heißt es in einem Hauptsatz: „Und Jesus ging hinein in den Tempel" (21,12). Jetzt ist er da, wohin der Weg geführt hat. Ein einziger Handlungsbogen also seit 20,17? Doch nach dem, was sofort in 20,18 f als Ziel des Gangs nach Jerusalem angegeben wurde, müßte der dort beginnende Handlungsbogen noch viel weiter reichen: bis zu Tod und Auferstehung Jesu. Insofern ist 21,17 noch gar kein Ende. Wir müssen offensichtlich mit weitgespannten Handlungsbögen und darunter angelegten kleineren Einheiten rechnen. Vielleicht gibt es sogar noch mehr Ebenen. Die „Einheit", die 21,17 abschließt, muß nicht schon in 20,17 beginnen.

Für ihren Start in 21,1 dürfte sprechen, daß die Zeitangabe in 21,1 vielleicht noch etwas stärker betont ist als die Zeitangabe in 20,17.29; 186 21,10. Während an diesen Stellen Partizipialkonstruktionen stehen, die sich in ihren Hauptsatz einschmiegen, steht in 21,1 ein ausgebauter Temporalsatz. Der anschließende Hauptsatz unterstreicht diese Zeitbestimmung nochmals, indem er sie mit *tote* wiederaufnimmt.

b) Immerhin kann man noch fragen, ob die Einheit sich vielleicht von 20,29 bis 21,17 erstrecke. Hierfür könnten mehrere enge Motiv- und Stichwortbezeichnungen zwischen 20,29–34 und 21,1–17 sprechen. Hier wie dort werden Blinde geheilt (20,30 ff; 21,14). Hier wie dort wird Jesus zweimal als „Sohn Davids" bezeichnet (20,30.31; 21,9.15). Hier wie dort spielen *hoi ochloi,* die „Scharen", eine wichtige Rolle (20,29.31; 21,8.9.11). Was bei Jericho und was bei Jerusalem geschieht, ist zweifellos erzählerisch aufeinander zu gestaltet. Kann man soweit gehen, daß man sagt, die Texte folgten aufeinander „without any break in the story"?[16]

In der biblischen Erzähltradition können derartige Motiv- und Stichwortentsprechungen eine Erzählung im Innern zusammenbinden, sie können aber auch das Ende eines Abschnitts mit dem Anfang des kommenden verknüpfen. Da die Erzählung von der Blindenheilung eine analoge Erzählung aus der großen Wunderzusammenstellung Mt 8–9 noch einmal aufgreift und variiert (Mt 9,27–31), hat sie sicher eine rückweisende und zusammenfassende Funktion für die vorjerusalemische Zeit Jesu und steht damit den Ereignissen von 21,1–17 gegenüber. Spiegelbildlich, und damit als

---

[16] So *J. P. Meier,* The Vision of Matthew. Christ, Church and Morality in the First Gospel, New York 1979, 144.

andere, scheint sie ferner innerhalb von 21,1–17 nochmals in 21,14 auf. So wird man an 21,1 als Einheitsbeginn festhalten können, ohne die engen Beziehungen zwischen 21,1–17 und 20,29–34 deshalb in Frage stellen zu müssen.[17]

3. ERZÄHLUNGSINTERNE EINHEITSSIGNALE

In der Erzähltradition, aus der Mt kommt, werden Einheiten, abgesehen vom sachlichen Zusammenhang der Handlung und von der einheitlichen Thematik, oft auch noch durch eher äußerliche Signale gekennzeichnet, $\boxed{187}$ etwa Entsprechungen zwischen Anfang und Ende, chiastische oder palindromische Anordnungen von Leitwörtern, Redeenden, Zitaten o. ä. Derartiges scheint auch in Mt 21,1–17 beabsichtigt zu sein.

a) Am Anfang und Ende von 21,1–17 finden sich, als Erzählungsrahmen, Ortsbewegungen. Sie sind in Entsprechung zueinander gebaut. Obwohl die Bewegungsrichtung entgegengesetzt ist, wird so formuliert, daß in beiden Fällen zunächst der Blick auf Jerusalem ruht und dann in Richtung Ölberg gelenkt wird:

21,1:   Und als sie sich näherten Jerusalem
         und kamen nach Betfage an den Ölberg,
         damals sandte Jesus zwei Jünger ...
21,17:   Und indem er sie (im Tempel) stehen ließ,
         ging er zur Stadt hinaus nach Betanien
         und blieb dort über Nacht.

b) Das Innere der Erzählung ist von 5 Schriftzitaten dominiert.[18] Sie weisen eine palindromische Anordnung auf:

---

[17] Nochmals andere Umfangbestimmungen von *F. Martin,* The Image of Sheperd in the Gospel of St. Matthew: ScEs 27 (1975) 261–301; *R. H. Gundry,* Matthew. A Commentary on His Literary and Theological Art, Grand Rapids, Michigan 1982, hier: 412, die von leitenden Hintergrundvorstellungen aus argumentieren (Hirt; Gottesknecht). Sie mögen Rechtes sehen, sind aber zu wenig textorientiert, um für Einheitsabgrenzungen dienlich zu sein.

[18] Damit kein Mißverständnis entsteht: Die palindromische Anordnung der Schriftzitate ist nicht „die" Struktur der Einheit. Bei wirklicher Literatur muß man immer mit mehreren, auf verschiedenen sprachlichen Ebenen laufenden „Strukturen" rechnen, die zueinander in Spannung und Wechselwirkung stehen und gerade dadurch beschleunigen, retardieren, unterstreichen, überraschen, spannungsauflösende Endpunkte herbeiführen. Auf die Strukturierung von Mt 21,1–17 durch Einzelszenen gehe ich in diesem Aufsatz nicht systematisch ein, die Strukturierung durch die verschiedenen Teile des zurückgelegten Wegs ist schon erwähnt (Trilling: „innere Steigerung"), die Zitate-Struktur

A 21,5:   Erzähler (?): Reflexionszitat von Jes 62,11 + Sach 9,9
B 21,9:   Akklamation der Scharen nach Ps 118,25f, vgl. Mt 21,15
C 21,13: Jesus: Begründung der Reinigung des Tempels durch Jes 56,7 + Jer
          7,11
B' 21,15: Akklamation der Kinder nach Ps 118,25, vgl. Mt 21,9
A' 21,16: Jesus: Antwort an seine Gegner: Ps 8,3

Im Zentrum, an der Wendemarke, steht Jesu Begründung der „Tempelreinigung". Diese erweist sich durch die Position des Zitats, obwohl rein quantitativ gesehen in der zweiten Hälfte des Textes und von der „inneren Steigerung" her schon auf der dritten und letzten Stufe, als der entscheidende, „zentrale" äußere Vorgang.

Davor und dahinter sind die Akklamationen angeordnet, die vom Titel ⌐188⌐ „Sohn Davids" beherrscht werden. Bei diesen Gliedern B und B' der Zitatenkomposition liegt verbale Entsprechung vor. Es sind auch nicht reflex als Zitate eingeführte Schriftworte. Hier wird der die ganze Einheit durchziehende und tragende Vorgang zum Ausdruck gebracht, die sie durchhallende Königsakklamation. Es sei besonders darauf hingewiesen, daß die Hosannarufe der Kinder auf eine syntaktisch etwas umständliche Weise eingebracht werden, so, als würde die Notiz nachgeschoben. Will man dies nicht als stilistisches Ungeschick, sondern als Absicht interpretieren, so sollte diese Akklamation offenbar nicht einfach als Reaktion auf die Heilungen Jesu an den Blinden und Lahmen erscheinen. Es soll offen bleiben, ja insinuiert werden, daß die Hosannarufe die ganze Erzählzeit, vom Beginn des Einzugs an, ertönten, obwohl die Heilungen sie jetzt wieder so verstärkten, daß sie neu erwähnt werden müssen.

Die beiden wieder reflex eingeführten Zitate, die den äußersten Ring der Zitatenkomposition bilden, explizieren dem Leser Anfang und Ende der eigentlichen, inneren Handlung. Diese soll im folgenden von den beiden Zitaten aus kurz nachgezeichnet werden.

4. DIE INNERE HANDLUNG

Oft wird in der Literatur die Frage diskutiert, warum Mt den Anfang von Sach 9,9 („Juble laut, Tochter Zion! Jauchze, Tochter Jerusalem") durch den assoziativ naheliegenden, aber doch sachlich ganz anderen Text aus Jes 62,11 („Sagt der Tochter Zion") ersetzt hat. Man antwortet verfasserpsychologisch (Erinnerungstäuschung

---

behandle ich hier, der folgende Abschnitt beschreibt die Struktur der inneren Handlung.

des frei zitierenden Evangelisten), vom Bedürfnis einheitlicher Stim-
mung eines Textes her (angesichts der kommenden Passion wäre
Jubel unangebracht) oder tendenzkritisch (zur Zeit der Abfassung
von Mt war Jerusalem zerstört). In Wirklichkeit ist das Zitat aus
Sach 9,9 durch den abgewandelten Anfang genau auf das abgestimmt, was jetzt erzählt werden soll.[19]
Jesus ist noch nicht in Jerusalem, er kommt nach Jerusalem. Nicht
Jerusalem jubelt ihm, wenn er als der „kommende" *basileus* den mit
Königsautorität requirierten[20] Esel wie einen Thron besteigt,[21] als
dem ⎡189⎤ „Sohn Davids" zu und bereitet ihm einen an 2 Kön 9,13
erinnernden Königseinzug, sondern die „Scharen", die mit ihm
ziehen.[22] Für Jerusalem dagegen ist sein Einzug und der Königsjubel
dieser Scharen Anrede und Anfrage. Wie wird „Zion" reagieren?
Deshalb hier, wo Jesus selbst den Königseinzug in Gang setzt: „Sagt
der Tochter Zion."
Was diese reaktionsheischende Proklamation bewirkt, wird vor
allem an einigen der für den Mt-Text typischen Kleinszenen deutlich. Wie Jesus in Jerusalem einzieht, „erbebt" die „ganze Stadt"
(vgl. dann in der Folge 27,51.54; 28,2.4). Sie erbebt, weil sie begreift, was ihr in der Akklamation der Scharen „gesagt" wird: Der

---

[19] Am treffendsten hat wohl *Lohmeyer* (s.o. Anm.2) 296 die Lösung des
Problems formuliert.

[20] *C.F. Nösgen* (KK) München ²1897 z.St., sieht in der Formulierung von Mt
21,3 Anspielungen auf das königliche Requisitionsrecht.

[21] *Jacob*, Péricopes (s.o. Anm.4) 86, zur inthronisatorischen Konnotation von
ekathisen epi. – Zu dem Kommentatoren-Dauerbrenner, ob Jesus nach Mt auf
einem oder auf zwei Eseln zugleich gesessen habe, äußere ich mich nicht.

[22] Es kommt Mt offenbar darauf an, die akklamierende Menge mit dem für ihn
wichtigen Terminus *ochlos* (so auch Joh) zu kennzeichnen (anders Lk, der die
Menge als *hapan to plēthos tōn mathētōn* bezeichnet, sie dabei aber sicher nicht
auf einen engeren Jüngerkreis einschränken will). Abwegig ist die Behauptung,
Mt habe, indem er hier nicht mehr von den Jüngern, sondern von den Scharen
sprach, sagen wollen, die Jünger, die Jesus ja als „Sohn Gottes" kannten,
hätten nicht „Hosanna dem Sohne Davids" gerufen. So offenbar *A. Suhl*, Der
Davidssohn im Matthäusevangelium: ZNW 59 (1968) 57–81; *J.D. Kingsbury*,
The Title „Son of David" in Matthew's Gospel: JBL 95 (1976) 591–602, hier:
592 Anm.10. Sicher falsch ist die Auffassung von *G. Sauer*, Die Messias-
Erwartung nach Mt 21 in ihrem Rückbezug auf das Alte Testament als Frage
an die Methode einer biblischen Theologie, in: *M. Oeming und A. Graupner*
(Hg.), Altes Testament und christliche Verkündigung (FS A.H.J. Gunneweg)
Stuttgart 1987, 81–94, in 21,9 handle es sich um das „Begrüßungswort des
Volkes in Jerusalem" (84) und in 21,10f schließe „Matthäus" eine „kurze
Reflexion über die Person Jesu an" (85).

Messias zieht ein. Eine Art kollektives Erbeben ist die erste Reaktion. Die zweite Reaktion ist die Frage, wer das denn sei, der hier zum Messias ausgerufen werde. Die Scharen identifizieren den von ihnen Proklamierten, der bei Mt ja erstmalig nach Jerusalem kommt, so, wie man im Lande von ihm spricht und wie ihn auch Jerusalem vom Hörensagen kennt: „Es ist der Prophet Jesus von Nazaret aus Galiläa."[23]

Nun wäre eine dritte Reaktion fällig: Das Bekenntnis des „ganzen" 190 Jerusalem, sein Einstimmen in das „Hosanna" der Scharen. Es bleibt aus. Sach 9,9 ist der Tochter Zion „gesagt" worden, doch diese antwortet nicht wirklich. Deshalb handelt der, der den Einzug in Gang gesetzt hat, selber weiter. Die weitere Handlung – im Tempel – bewirkt, daß nun die Reaktion kommt, aber als sich gabelnde.

Die im Tempel Geschäfte Treibenden reagieren gar nicht. Sie verschwinden wortlos von der Szene.[24] Die „Blinden und Lahmen" lassen sich heilen, genau wie vorher die Blinden und Lahmen in Galiläa und noch kurz zuvor die Blinden in Jericho. Die „Kinder" greifen die Akklamation der einziehenden Scharen auf oder führen sie fort. Die offiziellen Repräsentanten, die „Oberpriester und Schriftgelehrten", gehen auf Distanz. Handeltreibende, Blinde und Lahme, Kinder, Oberpriester und Schriftgelehrte – sie alle befinden sich in Jerusalem, im Tempel, sie alle stehen für die „Tochter Zion". Doch sie reagieren verschieden.

---

[23] Meist wird dies so verstanden, daß die Scharen, da sie nur von einem Propheten und nicht vom Sohn Davids reden, ebenfalls ihren Unglauben enthüllen. Doch sie sind ja die, die Jesus genau in diesem Augenblick als den „Sohn Davids" bejubeln. Daher kann es hier nur um die Identifizierungsfrage gehen. So schon entschieden und überzeugend *B. Weiss* (KeK) Göttingen [7]1898, 359. Tiefere, von Mt beabsichtigte und auf ganze Komplexe der bisherigen Evangeliumserzählung zurückgreifende Konnotationen, wie sie *Trilling,* Einzug (s. o. Anm. 3) 305 f, annimmt, sind dadurch natürlich nicht ausgeschlossen.

[24] Wichtig, daß bei Mt das Auftreten der „Oberpriester und Schriftgelehrten" auf keine Weise an die Verjagung der Händler anknüpft, wie das in Mk 11,18 und wohl auch in Lk 19,47 der Fall ist. Das ja auch historisch Naheliegende, daß gerade der Anspruch Jesu auf das Verfügungsrecht über den Tempel die Feindschaft der Führungselite definitiv werden ließ, ist bei Mt durch die Zwischenschaltung von 21,14.15a zugunsten einer direkten Reaktion auf die Königsakklamation durch die Kinder beiseite geschoben.

Das Zitat aus Ps 8,3 am Ende der Einheit bestätigt die auseinanderlaufende Reaktion der „Tochter Zion". Aus dem Munde von Kindern bereitet Gott sich schließlich jenes Lob, das ihm die ganze Tochter Zion hätte spenden sollen. In diesem Sinne gibt das Psalmzitat genau die Antwort auf die im ersten Zitat implizierte Anfrage an Jerusalem. Nicht die „Tochter Zion", sondern nur die „Kinder" lassen sich die Botschaft vom einziehenden König sagen.[25] Die fünf Zitate sind also mehr als nur Ornamente. Sie machen das, was vor sich geht, erst wirklich verständlich. Da sie so sehr aufeinander abgestimmt sind, bilden gerade sie den Beweis für die Einheit von „Einzug" und „Tempelreinigung" bei Mt. Wenn der Rücklauf dieses Schemas textlich wesentlich knapper ist als der Vorlauf, dann zeigt sich hieran einfach, wie die Dramatik sich zuspitzt. Die Funktion des Schemas [191] wäre verkannt, wenn man ihm zumutete, den Text in fünf gleichgroße Teile zu gliedern.

Im folgenden kann auf jeden Fall von Mt 21,1–17 als nachgewiesenermaßen abgerundeter und sinnvollerweise nicht weiter aufteilbarer Einheit ausgegangen werden. Was ist ihre Sinnspitze?

5. MT 21,12–14 ALS ZUSAMMENGEHÖRIGE AUSSAGE

Es hat sich schon ergeben, daß Jesu zeichenhaftes Handeln in der Einzugserzählung seinen Höhepunkt mit der „Reinigung" des Tempels erreicht. Doch ist dieser Höhepunkt textlich noch genauer zu definieren. Im Gegensatz zu Mk 11,15–17 und Lk 19,45f geht es nicht einfach um die Vertreibung derer, die im Tempel Geschäfte tätigen. Sofort schließt sich nämlich die Szene der hereindrängenden Blinden und Lahmen an, die Jesus heilt. Ist das eine neue, anschließende Handlung, oder bildet es mit dem Hinauswurf der bisherigen Tempelbenutzer eine Einheit?

a) Zunächst ein Blick vorwärts: Die Szene mit den Blinden und Lahmen wird, wie oben schon angedeutet, erzählerisch sauber von der Akklamation der Kinder getrennt gehalten. Die Szene wird erzählt, dann folgt als nächste Szene in 21,15 die Reaktion der

---

[25] Der dargelegte Sachzusammenhang schließt natürlich nicht aus, daß es auch eine Assoziationsbrücke von Ps 118,26 („kommend unter Ausrufung des Namens *kyrios*") zu Ps 8,2 („*kyrie,* unser *kyrios,* wie *thaumaston* ist dein Name auf der ganzen Erde") gibt. Zu *thaumaston* vgl. Mt 21,15 *thaumasia.* Hierzu vgl. *M.D. Goulder,* Midrash and Lection in Matthew. The Speaker's Lectures in Biblical Studies 1969–71, London ² 1977, 413.

Oberpriester und Schriftgelehrten auf sie und – jetzt wird wie nachholend und wie als selbstverständlich vorauszusetzen ein zweites Objekt eingeführt – auf die Akklamation der Kinder. Eigentlich „erzählt" hatte Mt den Kinderjubel gar nicht. Oder besser: Er hatte ihn erzählt, aber in der Gestalt des Hosannarufens der einziehenden Scharen. Es muß für Mt wichtig sein, daß vom Leser an dieser Stelle das Hereinströmen der Blinden und Lahmen und deren Heilung als zunächst in sich stehender Vorgang wahrgenommen wird.

b) Weshalb, das wird deutlich, wenn man die Beziehungen von 21,14 zu 21,12f untersucht. Zunächst zeigen sich semantische Entsprechungen zwischen 21,12 und 21,14:

12: Jesus warf hinaus   +   Jesus stieß Tische und Stände um
14: Kranke traten herzu   +   Jesus heilte die Kranken

Die einen wirft er also hinaus, die anderen traten herzu. Das Gestell der einen wird zerstört, der zerstörte Leib der anderen wird aufgebaut. 21,14 192 ist offenbar als spiegelbildliche und positive Entsprechung zur „Tempelreinigung" formuliert.[26]

c) Zwischen den beiden Versen steht das Schriftzitat. Es ist aus zwei Prophetentexten zusammengesetzt. Zwischen diesen und den beiden erzählenden Versen davor und dahinter herrscht eine höchst subtile Zuordnung.

12		Hinauswurf der Geldorientierten	A	
13	Jes 56,7	„Haus des Gebets"		B'
	Jer 7,11	„Räuberhöhle"		A'
14		Herzutreten der Kranken	B	

Das Jeremiazitat begründet Jesu Handeln von 21,12.[27] Auch das Jesajazitat entspricht dem Geschehen von 21,14. Denn es stammt aus einem Kontext, der vom Zutritt bisher verfemter „Fremder" zum Tempel handelt, und es gab zur Zeit Jesu eine Tradi-

---

[26] Richtig, wenn auch zu psychologisierend O. Holtzmann, Das Neue Testament nach dem Stuttgarter griechischen Text übersetzt und erklärt, I, Gießen 1926, 185: Mt habe „das Bedürfnis, ein positives Handeln Jesu dieser Negation des Vorhandenen entgegenzustellen".

[27] Eine Räuberhöhle ist nicht der Ort von Raub und Gewalttat, sondern der Ort, wo man die geraubten Werte sammelt und häuft, um sie sicherzustellen. So richtig Th. Zahn (KNT) Leipzig 1903, 614. Zum Tempel als „Bank" („the keystone of the Judean economy") vgl. N. Q. Hamilton, Temple Cleansing and Temple Bank: JBL 83 (1964) 365–372.

tion, die den „Blinden und Lahmen" den Zutritt zum Heiligtum verwehrte.[28] Die sorgfältige Komposition zeigt, daß der Herauswurf der einen und das Eintreten und Geheiltwerden der andern wie zwei Seiten einer und derselben Sache erscheinen sollen.

[193] d) Deshalb ist es kaum sachgemäß, bei Mt von einer „Tempelreinigung" zu sprechen. Schon für Mk und Lk ist der Ausdruck schief, denn „Reinigung" läßt im alttestamentlichen und makkabäischen Traditionszusammenhang eher an Beseitigung nichtjahwistischer Kultobjekte und Rituale denken als an das, was Jesus getan hat. Doch bei Mt ist das Wort „Reinigung" noch weniger angebracht. Mt 21,12–14 schildert – die nun folgende Formulierung ist ein täppischer Versuch – den „eschatologischen Austausch der Tempelgemeinde". Die, die mit dem Geld hantieren, verschwinden, die Marginalisierten der Gesellschaft, konkret auftretend als die Blinden und Lahmen, kommen. Es sind die Armen, doch bleiben sie nicht die Armen. Denn sie werden geheilt und damit auch im alten Sinn tempelfähig gemacht. Davids Wort, daß sie von Gottes Ort ausschließt, wird vom „Sohn Davids" widerlegt und bleibt doch durch die wunderbaren Heilungen zugleich gültig.

Oft wird aus dem Unterschied des Hosannarufs zwischen Mk 11,9f und Mt 21,9.15[29] geschlossen, bei Mt liege eine christologische Engführung vor, während es Mk um den Anbruch der vollen messianischen Gesellschaft gehe. Wohl sei „der Einziehende der Sohn Davids – aber von der *basileia* Davids" sei „nicht mehr die

---

[28] Den Zusammenhang von Mt 21,14 mit 2 Sam 5,8 LXX hat als erster herausgearbeitet *H. Windisch*, Kleine Beiträge zur evangelischen Überlieferung: ZNW 18 (1917/18) 73–83. Das einschlägige Material aus Qumran listet z. B. *Gundry* (s. o. Anm. 17) 413 auf. In dem Zusammenhang könnte auch Lev 21,18 eine Rolle gespielt haben. Dort steht *ou proseleysetai*, vgl. Mt 21,14 *prosēlton*. – Gilt der Bezug auf 2 Sam 8,5 LXX, dann kommen Jes 56,7 und Mt 21,14 darin überein, daß marginalisierten Gruppen, denen bisher der Zutritt zum Heiligtum verwehrt war, dieser nun zugesprochen wird. Die gegenüber Mk auffallende Auslassung von „für alle Völker" aus dem Text von Jes 56,7 durch Mt erklärt sich am ehesten dadurch, daß er es hier für eine innerisraelitische Randgruppe benutzt – vom Duktus des zitierten Textes her durchaus nicht illegitimerweise. Bei Mk dagegen ist in diesem Augenblick Israel im Feigenbaum schon am Ende, und der Blick richtet sich auf die Völker. In Mt 21,1–17 ist noch keine definitive Entscheidung Israels gegen seinen Messias gefallen, so ist auch das Thema „Völker" noch nicht am Platz.

[29] Plus bei Mt: „Sohn Davids"; Minus bei Mt: „Gelobt sei das Reich unseres Vaters David, das da kommt".

Rede".[30] Zweifellos hat Mt stärkere christologische Akzente. Doch 21,12–14 zeigt, daß er die Aussage über die kommende messianische Gesellschaft nur an eine andere Stelle verlegt, sie narrativ darbietet und sie verstärkt und konkretisiert.

Der „Austausch der Tempelgemeinde" führt die Erfüllung von Erwartungen herauf, die vor allem in den späten Teilen der Prophetenbücher und im Psalter geweckt wurden. Sie gehören in den Bereich dessen, was in der neueren Exegese meist als Anawim-Frömmigkeit bezeichnet wird.[31]

6. DIE PRÄSENZ DES MATTHÄISCHEN ANAWIM-WORTFELDES

[194] Das Wortfeld der Anawim-Theologie ist in Mt 21,1–17 mehrfach repräsentiert. Es ist nötig, es als einziges Wortfeld zu erkennen, will man den vollen Zusammenhang und den entscheidenden Akzent des Textes wahrnehmen.

a) Die „Blinden und Lahmen" haben mit dem „Evangelium an die Armen" zu tun: vgl. 11,5, wo in der Antwort an den Täufer die „Blinden und Lahmen" das Zitatenmosaik aus Jesaja eröffnen, das „Evangelium an die Armen" es abschließt und zusammenfaßt. Vor allem durch den im Hintergrund leitenden Text Jes 61,1–3 vermittelt, gehört das Wortpaar in den Zusammenhang mit den die Bergpredigt eröffnenden Seligrufen 5,3–12. Wen sie mit den angeredeten Armen und Verfolgten meinen, zeigt auch der narrative Kontext der Bergpredigt. Vor ihr steht ein Heilungs-Sammelbericht (4,23f),[32] nach ihr folgt sofort die Serie von zehn Wundererzählungen (8–9). Die Kranken sind für Mt die Armen *par excellence*. In ihrer Heilung verwirklicht sich das Evangelium.

b) Ins Anawim-Wortfeld gehören aber auch die Wörter für „Kinder" und „Kleine".[33] Dies hat seine Basis schon in der Armen-

---

[30] Zitat aus *H. Patsch*, Der Einzug in Jerusalem. Ein historischer Versuch: ZThK 68 (1971) 1–26, hier: 11.

[31] Forschungsüberblick: *N. Lohfink*, Von der „Anawim-Partei" zur „Kirche der Armen". Die bibelwissenschaftliche Ahnentafel eines Hauptbegriffs der „Theologie der Befreiung": Bib. 67 (1986) 153–176.

[32] Nachdrücklich auf den Zusammenhang der Bergpredigt mit dem Sammelbericht hat hingewiesen *G. Lohfink*, Wem gilt die Bergpredigt?: ThQ 163 (1983) 264–284, hier: 267–271.

[33] Hierzu *H. Frankemölle*, Jahwe-Bund und Kirche Christi. Studien zur Form- und Traditionsgeschichte des „Evangeliums" nach Mattäus (NTA NF 10), Münster ²1984, 185–188.

theologie des Jesajabuchs: vgl. Israel als *paidion* in Jes 46,3 LXX;
49,15, ferner die häufige Wiedergabe der Knechtbezeichnung für
Israel durch *pais* in Jes 40–55 LXX. Auch bei Mt spielen entspre-
chend die Wörter *pais* (so dann 21,15) und *paidion* eine wichtige
Rolle. Doch in Mt 21,16 hat ein Synonym von *pais* und *paidion*
Signalfunktion: *nēpios*. Dieses Wort weist unmittelbar zurück auf
seinen einzigen bisherigen Beleg bei Mt. Er steht im hochwichtigen
„Jubelruf" Jesu: „Ich preise dich, Vater, Herr des Himmels und der
Erde, weil du dies den Weisen und Klugen verborgen hast und hast
es den Unmündigen *(nēpiois)* offenbart (11,25).

c) Zu dem in den Seligrufen aufgebauten Wortfeld für „Arme" als
Adressaten des „Evangeliums" gehört durch 5,5[34] auch das Wort
prays[35]. 195 Es wird schon in der christologischen Aussage 11,
28–30 speziell auf Jesus als den messianischen Lehrer angewendet
(11,29). Wenn in 21,5 das Zitat aus Sach 9,9 so zusammengestrichen
ist, daß *prays* seine Aussage voll beherrscht, so wird mit Hilfe des
dafür geeignetsten Schriftzitats die Armutstheologie auch in die
Messias-Königsaussage hineingebracht. Dies war sicher schon das
ursprüngliche Anliegen von Sach 9,9.[36]

---

[34] Matthäische Erweiterung der bei Lk belegten Serie, in Anlehnung an Ps 37,11.
Ps 37 ist eines der Hauptzeugnisse der „Armenfrömmigkeit" in den Psalmen.
Er war auch in Qumram entsprechend geschätzt.

[35] *prays* heißt „sanft" und impliziert gewaltfreies Handeln. Es geht auf eine
Verhaltensweise, nicht auf einen negativen sozialen oder ökonomischen Status.
Doch ist zu beachten, daß es in der griechischen Bibel ausschließlich 'ani und
'anaw übersetzt. So wird da, wo die Sprache von der LXX mitgeprägt ist, auch
einiges an Konnotation von diesen hebräischen Wörtern und ihrem Kontext
her mitschwingen. Die beiden Wörter sind schwer auseinanderzuhalten. Man
muß auch immer mit *j-w*-Verlesungen rechnen. Die jetzt im MT vorhandene
Aufteilung der beiden Wörter auf die Texte könnte sekundär sein. Dabei
könnte der Versuch, 'ani mehr mit wirklicher Armut und Unterdrückung,
'anaw mehr mit demütiger Haltung zu verbinden, eine Rolle gespielt haben.
Doch schwingen an jeder Stelle beide Aspekte mit, und nur der Kontext
bestimmt den Akzent. Ausführlichste Analyse der Belege von 'ani und 'anaw,
die in der LXX mit *prays* wiedergegeben werden: *F. Vattioni,* Beatitudini –
povertà – ricchezza, Mailand 1966, 346–355.

[36] Nach *W. Rudolph,* Sach (KAT) Gütersloh 1976, 181, „haben wir hier erstmals
den Versuch einer Kombination zwischen dem leidenden Gottesknecht und
dem königlichen Messias". In Sach 9,9 MT steht 'ani. Vermutlich spiritualisiert
die gängige Auslegung, schon von den alten Übersetzungen getragen, etwas zu
viel. Das mag mit der üblichen Deutung (oder gar Emendation) von *nošaʿ*
„(aus Elend) gerettet" im Sinne von *mošiaʿ* „rettend, siegreich, Retter"
zusammenhängen. Da 9,10 sofort von militärischer Abrüstung spricht und

d) Es ist hinzuzufügen, daß auch der beim Hosannaruf benutzte Messiastitel „Sohn Davids" durch Mt längst in diesen Zusammenhang hineingezogen worden ist. Er kommt mehrfach und offenbar wohlüberlegt in eine Perikopenserie, die „appears to be a deliberate pattern",[37] vor, und ⌐196⌐ zwar, wie schon oft aufgefallen ist, nur im Zusammenhang mit Heilungen von Kranken: 9,27; 12,23; 15,22; 20,30.31. Außer bei 12,23 handelt es sich immer um die Anrede Jesu durch Heilungsuchende, meist Blinde.[38] In 12,23 ist es die Reaktion der Scharen auf die Heilung eines Besessenen, der blind und stumm war. Es ist dem Leser in Kapitel 21 also längst bewußt, daß da, wo der Titel „Sohn Davids" ertönt, die Armen die Szene bestimmen.

e) Das gilt grundsätzlich: Im 21. Kapitel des Evangeliums ist dieses ganze Wortfeld durch ein breites System vielfältig miteinander

---

dabei dem Esel Pferde gegenübergestellt, dürfte auch der Esel, auf dem der König reitet, ein Zeichen messianischen Macht-Verzichts sein – was dann natürlich gerade die messianische Weise der Herrschaft ausmacht. Zu Sach 9,9f als Endpunkt einer messianologischen Aussagenentwicklung, die auf immer größere Machtlosigkeit des „Messias" hinausläuft, vgl. *W. H. Schmidt*, Die Ohnmacht des Messias. Zur Überlieferungsgeschichte der messianischen Weissagungen im Alten Testament: KuD 15 (1969) 18–34, hier: 20–30. Auch die spätere jüdische Deutung hat den auf einem Esel einreitende Messias von Sach 9,9 stets als „armen" Messias verstanden: vgl. *Billerbeck* I 842–844.

[37] *J. M. Gibbs*, Purpose and Pattern in Matthew's Use of the Title „Son of David": NTS 10 (1963/64) 446-464, hier: 446. Das im folgenden behandelte matthäische Aussagennetz, das vor allem auch am Terminus „Sohn Davids" hängt, scheint *Sauer*, Messias-Erwartung (s. o. Anm. 22), entgangen zu sein, so daß er in der Akklamation der Scharen in 21,9 ein Zeugnis rein „politischer" und „gängiger" Messias-Erwartung sieht, das in dem vorauslaufenden Zitat aus Sach 9,9 eine „ganz starke Korrektur" erfahre (86). Wenn die Dinge bei Mt so einfach lägen, könnte Mt unmöglich seinen Jesus in 21,16 die Akklamation der Kinder verteidigen lassen. Vgl. auch *D. C. Duling*, The Therapeutic Son of David. An Element in Matthew's Christological Apologetic: NTS 24 (1978) 392–410.

[38] Es handelt sich um „persons who in the eyes of the contemporary society count for nothing": *Kingsbury*, Title (s. o. Anm. 22) 598. „It is precisely such ‚noaccounts' as these persons who are the ones in Israel who correctly perceive that Jesus is the Son of David": ebd. 599. – Daß der Messiastitel „Sohn Davids" sich nur mit einer der drei Tätigkeiten, die Jesus nach Mt 4,23 ausübt (Lehre, Proklamation des Evangeliums, Heilung), verbindet, mag auch daran liegen, daß er schon vorgängig zu Jesu Auftreten darauf zugespitzt gewesen sein könnte: Salomo, gewissermaßen der urbildliche „Sohn Davids", galt als speziell durch Herrschaft über die bösen Geister und damit auch durch Heilungsgabe ausgezeichnet. Vgl. die Belege bei *K. Berger*, Zum Problem der Messianität Jesu: ZThK 71 (1974) 1–30, hier: 4f.

vernetzter Texte längst voll aufgebaut, soweit es dem Leser nicht schon sowieso von woanders her präsent war und nur neuerlich evoziert werden mußte. So mögen dem heutigen Leser, wenn er den Text schnell anliest, einige Stichworte sehr disparat klingen – etwa, daß statt der „Scharen" jetzt „Kinder" akklamieren, daß die „Sanft-mut" des Königs etwas mit Heilung von „Blinden und Lahmen" zu tun hat. Beim ursprünglich angezielten Leser war dieser Effekt nicht zu erwarten. Ihm wurde vom Text her nicht nur klar, daß hier der Messiaskönig in seine Stadt und seinen Tempel einzieht, sondern zugleich, daß dieser Einzug der Einzug eines armen Messias zusam-men mit seinen Armen und für seine Armen war.

Dieser Messias der Armen wurde beim Einzug in seine Stadt nicht von ganz Zion akzeptiert, nur von den Armen. Welchen Ort hat dieses Ereignis im Gesamtdrama, das im Mt-Evangelium geschildert wird?

7. DIE ABLEHNUNG DES „ARMEN MESSIAS" VORHER UND NACHHER

[197] Der Erzähler gibt keinen Hinweis, warum die Oberpriester und Schriftgelehrten auf die Akklamation der Kinder negativ reagieren. Ist es deshalb, weil der Messias als *armer* Messias einzieht? Oder deshalb, weil überhaupt ein Messias einzieht? Wir bekommen es hier weder gesagt noch angedeutet.

Der Leser des Evangeliums, wenn er an dieser Stelle angekommen ist, weiß allerdings zumindest, daß der Vorgang eine Vorgeschichte hat, in der immer wieder neben dem Bekenntnis von Armen zum Sohn Davids und der gefragten Zustimmung der „Scharen" die Ablehnung der das Volk führenden Gruppen steht. Die Ereignisse von Mt 21,1–17 sind der Höhepunkt dieser Geschichte, und sofort dahinter kippt sie dann dramatisch um.[39]

a) Sieht man von Schriftzitaten[40] und Titeln[41] ab, dann steht *laos,*

---

[39] Ich halte die ausgezeichnete Analyse des von Mt im Zusammenhang mit den Termini *ochlos* und *hyios Dauid* entworfenen Ereigniszusammenhangs durch *Gibbs,* Purpose (s. o. Anm. 37), für unwiderlegt, auch nicht durch *Suhl,* Davidssohn (s. o. Anm. 22), oder *Kingsbury,* Title (s. o. Anm. 22). Der entschei-dende Fehler bei Kingsbury liegt in der Interpretation von Mt 21,11, wo nach ihm die *ochloi* Jesus nicht wirklich als „Sohn Davids" bekennen. Im folgenden folge ich im wesentlichen *Gibbs.*

[40] Mt 4,16; 13,15.

[41] Mt 21,23; 26,3.47; 27,1.

der Terminus für das Bundesvolk, vom Beginn des Auftretens Jesu bis zu Mt 27,26, wo die Entscheidung über ihn definitiv gefallen ist, nur dreimal. Zunächst ganz am Anfang in 4,23, wo Jesus seine heilende Tätigkeit allen Krankheiten des ganzen *laos* zuwendet, also auf ganz Israel zugeht. Dann erst wieder in 26,5, im Zusammenhang des Festnahme- und Tötungsbeschlusses der höchsten Autoritäten des Volkes. Sie wollen vermeiden, daß Jesus am oder bei dem „Fest" ergriffen wird, damit es keinen Tumult oder Aufruhr gebe *en tō laō*. Es geht hier zwar nur um das am Fest teilnehmende Israel. Aber eben die Festteilnehmer stehen für das ganze Volk, und das Auftauchen des Terminus an dieser Stelle – übrigens in assoziativem Anschluß an den Titel der Beschließenden in 26,3 – bereitet darauf vor, daß nun bald das ganze Volk handeln wird. Dies geschieht im dritten Beleg in 27,25, wo der *laos* die Entscheidung gegen Jesus auf sich nimmt. Zwischen 4,23 und 26,3 handeln verschiedene Gruppen aus Israel neben-, mit- und gegeneinander, und offensichtlich wird deshalb dann, wenn es 198 um die Massen geht, von Mt systematisch ein anderes Wort verwendet: *ho ochlos* oder *hoi ochloi*.[42]

b) In der Heilungsgeschichte 9,27–31 bekennen zwei Blinde Jesus als den „Sohn Davids" und werden geheilt. Es ist das erste Bekenntnis zum „Sohn Davids" in Mt. Unmittelbar schließt sich die letzte Geschichte des Wunderzyklus an: In 9,32f heilt Jesus einen Menschen, der stumm und besessen war. Darauf folgt die erste wörtliche Rede der *ochloi* in Mt: „So etwas ist noch nie gesehen worden in Israel!" Sofort reagieren die Pharisäer: „Durch der Dämonen Anführer treibt er die Dämonen aus" (9,34). Bisher hatten die Schriftgelehrten und Pharisäer nur innerlich abgelehnt (9,3) oder eine Frage formuliert (9,11). Hier wird zum erstenmal Position bezogen, während die *ochloi* noch am reinen Staunen sind.

c) Die nächste wörtliche Rede der *ochloi* schließt sich an die Heilung eines Besessenen, der blind und stumm war, an. Nun fragen sie sich, ob Jesus nicht vielleicht der „Sohn Davids" sei (12,23). Sofort reagieren die Pharisäer, nun gegen den Namen „David" einen anderen Namen setzend: „Er treibt die Dämonen nicht anders aus als durch Beelzebul, der Dämonen Anführer" (12,24). Die Spannung ist vergrößert.

d) In der nächsten Verknotung dieses Geschichtennetzes ist die Reihenfolge umgekehrt. Die Initiative liegt jetzt bei den Pharisäern.

---

42 Gut erhoben bei *Suhl*, Davidssohn (s. o. Anm. 22) 77–79.

In 15,1 kommen Pharisäer und Schriftgelehrte aus Jerusalem und stellen Jesus zur Rede. Jesus zieht sich in 15,21 zurück an den Rand des Gebietes Israels, gegen Tyrus und Sidon. Dort sucht ihn eine „Kanaanäerin" auf und bringt ihn dazu, ihre Tochter zu heilen. Sie bekennt ihn als „Sohn Davids" (15,22). Sofort gibt es dann am See wieder viele Heilungen, und die *ochloi* verwundern sich und „preisen den Gott Israels" (15,31). In einem Einzelfall deutet sich schon an, was dann nach Jesu Verwerfung eintreten wird: daß die Heiden Jesus als den Messias Israels annehmen. Doch dies tritt hier noch nicht ein. Vielmehr finden sich die *ochloi* dann doch in positiver Haltung, obwohl sie ihn noch nicht als das bekennen, was sie schon vorher erwogen haben, als den „Sohn Davids".

e) Dies geschieht erst in Mt 21. „There is a certain climax."[43] Im Rahmen des hier untersuchten Erzählungsnetzes gehört die Blindenheilung bei Jericho, die unmittelbar vorangeht, dazu (20,29–34). Die Blinden rufen, wie in 9,27–31, Jesus als „Sohn Davids" an (20,30.31), er heilt sie, und sie werden einerseits seine Jünger, andererseits gehen sie ebendabei in den *ochloi* auf, die mit ihm ziehen und in Jerusalem mit ihm einziehen 199 werden.[44] Sie proklamieren ihn nun endlich (wörtliche Rede!) beim Einzug als den „Sohn Davids" (21,8f). Nochmals werden Kranke geheilt, und die Jesus Proklamierenden werden nun mit einem Terminus aus dem Wortfeld der Armut bezeichnet (21,15 „Kinder"). Die schon zu erwartende negative Reaktion der „Oberpriester und Schriftgelehrten" schließt sich an. So sind an diesem Punkt der Geschichte die *ochloi* zum Messiasbekenntnis gekommen. Doch nicht die „Tochter Zion". Der Höhepunkt ist erreicht, doch nun kippt alles um. Jesus läßt seine Gegner stehen und geht weg.

f) In dem, was folgt, wird die ablehnende Haltung der Führer des Volkes die Scharen wieder zu sich hinüberziehen. Dies wird um so leichter möglich sein, als Jesus den Titel „Sohn Davids" nun auf seine Tiefe hin entfaltet – die des „Sohnes Gottes". Das wird

---

[43] *S. Van Tilborg,* The Jewish Leaders in Matthew, Leiden 1972, 158.
[44] *ekolouthēsan autō* ist mehrdeutig. Einerseits erinnert die knappe Formulierung ebenso wie einige Züge der ganzen Geschichte an Erzählungen von Jüngerberufungen, andererseits ist sicher gemeint, daß sie mit ihm und den ihn begleitenden *ochloi* den „Weg" zogen, wie Mk 10,52 ausdrücklich sagt. Sie mischen sich als Arme und so etwas wie *ochloi* hinein und machen diese gewissermaßen armenhaft und jüngermäßig. Das mag erklären, wieso die *ochloi* dann in Jerusalem zum Messiasbekenntnis fähig sind.

öffentlich deutlich in Mt 22,41–46. Am Ende steht die in 27,20–26 öffentlich zutage tretende Einigung des ganzen Volkes auf der Seite der Ablehnung Jesu. Doch dieser Vorgang ist hier nicht mehr weiter zu verfolgen.

8. HERMENEUTISCHE NACHGEDANKEN

Gegenüber Mk und Lk ist wichtig, daß bei Mt in der Einzugserzählung die Würfel noch nicht gefallen sind und nachher das Ringen um das Volk noch weitergeht. Wegen der dann doch eintretenden Ablehnung Jesu durch das ganze Volk ergibt sich als letzte Wende des Evangeliums das, was die Begegnung mit der Kanaanäerin in dem uns interessierenden Geschichtenzusammenhang schon vorentworfen hatte: die Wendung zu den Völkern, die Kirche, in die die Völker aus allen Himmelsrichtungen einströmen (Mt 28,16–20).[45] Insofern ist der Einzug des armen Messias ⌐200⌐ mit seinen Armen aus Israel in seine Stadt und seinen Tempel ein Ereignis in einer Geschichte der Vergangenheit, wenn auch der Höhe- und Umschlagspunkt dieser Geschichte. Doch folgen aus der Anlage der Geschichte und ihrer narrativen Vernetzung mit dem ganzen Evangelium wohl noch zwei Dinge:

a) Israel war nahe dabei, seinen Messias anzunehmen, und zwar so, wie er kam: als Messias der Armen. Die Grenze zwischen Ja und Nein war messerscharf. Es wäre völlig falsch zu sagen, ganz Israel sei von Anfang an radikal gegen diesen Messias gewesen.[46] Daher muß auch für die Zukunft damit gerechnet werden, daß diese schmale Grenze wieder nach der anderen Seite hin überschritten wird. Mt ist also in dem ihm oft vorgeworfenen Antijudaismus wesentlich differenzierter, als man zunächst meinen möchte.

b) Was zunächst Geschehen zwischen Jesus und Israel war, hat natürlich für alle, die die Bergpredigt Jesu jetzt als seine *ekklēsia*

---

[45] Eine eigene Untersuchung wäre noch der Bezug von Mt 21,1–17 zu Mt 1–2 wert. Sie kann hier nicht mehr geleistet werden. Zu achten wäre auf Stichworte wie „Sohn Davids", „Oberpriester und Schriftgelehrte", „Kinder". Hinweise finden sich etwa bei *M.J. Lagrange* (EB) Paris ⁶1941, 403; *D.M. Stanley,* Etudes matthéennes: L'entrée messianique à Jérusalem: ScEc 6 (1954) 93–106, hier: 97; *W. Rothfuchs,* Die Erfüllungszitate des Matthäusevangeliums (BWANT 88) Stuttgart 1969, 125.

[46] Vgl. *G. Lohfink,* Jesus und die Kirche, in: Handbuch der Fundamentaltheologie. Bd. 3. Traktat Kirche (Freiburg 1986) 49–96, hier: 54f.

anspricht, zugleich typologischen Charakter. Das heißt: was hier als Drama in Israel spielte, zeigt, was immer auch als Drama in der Christenheit spielen kann, wenn auch – nach Mt 16,18 – niemals bis zur Verwerfung des Christus auch durch sein ganzes neues Volk. Auch die Kirche ist Tochter Zion, der durch die einziehenden Armen etwas gesagt werden soll, und auch an sie ergeht die Frage, ob sie in die Akklamation der Armen einzustimmen bereit ist oder sich einen andersartigen „Sohn Davids" wünscht.[47]

---

[47] Für kritische Lektüre des Manuskripts und Rat in Einzelfragen danke ich Johannes Beutler, Georg Braulik und meinem Bruder Gerhard Lohfink.

Bibelstellenregister
(in Auswahl)

Sachregister

Register hebräischer Wörter
(in Auswahl)

Autorenregister
(alle Erwähnungen)